普通高等教育“十一五”国家级规划教材

化学文献及查阅方法

（第五版）

余向春　黄文林　编著

科学出版社

北　京

内 容 简 介

本书四次再版，具有广泛影响并广受读者欢迎，表现出持久活力。修订新版(第五版)保持了以前各版的主体内容，侧重于向现代机检主导转换。

本书系统、全面地介绍了当今重要的、与化学相关的各类数据库和网络化检索知识，以及若干权威的、历史悠久的化学文献型和数值事实型检索工具和系统的检索方法；收录了各类文献(包括化学核心期刊)的网址；还介绍了化学门户网站及其相关链接。美国《化学文摘》(CA)印刷版，特别是CA网络版——SciFinder的介绍尤为详细，并清晰易懂。书中不少章节编有检索实例和直观样例，突出网络化检索，并适当保留必要的传统检索知识。

本书可作为高等学校化学、化学工程与工艺、材料化学、石油化学、生物化学、药学、能源、轻工、冶金、地质、农业等专业本科生、研究生的教材或教学参考书，也是从事化学化工等相关专业的科技工作者、研究人员及教师必备的工具书。

图书在版编目（CIP）数据

化学文献及查阅方法 / 余向春，黄文林编著. —5版. —北京：科学出版社，2019.1

普通高等教育“十一五”国家级规划教材

ISBN 978-7-03-060398-2

Ⅰ. ①化… Ⅱ. ①余… ②黄… Ⅲ. ①化学-信息检索-高等学校-教材 Ⅳ. ①G254.97

中国版本图书馆CIP数据核字（2019）第008288号

责任编辑：丁 里 / 责任校对：何艳萍

责任印制：赵 博 / 封面设计：迷底书装

科学出版社出版

北京东黄城根北街16号

邮政编码：100717

http://www.sciencep.com

保定市中画美凯印刷有限公司印刷

科学出版社发行 各地新华书店经销

*

1983年3月第 一 版

1994年4月第 二 版

2003年7月第 三 版

2009年7月第 四 版 开本：787×1092 1/16

2019年1月第 五 版 印张：20 1/2

2025年7月第四十二次印刷 字数：538 000

定价：59.00元

（如有印装质量问题，我社负责调换）

作者检索资历简介

余向春，男，1932 年生于浙江义乌。

1958～1966 年在中国科技情报研究所从事美国《化学文摘》等编译工作。时任化学文摘组组长，并负责高分子化学分册责任编辑。

1966 年开始在浙江大学化学系高分子教研室任教。开创化学专业外语、文献检索和毕业论文写作三连贯教学模式，使该系 20 余届学生受益。

1985 年创办浙江大学科技情报专业，时任专业主任，创建国内该专业首个双学位培养体制，并为全校研究生开设文献检索必修课多年。

1988 年受全国高校文献检索与利用系列教材编审委员会委托，联合北京化工学院等七所高校编写《化学化工信息检索与利用》，并任第一主编。2008 年负责修订《化学化工信息检索与利用》第三版(大连理工大学出版社)。

1993 年被教育部聘任为“文献检索课教学指导小组”委员。

第五版前言

本书第一版于 1979 年年底成稿，交付科学出版社出版，至今整整 40 年，当时国内尚无同类书籍可以借鉴。全书内容是我 20 世纪 50 年代后期在中国科技情报研究所负责中国化学化工类文摘的编译和编辑出版，以及 60 年代后期到浙江大学化学系高分子教研室教授化学文献检索的经验总结。

本书最大特色是具有教材和工具书的双用性。选材全面、平实，第一、二版内容均采集自原始检索工具书。

40 年来，本书修订出版了 4 版。它深受读者的喜爱，至今仍畅销全国。有的高校化学系和医学院选定其为考研参考书。当年浙江大学化学系不少出国留学生说：出国只带两本书，《英语字典》和《化学文献及查阅方法》。

本书第四版被评为“普通高等教育‘十一五’国家级规划教材”。那是在 2006 年，我已年近八旬，是颐养天年之时。但本书被国家教育部选中，加之浙江大学教材科的重视和督促，我深感荣幸和责任重大，欣然承诺下来。在第四版前言中，我曾写道：“老骥伏枥，不甘后人。”我深知自己知识落后了，对网络化检索望而生畏，必须从头学习。那几年也正是美国《化学文摘》(CA)印刷版面临停刊，取而代之以 CA 网络版——SciFinder 的过渡期。CA 在本书中始终是重中之重，必须把网络版补加进去，为此我多次向 CAS 驻中国代表处致电求教。当时代表处正处在组建初期，不可能提供书面资料。经过较长时间网上搜索和学习，特别是学习了从浙江大学图书馆采集部得到的美国 CAS 发布的“Advision of the American Chemical Society，SciFinder Scholar”的详细资料，心中才有了底气，终于写就网络版 SciFinder 的总体概况、各类数据库及检索方法的全面介绍。

第五版 SciFinder 和 STN 由黄文林修订，主要参考和引用了美国化学文摘社的网站内容。美国艾赛思国际有限公司驻中国代表处近年在各地举办过多次培训班，其培训材料内容对国内读者使用会更加适合和易懂，因此也部分参考和引用了美国艾赛思国际有限公司北京代表处的培训课件。在本次修订的过程中，又得到了他们的热情帮助，提供了最新的参考资料，在此深表谢意。

在第五版修订过程中，我与黄文林反复审阅和讨论第四版的内容，为保持本书兼具教材和工具书的特色，也为使用本书作为教材的授课教师备课的方便，尽量保留全书原有总体框架和主体内容，删除与本书主旨不切合的章节，适当调整和归并同一系列内容、因检索载体不同而设的独立章节。删除了原第十三章、第十四章和书末附录，将原第二、三章归并、精简、组合为本版的第二章。凡有数据库和网络化检索的其他各章，均一一查核，剔除已停止运行的检索途径，补充新创建的检索途径。

以上修订工作大多由黄文林承担，本人负责内容取舍、删改和定稿。

黄文林 20 世纪 80 年代毕业于浙江大学化学系高分子专业，后留校在浙江大学科技情报专业任教。他是我的学生，也是工作上的好助手和同事。他从第三版起就参与了本书的部分修订，同时参与了《化学化工信息检索和利用》的编写和修订，现任浙江大学城市学院图书馆馆长。

如今网络化检索是最为先进的技术和不可逆转的途径。但当下国内用户服务端口拥堵不堪，要搭上班车绝非易事。故此，读者在阅读本版前言时，顺便看一下第四版前言，对您检索前的决策会有裨益的。

愿本次修订能使读者满意和喜欢。在这信息化时代，科学技术日新月异，我们难能修改得完美无缺，但我们努力了，敬请读者批评指正。谢谢！

余向春

2018 年 5 月于浙江大学

第四版前言

任何人，即使他(她)的智慧再超人，也不可能把各种知识，甚至是某一小小学科领域的知识，都装在自己的脑子里。学习检索文献信息的方法，学会查阅和利用现代人类知识信息库的信息，正是一条自我补充知识、提高学术水平的捷径。

从1978年着手编写本书第一版至今，已过去30年了。30年来，特别是近十多年来，科学技术和网络化检索技术的发展速度十分惊人。以往我们隔10年修订一次，还比较适时，但本次修订不到5年，就已经感到行动太迟缓了。

本次修订除了对第四章和第十五章修改得较少以外，其余各章均做了大幅度的删除、改写或重新编写，是历次修订内容最多的一版。本书着重介绍了国内外与化学相关的重要数据库及其网络版的检索方法，如中国化学文献数据库、CNKI、万方、CA网络版——SciFinder、STN、ISI Web of Knowledge综合性检索平台、CrossFire、特种文献信息网上检索渠道和它们的服务系统等。

如今计算机检索已是当今人们的首选，手工检索已成为辅助。但是，我们不希望因此产生对读者的误导，从而忽视手工检索的重要性。手工检索工具书至今仍有着网络化检索所不能替代的优越性：阅读方便，文献编排集中，筛选比较容易，查全率高且不要付费。各高校图书馆仍继续订购和收藏印刷型检索工具。从学习环境而言，高校图书馆阅览室是做学问的好去处，它环境雅静，学习氛围宜人，也有益身心健康。有条件开设文献检索课的高校，用适量课时向学生介绍印刷型检索工具的使用还是非常必要的。手工检索知识和技能是基本功，是基础。计算机数据库和网络化检索方法及途径与印刷型版本是基本相同的，它们只是信息出版载体的转换而已。至于网上检索，对于当代大学生来说，往往是一点则通的。计算机检索课的讲解重点可以侧重在化学物质结构检索策略的设计、检索提问的组配等方面。

现在，与化学相关的网络检索工具几乎都有结构和亚结构检索途径。它成了当今检索的特色“套餐”，被业内人士誉为“真正意义上的、部分代替科学研究过程的方法”。它能节省科学家寻找、研发和合成新产品的时间，受到了化学家的关注和重视。

本书第三、六、七章由黄文林修改；第十三、十四章由叶鹰修改，并提供书后的附录，该附录对行文规范化有一定的指导意义。

本次修订对我来说，也许可以用这样一句话来形容：“老骥伏枥，不甘后人”。我努力了，在修改其他各章的同时，对全书每章每节，一字一句地审校了数遍。但书中可能仍有不妥和错误之处，望读者，特别是用本书作为教材的老师们批评指正。谢谢！

余向春
2009年2月于浙江大学

第三版前言

本书最初是科学出版社编辑贺溥先生提出选题并向我约稿的。那还是在1978年，我正在浙江大学化学系担任化学文献教学工作，积累了一些素材和自编讲义，所以到1979年底就写好了。本书1983年出第一版，1993年出第二版，至今已印刷了11次。

2001年杨淑兰和刘俊来编辑建议对第二版进行修订，推出第三版，要求保留原书框架，增加计算机检索有关内容。对此，我们很快取得共识。

根据美国化学文摘对 20 世纪历年所摘录文摘数目的统计表明，除第二次世界大战期间外，世界化学文献增长总量大约每10年翻一番。近50年来，文献载体形式也10年左右一变。20世纪60年代以前，几乎是单一的印刷型，60年代有了缩微胶片型，70年代出现磁带型，80年代发展光盘型，90年代崛起网络型，并迅速网络了全球。现今，计算机检索已开始占据主导地位，手工检索将成为辅助。第三版正是恰合这种发展的需要。

本书第一、二版侧重介绍手工检索，计算机检索内容写得较少。特别是缺少指导读者自己上机和上网检索方面的内容。本版的特色是全面系统地保留了手工检索最重要和最常用的检索工具及其查阅方法，又突出介绍了当今计算机检索所必需的基本知识、检索技能以及相关网站。它是一本手工检索和计算机检索双用的指南和教材。

本版对原有的章节作了适当调整和归并，删去了一些过时或目前已很少使用的内容，补充了必要的新知识。对前苏联《化学文摘》和《日本科学技术文献速报》的化学化工编，从原来的两大章缩写成简介，并入“其他化学化工文摘”一章中。

我已退休数年，有关新近的计算机检索内容，邀我早年的学生和教研室同事黄文林、叶鹰和庄赛良协助编写。他们是从事科技情报学和检索教学以及信息咨询服务多年的专家教授，目前都活跃在图书情报教学科研第一线，具有较丰富的教学和实践经验，特别是对化学化工文献检索尤为擅长，提供的内容和实例贴近读者需要。

本版各章中新增的计算机检索小节由叶鹰编写；第十三、十四章由黄文林编写；第十二章一、二部分分别由黄文林和叶鹰供稿，由作者参照第二版合编而成；期刊、专业性文摘和部分手册，由庄赛良和韩俊协助核查。他们的努力给本书注入了新的活力。在此，对以上各位的真诚合作表示衷心的感谢。

本书第二版出版至今又有10年过去了，虽然有的内容显得有些陈旧，但它仍然受到读者的厚爱，是一本持久畅销的书。对此，作者感到十分欣慰。愿修订后的新版本能更好地满足读者的要求，并为读者喜欢，谢谢!

余向春

2002年7月于浙江大学

第二版前言

本书自从1983年第一版问世以来，受到了广大化学工作者的欢迎。它先后印刷了四次。作者收到了不少读者的来信和口头鼓励、指正以及修改的建议。在此谨向他们表示衷心的感谢。

本书第一版出版至今已过去10年多。由于近代化学科学和化学工业技术的高速发展，化学文献数量与日俱增。化学情报的传递方式、检索工具以及检索方法也在不断更新和改进。第一版中有的内容已经明显地过时，有的内容有了很大的变化。不少读者来信要求出修订版，本书正是基于这种考虑补充修订的。第二版与第一版相比有很大的不同。各章节都做了较大的修改和变动。例如，绪论，专利文献及其检索，科技报告及有关文摘，理化数据、光谱资料和各种化学手册与大全，电子计算机情报检索等五章都重新改写。第二版中增加了第三章题录索引、第七章其他化学化工文摘、第十一章会议文献的检索、第十五章化学物质结构信息的表示与检索，等等。

美国化学文摘一章中增加了生物化学和日用化学方面的子目、母体化合物手册，以及最近期累积索引中标引词的演变等。

作者在全书修订过程中，注意到了对各类化学情报获取方法的介绍，使本书更加实用和便于读者自学。

本书的修改稿曾请黄文林先生审阅，对此作者表示衷心的感谢。

最后，期望读者继续对本书提出宝贵意见，以使其进一步臻于完善。

作　者

1993年5月于浙江大学

第一版前言

科技文献资料及时地报道了世界各国的科学成就，是包罗万象的科学宝库。它告诉我们在科学和技术的发展史上前人所做过的工作，已取得哪些成果和经验；也告诉我们当前各国的科学动态和今后的发展趋向。每一个科学研究工作者要使自己的工作能够顺利进行，首先必须掌握有关的文献资料。然而科学的发展是非常迅速的，实验和理论材料日积月累，数量十分惊人，所以，要寻找自己所需要的资料，并不是很容易的。有时人们在大量的文献资料面前，由于缺乏适当的检索方法而感到彷徨，影响了工作的开展。本人通过近些年来在浙江大学化学系担任化学文献课的教学和工作实践，深感熟练与准确地使用文献应成为化学工作者的必备技能，有必要撰写一本较为全面的、便于广大读者查阅文献时参考的工具书。因此不揣简陋，编成本书。希望此书对化学工作者和有关专业的研究生有所帮助，对新接触化学文献的同志和高年级学生能起到入门领路的作用。

本书对各种文献的基础知识及它们的查阅方法作了全面系统的介绍。最近十多年来，国外几个主要国家的文献检索工作，基本上实现了电子计算机化。为此，本书撰写了电子计算机检索一章，不过，所编写的均为国外情况，其中重点介绍了化合物的各种编码法。这部分内容对于编制软件人员和有机化学工作者当有一定参考价值。

本书也包括了部分国内的有关文献，但相比之下，国内的内容比较贫乏，特别是检索工具。我国“化学文摘”在“文化大革命”前，曾由中国科学技术情报研究所编辑出版，并发展到七个分册。“文化大革命”中全部停刊，在1973年只恢复了“分析化学文摘”一个分册。希望在本书重新修订之日，国内文献比重有大幅度的增加，特别希望不久会有我国自己的检索系统。

本书在编写过程中曾得到多方面的帮助。中国科学技术情报研究所朱晓鸣和严增学两位同志，热情地提供了专利等参考资料。袁翰青先生审阅了初稿，并提出了很多宝贵的修改意见。根据袁先生的意见转请杨善济教授进行了具体的修改和核对，杨先生并增写了本书的第一章绪论。最后又特请浙江大学化学系苏企洵教授作最后审阅。在本书审定过程中，三位老化学家的严谨的治学精神，确实是我们中青年科学工作者学习的楷模。因此，本书的出版，实际上可以说是集体劳动的结晶。对于以上同志为本书所做的贡献，在此表示深切感谢。

余向春

1980年3月于杭州

目　录

第五版前言
第四版前言
第三版前言
第二版前言
第一版前言
第一章　绪论……1
第一节　化学文献的发展……1
一、文献数量迅猛增加……1
二、文献种类繁多……2
三、数字文献与网络检索异军突起……2
四、文献交叉重复、发表分散……3
五、文献的失效率加快……3
第二节　化学文献源概述……3
一、图书……4
二、期刊……4
三、专利文献……4
四、技术标准……4
五、科技报告……5
六、学位论文……5
七、会议资料……5
八、政府出版物……5
九、技术档案……6
十、产品样本……6
第三节　化学信息检索系统的建立和发展……6
第四节　查阅文献与化学工作的关系及意义……8
一、调查研究，立足创新……8
二、拓宽知识面，改善知识结构……8
三、启迪创造性思维……8
四、提高自学和独立工作能力……9
第五节　怎样查阅化学文献……9
一、检索前的思考……9
二、检索中的决断……9
三、检索后的分析和利用……10
四、养成调阅文献的习惯……10

第六节　数字化网络化发展对化学信息检索的影响 …… 10
一、数字文献的特点 …… 10
二、数字文献的发展 …… 11
三、网络检索的基本概念 …… 11
四、网络文献信息检索技术 …… 12
参考文献 …… 13
第二章　化学核心期刊及门户网站、全文数据库和开放存取资源 …… 14
第一节　化学核心期刊 …… 14
一、综合性期刊 …… 15
二、各专业主要期刊 …… 19
第二节　化学门户网站 …… 29
一、中国科学院文献情报中心 …… 29
二、美国化学会网站 …… 30
三、其他与化学有关的门户网站 …… 31
第三节　中英文期刊全文数据库 …… 32
一、中文期刊全文数据库 …… 32
二、英文期刊全文数据库 …… 37
第四节　开放存取资源 …… 40
一、OA 期刊 …… 40
二、OA 仓储 …… 40
参考文献 …… 42
第三章　美国《化学文摘》印刷版 …… 43
第一节　百年沿革简史 …… 43
第二节　大类类目和部分子目 …… 45
一、大类类目 …… 45
二、部分子目 …… 46
第三节　编排格式与著录内容 …… 51
一、文摘编排顺序 …… 51
二、文摘编排格式 …… 51
三、文摘著录内容和格式 …… 52
第四节　索引及其检索方法 …… 53
一、关键词索引 …… 54
二、主题索引 …… 54
三、化学物质索引和普通主题索引 …… 56
四、索引指南 …… 58
五、分子式索引 …… 60
六、环系索引 …… 61
七、《母体化合物手册》 …… 62
八、作者索引 …… 64
九、专利索引 …… 65

十、登录号手册 …… 66
十一、化学文摘资料来源索引 …… 67
第五节 各种索引的相互关系和查阅方法举例 …… 68
第六节 关于 CA 中常见问题的解答 …… 70
第七节 化合物命名法及索引词 …… 74
一、取消俗名 …… 74
二、主题母体词的选择原则 …… 78
三、醚类和硫化物等命名原则的简化 …… 79
四、其他变化的扼要说明 …… 80
参考文献 …… 93
第四章 SciFinder 和 STN …… 94
第一节 SciFinder 概况 …… 94
第二节 SciFinder 数据库 …… 95
一、CAplus^{SM}文献数据库 …… 95
二、CAS REGISTRY^{SM}物质信息数据库 …… 95
三、CASREACT®化学反应数据库 …… 96
四、MARPAT®马库什结构专利信息数据库 …… 96
五、CHEMLIST®管控化学品信息数据库 …… 96
六、CHEMCATS®化学品商业信息数据库 …… 96
七、MEDLINE 美国国家医学图书馆数据库 …… 96
第三节 SciFinder 的使用和检索 …… 97
一、从研究主题检索 …… 98
二、文献分析和检索提醒 …… 101
三、物质检索 …… 104
四、化学反应检索 …… 109
五、其他文献信息检索 …… 116
第四节 SciFinder 的特色工具 …… 120
一、SciFinder 结构编辑器 …… 120
二、SciFinder 合成路线设计工具 SciPlanner …… 128
第五节 STN 信息集成平台 …… 133
一、STN 简介 …… 133
二、STN 主要检索命令和算符 …… 134
三、STN on the Web …… 136
四、STN Express …… 137
参考文献 …… 140
第五章 化学相关文摘及数据库 …… 141
第一节 《中国化学化工文摘》 …… 141
第二节 EBSCO 数据库 …… 142
第三节 美国《生物学文摘》及 BIOSIS …… 144
一、文摘部分 …… 145

二、索引部分……145
第四节　俄罗斯《化学文摘》和《生物化学文摘》……147
一、俄罗斯《化学文摘》……148
二、俄罗斯《生物化学文摘》……150
第五节　日本《科学技术文献速报》及相关网站……151
一、《科学技术文献速报》……151
二、科学技术振兴机构数据网站……153
三、NII系数据网站……154
第六节　美国《工程索引》和Ei Village……154
一、美国《工程索引》印刷本……154
二、Ei Village……155
第七节　其他主要化学化工文摘……156
一、国内其他主要文摘……156
二、国外其他主要文摘……158
参考文献……159
第六章　专利文献及其检索……160
第一节　专利知识概述……160
一、专利说明书的结构……160
二、国际专利分类法……165
第二节　中国专利文献及其检索方法……170
一、中国专利检索出版物……171
二、中国专利网络检索……172
第三节　德温特专利文献体系及其数据库……175
一、德温特分类系统……176
二、德温特出版物……176
三、德温特世界专利数据库……180
第四节　美国专利文献及其检索……186
一、美国专利文献……186
二、检索工具及其使用方法……187
三、美国专利网络检索……187
第五节　Esp@cenet专利系统……189
一、检索方式……190
二、查阅同族专利、优先权信息和专利全文……191
三、“世界范围的专利”说明……191
第六节　日本专利检索系统……192
第七节　其他主要专利信息网站……194
一、国内专利信息网站……194
二、国际专利信息网站……194
参考文献……200

第七章 标准、产品样本和说明书 …… 201
第一节 标准 …… 201
一、标准的种类 …… 201
二、标准的国家代号与各国标准代号 …… 202
三、标准的分类 …… 205
四、ISO 标准分类 …… 205
五、各国标准概况与检索 …… 207
第二节 产品样本和说明书 …… 211
参考文献 …… 212
第八章 科技报告及有关检索工具 …… 213
第一节 概况 …… 213
第二节 中国科技报告 …… 214
第三节 美国四大科技报告 …… 214
一、美国四大科技报告简介 …… 214
二、美国四大科技报告的检索工具 …… 217
第四节 其他科技报告数据库 …… 221
一、国家科技成果网 …… 221
二、《科学技术研究成果公报》及其数据库 …… 221
三、尚唯科技报告数据库 …… 222
参考文献 …… 222
第九章 会议文献和学位论文的检索 …… 223
第一节 会议文献 …… 223
一、《世界会议》 …… 223
二、《会议论文索引》 …… 224
三、《科技会议录索引》 …… 225
第二节 会议信息与文献相关网站 …… 225
一、世界会议日历 …… 226
二、国际协会联盟 …… 226
三、会议论文引征索引 …… 227
四、会议论文索引数据库 …… 228
第三节 学位论文 …… 229
一、学位论文印刷本检索工具 …… 229
二、学位论文的网络检索 …… 229
第十章 理化工具书及其网络化检索 …… 232
第一节 《Landolt-Börnstein 物理化学数据集》 …… 232
第二节 《CRC 化学和物理手册》 …… 234
第三节 《Beilstein 有机化学手册》 …… 236
一、概况 …… 236
二、分类系统 …… 237
三、收录内容和编制原则 …… 241

四、索引 …… 244
五、手册的查找方法 …… 244
六、Beilstein 手册的结构检索软件 SANDRA …… 246
第四节 《Gmelin 无机化学手册》 …… 246
一、概况 …… 246
二、收录内容与编排形式 …… 246
三、各卷出版情况和内容汇编 …… 247
四、索引 …… 259
第五节 Beilstein/Gmelin 数据库及其使用 …… 260
第六节 其他实用手册和大全 …… 261
一、《有机化学合成方法》 …… 261
二、《有机合成》 …… 264
三、《有机反应》 …… 264
四、《有机合成试剂》 …… 264
五、《默克索引》 …… 265
六、《分析化学手册》 …… 265
七、《兰氏化学手册》 …… 265
八、Chemistry WebBook …… 265
九、化学专业数据库 …… 265
十、《聚合物手册》 …… 266
十一、《聚合物科学：材料科学手册》 …… 266
十二、《高分子材料便览》 …… 266
十三、《高分子科学与工艺大全》 …… 266
十四、《现代塑料大全》 …… 266
十五、《溶剂手册》 …… 267
十六、《乌尔曼工业化学大全》 …… 267
十七、《Kirt-Othmer 化学技术百科全书》(第 4 版)全文数据库 …… 267
十八、《聚合物科学和工程百科全书》 …… 267
第七节 各种光谱资料汇集及数据库 …… 268
一、《Sadtler 标准光谱图集》 …… 268
二、《CRC 有机化合物光谱资料及物理常数汇集》 …… 270
三、《有机化合物拉曼/红外光谱图集》 …… 271
四、《Aldrich 红外光谱集》 …… 271
五、《国际 X 射线晶体学用表》 …… 271
六、《质谱数据登录》 …… 272
七、《质谱八峰值索引》 …… 272
八、《EPA/NIH 质谱数据库》 …… 272
参考文献 …… 272
第十一章 SCI 和 Web of Science …… 273
第一节 《科学引文索引》印刷版 …… 273

一、概况 …… 273
二、《科学引文索引》的主体——索引 …… 274
三、查找技巧 …… 276
第二节 Web of Knowledge …… 277
第三节 Web of Science …… 278
第四节 化学数据库 …… 280
第五节 JCR 和 ESI 的功能与用途 …… 281
第六节 中国科学引文数据库及其派生出版物 …… 282
参考文献 …… 282
第十二章 化学物质结构信息码及其应用 …… 283
第一节 化学物质结构信息的表示法 …… 283
一、WLN 法 …… 283
二、IUPAC 编码法 …… 288
三、Skolnik 片段编码法 …… 288
四、GREMAS 系统 …… 292
五、CAS 法 …… 295
六、DARC 编码法 …… 296
七、MCC 拓扑法 …… 298
八、Crossbow 代码转换法 …… 300
第二节 化学物质结构的检索 …… 300
一、片段码检索 …… 301
二、拓扑码检索 …… 301
参考文献 …… 302

第一章　绪　　论

文献是载体化的信息或知识，并伴随文明发展和技术进步经历了纸质文献和数字文献两大主要形态。如今，任何学科必有文献，化学也不例外。

第一节　化学文献的发展

化学文献同其他科技文献一样，是人们从事生产建设和科学实验的记录。它是人类共同的精神财富的一部分。随着现代科学技术突飞猛进的发展，文献的品种和数量都有惊人的增长。

早先，情报数据的传递主要是靠学者的口授、传抄或者通信联系来进行的。到了17世纪末，许多科学协会相继成立，促进了会员之间的学术交流活动。为了能在广泛的范围内了解和推广新的发明创造，于是就出现了科技期刊。由于工业生产的发展，各资本主义国家在17世纪后半期和18世纪开始相继成立了专利局，审查创造发明专利，于是出现了专利文献。

世界上最早出版的科技期刊是1665年创刊的英国皇家学会哲学汇刊(*Philosophical Transaction of the Royal Society*)。第一种化学期刊发刊于1778年，最初刊名是“*Crell's Chemisches Journal*”(简称*Crell's Chem. J.*)。直至19世纪中叶，才大量出现由学会发刊的会志[1]。到20世纪60年代，科学技术高速发展，科技文献与日俱增，文献数量和品种都达到了历史的高峰。前期的发展趋势是由一般性的科学文献期刊发展到专业性的期刊。到了近代，由于学科之间的互相渗透，又从专业性期刊发展到多科性期刊，单一性专业期刊反而减少。文献载体也从单一的印刷型迅速发展出数字化的电子型和网络型。随着网络技术的发展，网上阅览和网上检索越来越普及，网络数字文献已经成为当今读者的首选。在整个科技文献发展中，化学文献的数量和递增速度在各学科中始终居于领先的地位。

现代化学文献总的特点可归纳为以下几点。

一、文献数量迅猛增加

1650年世界上还没有期刊，到1950年科技期刊数量约有8万种。近年来又增加至12万多种。过去200多年间，差不多每隔15年翻一番，一些热门和尖端学科则更快，两三年就翻一番[1]。

化学文献的发展可以从下面美国《化学文摘》(CA)1907～2007百年收录各类文献的件数加以说明(表1-1)，到2007年年底累计已达2600余万件。美国《化学文摘》现在摘录的期刊已达2万余种。

表1-1　美国《化学文摘》(CA)百年收录文献件数

年份	收录文献件数	累计件数
1907	11 847	11 847
1916	16 108	191 730
1926	30 238	409 964

续表

年份	收录文献件数	累计件数
1936	64 572	953 926
1946	39 578	1 466 736
1956	92 396	2 130 163
1966	220 303	3 708 096
1976	390 905	6 793 295
1986	474 429	11 297 458
1996	706 269	16 910 895
2001	755 915	20 510 122
2007	1 086 941	26 072 031

注：2009 年(151 卷)收录文献件数 581 467(2010 年 1 月停刊)。

从表 1-1 数据可以看出，除第二次世界大战期间文献数量有所减少外，20 世纪 80 年代之前差不多每 10 年就翻一番，80 年代之后每 10 年左右就有 10～30 万篇的文献增加量。过去一个专业人员看几种期刊就可以掌握本学科的世界动向，基本上满足个人研究和教学工作的需要，但是现在看 50 种期刊也不能满足需要。而且，除了期刊之外，每年还有数以百万计的专利、技术标准、科技报告、产品样本、图书等，信息量、知识量真可谓浩如烟海。

二、文献种类繁多

文献的特点不仅反映在数量上，其品种也是五花八门。化学文献按其类型划分，有图书、期刊(杂志)、专利文献、技术标准、科技报告、学位论文、会议数据、政府出版物、技术档案以及产品样本等；按文献的载体划分，有传统的印刷型、缩微型,也有当今数字化的机读型，机读型中又有光盘、网络等；按文献的性质划分，有一次文献、二次文献和三次文献。

一次文献即指原始文献。一般期刊上发表的研究论文、科技报告、学位论文、会议资料及专利说明书等都是一次文献。

二次文献是将分散的、无组织的原始数据经过加工整理、简化、组织等工作，按文献特征、内容要点著录、摘录形成系统的文献，以便查找与利用，包括书目、索引、文摘等所谓检索工具。二次文献的重要性在于它提供了查找一次文献的线索。

三次文献是指通过二次文献，选用一次文献内容而汇编出来的成果，如专题述评、学科年度总结、动态综述、进展报告、数据手册、百科全书等。从文献检索来说，一次文献是检索的主要对象，二次文献是检索的途径与工具，三次文献两者兼备。

三、数字文献与网络检索异军突起

数字文献即机读文献，也称电子文献，是指以计算机存取和处理的文献。数字文献自从 20 世纪 60 年代问世以来，经过 50 多年的发展，可说是当今最辉煌的科学成就之一。特别是近 30 年来，随着互联网的飞速发展，数字文献在文献家族中逐渐占据了主导地位，几乎成为人类社会、科学技术工作者以及人们生活不可或缺的、最重要的信息源泉，也成为现代人们的首选。我们通常所称的数据库就是数字文献有序的集合。不同类型的数据库，其组织结构，即文献、数据集合方式不完全相同。电子型文献的文本型数据库是最常用的检索工具，最重要的有：

(1)书目型数据库：检索原始文献来源的收藏地点工具。

(2)文摘、索引型数据库：检索已知主题内容、文献出处等信息的检索工具。

(3)数值事实型数据库：直接检索相关数值数据和事实的工具，如手册、百科全书和图谱集等。

(4)图像数据库：主要是化学结构数据库，可以根据化学结构或其分子结构检索有关数据。化学结构数据库有美国的 CAS ONLINE 和法国的 DARC 系统等。

(5)全文数据库：直接检索所需原始文献的工具。

不同的数据库往往具有多种相互融合和连接的检索功能，即既是文摘型数据库，又具备书目型数据库或其他检索功能的数据库。

四、文献交叉重复、发表分散

传统的学科界限不断被打破，学科越分越多、越分越细，学科之间的相互联系越来越密切，越发展越趋向综合，构成了现代科学不同学科之间相互渗透、相互促进、共同发展这一特点。现在任何一门科学技术的发展都不可能脱离科学技术的整体水平，必须依赖于各学科间和部门间的协作与配合。因此，反映在文献上是繁杂、分散和交叉的。以期刊为例，一本期刊往往刊登多到五六个学科或专业的文章，少则也有两三个学科或专业，刊登单一学科论文的期刊往往是新兴交叉复合学科的专门期刊。一般来说，在直接相关的专业期刊上发表的文献只占 50%，另外一些则发表在其他间接相关的专业期刊上，这种现象在科学计量学中称为布拉德福分散规律。

五、文献的失效率加快

文献数量不断增多，新的文献不断取代旧的文献。据有关资料报道，基础学科文献失效率(失效一半的时间，也称半生期)为 8～10 年；工程技术文献失效率为 3～5 年。科技文献失效，随之而来的是知识失效。所以近年来，关于知识要更新的呼声在各行各业越来越高。知识更新是相对知识老化而言的，科技越发达，这个问题显得越突出。根据国外数据，知识老化周期在 18 世纪为 80～90 年；19 世纪为 30 年；20 世纪前 50 年为 15 年，末期已为 3～5 年。美国工程教育协会在 1976 年曾估计：美国大学毕业的科技人员所具有的科技知识，12.5%是在大学学习阶段获得的，87.5%是在工作岗位上不断学习积累的。一个 1976 年毕业的学生，如果毕业后 5 年之内不再学习补充新的知识，到 1981 年原有的知识将陈旧失效 50%；到 1986 年，10 年内没有补充新的知识，原有知识将 100%陈旧失效(指技术知识部分)。在如今 21 世纪，人们对此的体会更为深刻。因此，化学工作者必须不断地收集新信息，补充新知识，了解新事物，研究新问题，才能跟上时代，适应日益发展的新形势的需要。同时，从浩如烟海的信息及知识中检索或查阅所需文献，也就成为化学工作者应当掌握的基本技能[2]。

第二节 化学文献源概述

图书、期刊、专利文献、技术标准、科技报告、学位论文、会议数据、政府出版物、技术档案、产品样本通称十大科技文献信息源，其中图书、期刊是普通文献，其余八类称为特种文献(一般不在市场销售)。

一、图书

图书(books)范围较广，主要包括：论述某个专题的专著(monograph)；对某一学科广泛的系统论述的丛书(通常是几卷，有的是连续出版物)；字典、辞典、百科全书、手册、年鉴等工具书；教科书及其他参考书、小册子(booklet)等。

图书的主要内容一般是总结性的、经过重新组织的一次文献。从出版时间上看，它所报道的知识比期刊论文及科技报告文献晚。但是图书所提供的数据一般比期刊论文和政府研究报告系统、全面，而且著者一般是某一方面的行家，有的就是某一领域的权威或专家，他们掌握的原始文献很丰富，能够对原始材料进行选择、核对、鉴别和融会贯通，因而比较成熟定型。如果想对范围较广的问题获得一般的知识，或对陌生的问题获得初步的了解，参考图书数据确实是一个有效的办法。同时，图书也并不完全是一次文献，图书往往包含著者本人的新材料、新论点和新方法，具有三次文献的意义。

二、期刊

与图书相比，期刊(journals，periodicals)出版周期短、刊载论文速度快、内容新颖深入、发行与影响面广，及时反映了科学技术水准。期刊论文多数是未经重新组织的原始的一次文献。许多新的成果，包括研究方法、仪器装置以及结果讨论等，都首先在期刊上发表。期刊论文通常比图书数据的内容详细。有的期刊还登有文献述评、动态介绍、学术协会通告、书评和新书预告及商品广告等，内容丰富多彩。因此，科技工作者一般习惯阅读和浏览本专业的期刊，借以了解动态、掌握进展、开阔思路、吸取已有成果。据估计，来自期刊方面的科技情报占整个情报来源的 60%以上。文献索引等检索工具大多以期刊论文作为摘录报道的对象。因此，期刊论文是科技文献的一个主要类型。近十多年来，不论国外或国内，越来越多的期刊从印刷型转向数字型，或两者并存。

三、专利文献

发明人发明某项新技术，合成某种新材料，创造某种新设计，培育出某种植物新品种等，都可向政府申请专利(patents)。经审批后，即获得一定年限的生产经销专利权(因此称为专利)。专利文献主要指的是专利说明书和权利要求书。它是专利申请人向政府递送的说明发明创造的书面文件，是一种重要的科技情报来源。这是获取各种具体技术方法的一种源泉。按规定，专利必须具有新颖性、实用性和创造性。把一个国家的专利文献搜集起来，基本就是该国的一部工业发展史。

美国《化学文摘》所摘录的文献中，专利文献竟占四分之一。

对于工程技术人员和产品设计人员来说，专利文献是一类很有实用价值的参考数据，值得强调。

四、技术标准

技术标准(standards)主要是对工农业产品和工程建设的质量、规格及其检验方法等所作的技术规定，是从事生产、建设的共同技术依据。每一件技术标准都是独立、完整的资料。它作为一种规章性的技术文献，有一定的法律约束力。技术标准也是一种重要的科技情报来源。通过它可以了解有关国家的工业发展情况，也可为研制新产品、整顿老产品、改进技术操作水平等提供参考和借鉴。

五、科技报告

科技报告(reports)是关于某项研究成果的正式报告，或者是对研究过程中的每个阶段进展情况的实际记录。它既不像一般的图书，也不像期刊。它的特点是一个报告单独成一册。科技报告出现于20世纪初，但自第二次世界大战以来，由于国外不少军事、科研、工业机构利用政府研究报告对内、对外传递科技情报，目前已发展成科技文献的一大门类。

科技报告基本上是一次文献(少数书目索引也被编入科技报告)，它的内容比较专深具体，大致可分为基础理论研究和生产技术两大类。由于它是原始研究的记录和成果，代表了一个国家和某一专业的科技水平，因而可以对科研工作起到直接的借鉴作用。许多最新的研究课题与尖端学科的资料往往也首先反映在科技报告中。

科技报告有许多是保密和控制发行的，但公开与解密的报告也占一定的比例。目前，每年主要是美、英、日、俄等国产生科技报告，其中著名的有美国的AD(ASTIA Documents)、PB(Publication Board)、DOE(Department of Energy)、NASA(National Aeronautics and Space Administration)，号称四大报告。科技报告与期刊不同的一点是它一般不能通过市场销售管道获得。尽管如此，科技报告仍然是一种重要的情报来源。网络服务系统的建立使我们可以通过网站检索。例如，上述美国四大报告可以通过NTIS网站查询，而NTIS数据库可以通过DIALOG系统检索。

六、学位论文

学位论文(dissertation，thesis)是指国内外高等学校硕士研究生和博士研究生撰写的、供评定学位用的论文，由于一般不出版，只供应复制品，因而不易为读者所利用。但20世纪末以来，随着学位论文数据库的普及，查阅学位论文也不再困难。

从内容来看，学位论文的参考价值并不亚于政府研究报告和期刊论文。学位论文大多比较详尽地总结了前人的工作，再通过科学实验，提出了自己的观点，因此值得参考。有的学位论文参考了大量数据，进行了系统的概括，论文数据也比较充分，可作为对某一特定问题的总结。有的学位论文则提出新的论点、新的论据，尽管还不成熟、不全面，也不能作为定论，不过仍有其启发作用。也有少量立论比较成熟、经过多年成为某一方面经典著作的学位论文，甚至直接因博士论文的原创性获得诺贝尔奖的例子。

七、会议资料

会议资料(proceedings)有时也称为会议文献。在学术会议上，科技工作者宣读论文，讨论当前重大问题，交流经验与情况。因此，学术会议的报告、记录、论文集及其他文献包含大量的一次文献。一系列同样性质的会议论文集实际上相当于一种间隔较长的不定期刊物。会议资料往往反映出科学技术的发展趋势。近年来，随着会议的增多，会议数据的数量也增加很多。据美国CCM情报公司的初步估计，每年有十几万篇会议资料发表。

八、政府出版物

政府出版物(government publications，GP)又称官方出版物，它由政府部门编辑出版或由政府部门编辑，交由出版商出版。在这种出版物中也有相当一部分是科学技术文献，即政府机构主持或委托科研单位所写出的科技报告。政府出版物可能分属多种出版物，如科技报告、专利或技术档案等。一些西方国家对政府出版物很重视，公共图书馆、研究型图书馆大多设立政府出版物的单独借阅部门。我国图书馆通常把这类出版物按各自的出版类型分散收藏。

九、技术档案

技术档案(archives)是生产建设和科学技术部门在科技活动中所形成的、有一定具体对象的科技文件、图样、图表、照片、原始记录的原本以及代替原本的复制本等，包括任务书、协议书、技术指标和审批文件；研究计划、方案、大纲和技术措施；有关技术调查材料(原始记录、分析报告等)、设计计算、试验项目、方案、记录、数据和报告等；还有设计图纸、工艺记录以及应当归档的其他材料等。技术档案在以后可能再重复实践，或提高后实践，因此它是生产建设与科学技术研究工作中用以积累经验、吸取教训和提高质量的重要文献，具有重大利用价值，而且具有保密与内部使用的特点。

十、产品样本

产品样本(samples)主要是指国内外产品说明书。这是各国厂商为推销产品而印发的企业出版物或免费赠送的商业宣传品，其中装订成册的汇编具有信息价值。

企业出版物包括各国厂商出版的单项产品样本、企业产品一览表和企业介绍等。它们分别介绍各厂商产品的性能、规格、外形以及部分内部结构(图片)，企业的各种产品名称，该企业的历史、组织、规模、生产过程、车间及实验室设置等。商业宣传品是各国书店、期刊编辑部、协会或行会等的出版物。由于产品样本是厂商已生产的产品的说明，在技术上比较成熟，对产品的演变、系统化情况以及具体结构、使用方法、操作规程和产品规格都有较具体的介绍和说明，有时还附有较多的结构图片，因而对于编制新产品试制规划、产品设计、试制、造型等都有较大的实际参考价值。产品样本在我国已经日益受到生产、设计等部门的重视。

除上述十大文献源外，现在已有很多电子版、网络版的原生数字文献，可以在网上通过各类数据库查阅。

第三节　化学信息检索系统的建立和发展

上面所介绍的各种文献源只是情报的产生，它们是分散的、无序的。科学工作者欲从如此大量而分散无序的文献中获取自己所需的信息，有如大海捞针，往往是徒劳无功的。即使是同一种期刊，由于多年积累，从中查找所需要的论文也是很费工夫的，因此必须借助检索工具，即文摘、索引、手册等二次文献和三次文献。

二次文献中的文摘始于1778～1803年的*Crell's Chem. J.*所附的论文摘要。第一种专门的文摘期刊则为1830年创刊的《药学文摘》，即后来的德国《化学文摘》。然后英、法各国的化学会志中也开始附有文摘，并陆续推出新的文摘期刊，其沿革大致如下：

1830～1969年德国《化学文摘》*Chem. Zentr.*(或简称C. 原名*Pharm. Centralblatt*)。后

来被美国《化学文摘》(CA)赶超并取而代之，故 1970 年并入 CA。但在它创刊后 100 多年的那段历史时期起过重要作用，所收录文献至今仍有参考价值。

1858～1948 年 《法国化学会志》*Bull. Soc. Chim. Fr.* 附有文摘。

1871～1925 年 英国《化学会志》*J. Chem. Soc.* 附有文摘。

1882～1925 年 英国《化学工业会志》*J. Soc. Chem. Ind.* 附有文摘。

1887～1918 年 德国《应用化学杂志》*J. Angew. Chem.* 附有文摘。

1907～ 美国《化学文摘》*Chem. Abstracts*(CA)创刊，延续至今。

1918～ 法国《化学工业会志》*Chim. & Ind.* 附有文摘。

1926～ 《英国化学文摘》*Brit. Chem. Abstracts*(1953 年底停刊，1954 年起分散发刊)。

1927～ 《日本化学总览》(1964 年改为《日本科学技术文献速报》，J 分册)。

1940～ 法国 *Bulletin Analylique*(1956 年起改为 *Bulletin Signalé tique*)。

1953～ 苏联《化学文摘》*Реферативный журнал*(РЖХ)。

按照普赖斯的小科学、大科学的观点，二次文献是必需的。当某领域期刊数量达到 300 种时就需要整理加工该领域期刊的二次文献[2]。普赖斯的观点若适用于二次文献的话，则二次文献的数量达到 300 种时再加工，就是三次文献应该成为必需。按现代的概念，二次文献本身就是数据库。这样，集中许多数据库、以独自的程序提供服务的计算机检索系统也就应运而生了。

从 20 世纪 60 年代中期开始，二次文献的加工和提供在随后 10～20 年间发生了根本性的变革。世界主要国家提供机读型二次和三次文献的服务方式得到了迅速的发展和普及。

美国 1962 年开始由机器编辑化学题录的 KWIC(Key Word In Context)系统和美国《化学文摘》。最早完成的是 CA Condensates(化学文摘精要)、POST(聚合物科学与技术)和 CBAC(生物化学活性)等的机读数据库。自 1969 年起，开始出版美国《化学文摘》磁带版。

在实现磁带化以前，对化学情报建立二次文献数据库的只有日本、原联邦德国、英国和法国等国家。而在实现磁带化以后，美国就明显地处于领先地位。

到 20 世纪 90 年代，全世界提供联机检索系统的机构已接近 100 家。其中最著名的是美国的 DIALOG 和 ORBIT、欧洲航天局的 ESA/IRS、日本的 JOIS、原联邦德国的 DIMDI、法国的 Questel，以及以美国化学文摘社为首与德国、日本共同开发的跨国国际联机信息系统(STN)等。

联机检索服务后来不再限于那些专门的联机信息检索公司，许多数据库生产者也直接面向最终用户，如美国 ISI 的 Web of Science 数据库、CAS 的 SciFinder 等，借助 Web 化检索平台，直接向互联网使用者提供服务。联机信息检索系统的先进性在于：①它取代了翻阅索引查找所需事项的传统检索方法，利用关键词对众多的文档进行多方面而且迅速的检索；②只要一个文档(数据库)连接包括通信卫星网络在内的国际数据通信网，就能在地球上的任何地点使用。正是第二个特点把信息检索服务推上了现代化的大量生产、大量消费型的经营业务。

联机检索在 20 世纪 90 年代以前是最先进的检索系统。然而到了 90 年代，这种系统又很快被互联网(Internet)所取代和兼并。海底光缆的开通和各地光缆的布设迅速推动了互联网的建成和广泛使用。而且很多通过网络服务的电子型出版物和数据库可以免费共享。现在用户只要掌握网上检索步骤和管道，坐在家里在网上点击，就可以获取所需信息。

第四节　查阅文献与化学工作的关系及意义

科学技术的发明创造需要依靠经验、材料和理论的积累，任何一项创造发明和新理论的建立，都是在前人已经取得成就的基础上进行新的探索，取得新的成果，这是事物发展的客观规律。由此，我们可以把查阅文献与化学工作者的关系及意义概括为以下几点。

一、调查研究，立足创新

任何人从事某一特定领域的学术活动，或开始做一项新的科研工作，都要花费大量的时间，对有关文献进行全面的调查研究，摸清国内和国外是否有人做过或者正在做同样的工作，取得了一些什么成果，还存在什么问题，以避免重复劳动，同时也是为了借鉴、改进和安排自己的工作。只有这样才能做到心中有数，才能有所发现、有所创新、有所前进。

二、拓宽知识面，改善知识结构

新的科学技术使人类社会生产的产业结构处在急剧的变化之中。大批知识密集型的工业相继涌现，边缘科学大量出现，高新技术往往也是多部门协作的结果。随着生产的不断发展，知识需要更新和拓宽。现在狭窄的专业化教育已不适应飞速发展的新形势。

英国情报学家鲁克斯曾提出关于情报与知识的基本方程[2]：

$$K[S]+\Delta I=K[S+\Delta S]$$

式中，$K[S]$为原有的知识结构；ΔI 为情报增量；$K[S+\Delta S]$为新的知识结构。该方程表明，新的知识结构是随着吸收情报量而增加的，而吸收情报量又取决于原有的知识结构。

有人对信息社会的教育系统作过设想，认为在信息社会中最严重的挑战是人才的训练问题。由于电子计算机的广泛应用，教育发生了很大的变革。这种变革体现在以下几个方面：①自学系统将成为信息社会的主要教育形式；②教育强调创造知识，学生可以通过对计算机和信息的利用来创造知识；③教育将成为终身教育，人们必须活到老、学到老，在教育中不断更新知识，适应环境，这使得毕业不再是受教育程度的唯一标志。

另外，据了解，近几年美国的学术界出现一种新思潮，认为随着人类的不断进步，科学技术的高度发展，有必要建立一种所谓通才学。通才学就是要求有较宽的知识面，不仅要掌握理工科渗透的知识，而且还要了解文理科渗透的知识。化学文献检索方法的传授和学习有助于学生和化学工作者为达到上述目的而打好基础。

三、启迪创造性思维

文献资料既是过去经验的总结，又是未来工作的向导，古今中外一切有成就的科学家都是在广泛吸收前人和同代人知识的基础上受到启发而取得成功的。牛顿曾说：“如果我比笛卡尔看得远些，那是因为我站在巨人们的肩上。”文献资料正起着科学研究的千里眼的作用。

现在大学高年级一般设置文献检索课程或检索知识讲座，本书正是帮助学生培养独立获取知识的能力，了解检索的基本知识，引导学生发挥创造力，在一定程度上为学生打开自己动手获取补充知识的大门。这在学生的事业生涯中将会产生极大的效益和深远的影响。

四、提高自学和独立工作能力

现代高等教育的职能已经不再是单纯的知识传授，而必须同时抓智慧的培养，其中包括自学能力、思维能力、研究能力、创新能力、表达能力和组织管理能力的培养。掌握各种文献检索或查阅的方法是提高这些能力的有效途径。

第五节 怎样查阅化学文献

综上所述，化学文献浩如烟海，要迅速准确地检索出符合自己需要的信息，必须讲究文献检索方法，学会各种检索工具(包括手工检索和计算机检索)的使用方法和检索技巧。

一、检索前的思考

为节省时间和精力，要做到有的放矢。检索前必须首先弄清楚下列问题：

(1)明确待查信息的目的，需要查什么，准备做什么用。例如，要查阅的文献信息是学术数据信息还是技术经济信息，对信息急需到什么程度等。

(2)是否已掌握了一定的信息资料？是否仔细研读过？现有的资料中有没有提供可以进一步查找的线索？

(3)查找的时间范围有什么考虑，准备普查还是查近期或者只查某一段时间内的文献？

(4)查找地域范围有什么要求，国内的还是国际范围的，还是只限于某一个或几个国家的？

(5)准备查哪类文献，专利文献、期刊论文，还是所有类型？

(6)用什么检索工具书查最有效？用综合性检索工具还是专业性强的小型检索工具？本单位和本地区有什么可供检索的工具书？分析它们对所查课题的针对性如何。

(7)采用机检或网上检索前是否做过手工检索？准备查什么数据库？制订的机检策略是否准确无误？选定的检索词(主题词、关键词及限定符)是否符合所用文档的规范？

(8)除用主题途径检索外，是否还考虑通过登录号、分子式、化学结构、部分结构、著者、机构名称、专利号等其他途径检索？

(9)准备采用什么方法进行检索？用追溯法还是直接法或其他方法？

(10)检索计划和待查途径，即检索设想是否请有关专家审阅或咨询过？这一点往往是很重要的，它可以帮助少走弯路，避免出现差错。

二、检索中的决断

(1)着手使用某一检索工具(数据库)时，首先要掌握以下几点：①该检索工具的检索途径；②主题索引的结构特点；③文摘著录格式，特别是原始文献的出处；④文摘中的缩写字和符号等。

(2)检索过程中筛选信息必须做到心中有数。

(3)在检索系统和数据库确定的前提下，查全率要求较高的，选择检索词范围要宽一些，专指度要低一些；查准率要求较高的，检索词的主题范围要窄一点，专指度要高一些。

(4)在使用搜索引擎时，应先查看引擎说明，了解查询技巧。网页检索时，一般选择“高级检索”界面，以保证查准率。在完成一次检索时，应使用多个搜索引擎以保证查全率。

(5)仔细记录和保存检索结果，最好用计算机存储，以备建立专题文献资料档案。

(6)查不到适合的信息时，对有间接参考价值的信息也应该记录下来。

(7)查清原始文献在国内外的收藏单位，决定是从网上下载还是其他方式索取。

三、检索后的分析和利用

(1)对收集到的文献资料，经初步鉴别和筛选后，加以分类和排序。

(2)选出重要文献仔细研读，通过分析、对比、推论和综合，进一步判断它们的新颖性和使用价值。

(3)进一步摘录文献中有参考价值的内容。

(4)必要时对获得的文献信息进行归纳(自己留作素材)或写出综述或评论。

四、养成调阅文献的习惯

一位能够熟练查阅和利用化学文献资料的化学工作者往往是同事中的佼佼者。然而，真正做到熟练并不是一件很容易的事，必须熟悉化学文献源及检索的基本知识，还要具备快速阅读的能力。这样的本领绝不是一朝一夕就能练成的。只有结合业务工作实际，随时留意化学信息和动态，精选一些刊物、网站经常浏览和使用，日积月累方能成就。

从事特定专题研究的工作者，养成每月浏览一次 CA(印刷版)的习惯也大有裨益。因为CA 文摘排列次序是很有规律的。相近内容的文摘都是排在同一类目和子目下的。熟知自己关心的类目在每期文摘中的排列位置是很有帮助的。但 CA 文本上不标注子目名称。读者可以查看本书第三章第二节，然后通过日常浏览就可以确定其排列部位。这样对把握课题国际发展动态，紧跟自己关心领域的发展有事半功倍之效。

经常注意查阅文献，并把它纳入自己整个科研活动和学习计划之中，养成一种习惯，这样获取信息的路子会越走越宽，检索技巧会越来越熟练，对文献阅读、分析和利用的能力也会不断提高，个人的知识结构和学术水平也会日渐迈向更高层次。

第六节　数字化网络化发展对化学信息检索的影响

一、数字文献的特点

随着计算机技术和网络技术的迅速发展，尤其是 20 世纪 90 年代伴随 Internet 和 Web 的普及，包括化学文献在内的所有文献普遍经历了数字化、网络化过程，现已在网络上广泛传播和使用。因此，当代化学文献的载体类型不仅包括传统的印刷型、光盘型，而且包括蓬勃发展的、也是越来越重要的网络型。查阅网络文献将成为化学工作者的首选。原生数字信息近年来如雨后春笋般出现，如网上专题讨论、科技论坛等。这类文献信息是动态的、分散的，生存期短，但往往带有创意。数字文献与网络检索技术相结合，使学术文献的利用产生了极大的变化，主要有以下几点：

(1)形态多样化。现代学术文献以纸本、网络、开放获取、流媒体、社交媒体等多种形态同时存在。

(2)信息集成化。学术文献逐渐向门户网站和大型数字文献提供公司集中。

(3)检索手段多样化。用户可以通过计算机、移动设备以及文字、图像、声音等方式获取文献。

(4) 文献内容复杂化。由于网络技术的发展，同一主题的学术文献可能有无数不同观点的内容存在，要获得准确的信息需要更加专业的人员仔细甄别。

二、数字文献的发展

20 世纪 70 年代国际联机检索系统迅速发展成强劲的文献检索工具，其中主要有美国发展的 DIALOG 系统、法国发展的 Questel-Orbit 系统以及美国和德国共建的 STN 系统，它们是享誉世界的三大国际联机检索系统，其中与化学信息检索关系最密切的是 DIALOG 和 STN。

DIALOG 系统建于 1963 年，最初是由美国洛克希德导弹航空公司所属的一个情报科学实验室负责，1968 年开始为美国国家航空航天局(NASA)提供数据服务。1981 年，DIALOG 成为洛克希德的一个子公司，开始独立运营，随后经历多次商业兼并与收购，现为美国剑桥信息集团(ProQuest)的一部分。

STN 系统是美国化学文摘社文献检索系统的一个组成部分，其用户对象主要是科技人员和知识产权人员(详细介绍见第四章)。

大量网络文献的出现使得搜索引擎技术的出现成为必然。搜索引擎(search engine)是以专门网站形式呈现在互联网上的检索系统，是专门为检索设计的网站的总称。搜索引擎的起源可以上溯到 1990 年由加拿大蒙特利尔大学学生 Alan Emtage 开发的 Archie。当时 Web 还未出现，Archie 用于检索分散在各 FTP 服务器上的文件，其工作原理与现在的搜索引擎很接近，就是依靠脚本程序自动搜索网上的文件，然后对相关信息进行索引，供用户以特定方式查询。

搜索引擎与国际联机检索系统的主要差异是：①资源基础不同：搜索引擎主要以网络信息资源为检索对象，而联机系统主要以文献数据库资源为检索对象；②检索技术有别：搜索引擎主要用算法技术支持，联机系统主要以专用技术支撑；③使用要求不一：搜索引擎面向大众，操作简便，而联机系统面向专业用户，需要专门培训。

因此，搜索引擎与国际联机检索系统各有优势：搜索引擎便于使用，用户无需培训可直接用自然词查询；国际联机检索系统数据库资源完善，检索质量及精准性能好。前者占有用户优势，后者拥有资源优势。著名的搜索引擎有 Google、百度、搜狗等。

学术搜索引擎专门为检索学术信息设计，较有特色的代表性搜索引擎，如 Google Scholar、Semantic Scholar、Microsoft Academic 等，均可用于化学相关检索。

三、网络检索的基本概念

下面先简要概括网络检索的一般概念，具体内容详见后续各章。

1. Web

Web 是万维网(world wide web)的简称，也缩略为 www，是 Internet 上发展出的多媒体集成应用。今天，Web 与 E-mail、FTP(file transfer protocol，文件传输协议)一起构成 Internet 上的三大功能群，Web 信息流量已占 Internet 信息流量的 80%以上，绝大多数 Internet 功能都可 Web 化。Web 必将形成继印刷书刊和广播电视后的第三次媒体和传播革命，Web 技术必将深刻影响各行各业的运营模式甚至社会生活的各个方面，信息检索首当其冲。

Web 本质上是用 HTTP(hyper text transfer protocol，超文本传送协议)将一系列网页链接起来而构成的信息集合，网页是其表现形式，相关网页的集合构成网站，网站的第一个页面称为主页。

2. Browser

Browser 意思是浏览器，是浏览 Internet Web 信息的支持软件，是在 Internet Web 环境中工作、操作的必备工具。目前流行的浏览器是 Microsoft Internet Explorer，国内 360 浏览器和国外 Google Chrome 也很普及。

3. URL

URL 是 uniform resource locator（统一资源定位器）的缩写。URL 可看作是计算机文件系统在网络上的扩展，它定义文件在 Internet 上的位置，无论其位于哪台主机、哪个子目录，只要给出文件的 URL 地址，就能在 Internet 信息海洋中准确无误地定位该文件，故也简称为网址。

URL 的一般语法格式为

protocol://hostdnorip[:port/path/file]

其中 protocol 是属于 TCP/IP 的具体协议，可用 HTTP、FTP、Telnet、Gopher、Wais 等，[ ] 内为可选项：port 指端口，path 指路径，file 指文件。例如

（1）http://表示用 HTTP 连通 Web 服务器，此时 URL 的具体格式为

http://hostdnorip[:port/ path/file]

（2）ftp://表示用 FTP 连通 FTP 服务器，此时 hostdnorip 项前还可以加上用户名（userid）和密码（passwd），即 URL 的具体格式为

ftp://[userid:passwd@]hostdnorip[:port/path/file]

（3）telnet://表示远程登录到一个 UNIX 服务器，此时 URL 的具体格式为

telnet://hostdnorip

在浏览器中键入 URL，就能获得 Web 信息。这就是网络浏览或查阅的基本方式。

四、网络文献信息检索技术

网络信息可以通过信息门户网站，如通过化学信息网站（ChIN）选择网络数据库、综合型数据库或专业数据库或搜索引擎进行检索。目前许多大型数据库已相继推出基于互联网技术的 Web 版文献数据库检索系统。网上中文数据库有 CNKI 网络数据库、万方数据库、维普数据库、中国化学文摘数据库、中国化学文献数据库、超星数字图书馆及书生之家等。网上外文数据库，对化学工作者而言首推美国《化学文摘》网络版——CA SciFinder 和 STN（Scientific and Technical Information Network）。其次是美国的 ISI Web of Knowledge，它是一个动态的综合性检索平台，将期刊文献、专利、化合物、基因序列、会议录等多种信息资源结合在一起，并将与其他公司合作的数据库放在此平台上，形成以 Web of Science 为中心的数据库群和 Derwent 专利数据库（DII）。本书后续章节将会较详细地介绍各种检索工具和网络检索平台。

以上把整个化学文献从 18 世纪发展到现在作了一般性的介绍。其中，各种类型文献各有特点、各有所用。例如，了解学科领域的背景数据，宜利用图书资料作为入门指导；进行科学研究，主要利用期刊；探讨最新的研究领域，则多半参考科技报告；研究生做论文，可参

考国内外高等院校有关的学位论文；掌握科技动态，主要利用会议资料；开展技术革新、新产品试制，往往参考专利文献；定型产品的设计和检验，侧重于参考技术标准；进口新式仪器和精密机器设备，需要参考产品样本。及时地了解和掌握国外科学技术的最新情报，使我国的科技工作建立在世界最新成就的起点上，这是我国科技发展的需要。因此，掌握化学文献的查阅方法，学会检索与利用，对于每一个化学工作者来说是必需的基本功。

参考文献

[1] Mellon M G. Chemical Publications, Their Nature and Use. 5th ed. New York: McGraw-Hill Book Company, 1979

[2] 张厚生, 路小闽. 情报检索. 南京: 南京工学院出版社, 1987

第二章　化学核心期刊及门户网站、全文数据库和开放存取资源

第一节　化学核心期刊

期刊也称杂志。按照《韦氏大字典》的定义，期刊是“在规定日期或经一定间隔后出版的杂志或其他出版物”。期刊具有下列几个要素：①定期或不定期出版，每年至少出版一期以上；②每期有连续的卷、期号或年月顺序号；③有相对固定的名称和统一的出版形式、开本以及篇幅；④每期刊登的内容不同。

期刊类型的划分方法很多。按出版周期分，有日刊(通常是报纸)、周刊、旬刊、双周刊、半月刊、月刊、双月刊、季刊、半年刊、年刊、不定期刊等；按报道内容分，有刊登原始文章的一次文献期刊，大部分期刊属于这一类型，文摘、索引等二次文献期刊，综述、评论等三次文献期刊；按文献的学科分，有数学、物理、化学、天文、地理、生物等自然科学期刊以及应用科学期刊，各种人文科学、社会科学以及各种综合性期刊；按载体分，有印刷版、缩微版、磁带版、计算机光盘版及网络版等；按出版机构分，有学术团体的、政府机构的、工矿企业的、商业性出版单位的、信息研究部门的等。

期刊的特点已在绪论中作了简述，主要是出版周期短，传递信息快，及时反映科学技术发展水平，内容比较详尽，参考价值较大。科技工作者，特别是从事研究工作的人员，都必须经常阅读和浏览期刊，以了解本专业的现状和动向，开阔眼界，避免重复劳动。期刊也是科技信息部门采集、加工、报道的主要对象。

根据《乌利希国际期刊指南》(*Ulrich's International Periodicals Directory*)的资料，目前全世界期刊总数估计为 33 万多种，包括 200 种语言的 15 万个出版商的期刊，覆盖 950 个学科。就化学方面来说，美国《化学文摘》(CA)收录了世界上 150 多个国家、56 种文字出版的 9500 多种科技期刊，摘录了世界范围约 98%的化学化工文献，所报道的内容几乎涉及化学家感兴趣的所有领域。其中，大部分期刊是以英文发表的，其次是以俄、德、日、法、中及西班牙等国文字发表的。

目前，大多数期刊，特别是核心期刊和重要期刊，都以印刷版和电子版两种形式出版。

本章所指的核心期刊，早年是指被美国《化学文摘》所选定的 1000 种期刊。现今的科技核心期刊大多以《科学引文索引》(SCI/SCIE)收录为依据。下面选择介绍的核心期刊即按此标准，其中大多也是美国《化学文摘》(CA)所选定的核心期刊。CA 中的一部分期刊虽没有成为当今的核心期刊，但也是历史悠久、学术性较高、专业性较强的学术期刊。

下面将世界各国化学化工期刊分成两大类进行介绍。第一类是综合性期刊；第二类是专业性期刊。这里汇编的内容对于读者决定投稿采集和了解什么样的文献信息数据、使用什么样的期刊有一定方便之处。

一、综合性期刊

本节专列综合性化学类期刊、化学评论期刊和快报简报类期刊。其他可以归口的专业性期刊则分列在后续各节中，以便读者有选择性地阅览。被 CA 或 SCI 收录的期刊会特别标出，列在网址后，如“SCI/0567-7351”表示该刊被 SCI 收录，ISSN 刊号为 0567-7351。重要期刊给出简介，一般期刊列出刊期/ISSN。

1. 综合性化学期刊和化学评论期刊

ISSN（下同）

化学学报（*Acta Chimica Sinica*）（中文版）　(0567-7351)

1933 年 4 月创刊，原名《中国化学会志》，1952 年改为现名并改成中文版，1967～1974 年停刊，1975 年复刊，现为月刊，是中国化学会主办的涉及化学科学各领域的学术性刊物，由中国科学院上海有机化学研究所编辑，科学出版社出版。它主要发表学术价值显著、实验数据完整、具有原始性和创造性的研究成果，以及阶段性研究成果和重要研究工作的最新进展。

化学通报　(0441-3776)

1934 年 1 月创刊，原名《化学》，1952 年 7 月改为现名，1966 年创刊，1972 年停刊，1973 年复刊，现为月刊，是中国化学会和中国科学院化学研究所联合主办的综合性化学学术刊物，由《化学通报》编辑委员会编辑，科学出版社出版。它主要反映国内外化学及其边缘学科的进展和动向，介绍新的基础知识和实验技术，交流科研成果和工作经验。

中国科学：化学（*Science China Chemistry*）（中英文版）　(1674-7224，1674-7291)

1950 年创刊，是中国科学院主办的代表中国最高学术水平的学术期刊。《中国科学》已由早期的 1 辑发展成如今的 17 辑，其中就包括了《中国科学：化学》（中英文版）。现均为月刊，CA 收录中文版，SCI 收录英文版。

科学通报（*Science Bulletin*）（英文版）　(2095-9273)

1966 年创刊，是中国科学院、国家自然科学基金委员会主办的学术期刊，主要报道自然科学各学科基础理论和应用研究方面具有创新性、高水平和重要意义的研究成果。现为半月刊。

中国化学（*Chinese Journal of Chemistry*）（英文版）　(月刊/1001-604X)

高等学校化学学报（*Chemical Journal of Chinese Universities*）（中文版）　(月刊/0251-0790)

高等学校化学研究（*Chemical Research in Chinese Universities*）（英文版）　(双月刊/1005-9040)

化学物理学报（*Chinese Journal of Chemical Physics*）（中文版）　(双月刊/1003-7713)

1988 年创刊，月刊，2006 年起只出版附有中文摘要的英文稿。中国物理学会主办。报道国内外有关化学、物理学科的研究理论和科研成果等。

自然（*Nature*）　(0028-0836)

1869 年创刊，是国际权威学术期刊之一，周刊，发表最具原创性的研究论文（articles）、研究快讯（letters）、研究综述（reviews）等。自然杂志社现在还出版一系列冠名“Nature”的学术期刊，包括 *Nature Chemistry*。

科学(*Science*) (0036-8075)

1880 年由爱迪生投资 1 万美元于 1883 年创刊，1894 年成为美国最大的科学团体“美国科学促进会”(American Association for the Advancement of Science，AAAS)的官方刊物，是国际权威学术期刊之一，周刊，发表最具原创性的研究论文(research articles)、研究报告(reports)、研究综述(reviews)，并分析与研究相关的科学政策等。

美国国家科学院院报(*Proceedings of the National Academy of Sciences of the USA*) (0027-8424)

美国国家科学院院报(缩写 *PNAS*)是美国国家科学院的院刊，也是公认的世界四大名刊(*Cell*，*Nature*，*Science*，*PNAS*)之一。1914 年创刊，发表高水平的学术论文、研究报告、学术评论以及美国国家科学院学术动态等，覆盖物理、化学、生物、医学、大气科学、生态学、社会科学等领域。

美国化学会会志(*Journal of the American Chemical Society*) (0002-7863)

1879 年创刊，初为半月刊，从 1967 年(第 89 卷)起改双周刊，现为周刊，简称 *JACS*，是化学名刊。主要发表化学领域各方面的原始论文与研究简讯，包括普通化学、物理化学、无机与有机化学、生物化学及高分子化学等方面的内容。

英国化学会会志(*Journal of the Chemical Society*) (1477-9226)

1848 年创刊，英国皇家化学会出版。曾名“*Journal of the Chemical Society of London*”(1849～1965 年)及“*Journal of the Chemical Society: A Inorganic, Physical and Theoretical*”(1966～1971 年)。后分道尔顿汇刊(无机化学)、柏尔金汇刊(有机化学，1972～2003 年分Ⅰ、Ⅱ辑，2003 年合并称 *Organic & Biomolecular Chemistry*)、法拉第汇刊(Ⅰ物理化学，Ⅱ化学物理)：

Dalton Transactions: Inorganic Chemistry，ISSN 0300-9246，月刊，1972～

Perkin Transactions Ⅰ: Organic & Bio-organic Chemistry，ISSN 0300-922X，月刊，1972～

Perkin Transactions Ⅱ: Physical Organic Chemistry，ISSN 0300-9580，月刊，1972～

Faraday Transactions Ⅰ: Physical Chemistry，ISSN 0300-9599，月刊，1905～

Faraday Transactions Ⅱ: Chemical Physics，ISSN 0300-9238，月刊，1905～

加拿大化学杂志(*Canadian Journal of Chemistry/Journal Canadien de Chimie*)(英、法文版) (0008-4042)

1929 年创刊，原为月刊，1966 年以后改为半月刊，现为月刊，加拿大国家研究院出版。

澳大利亚化学杂志(*Australian Journal of Chemistry*)(英文版) (0004-9425)

1948 年创刊，月刊，澳大利亚联邦科学与工业研究组织出版。刊载实验化学、理论化学和化工技术方面的研究论文、简讯、评论。

应用化学国际版(*Angewandte Chemie International Edition*) (1433-7851)

1888 年创刊，半月刊，一年 22 期。德国化学家协会编辑。专门刊载理论与应用化学，包括有机化学、无机化学与生物化学的发展，化学分析与试验研究以及核子反应与化学工艺学等方面的论述。副刊《化学与技术新闻》，刊载化学与化工方面的消息、学会动态、新书新刊介绍等。1997 年起增加副刊《化学：欧洲杂志》。

印度化学会会志(*Journal of the Indian Chemical Society*) (0019-4522)

1924 年创刊，月刊，印度化学会刊。主要刊载印度化学家关于有机化学与无机化学、生物化学、物理化学与分析化学、工业化学、化学工程等各方面的原始研究论文。

普通化学杂志(*Журнал общей химии*)　(0044-460X)

1869年创刊，月刊，俄罗斯科学院编，刊载研究文章和简讯。

俄罗斯科学院通报：化学类(*ИАН серия химическая*)　(0002-3353)

1936年创刊，月刊。

门捷列夫化学会杂志(Журнал всесоюзного химического сбщества им Д И Менделеева)　(0373-0247)

1956年创刊，双月刊，刊载研究论文和简讯。1966年起有英文版(*Mendeleev Chemistry Journal*)。

应用化学杂志(*Журнал* прикладной химии)　(0044-4618)

1928年创刊，月刊。俄罗斯科学院编辑。有英文译本。刊载实验与理论方面的论文简讯。

日本化学会志(化学と工业化学)

1972年创刊，月刊，其前身为《日本化学杂志》(1880年创刊1971年)。日本化学会刊。内容分类：①物理化学、工业物理化学；②无机化学、无机工业化学；③络合物化学；④地球化学、宇宙化学；⑤放射化学、核化学；⑥分析化学；⑦有机化学、有机工业化学；⑧天然物有机化学与生物化学；⑨高分子化学、高分子化学工业；⑩化学工学；⑪环境化学。刊载化学和化工技术方面的研究论文与札记。

日本化学会通报(*Bulletin of the Chemical Society of Japan*)(英、法、德文版)(0009-2673)

1926年创刊，月刊。刊载基础化学、工业化学和化学技术方面的研究论文。

化学(*Chemistry*)　(0451-1964)

1946年创刊，月刊，日本化学同人出版，综合性刊物。刊载化学领域的研究论文技术报告和专题讲座。

化学评论期刊主要有：

化学进展(*Progress in Chemistry*)(中文版)　(1005-281X)

1989年创刊，月刊。本刊是我国唯一以刊登化学领域综述与评论为主的学术期刊。报道化学专业国内外研究动向、最新研究成果及发展趋势。

化学评论(*Chemical Reviews*)　(0009-2665)

1924年创刊，原为双月刊，现每年8期，美国化学会出版。主要刊载化学关键领域方面的分析评论性文章，以及关于普通化学、物理化学、无机与有机化学及高分子化学等理论方面最近研究成果的综述。

化学研究述评(*Accounts of Chemical Research*)　(0001-4842)

1968年创刊，月刊，美国化学会出版。主要报道化学各领域基础研究与应用最新进展的分析和评述文章，并讨论新的发现与假说。

英国化学(*Chemistry*)

1965年创刊，月刊，英国化学会出版，主要刊载化学进展现状与动向的文章与评述，并介绍对学科有影响的经济和社会政治因素。

化学会评论(*Chemical Society Reviews*)　(0306-0012)

1972年创刊，月刊，英国皇家化学会出版，主要刊载化学理论与技术问题以及化学进展方面的研究论述。

化学会志，化学通讯(*Journal of the Chemical Society, Chemical Communications*)　(1472-7781，1472-799X)

1972年创刊，半月刊，英国化学会出版。其前身为“*Chemical Communications*”（1965～1968年）及“*J. of the Chemical Society D Chemical Communications*”（1969～1971年）。该刊主要刊载简讯、化学领域中最新重要的成果。出版迅速，其详细论文随后通常在英国化学会志相应部分发表。2003年起合并到“*Organic & Biomolecular Chemistry*”。

纯粹与应用化学(*Pure & Applied Chemistry*)　(0033-4545)

1960年创刊，不定期，为国际纯粹与应用化学联合会(IUPAC)机关刊物，Pergamon出版。主要收载在该会及其分支机构各种会议上提出的报告、论文与特邀讲演，也包括该会所属命名、符号及标准分析程序等。

化学信息学期刊主要有：

化学信息学与建模杂志(*Journal of Chemical Information and Modeling*)　(1549-9596)

美国化学协会1960年创刊。刊载计算机在化学研究和化学情报领域应用方面的技术论文，并兼登软件介绍和书评。涉及数据库检索系统设计、解决化学问题的图论应用、模式识别与群集分析、化学与物理数据分析、分子模拟、计量书目和引文分析等。

2. 快速报道期刊

对研究工作者来说，尽快交流工作经验，尽快得知他人研究进展情况是很有必要的。但一般期刊上发表的文章都是在编辑部收到数月甚至几年以后才刊登出来。

快报类刊物内容比较简短，一般没有具体数据和方法。这类刊物一般在收到稿件后两个月内就予以发表，所以这类刊物所报道的内容是最快和最新的。这种快报简报类很多都附在各刊物中，这种情况在日本和原联邦德国期刊中最为常见。

快报简报类期刊主要有：

中国化学快报(*Chinese Chemical Letters*)(英文版)　(月刊/1001-8417)

化学快报(*Chemistry Letters*)(日、英、法、德文版)　(0366-7022)

1972年创刊，月刊，日本化学会刊。采用快报形式，登载理论化学和工业化学研究方面的重要发现或结论。篇幅不长，每篇不超过四面。多数用英文发表。

化学通讯(*Chemical Communications*)　(1359-7345)

Royal Society of Chemistry出版。

分析快报(*Analytical Letters*)(美)　(0003-2719)

1967年创刊，月刊，现每年出15期，小刊名为“分析化学、电化学临床化学、分析生物化学、环境化学、分离与光谱学方面快速通讯的国际性杂志”，Marcel Dekker出版。内容分为光谱测定、分离、环境分析、色谱法、生物化学分析与临床分析、电化学、总论、其他等。刊载分析领域的简讯、研究成果和重要的新发现。

有机快报(*Organic Letters*)　(1523-7060)

美国化学会主办。

合成快报(*Synlett*)　(0936-5214)

Georg Thieme Verlag出版。

大分子快讯(*Macromolecular Rapid Communications*)　(1022-1336)

John Wiley & Sons Ltd. 出版。

物理化学通讯(*Physical Chemistry Communications*)　(1460-2733)

Royal Society of Chemistry出版。

催化通讯(*Catalysis Communications*) (1566-7367)
Elsevier 出版。
催化快报(*Catalysis Letters*) (1011-372X)
Springer 出版。
四面体简讯(*Tetrahedron Letters*)(英) (0040-4039)
纳米快报(*Nano Letters*) (1530-6984)
American Chemical Society 主办。
材料快报(*Materials Letters*) (0167-577X)
Elsevier 出版。

二、各专业主要期刊

1. 无机化学

无机化学学报(*Chinese Journal of Inorganic Chemistry*)(中文版) (月刊/1001-4861)
无机化学(*Inorganic Chemistry*) (0020-1669)
1962 年创刊，初为双月刊，后改月刊，现为双周刊，年出 26 期。美国化学会出版。刊载无机化学所有领域的理论、基础和实验研究论文与简讯。
无机化学进展(*Advances in Inorganic Chemistry*) (0898-8838)
Elsevier 出版。
生物无机化学杂志(*Journal of Biological Inorganic Chemistry*) (0949-8257)
Springer 出版。
欧洲无机化学杂志(*European Journal of Inorganic Chemistry*) (1434-1948)
Elsevier 出版。
无机生物化学杂志(*Journal of Inorganic Biochemistry*) (0162-0134)
Elsevier 出版。
无机化学通讯(*Inorganic Chemistry Communications*) (1387-7003)
Elsevier 出版。
无机材料学报(*Journal of Inorganic Materials*)(中文版) (双月刊/1000-324X)
多面体(*Polyhedron*) (0277-5387)
1955 年创刊，原名《无机与核化学杂志》(*Journal of Inorganic & Nuclear Chemistry*)，月刊，Pergamon 出版。主要刊载有关无机与核化学的理论与应用问题的研究论文。1973 年(35 卷)起增加小刊名“包括生物无机化学”，内容扩大到具有生物意义的生物配位化合物、含金属与过渡金属的酶、光合成与呼吸原料、生物系统中的过渡金属离子的氧化还原反应、氮固定与光合成的模型系统、前生物现象，以及利用红外光谱、核磁共振与电子自旋共振、穆斯堡尔谱、拉曼光谱、电子跃迁与光电子光谱学的研究等。1982 年改为现名，每年出 27 期。刊载无机化学和金属有机化学领域的研究论文札记。Elsevier 出版。
无机化学学报(*Inorganica Chimica Acta*)(英文版) (0020-1693)
1967 年由意大利巴图亚大学创刊。1974 年改在瑞士出版。初为月刊，现每年出版 32 期，涉及合成、活化性、金属有机化合物、催化反应、电子催化反应、反应机理和分子模型等。现 Elsevier 出版。

无机化学杂志(*Журнал неорганической химии*) (0044-457X)

1956 年创刊，月刊，俄罗斯科学院编辑。刊载无机化合物合成、配位化合物、化学键原理、物理研究方法、无机物理分析等方面研究论文、简讯、学术动态等。

配位化学(*Координационная химия*)(俄) (0132-344X)

1975 年创刊，月刊。

2. 有机化学

有机化学(中文版) (0253-2786)

1980 年创刊，月刊，是中国化学会主办的学术刊物，由《有机化学》编辑部(上海)编辑，科学出版社出版。主要刊载国内外有机化学的新进展(包括新理论、新成果、新技术、新方法)，国内有机化学方面的学术论文与研究成果、研究简报、研究通讯以及学术动态等。

有机化学杂志(*Journal of Organic Chemistry*) (0022-3263)

1936 年创刊，初为月刊，1971 年改双周刊，美国化学会出版。发表有机化学所有分支原始研究和阐述的文章。

四面体(*Tetrahedron*)(英、法、德文版) (0040-4020)

1957 年创刊，初为月刊，1968 年改为半月刊。封面有一小名“迅速发表有机化学方面深刻评论与原始研究通讯的国际性杂志”，Elsevier 出版。主要发表有机化学各方面最新实验与理论研究论文，着重于有机反应、天然产物、反应机理等。

类固醇(*Steroids*)(美) (0039-128X)

1963 年创刊，月刊，国际性刊物，Elsevier 出版。发表类固醇实验与理论研究论文。

有机化学杂志(*Журнал органической химии*) (0514-7492)

1965 年创刊，月刊，俄罗斯科学院编辑。

杂环化合物化学(*Химия гетероциклических соединений*)

1965 年创刊，月刊，拉脱维亚科学院有机合成研究所编辑。

碳水化合物化学杂志(*Journal of Carbohydrate Chemistry*) (0732-8303)

Marcel Dekker 出版。

现代有机化学(*Current Organic Chemistry*) (1385-2728)

Bentham Science Publishers Ltd. 出版。

欧洲有机化学杂志(*European Journal of Organic Chemistry*) (1434-193X)

John Wiley & Sons, Inc. 出版。

碳水化合物研究(*Carbohydrate Research*) (0008-6215)

Elsevier 出版。

有机涂料进展(*Progress in Organic Coatings*) (0300-9440)

Elsevier 出版。

有机金属化学杂志(*Journal of Organometallic Chemistry*) (0022-328X)

1963 年创刊，每年 46 期。几经改变，现在成为既发表原始论文也发表年间总览、专题评论的综合性刊物，其范围大体相当于《化学文摘》的第 29 部分。内容包括元素有机化合物的理论、结构化学、合成、物理和化学特性、涉及反应机理和实际应用等方面。Elsevier 出版。

有机合成化学协会会志

1943 年创刊，月刊。刊载日本有机合成化学协会会员研究有机合成化学合成法和新试剂的综论、论文、报告和数据，并报道业界动态。

3. 分析化学

分析化学(*Chinese Journal of Analytical Chemistry*)　(0253-3820)

1972 年 12 月创刊，月刊，中国化学会主办的专业性学术刊物，由《分析化学》编辑部编辑，科学出版社出版。主要刊载我国分析化学学科的科研成果和先进经验、研究报告、研究简报、仪器装置及实验技术、综述和学科发展水平及动向等方面的文章。

光谱学与光谱分析(*Spectroscopy and Spectral Analysis*)(中文版)　(双月刊/1000-0593)

分析化学(*Analytical Chemistry*)(美)　(0003-2700)

1929 年创刊,原称"*Industrial and Engineering Chemistry, Analytical Edition*",从 1947 年(第 19 卷)起改称现名。半月刊，美国化学会出版。主要刊载分析化学理论与应用方面研究论文、札记与简讯，涉及化学分析、物理与机械试验、有色金属等。另有新仪表、新器械与其他实验设备以及新化学品、新产品等新闻报道。是化学领域一流的计量科学杂志，侧重对现代环境、药物技术和材料科学的实际问题探讨。每年 4 月、6 月、8 月有增刊：4 月出《分析化学述评》特辑，6 月有一期《年评》，8 月出《实验室指南》。

微量化学杂志(*Microchemical Journal*)(美)　(0026-265X)

1957 年创刊，季刊，现每年 9 期。主要发表涉及无机化学、有机化学、生物化学、临床与物理化学等不同部门中、小标度操作的研究性文章。论题包括制备、分离、提纯、测定、痕量分析及各种类型的仪器应用等，另有书评专栏。并侧重报道对现代微量分析技术的革新和在各化学分支的应用。John Wiley & Sons, Inc. 出版。

美国质谱学会会志(*Journal of the American Society for Mass Spectrometry*)　(1044-0305)

Elsevier 出版。

质谱测定法杂志(*Journal of Mass Spectrometry*)　(1076-5174)

John Wiley & Sons, Inc. 出版。

分析化学和生物分析(*Analytical and Bioanalytical Chemistry*)　(1618-2642)

Springer 出版。

色谱杂志 A(*Journal of Chromatography A*)　(0021-9673)

Elsevier 出版。

色谱杂志 B(*Journal of Chromatography B*)　(1570-0232)

Elsevier 出版。

电分析化学杂志(*Journal of Electroanalytical Chemistry*)　(1572-6657)

Elsevier 出版。

分析毒物学杂志(*Journal of Analytical Toxicology*)　(0146-4760)

Preston Publications, Inc. 出版。

分析化学趋势(*Trends in Analytical Chemistry*)　(0165-9936)

Elsevier 出版。

热分析与热量测定杂志(*Journal of Thermal Analysis and Calorimetry*)　(1388-6150)

Springer 出版。

分析化学学报(*Analytica Chimica Acta*)(法文版)(荷)　(0003-2670)

1947 年创刊，Elsevier 出版。

塔兰塔(国际理论与应用分析化学杂志)[*Talanta*(*An International Journal of Pure and Applied Analytical Chemistry*)](英) (0039-9140)

1958 年创刊，月刊，现每年 15 期，Elsevier 出版。刊载分析化学领域的研究论文和简报。

分析师(*Analyst*)(英) (0003-2654)

1877 年创刊，月刊。副刊名为《化学会分析杂志》，是涉及分析化学各分支的国际性刊物。

分析化学杂志(Журнал аналитической химии) (0044-4502)

1946 年创刊，月刊。俄罗斯科学院编辑。有英文译本。

讯号情报，化学类：分析化学，实验室设备(Сигнальная информация, химия: Аналитическая химия, Оборудование лабораторий)

1953 年创刊，半月刊。原全苏科技情报所与原民主德国中央情报文献所合编，现全俄科技情报所编辑。报道新入藏文献的原文题录，报道期不迟于文献收到后 30 天。

分析化学(*Bunseki Kagaku*) (0525-1931)

1952 年创刊，月刊，日本分析化学会出版。

分析(ぶんせき)(*Bunseki*) (0386-2178)

该刊从日文《分析化学》分出，1975 年创刊。日本分析化学会出版，月刊。刊载分析化学及其技术、设备和标准等方面的解说、综论和数据。读者对象从初学者到研究人员。

分析原子光谱学杂志(*Journal of Analytical Atomic Spectrometry*, JAAS) (0267-9477)

1986 年 2 月创刊，月刊。由英国皇家化学会与情报委员会编辑出版。JAAS 重点报道有关分析原子光谱学方面的基础研究论文；新型分析仪器的研制及其在分析实践中的应用；有关原子吸收光谱、原子衍射光谱、原子荧光光谱、原子质量光谱、X 射线荧光衍射光谱等方面的研究论文。同时报道样品制备、试料溶解处理、样品预浓缩方法、统计数据、光谱数据的应用、研究简讯、书评等。

分析化学评论(*Critical Reviews in Analytical Chemistry*) (1040-8347)

1971 年创刊，季刊。评论分析化学领域文献的刊物。Taylor & Francis, Inc. 出版。

4. 物理化学

物理化学学报(*Acta Physico-Chemica Sinica*)(中文版) (1000-6818)

1985 年 2 月创刊，月刊，中国化学会和北京大学共同主办。主要刊载物理化学领域的科学研究成果。

物理化学年鉴(*Annual Review of Physical Chemistry*)(美) (0066-426X)

1950 年创刊，每年 9 月出版。主要发表有关物理化学、化学动力学、光化学、胶体化学以及与之有关的边缘学科方面的研究进展的综述。

物理化学国际评论(*International Reviews in Physical Chemistry*) (0144-235X)

Taylor & Francis, Inc. 出版。

电化学会会志(*Journal of the Electrochemical Society*)(美) (0022-0728)

1902 年创刊，月刊。刊载电化学科学与技术，包括电池、腐蚀、介电与绝缘、电极淀积、工业电解等基础和技术方面的研究论文。

物理化学杂志(*Journal of Physical Chemistry*) (1520-6106)

1896 年创刊，原为月刊，1970 年(74 卷)起改双周刊，现为周刊，并分成 A、B 辑。美国化学会出版。

催化杂志(*Journal of Catalysis*)(美) (0021-9517)

1962年创刊,原为双月刊-月刊,1975年(36卷)起改为每年13期,现每年16期。Academic Press出版。侧重报道多相和均相催化，表面化学加工的催化特征及与催化相关的表面化学和工程学。

催化学报(*Chinese Journal of Catalysis*)(中文版) (月刊/0253-9837)

中国稀土学报(*Journal of Rare Earths*)(英文版) (双月刊/1002-0721)

先进合成与催化(*Advanced Synthesis & Catalysis*) (SCI/1615-4150)

John Wiley & Sons, Inc. 出版。

催化技术(*Cattech*) (1384-6556)

Springer出版。

理论化学学报(*Theoretical Chemistry Accounts*: *Theory, Computation, and Modeling*)(英、法、德、拉丁文版)(德) (1432-881X)

1962年创刊，原不定期，1976年起改月刊，现每年16期。原刊名为“*Theoretica Chimica Acta*”，1997年改为现名。Springer出版。重点刊载量子理论的应用与化学物理问题、量子化学中的一般与分析研究以及新方法的计算研究等。

国际量子化学杂志(*International Journal of Quantum Chemistry*) (0020-7608)

John Wiley & Sons, Inc. 出版。

胶体与界面科学进展(*Advances in Colloid & Interface Science*) (0001-8686)

1967 年创刊，月刊。综述的范围包括界面胶体现象的理论与实验以及与之有关的化学、技术和生化等方面的问题。

物理化学杂志(*Журнал физической химии*) (0044-4537)

1930年创刊，月刊，原苏联科学院编辑。现俄罗斯科学院编辑。

动力学与催化(*Кинетика и катализ*) (0453-8811)

1960年创刊，双月刊，原苏联科学院西伯利亚分院编辑。现俄罗斯科学院编辑。有英文译本，名称为“*Kinetics and Catalysis*”，美国Plenum翻译出版。

结构化学(*Chinese Journal of Structural Chemistry*)(英文版) (0254-5861)

1982年创刊，月刊，2006年改为单一英文版。由中国化学会、中国科学院福建物质结构研究所主办。报道晶体学、量子化学、药物、材料和催化剂等领域物质性能与结构有关的文章。内容涉及有机化学、无机化学、合成化学、结构化学、材料化学、药物化学、晶体学、理论化学等微观物质结构与性能关系研究成果或阶段性成果。

5. 生物化学与医药化学

中国生物化学与分子生物学报 (1007-7626)

1985年2月创刊，双月刊，中国生物化学与分子生物学会和北京大学共同主办的高级学术刊物。原名《生物化学杂志》(*Chinese Biochemical Journal*)。主要报道有创造性的实验性生物化学研究工作成果，应用科学的生物化学研究工作情况，国外先进水平和研究动向的综述。

生物化学与生物物理进展(中文版) (1000-3282)

1961年创刊，1975年复刊，双月刊，中国科学院生物物理研究所和中国生物物理学会共同主办。专门登载我国生物化学、生物物理及分子生物学等方面最新研究成果的创造性论文。

生物化学(*Biochemistry*) (1439-4227)

1962年创刊，双月刊，现每年51期，美国化学会出版。

生物大分子(*Biomacromolecules*) (1525-7797)

American Chemical Society 出版。

生物传感器和生物电子(*Biosensors and Bioelectronics*) (0956-5663)

Elsevier 出版。

绿色化学(*Green Chemistry*) (1463-9262)

生物无机化学杂志(*Journal of Biological Inorganic Chemistry*) (0949-8257)

Springer 出版。

生物分子筛杂志(*Journal of Biomolecular Screening*) (1087-0571)

SAGE Publications 出版。

分析生物化学(*Analytical Biochemistry*) (0003-2697)

Elsevier 出版。

有机与生物分子化学(*Organic and Biomolecular Chemistry*) (1477-0520)

Royal Society of Chemistry 出版。

农业化学与食品化学杂志(*Journal of Agricultural and Food Chemistry*) (0021-8561)

American Chemical Society 出版。

生物有机化学与医药化学通讯(*Bioorganic & Medicinal Chemistry Letters*) (0960-894X)

Elsevier 出版。

生物有机化学与医药化学(*Bioorganic & Medicinal Chemistry*) (0968-0896)

Elsevier 出版。

光化学与光生物学(*Photochemistry and Photobiology*) (1474-905X)

Royal Society of Chemistry 出版。

生物物理化学(*Biophysical Chemistry*) (0301-4622)

Elsevier 出版。

大分子生物科学(*Macromolecular Bioscience*) (1616-5187)

John Wiley & Sons, Ltd. 出版。

食品化学(*Food Chemistry*) (0308-8146)

Elsevier 出版。

现代医学化学(*Current Medicinal Chemistry*) (0929-8673)

Bentham Science Publishers Ltd. 出版。

医药化学杂志(*Journal of Medicinal Chemistry*) (0022-2623)

American Chemical Society 出版。

药学与生物医学分析杂志(*Journal of Phamaceutical and Biomedical Analysis*) (0731-7085)

Elsevier 出版。

食品添加剂与杂质(*Food Additives and Contaminants*) (0265-203X)

Taylor & Francis Inc. 出版。

6. 高分子化学

高分子学报(*Acta Polymerica Sinica*)(中文版) (1000-3304)

1957 年创刊。原名《高分子通讯》，1987 年起改为现名。它由中国化学会和中国科学院化学研究所共同主办，是高分子领域的学术性刊物。反映国内外高分子科学的科研成果，刊载研究论文和研究简讯。内容涉及高分子合成、高分子化学、高分子物理学和物理化学及应用等方面的文章。

高分子科学(*Chinese Journal of Polymer Science*)(英文版) (双月刊/0256-7679)

材料科学技术学报(*Journal of Materials Science & Technology*)(英文版) (双月刊/1005-0302)

新型炭材料(*New Carbon Materials*)(中文版) (双月刊/1007-8827)

聚合物科学杂志，A 辑：聚合物化学(*Journal of Polymer Science, Part A: Polymer Chemistry*)(美) (0887-624X)

1946 年创刊，月刊。从 1963 年起，该刊分成下面四个分册出版：A：聚合物化学；B：聚合物物理学；C：聚合物论文集；D：聚合物评论。1972 年第 10 期又改成下面四个分册：聚合物化学、聚合物简讯、聚合物物理、聚合物论文集。John Wiley & Sons, Inc. 出版。

聚合物降解与稳定性(*Polymer Degradation and Stability*) (0141-3910)

Elsevier 出版。

智能材料与结构(*Smart Materials and Structures*) (0964-1726)

Iop Publishing, Ltd. 出版。

碳水化合物聚合物(*Carbohydrate Polymers*) (0144-8617)

Elsevier 出版。

活性与功能聚合物(*Reactive & Functional Polymers*) (1381-5148)

Elsevier 出版。

大分子材料与工程(*Macromolecular Materials and Engineering*) (1438-7492)

John Wiley & Sons, Ltd. 出版。

生物材料科学杂志：聚合物版(*Journal of Biomaterials Science: Polymer Edition*) (0920-5063)

Vsp Bv 出版。

聚合物和环境杂志(*Journal of Polymers and The Environment*) (1566-2543)

Springer 出版。

高技术高分子(*Polymers for Advanced Technologies*) (1042-7147)

John Wiley & Sons, Inc. 出版。

大分子(*Macromolecules*)

1968 年创刊，双月刊，现每年出 26 期，美国化学会出版。刊载聚合物化学基础研究论文。

生物聚合物(*Biopolymers*)(美) (0006-3525)

1963 年创刊，月刊，现为半月刊。发表有关生物大分子、合成大分子、典型化合物以及物理化学、有机化学和生物物理学方面的原始研究论文，稿件来自美、日、俄、比利时等国，是一国际性刊物。John Wiley & Sons, Inc. 出版。

欧洲聚合物杂志(*European Polymer Journal*)(英) (0014-3057)

1965 年创刊，月刊。刊载合成与天然高分子物质的理论和实验方面的研究论文和简报。Elsevier 出版。

聚合物(*Polymer*)(英)　(0032-3861)

1960 年创刊，月刊，现为半月刊。Elsevier 出版。

国际聚合物(*Polymer International*)　(0959-8103)

1969 年创刊，月刊。1969～1990 年曾用名《英国聚合物杂志》(*British Polymer Journal*)。John Wiley & Sons, Inc. 出版。

高分子化合物(*Высокомолекулярные соединения*)(俄)　(0507-5475)

1959 年创刊，月刊。报导高分子领域重要科研成果，是一本学术性较高的刊物。

高分子化合物简讯(*Высокомолекулярные соединения Краткие Сообщения*)(俄)　(0507-5483)

1959 年创刊，月刊。为《高分子化合物》中的一个独立分册。简要预报科研成果。

大分子科学杂志(*Journal of Macromolecular Science*)　(1060-1325)

1965 年创刊，月刊。1967 年以来分成四个分册：A. 纯化学与应用化学；B. 物理学；C. 高分子物理学与化学评论；D. 聚合物加工工艺。Marcel Dekker 出版。

E-聚合物(*E-Polymers*)　(1618-7229)

European Polymer Federation 出版。

聚合物工程科学(*Polymer Engineering & Science*)(美)　(0032-3888)

1961 年创刊，月刊。原称“*SPE Transactions*”，1965 年起改现名。John Wiley & Sons, Inc. 出版。

聚合物通报(*Polymer Bulletin*)　(0170-0839)

Springer 出版。

光聚合科学与技术杂志(*Journal of Photopolymer Science & Technology*)　(0914-9244)

日本光聚合物技术学会编。

应用聚合物科学杂志(*Journal of Applied Polymer Science*)　(0021-8995)

John Wiley & Sons, Inc. 出版。

1959 年创刊，月刊。该刊的副刊为《应用聚合物论文集》。

7. 材料化学化工

先进功能材料(*Advanced Functional Materials*)　(1616-301X)

John Wiley & Sons, Inc. 出版。

材料化学杂志(*Journal of Materials Chemistry*)　(0959-9428)

Royal Society of Chemistry 出版。

纳米技术(*Nanotechnology*)　(0957-4484)

Iop Publishing Ltd. 出版。

纳米科学和纳米技术杂志(*Journal of Nanoscience and Nanotechnology*)　(1533-4880)

American Scientific Publishers 出版。

纳米微粒研究杂志(*Journal of Nanoparticle Research*)　(1388-0764)

Springer 出版。

材料研究年度评论(*Annual Review of Materials Research*)　(1531-7331)

Annual Reviews 编辑部。

先进材料(*Advanced Materials*)　(0935-9648)

John Wiley & Sons, Inc. 出版。

材料科学进展(*Progress in Materials Science*)　(0079-6425)

Elsevier 出版。

材料化学(*Chemistry of Materials*)　(0897-4756)

American Chemical Society 出版。

有机涂料进展(*Progress in Organic Coatings*)　(0300-9440)

Elsevier 出版。

涂料的研究(涂料の研究)(日)

1950 年创刊，每年 2 期。

颜料协会志(色材协会志)(日)

1927 年创刊，月刊。

美国玻璃评论(*American Glass Review*)　(0002-8649)

1882 年创刊，每年 7 期。

美国陶瓷学会会志(*Journal of the American Ceramic Society*)　(0002-7820)

1918 年创刊，月刊。

美国陶瓷学会通报(*American Ceramic Society Bulletin*)　(0002-7812)

1922 年创刊，月刊。美国陶瓷学会出版。

玻璃物理与化学(*Physics and Chemistry of Glasses: European Journal of Glass Science and Technology Part B**)　(0031-9090)

1960 年创刊，双月刊。英国玻璃工艺学会主办。

英国陶瓷汇刊(*British Ceramic Transaction*)　(0967-9782)

1901 年创刊，每年 6 期。原名《英国陶瓷学会汇刊》(*Transactions and Journal of the British Ceramic Society*)。

世界陶瓷与耐火材料(*World Ceramic & Refractovies*)(英)　(0308-8855)

1925 年创刊，双月刊。原名《耐火材料杂志》(*Refractories Journal*)。1990 年改为现名。

国际陶瓷论坛/德国陶瓷协会报告(*Ceramic Forum International/Berichte der Deutscher Keramischer Gesellschaft*)　(0173-9913)

1920 年创刊，每年 10 期，德英对照出版。原名《德陶瓷学会报告》(*Berichte der Deutschen Keramischen Gesellschaft*)。

玻璃科学与技术(*Glass Science and Technology*)(德)　(0946-7475)

1923 年创刊，月刊。主要用英文出版，附德文摘要。原名《玻璃技术报告》(*Glastechnische Berichte*)。

玻璃物理与化学(*Физика и химия стекла*)(俄)　(0132-6651)

1975 年创刊，双月刊。

耐火材料与工程陶瓷(*Огнеупоры и Техническая Керамика*)(俄)　(0369-7290)

1933 年创刊，月刊。原名《耐火材料》(*Огнеупоры*)。

玻璃与陶瓷(*Стекло и керамика*)　(0131-9582)

1925 年创刊，月刊。俄罗斯国家建材总公司等机构编辑。

耐火材料(日)　(0039-8993)

1949 年创刊，月刊。

陶瓷(セラミックス)(日) (0009-031X)

1966 年创刊，月刊。

水泥与混凝土(セメント·コンクリ　ト)(日) (0371-0718)

1948 年创刊，月刊。

8. 环境化学

环境化学(中文版) (0254-6108)

中国科学院生态环境研究中心主办。

环境科学学报(*Journal of Environmental Sciences*)(英文版) (月刊/1001-0742)

环境科学与技术(*Environment Science and Technology*) (0013-936X)

1967 年创刊，月刊，美国化学会出版。

臭氧层(*Chemosphere*) (0045-6535)

1972 年创刊，每年 30 期，是环境化学的国际性专门刊物，以快报形式报道。文章用英、法、德文等发表。刊载臭氧层研究及与环境有关的化学、生物学与病理学等方面的研究报告。

CRC 环境科学与技术评论(*CRC Critical Reviews in Environmental Science & Technology*) (1064-3389)

1970 年创刊，季刊，原名《化学橡胶公司环境控制鉴定评论》(*CRC Critical Reviews in Environmental Control*)(1970～1991)，CRC 公司出版。每期有三四篇重要评论，对最新进展作系统的评述。

环境科学与技术学会志(*Journal of the Institute of Environmental Sciences and Technology*) (1098-4321)

1958 年创刊，双月刊，原名《环境科学杂志》(*Journal of Environmental Science*)，美国环境科学会出版。

环境情报员(*Environment Reporter*) (0013-9211)

1958 年创刊，报道有关污染控制及环境保护的美国最新法令、工业发展等。

水环境研究(*Water Environment Research*)(美) (1061-4303)

1960 年创刊，月刊。原名《水污染控制联合会会志》(*Journal of Water Pollution Control Federation*)。

毒物与环境化学评论(*Toxicological and Environmental Chemistry Reviews*) (0277-2248)

1972 年创刊，每年 24 期。

应用催化：B. 环境(*Applied Catalysis: B. Environmental*) (0926-3373)

Elsevier 出版。

水环境与技术(*Water Environment & Technology*)(美) (1044-9493)

1989 年创刊，月刊。《水环境研究》的分刊。

水污染控制(*Water Pollution Control*)(英) (0043-129X)

1961 年创刊，1961～1975 年为双月刊，1976 年(第 75 卷)起改为季刊。

水研究(*Water Research*)(英) (0043-1354)

1967 年创刊，月刊。现每年 18 期。

水、空气与土地(*Wasser, Luft und Boden*) (0341-2679)

1956 年创刊，月刊，原名《水、空气与企业》(*Wasser, Luft und Betrieb*)。德国工业用水

与空气净化研究所编辑出版。

空气与废物管理协会志(*Waste Management Association*)(美) (1047-3289)

1951年创刊，月刊。原名《空气污染控制协会志》(*Journal of the Air Pollution Control Association*)。

国际环境分析化学杂志(*International Journal of Environmental Analytical Chemistry*)(英) (0306-7319)

1972年创刊，每年16期。

第二节 化学门户网站

所谓门户网站是指集中了某一类或大量的专业或专门网站的网站，通过它可以进入需要的网站，是检索文献的好帮手。前几年，国内有很多综合性化学化工门户网站为用户提供化学化工文献服务，而外文化学门户网站数量更多，内容也丰富，具有极高的使用价值。但是，现在除了若干特别优秀和历史悠久的专门化学文献提供商和网站之外，其他的相关化学文献门户网站都已经被整合到了综合性的门户网站之中。下面介绍几个主要的与化学有关的信息门户网站。

一、中国科学院文献情报中心

中国科学院文献情报中心(国家科学图书馆)隶属中国科学院，主要为全国自然科学、边缘交叉科学和高技术领域的科技自主创新提供文献信息保障、战略情报研究服务、公共信息服务平台支撑和科学交流与传播服务，同时通过国家科技文献平台和开展共建共享为国家创新体系其他领域的科研机构提供信息服务。近年来，围绕国家科技发展需求及积极建设大数据科技知识资源体系，开展普惠的文献信息服务和覆盖研究所创新价值链的情报服务。在分布式大数据知识资源体系建设以及覆盖创新价值链的科技情报研究与服务体系方面获得了重大突破，成为了支持我国科技发展的权威的国家科技知识服务中心。中国科学院文献情报中心是国际图书馆协会联合会(IFLA)的重要成员。近年来，该中心积极组织、参与高层次专门化国际学术交流活动，目前已经与美国、德国、韩国、俄罗斯等多个国家的文献情报机构建立了稳定的合作关系。

到目前为止，中国科学院文献情报中心已拥有各类型网络数据库153种，其中全文数据库115个(含中文全文数据库9个)，二次文献及工具类数据库36个。全文数据库主要包括Elsevier Science Direct、SpringerLink、Wiley、Taylor & Francis、Nature、Science Online、AIP、APS、ACS、ACM、BioMed、Cold Spring Harbor Laboratory Press、IEEE/IEE Electronic Library、Maney、NRC Research Press、Royal Society、维普中文科技期刊数据库、方正电子图书、CNKI、全球产品样本数据库、中经网权威经济论文库等。

其检索方式比较方便，在主页的“资源集成发现”平台中选择“数据库”，直接输入需要的数据库名称，如“web of science”，检索结果可以指向Web of Science数据库，检索结果前的指示灯用不同的颜色表明用户使用该数据库的权限的不同。“绿色”表示可以访问该数据库(已订购该数据库，或者该数据库为开放获取资源)；“黄色”表示不具备访问该数据库的权限。

如果用户对数据库的信息比较模糊，在“资源集成发现”平台点击“数据库”后，选择搜索框后的“数据库浏览”，在检索结果界面中，根据导航栏左侧不同的浏览方式寻找需要的数据库。

中国科学院文献情报中心网站上列出的所有网络版数据库，并不是无限制地在中国科学院各个院所全部开通。由于各科研院所订购开通的数据库不同，本网站的网络版数据库并不是都可以在本院所内使用。在每一个数据库前都显示一个指示灯，该指示灯可以直观地告诉用户是否可以使用该数据库。

查询某个数据库开通范围的方法为：登录中国科学院文献情报中心网站(http://www.las.ac.cn/)[1]→利用快速检索找到用户关注的数据库→点击检索结果页面中的“详细信息”→点击“查看订购单位”即可查看。

通过主页“查找数据”栏目，在下拉菜单中可以查找图书、文章、期刊、网络数据库等不同类型的文献。

用户可以按学科分类浏览。本网站提供了数学、物理、化学与化工、材料科学、天文、地质、地理、生物、医学、农业、工程技术、电子、计算机、自动化、通讯与信息科学、矿业、航空航天、人文与社会科学、环境科学、生命科学等 39 个学科类别的数据库浏览功能。还可以按数据库类型浏览，主要包括全文、二次文献、工具事实型、数值型、多媒体五个类型。

在本网站还可以检索化学、化工、生命科学等学科科学数据。

二、美国化学会网站

美国化学会(American Chemical Society，ACS，网站 http://www.acs.org/)[2]是全球最大的科技协会，是一个公费的联邦免税机构，其总部位于美国华盛顿特区和俄亥俄州哥伦布市。它拥有超过 16 万名会员，并且是世界上最权威的科技信息来源之一。作为美国国会特许的非营利性机构，ACS 引导全球化学界的潮流，成为世界各地化学家、化工工程师和相关专业人员的首要专业聚集地。

ACS 声称致力于“运用化学的力量去改善人们的生活”。这种理念是由 ACS 董事会通过与学会成员协商后建立起来，并得到采纳的。它与 ACS 的使命宣言“推动化学行业及其从业者前进，以造福地球和人类”相辅相成。这两项宣言充分表达了 ACS 之所以存在的理由，为 ACS 所做的努力提供了一个战略框架。

ACS 出版数量可观的科技刊物和资料，召集重大的学术会议，并提供与化学有关的教育、科技方针和职业发展计划，每年还拨款几千万美元用于石油及相关领域的基本研究。同时，还与广大公众及政策制定者针对化学于生活的重要性进行教育和交流，包括确定新的解决方案、改善公众健康、保护环境和为经济发展作贡献，并在整个过程中起到了领导性的作用。

ACS 在全美有 190 个地方会员组织(会员分支)。这些地方会员组织能让成员们联系到同一地区内的化学家和化学工程师，参与他们居住地附近的活动以促进职业发展，在其小区内说明公众增加对化学的理解，ACS 区域会议由全美各地区的地方会员组织主持召开。ACS 还为其会员提供机会加入其从食品和农业到工业和工程类化学的 33 个专业分支。这些分支说明会员们及时掌握各自专业领域的最新发展动态，关注相关领域的进展，与同行建立联系网络，协助推动与认可其科研项目。

ACS 拥有超过 19 000 位来自美国以外 100 多个其他国家的会员。ACS 刊物内发表的超过 60%的文章及 ACS 所属的化学文摘社（Chemical Abstracts Service，世界上最全面的化学信息来源）发表的过半的资料来自于美国国外。

美国化学会出版有《化学研究报告》、《化学展望》、《美国化学会学报》、《化学理论与计算学报》、《物理化学学报》、《有机化学学报》、《生物化学学报》等 60 余种与化学理论、工程、应用等有关的期刊和连续出版物，为化学领域的研究者提供了坚实的文献基础。

三、其他与化学有关的门户网站

（1）中国化学会（http://www.chemsoc.org.cn/）[3]。中国化学会于 1932 年在南京成立。1959 年，中国化学会与中国化工学会筹委会合并成立中国化学化工学会。1963 年又分为化学、化工两个学会。中国化学会是从事化学或与化学相关专业的科技、教育工作者自愿组成并依法注册登记的学术性、公益性法人社会团体，是中国科学技术协会的组成部分，是我国发展化学科学技术的重要社会力量。

中国化学会期刊集群以学会现有学术期刊为基础，建设化学期刊集群（CCS Publishing），力求以集群化发展模式，克服现有期刊单刊发展的瓶颈和弊端。期刊集群将整合现有期刊，实现平台统一、信息共享、数据积累和跟踪分析各项功能。通过期刊集群建设，集中进行期刊的品牌建设、形象推广和整体营销，将各刊（编辑部）精力集中到致力提高期刊学术质量上。更通过数据的整合，形成中国化学会的独有学术资源及可持续性市场模式，为推动我国学术资源建设发挥作用。

（2）化工化学网（http://hghx.globalbuy.cc/）。这是一个有关化学化工产品与服务的全球采购网，提供化工化学需求信息、化工化学数据分析等。

（3）中国化工网（http://china.chemnet.com/）[4]。这是一个专业的化工网站，提供化工市场行情及化工市场交易信息，可以通过行业细分站和行业数据库查阅，也可通过化学品首字母和 CAS 号进行查询。

（4）元素周期表（https://www.webelements.com/）[5]。该网站由英国谢菲尔德大学建立，是所有有关元素周期表的网站中比较好的。在主页上可以点击任何元素得到该元素的所有性质和其历史的简短描述、来源、化合物、用途和同位素，以及每一种元素的相关网站链接等。

（5）德国化学会网站（https://www.gdch.de/）。

（6）日本化学会网站（http://www.csj.jp）。

（7）Science of Synthesis 数据库（https://science-of-synthesis.thieme.com/app/home）。Science of Synthesis 数据库是德国 Thieme 出版社出版的有机化学合成方法付费电子全文数据库。全部内容由全球 1750 多名化学合成领域特邀专家遴选、审核和更新，几乎涵盖了有机化学和有机金属化学整个领域从 19 世纪早期发展至今的所有合成方法。它是全球唯一一个同时包含合成方法、专家评论全文、实验过程以及精准化学反应路线的电子资源。所有反应都经第三方验证。

数据库内容具体包括：①Science of Synthesis Original Edition：2000～2010 年出版，48 卷内容，化学领域合成方法综述；②Science of Synthesis Knowledge Updates：2010 年起每季度增补，持续跟踪收录化学合成领域最新进展；③Science of Synthesis Reference Library：2010 年起陆续出版的有机合成领域热门专题系列，至今共 10 个专题，随化学合成领域发展不断增加新的专题系列；④Houben-Weyl：最经典的有机化学参考工具书，最早源于 1903 年。

第三节　中英文期刊全文数据库

伴随着数字化和网络化的高速发展，化学期刊也在迅速向数字化方向发展。

许多化学期刊已通过网络提供阅览(有偿服务)，其一般形式是通过高校图书馆、科研图书馆或公共图书馆购买数据库使用权后供相应使用者使用。中文化学全文期刊主要收录在中国知网期刊全文数据库(CNKI)、万方数据库和维普数据库中。外文全文化学化工期刊分布在众多数据库中，主要有：

(1) EBSCO学术期刊集成全文数据库，收录期刊近8000种，其中提供全文的期刊有近4000种。主要涉及工商、经济、信息技术、人文科学、社会科学、通信传播、教育、艺术、文学、医药、通用科学等多个领域。

(2) Elsevier SDOL数据库，共包含约1700种全文科技期刊，其中与化学化工相关的全文期刊300余种，网址为：http://www.sciencedirect.com。

(3) Springer LINK(原Kluwer已并入该数据库)，含有1900种全文科技期刊以及不断扩展的电子参考工具书、电子图书、实验室指南、线上回溯数据库等，其中与化学化工相关的全文期刊200余种，网址为：https://link.springer.com。

单独订阅或参加CALIS组团订阅的各研究单位、各高校师生用户均可通过其单位门户网或校园网查阅。具体检索信息可进一步参阅本书相关内容和相关网站。

一、中文期刊全文数据库

1. CNKI

中国期刊全文数据库(http://www.cnkie.net/)[6]是中国知识基础设施(China National Knowledge Infrastructure，CNKI)工程的一部分，于1995年正式立项。该工程是以实现全社会知识资源传播共享与增值利用为目标的信息化建设项目，由清华大学、清华同方发起，始建于1999年6月。CNKI工程集团经过多年努力，采用自主开发并具有国际领先水平的数字图书馆技术，建成了世界上全文信息量规模最大的“CNKI数字图书馆”，并正式启动建设“中国知识资源总库”及CNKI网格资源共享平台，通过产业化运作，为全社会知识资源高效共享提供最丰富的知识信息资源和最有效的知识传播与数字化学习平台。

CNKI工程的具体目标是：①大规模集成整合知识信息资源，整体提高资源的综合和增值利用价值；②建设知识资源互联网传播扩散与增值服务平台，为全社会提供资源共享、数字化学习、知识创新信息化条件；③建设知识资源的深度开发利用平台，为社会各方面提供知识管理与知识服务的信息化手段；④为知识资源生产出版部门创造互联网出版发行的市场环境与商业机制，大力促进文化出版事业、产业的现代化建设与跨越式发展。

CNKI数字出版平台目前含资源总库、国际文献总库和行业知识服务平台等服务项目，内容涵盖期刊论文、会议论文、专利、标准等几乎所有的文献类型。

在资源总库中，用户可以进行一站式检索，也可以进入不同源数据库进行有针对性的检索。

CNKI的子库中国学术期刊(网络版)[China Academic Journal(Network Edition)，CAJ-N]是世界上最大的连续动态更新的中国学术期刊全文数据库，是“十一五”国家重大网络出版工程的子项目，是《国家“十一五”时期文化发展规划纲要》中国家“知识资源数据库”出版工程的重要组成部分。以学术、技术、政策指导、高等科普及教育类期刊为主，内容覆盖自然科学、工程技术、农业、哲学、医学、人文社会科学等各个领域，收录国内学术期刊 8000 种，全文文献总量 4900 万篇。产品分为十大专辑：基础科学、工程科技Ⅰ、工程科技Ⅱ、农业科技、医药卫生科技、哲学与人文科学、社会科学Ⅰ、社会科学Ⅱ、信息科技、经济与管理科学。十大专辑下分为 168 个专题，收录自 1915 年至今出版的期刊，部分期刊回溯至创刊。

中国学术期刊全文数据库采用 CAJViewer 全文浏览器。它是中国期刊网的专用全文格式阅读器，支持 CNKI 的 CAJ、NH、KDH、CAS、CAA 和 PDF 格式档，可配合网上原文的阅读，也可以阅读下载后的中国期刊网全文。

期刊全文数据库的检索方法如下：

(1) 初级检索。包括以下几种：

导航检索：用户不需要输入任何检索词，只要选择自己关心的栏目名称就能直接查到所需专题的文章。

篇名检索：检索在文章篇名中出现检索词的文章。

作者检索：检索某作者发表的文章。

关键词检索：检索在文章关键词中出现检索词的文章。

机构检索：输入机构名称，检索该单位的作者发表的文章。

中文摘要检索：检索在文章中文摘要中出现检索词的文章。

中文刊名检索：检索某期刊发表的文章。

年检索：检索某年的文章。

期检索：检索某期的文章。

全文检索：检索在文章全文(包括文章全部内容)中出现检索词的文章。

二次检索：对上述任何方式的检索结果，可以在此结果范围内用新的检索词进行逐次逼近检索。

(2) 高级检索。在浏览器基本检索界面中，提供多个检索词检索项目的逻辑组合(与、或)检索(图 2-1)。

(3) 专业检索。利用检索式进行检索(图 2-2)。

2. 万方数据知识服务平台

万方数据知识服务平台(http://www.wanfangdata.com.cn/)[7]是万方数据股份有限公司开发制作的，包含中国学位论文全文数据库、中国数字化期刊群、商务信息子系统、科技信息子系统等。在丰富信息资源的基础上，万方数据还运用先进的分析和咨询方法，为用户提供信息增值服务，并陆续推出企业竞争情报系统、通信、电力和医药行业竞争情报系统等一系列信息增值产品，以满足用户对深度层次信息和分析的需求，为用户确定技术创新和投资方向提供决策。

万方数据中的中国学位论文全文数据库(China Dissertation Database，CDDB)，包括中文学位论文和外文学位论文，中文学位论文收录始于 1980 年，收录中文学位论文共计 524 万多篇，年增 30 万篇，涵盖理学、工业技术、人文科学、社会科学、医药卫生、农业科学、交通运输、航空航天和环境科学等各学科领域；外文学位论文收录始于 1983 年，累计收藏 11.4

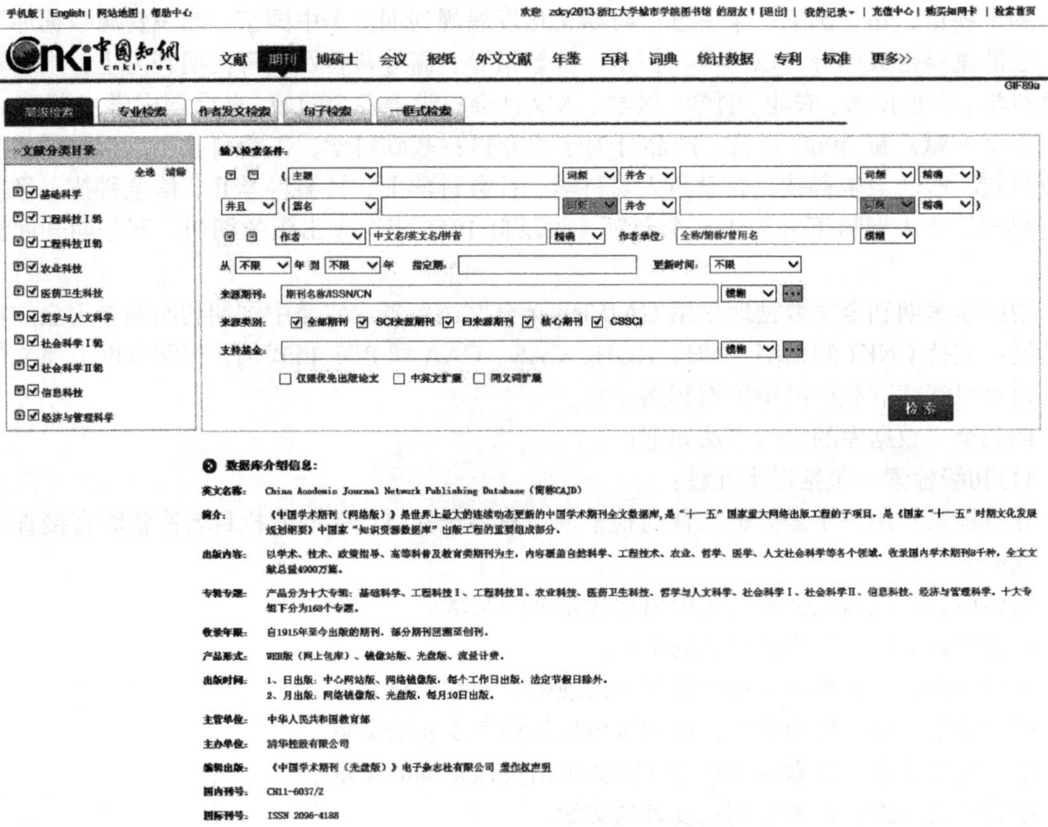

图 2-1　CNKI“高级检索”主页面

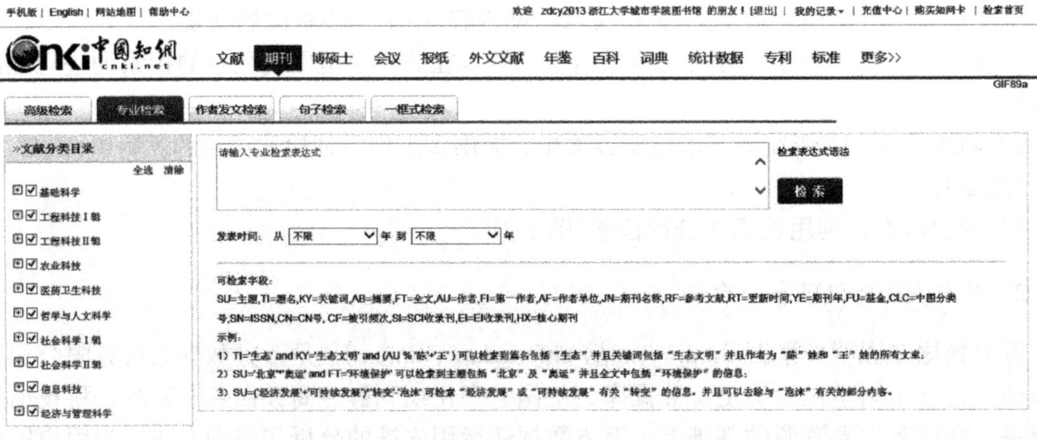

图 2-2　CNKI“专业检索”主页面

万余册，年增量 1 万余册。中国学术期刊数据库(China Science Periodical Database，CSPD)，期刊资源包括中文期刊和外文期刊，其中中文期刊共 8000 余种，核心期刊 3200 种左右，涵盖了自然科学、工程技术、医药卫生、农业科学、哲学政法、社会科学、科教文艺等各个学科；外文期刊主要来源于 NSTL 外文文献数据库以及牛津大学出版社等国外出版机构，收录了 1995 年以来世界各国出版的 20 900 种重要学术期刊。中国学术会议文献数据库(China

Conference Paper Database，CCPD），会议资源包括中文会议和外文会议，中文会议收录始于1982年，收录中文会议论文共计538万多篇，年收集4000多个重要学术会议，年增20万篇全文，每月更新；外文会议主要来源于外文文献数据库，收录了1985年以来世界各主要学协会、出版机构出版的学术会议论文，共计766万多篇。

万方数据知识服务平台的主要检索方法如下：

(1)选择数据库：进入万方数据知识服务平台首页，直接点击选取数据库。

(2)高级检索：选择检索字段，在检索框中直接输入关键词进行检索。

(3)专业检索：专业检索比高级检索功能更强大，需要根据系统的检索语法编制检索式进行检索。

(4)跨库检索：跨库检索中心是万方数据资源统一服务系统检索业务集成系统，用户可按数据库、行业、学科、地区、期刊同时检索多个平台上的多种资源，输入一个检索式，可以看到多个数据库的查询结果，并可进一步得到详细记录和下载全文。与此同时，也可选择单个数据库，针对某种具体资源进行个性化检索。

当用户检索命中记录时，便进入检索结果页面。检索结果页面分为两个部分：二次检索区和结果显示区。二次检索区可以进行二次检索；结果显示区显示本次检索结果的描述信息(总的检索结果记录数、数据库以及单个数据库命中记录数)和按页显示的结果列表(可更改每页显示记录的条数)。

在检索结果页面上点击某条记录的“简单信息”或“详细摘要信息”链接，即进入细览页，可获得单条资源的详细内容和相关文献信息链接。细览页不仅包含了单条资源的详细信息如数据库名、题名、作者、刊名、摘要等，还提供了各相关信息的入口链接(hotlink，即热链)，通过热链可以链接到各字段相关信息页面，细览页面还可以选择不同的显示模式。

系统在单条资源详细信息页面(细览页)提供查看全文连结，点击“查看全文”链接即可下载浏览全文。万方数据知识服务平台的中国学位论文全文数据库、中国数字化期刊群可检索到全文，其余数据库均为题录文摘信息。全文数据库需先下载安装“Acrobat Reader”全文浏览器，可对全文进行下载、打印、复制等操作。通过浏览器可进行OCR文字识别、图文转换等操作。

3. 维普中文期刊服务平台

维普中文期刊服务平台(http://qikan.cqvip.com/)[8]由重庆维普资讯有限公司制作生产，主要用于检索1989年以来中文期刊上发表的全文文献，是一个功能强大的中文科技期刊检索系统，是科研工作者进行科技研究的常用数据库。该平台下的《中文科技期刊数据库》是我国最大的数字期刊数据库之一，收录包括自然科学、工程技术等七大类专业的文献，每一大类下面又可以按专业细分。

维普中文期刊服务平台分为普通用户版和机构专用版，两者版面略有差别，但检索方法基本相同。以下介绍的机构专用版的检索方法主要有简单检索、高级检索等。

(1)简单检索。读者进入维普网(http://www.cqvip.com)首页，在数据库检索区输入需要查找的检索词，点击“检索”按钮即实现简单检索。

在首页可以看到简单检索有多个对象：标题、关键词、作者、机构等，默认为任意字段。简单检索的表达式输入类似于google等搜索引擎，直接输入需要查找的检索词即可。

在检索结果展示区提供了文章的标题、文摘、作者、刊名、出版年期等信息供浏览。如果想浏览更详细的文章信息或者下载全文，可点击文章的标题，进入单篇文章的详细信息展示页面进行阅读。单篇文章的详细信息展示页面上，除了有文章的基本信息（文章标题、作者及所在机构、文章所属期刊、文摘、关键词、文章所属学科分类、文章的相关文献）以外，还提供了评论当前文章、推荐文章给别人、相关文章、相关期刊、关注本文的读者还关注的其他文章、关注本文的其他读者、当前文章所属学科的社区讨论热点问题等附加功能。

(2) 高级检索。在维普网“维普中文期刊服务平台”首页右边点击“高级检索”，即可进入高级检索页面（图 2-3）。高级检索提供了两种方式供读者选择使用：向导式检索和检索式检索。

图 2-3 维普中文期刊服务平台“高级检索”主页

向导式检索为读者提供分栏式检索词输入方法。除可选择逻辑运算、检索项和匹配度外，还可以进行相应字段扩展信息的限定，最大限度地提高了“检准率”。

向导式检索的检索规则为：①检索执行的优先顺序，向导式检索的检索操作严格按照由上到下的顺序进行，用户在检索时可根据检索需求进行检索字段的选择；②关于逻辑运算符，在检索表达式中，逻辑运算符不能作为检索词进行检索，如果用户的检索需求中包含以上逻辑运算符，需调整检索表达式，用多字段或多检索词的限制条件替换逻辑运算符。例如，要检索有关“C++”方面的文献，可组织检索式“(M=程序设计*K=面向对象)*K=C”得到相关结果。

检索式检索是通过直接输入检索式来实现的。在检索框中直接输入逻辑运算符、字段标识等，点击“扩展检索条件”并对相关检索条件进行限制后点“检索”按钮即可。多个检索词之间，用空格或“*”代表“与”，“+”代表“或”，“–”代表“非”。检索过程中，如果检索词中带有括号或逻辑运算符*、+、–、()、《》等特殊字符，必须在该检索词上用双引号括起来，以免与检索逻辑规则冲突。双引号外的* + – ，则系统会将这些符号当成逻辑运算符（与、或、非）进行检索。检索式输入有错时，检索后会返回“查询表达式语法错误”的提示，看见此提示后，可使用浏览器的“后退”按钮返回检索界面，重新输入正确的检索表达式。

相关逻辑组配规则包括：逻辑与(*)、逻辑或(+)、逻辑非(–)。

检索字段：K=关键词　　J=刊名

A=作者　　F=第一作者
S=机构　　T=题名
R=文摘　　C=分类号
U=任意字段

例如，检索有关计算机在催化剂设计中的应用的文献。检索式为：K=(催化剂*计算机)。在“高级检索”页面下的检索条件窗口输入检索式“K=(催化剂*计算机)”。点击“全文下载”窗口，即可获得全文。

检索时，可使用“中英文扩展”和“同义词扩展”来扩大检索范围。例如，输入关键词“土豆”，在扩展功能中点击“同义词扩展”，会提示“春马铃薯、马铃薯、洋芋、洋蕃芋”等同义词供选择。

二、英文期刊全文数据库

1. Elsevier SDOL

Elsevier(爱思唯尔)是全球最大的科技与医学文献出版发行商之一，已有180多年的历史，该公司出版的期刊很多是国际公认的高水平学术期刊，大多被SCI/SSCI收录，属国际核心期刊。Elsevier近年与Pergamon、North Holland、Excerpt Medica等著名出版社合并，将其所属的2500多种同行评议期刊和11 000多种系列丛书、手册及参考书等全部数字化，命名为SDOL(Science Direct On Line)，并于1999年开始通过网络(http://www.sciencedirect.com)向用户提供全文查阅服务，可查阅1995年至今的期刊论文全文。该数据库涉及数学、物理、化学、天文学、医学、生命科学、商业及经济管理、计算机科学、工程技术、能源科学、环境科学、材料科学等学科，与化学相关的类中期刊数量大体如下：

Agricultural and Biological Sciences	133种
Chemistry and Chemical Engineering	220种
Clinical Medicine	271种
Environmental Science and Technology	127种
Life Science	437种
Materials Science	135种

Elsevier SDOL的主页页面顶部提供了快速检索框，列出了几种常见的检索字段，页面左侧为学科分类导航栏，中间为每学科前25位的热门文章浏览选择界面和一些服务的链接，右侧为一些外围功能的链接。

中国高校已经组成中国集团购买了SDOL数据库使用权，参加单位可以通过IP地址控制使用SDOL全文数字资源，其提供的检索阅览途径有：

(1)浏览(Browse)。

通过首页左侧的“Browse”导航栏，可按刊名首字母浏览期刊，也可按学科分类浏览。

(2)快速检索(Quick Search)。

在ScienceDirect任何网页的上端都可看到快速检索(Quick Search)工具，进行四种常用查找。

(3)高级检索(Advanced Search)。

点击页面上方绿色按钮中的“Advanced Search”，显示高级检索页面，选择其中的“Journals”

选项卡，出现期刊内容的检索页面，如图 2-4 所示。

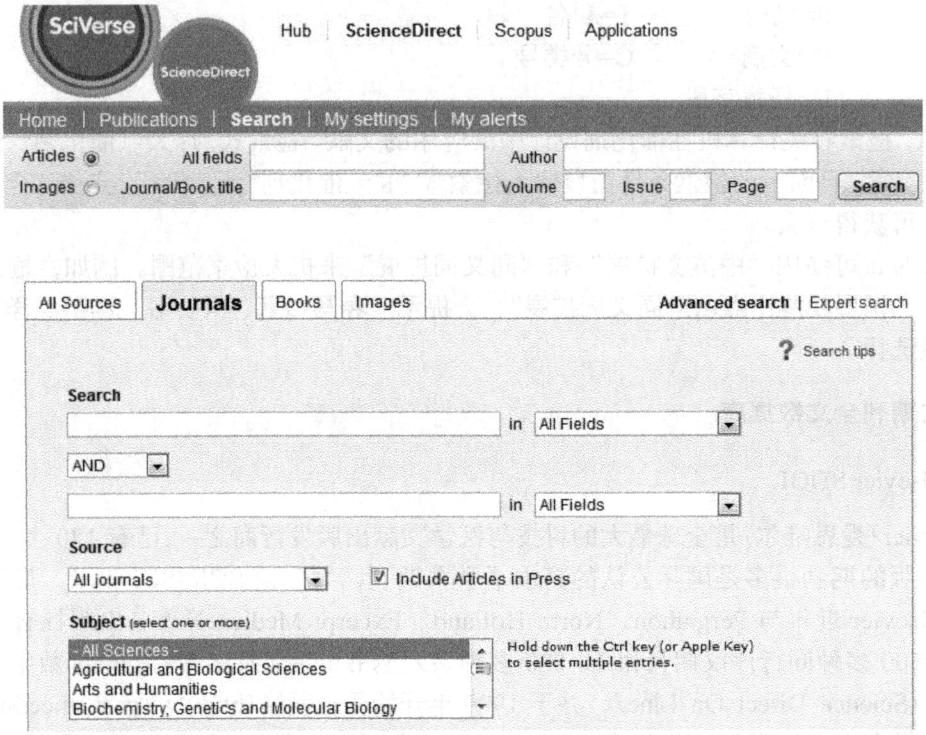

图 2-4　Elsevier SDOL“高级检索”页面

在高级检索页面的 Search 栏可输入两组检索词，提供三种布尔逻辑算符组配 and、or、not，并可选择检索字段，有 Abstract、Title、Author、Journal Name、Full Text 等。然后在 Source 栏选择检索范围为所有期刊还是订购期刊或者登录用户自己收藏的期刊。在 Subject 栏可选择在一个或多个学科中检索，还可限定文献类型。在 Volume、Issue、Page 栏还可以限定期刊的卷、期、页码(图 2-4)。

(4)专家检索(Expert Search)。

点击检索框上方右侧的“Expert Search”进入专家检索页面，如图 2-5 所示。在 Search 栏输入检索表达式，可输入多个检索词，用布尔逻辑算符组配检索。

自 2016 年 1 月 1 日起，ScienceDirect 不再支持 IE8 及其之前的版本，需升级 IE 或改用 Firefox 或 Chrome。

2. Springer LINK

Springer-Verlag(施普林格)是世界上著名的科技出版集团，通过 Springer Link 平台(http://link.springer.com)提供其学术期刊及电子图书的在线服务。2004 年，Springer Link 合并了荷兰 Kluwer 学术出版公司，现有 1500 余种电子期刊并网服务，学科覆盖生命科学、化学、地球科学、计算机科学、数学、医学、物理与天文学、工程学、环境科学、经济与法律等，与化学相关的核心品种包括：

Life Science	104 种
Chemical Sciences	36 种

Geoscience	51 种
Medicine	166 种
Engineering	68 种
Environmental	38 种

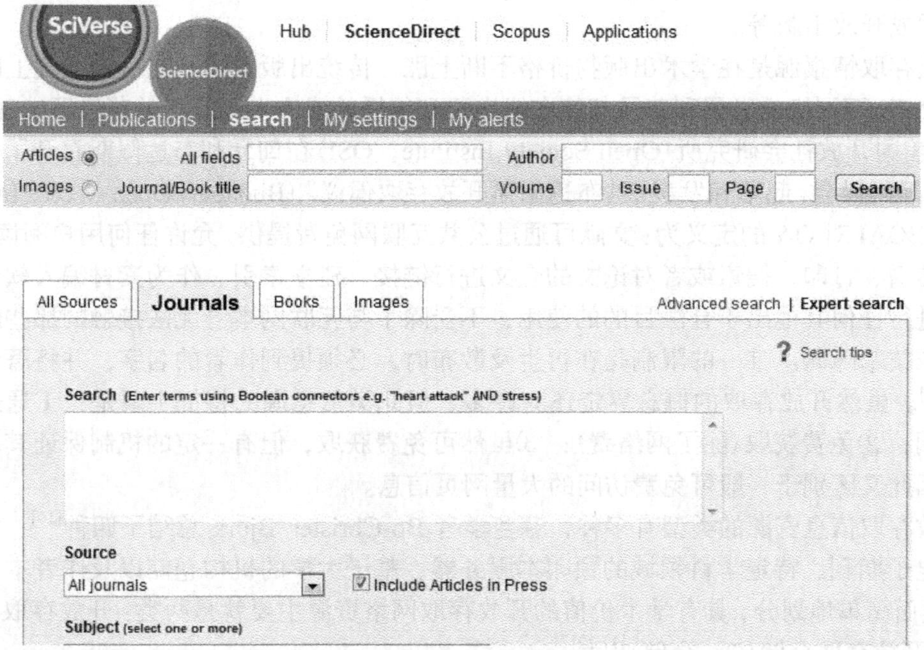

图 2-5 Elsevier SDOL“专家检索”页面

Springer LINK 的主页顶部为简单检索框，页面主体部分左侧为导航栏，可选择按产业或学科分类，右侧自上而下分别是 Springer LINK 的服务宗旨、新书推介、公司近期的活动报道、推荐的期刊和推荐的图书。

Springer LINK 提供高级检索功能，单击页面顶部检索框右边的齿轮图标，即可选择进入高级检索页面。高级检索允许用户使用全单词匹配、短语匹配、至少含一个单词、不含某个单词(逻辑“非”)4 种关键词检索策略，还可以检索题名和作者字段，并限定出版年份。

3. PubMed

PubMed(http://www.ncbi.nlm.nih.gov/pubmed)是由美国国家医学图书馆(The United States National Library of Medicine)国家生物技术信息中心开发研制的基于 Web 的网上医学文献检索系统。该系统具有强大的检索和链接功能，是目前世界上查找医学文献利用率最高的网上免费数据库。它收录了世界上 70 多个国家和地区的 4600 多种重要生物医学期刊的摘要和部分全文，其中 80%以上的文献有英文文摘或全文链接，5%左右可以免费查看全文。数据库每日更新。PubMed 收录的文献包括 MEDLINE、PREMEDLINE 和出版商直接提供的文献数据库。PREMEDLINE 数据库的记录均带有“PubMed-in process”标记，是由正在加工处理中的文献记录组成的数据库；出版商直接提供的文献记录均带有“PubMed-as Supplied by Publisher”标记，该库中的记录每天都在不停地向 PREMEDLINE 传送，一旦被 PREMEDLINE 收录，则改为“PubMed-in process”标记，经标引后转入 MEDLINE。

第四节　开放存取资源

开放存取(Open Access，OA)，国内也翻译为开放获取、开放访问、公开获取、公开取用、开放使用或开放出版等。

开放存取情报源是在学术出版物价格不断上涨，传统出版模式已在一定程度上阻碍了学术信息交流，而网络的发展和普及却使在线出版和传播的成本大大降低的背景下出现的。2001年12月美国开放社会研究所(Open Society Institute，OSI)在匈牙利布达佩斯召开了一次有关OA的国际研讨会，起草和发表了“布达佩斯开放存取倡议”(Budapest Open Access Initiative，BOAI)。BOAI对OA的定义为：文献可通过公共互联网免费提供，允许任何用户阅读、下载、复制、传播、打印，搜索或者对论文的全文进行链接、建立索引、作为素材编入软件，或者对论文进行任何其他出于合法目的的使用，不受除了与互联网本身无法接触的那些障碍之外的法律或技术障碍。唯一的限制是在再生及散布时，必须提到作者的名字，并将著作权归属于作者[9]。虽然开放存取的概念界定还有许多，但此类信息源的特征主要是：①通过网络传播、访问；②免费获取(除了网络费)；③虽然可免费获取，但有一定的机制保证其质量和学术性，因此又区别于一般可免费访问的大量网页信息。

开放存取信息资源的类型有多种，芬兰学者 Bo-Christer Björk 总结了四种[10]：实施同行评审的电子期刊、特定学科领域的预印本服务器、基于大学的机构仓储以及作者本人的个人主页。然而简单地划分，具有学术价值的开放存取网络资源主要就是两类：开放存取期刊(OA期刊)和开放存取仓储(OA仓储)[11,12]。

一、OA期刊

OA期刊提倡用户可以利用网络不受限制地访问期刊论文全文，而OA期刊论文中也有经同行评审的论文，学术质量能够得到保障，因此OA期刊现在已成为期刊文献中一支不可忽视的力量。The Public Library of Science、BioMed Central、SPARC、HighWire Press等都是出版OA期刊的先锋，同时一些著名的出版商也开始涉足这一领域，如Springer的Open Choice项目(2004年)，Bleckwell的Online Open计划(2005年)等。截至2015年12月，瑞典伦德(Lund)大学图书馆创建和维护的OA期刊指南“Directory of Open Access Journal”(简称DOAJ，网址 http://www.doaj.org)已超过10 000种OA期刊，涵盖农业与生物科学、生物和生命科学、化学、历史和考古学、法律和政治学、语言和文学、工程技术等多个主题领域。

值得一提的是，OA期刊已得到著名检索系统的认可并成为其收录对象，至2015年底，Web of Science(WoS)收录的OA期刊12 479种，涉及77个国家；Scopus收录的OA期刊21 671种，涉及100个国家。中国被WoS收录期刊数量全球排名第7，除了美国、英国、荷兰和德国4个学术期刊出版大国外，仅次于法国和日本，但其被WoS收录期刊中OA比例仅9.09%，接近平均水平9.79%；中国被Scopus收录期刊数量全球排名第5，仅次于美国、英国、荷兰和德国，但被Scopus收录期刊中OA比例仅4.84%，远低于平均值13.45%。

二、OA仓储

开放存取仓储(Open Access Archives 或 Open Access Repositories)是开放存取的新兴实践

方式，是为了解决传统出版模式滞后、而且对许多在学术活动中产生的非正式信息（如工作文件、实验数据、电子演示文稿等）不能方便地加以查询利用的问题而诞生的。当前所有可以开放存取的机构库汇集在 OpenDOAR（http://www.opendoar.org）。DOAR 是由英国诺丁汉大学和瑞典伦德大学图书馆于 2005 年 2 月共同创建的，是集开放获取机构资源库和学科资源库目录为一体的检索系统，目前该网站下已收录的开放存取机构库超过 2000 个，其中中国登记的机构知识库有 40 个。

根据内部资源的收录范围和对外开放程度，OA 仓储可以大致分为两类：在学科范围内开放的学科 OA 仓储和机构专属的机构 OA 仓储。

1. 学科 OA 仓储

学科 OA 仓储是按照学科领域进行组织的开放存取仓储，仓储库中的文献可以是电子预印本（Preprint），也可以是后印本（或勘误本，Postprint）。电子预印本是指还没有正式在刊物上发表的论文，一般要比印刷版论文的发表早许多。后印本则是相对预印本的另一种电子文献形式，是已经在期刊或其他公开出版物上发表的文献。针对电子预印本提供的服务往往汇集某个或某几个学科的电子预印本，提供论文从提交、发布、接受同行评审到免费浏览、检索、全文下载等一系列服务。最著名的就是美国洛斯阿拉莫斯（Los Alamos）国家实验室创建、目前由康奈尔大学（Cornell University）维护和管理的 arXiv 预印本仓储（http://arxiv.org/）。

arXiv 涵盖的电子预印本论文主题包括物理学、数学、计算机科学、非线性科学、量化生物学、量化金融和统计学等领域，其中除作者提交的论文外，还包括 *American Physical Society*、*Institute of Physics* 等 12 种电子期刊中的学术论文全文，论文作者在将论文提交 e-print arXiv 的同时，也可以将论文提交学术期刊正式发表。论文一旦在某种期刊上发表，在 e-print arXiv 的该论文记录中将加入正式发表期刊的有关信息。截至 2017 年，arXiv 已包含 129 万多篇预印本论文，并以每月 3000～4000 篇论文的速度递增，可对其进行免费浏览和查询。

国内比较著名的学科 OA 仓储是由教育部科技发展中心主办的“中国科技论文在线”（http://www.paper.edu.cn），可提供对国内 39 类主题的论文进行提交、发布和免费检索并获取全文的服务。

2. 机构 OA 仓储

机构 OA 仓储是机构专属的开放仓储，即机构库（或称机构知识库）。机构 OA 仓储汇集了某个大学、研究机构研究人员在进行学术活动中产生的各种学术信息，提供信息提交、发布、保存、浏览、检索和全文下载等服务，通常由大学、研究机构或大学图书馆、政府部门等创建和维护。

目前应用较广、系统比较成熟的免费软件有如下几个：

（1）Dspace（http://dspace.mit.edu）：由美国麻省理工学院（MIT）开发，提供免费浏览、检索并下载麻省理工学院大多数学科研究人员提交的电子预印本、技术报告、工作文档、学位论文、会议论文以及图像文件等多种学术信息。国内如香港科技大学也用 Dspace 创建机构 OA 仓储（http://repository.ust.hk/dspace/），也可免费浏览、检索并下载其研究人员提交的电子预印本、技术报告、工作文档、会议论文、期刊论文以及演示文稿等学术信息。

（2）Eprints：是英国南安普顿大学设计的、面向研究机构学术信息的开放存取系统，它兼容 OAI 技术，使学术信息更容易被获取，目前已经有 132 家用户。

（3）Fedora（Flexible Extensible Digital Object and Repository Archi-tecture）：由美国弗吉尼亚大学和康奈尔大学联合开发，是面向各种研究机构和网络间互操作的数字图书馆而设计的。与 Dspace 和 Eprints 不同的是，Fedora 没有用户界面，但适用的文件类型相当广泛。

（4）eScholarship：是由美国加利福尼亚州数字图书馆和加利福尼亚大学（简称"加州大学"）图书馆联合开发的。eScholarship 仓储为加州大学各学院、研究机构提供对学术成果的创作和发布的便捷管理，包括电子预印本、学术期刊、同行评审丛书以及电子后印本资料。eScholarship 仓储收录的所有学术研究成果均经过了加州大学各研究机构的严格控制和筛选。

参考文献

[1] 中国科学院文献情报中心网站, http://www.las.ac.cn/
[2] 美国化学会网站, http://www.acs.org/
[3] 中国化学会网站, http://www.chemsoc.org.cn/
[4] 中国化工网, http://china.chemnet.com/
[5] 元素周期表, https://www.webelements.com/
[6] 中国期刊全文数据库网站, http://www.cnki.net/
[7] 万方数据知识服务平台网站, http://www.wanfangdata.com.cn/
[8] 维普中文期刊服务平台网站, http://qikan.cqvip.com/
[9] The Declaration of the Budapest Open Access Initiative. http://www.soros.org/openaccess/read. shtml, 2017-6-6
[10] Björk, B-C. Open Access to Scientific Publications: An Analysis of the Barriers to Change? Information Research: An International Electronic Journal, 2004, OA at http://www.oalib.com/paper/2491021, 2007-6-6
[11] 李武. 开放存取出版的两种主要实现途径. 大学图书馆学报, 2005, (4):58-63
[12] 蔺梦华. 基于 OA 的开放仓储库. 情报资料工作, 2015, (6):62-64, 84

第三章　美国《化学文摘》印刷版

美国《化学文摘》(*Chemical Abstracts*，简称 CA)印刷版从 1907 年起到 2009 年止共出版了 151 卷。虽然 151 卷以后 CA 停止了印刷版，但它在化学文献的发展史中的地位和作用不会过时，主要表现在以下几个方面：

(1)CA 印刷版的出版过程基本就是近现代化学文献的发展历史。它是最早的整理全世界范围内化学文献的最重要的检索期刊。

(2)CA 印刷版收录的化学及与化学相关的学科的文献最全。

(3)CA 印刷版制定的一系列化学文献的著录规范为其后的化学文献的撰写、出版和著录提供了基础。

(4)CA 印刷版为化学物质制定的一套标准命名和 CA 登录号等标准为化学研究和文献的相关规则提供了有力的参考。

(5)CA 印刷版在出版过程中为化学文献进行的整理和分类对研究者整体了解化学及相关学科文献提供了有用的思路。

(6)CA 印刷版在出版过程中研究、开发的一系列检索技术和工具为科研文献的整理、分类、检索提供了多种可能。

因此，虽然现阶段 CA 已经以网络出版的形式生存并开发了其他应用，但印刷版在化学文献检索中的理论指导作用仍然存在。研究者如果了解了 CA 印刷版的基本构架和基本检索思路，对化学文献的检索和把握就会游刃有余。基于此，本书仍保留 CA 印刷版的相关章节。

第一节　百年沿革简史

我们着手修订本书第三版时，恰逢美国《化学文摘》创刊 100 周年。美国化学文摘社(CAS)为纪念 CA 创刊 100 周年，在 Internet 上发布了 CA 百年史简讯[1]。现翻译如下，作为本章的导言。

<u>18 世纪</u>　化学文摘类出版物中，德国的 *Chemishes Zentralblatt* 是在 1830 年最早问世的一部化学文摘。其次是 1863 年创刊的法国 *Bulletin de Socit Chimique de France*。1871 年创刊的美国化学会杂志，1895 年创刊的美国化学研究评论，后者在 1897 年后合并成为美国化学会杂志的附刊，它也是美国《化学文摘》的先驱。

<u>1907 年</u>　1895 年 W. A. Noyes 在美国化学研究评论上开辟了文摘版块，是 CA 的先驱，它认证了这类文摘可以独立出版。Noyes 是 CA 的第一位编者。CA 于 1907 年 1 月创刊，初期在美国国家标准局出版发行，后来迁到伊利诺斯大学香槟分校。创刊第一年总共收录了 12 000 条文摘，到 2006 年，全年收录了 100 万条文摘，形成了鲜明的对照。

<u>1909 年</u>　1909 年 A. Patterson 任 CA 编辑，他应俄亥俄州立大学(OSU)化学系系主任 W. Mcpherson 邀请，把编辑部迁到该校内，与那里的教师们合作编写文摘。

1928～1955 年　CA 编辑部在俄亥俄州立大学内长达 56 年，即 1909～1965 年。在该校内 CA 有数处工作场所。Mcpherson 化学实验室从 1928～1955 年一直是 CA 的“老家”。

20 世纪 50～60 年代　一支世界性志愿者队伍多年为 CA 提供文摘，起了至关重要的作用。为了指导各编辑室之间遵守统一编写规则和规范，CA 编辑 E. J. Crane 自 1935 年 5 月起创办了一份他称之为“小 CA”的内部通报。该通报一直延续到 1955 年。通报中有告示、告诫、鼓励，甚至有他自己写的散文。

1955 年　20 世纪 50 年代中期，CA 工作人员队伍发展壮大，Mcpherson 化学实验室已容纳不下。CAS 与 OSU 合力建造了一座新的 CAS 大楼。CA 在此大楼中从 1955 年工作到 1965 年。如今该校园大楼被称为 Watts Hall。

1956 年　CAS 在 1956 年成为美国化学会的一个业务部门时，Crane 是 CAS 的第一任总编，他是在 1915 年开始做编辑的。凭借深厚的化学命名知识，他把 CA 索引开发成为二次文献的“黄金”标准。

1958 年　Crane 退位后，D. B. Baker 接任总编职务。他的深远眼光不断推动 CAS 的迅速发展和现代化，并和其他信息机构建立起国际性协作关系。

1965 年　CAS 需要扩展更多的用房，以适应出版 CA 所需的人员和设备的扩充。CAS 于 1962 年在大学北面购置了五十英亩土地。1965 年落成 A 大楼。

1965 年　1965 年 CAS 登录号系统的建立是 CA 的新纪元。用登录号认定化学物质就不会再有含糊了。CAS 登录号对化学研究、健康和安全以及许多媒体对化学信息的传递都大有裨益。

1966 年　CAS 管理和技术人员设计出了自动化生产流程，它不仅更有效地生产 CA 的印刷版和索引，而且设置了计算机可读数据库，进而拓展新的服务项目。CAS 是最早采用照相排版技术的。照相后再送去印刷、制作缩微片和磁带版。

1968 年　数据还未输入网以前，CAS 就应用这一有效技术获取计算机可读化学信息。例如，操作人员把物质信息键入 Mohawk 1181 数据记录器，存储在磁带上，磁带是装在辅助计算机上的。

1980 年　CAS Online 正式投入使用。用户，首先是信息专家，可以使用 CAS 登录号数据库。用户用智能图像终端的专门模型——Hewlett Packard 2647A，可以从菜单中选出特征结构，然后用画图法和针法将它们集合在终端监视器上。这些终端会显示出画好的结构图。

1983 年　CAS 和德国 FIZ Karlsruhe 签约，组织国际互联网 STN(科学和技术信息网络)，并于 1984 年投入使用。在当时，这是一个全球性数据库网络的新设想。开始时只有 CAS 数据库和物理短讯可以检索，后来就有一大批信息提供者参与 STN。

1988 年　STN Express 软件提供了桌面上的搜索，并很快成为 STN 用户的优选界面。

1995 年　CAS 推出了网络版 SciFinder 检索工具。科学工作者可以直接进入 CAS 数据库，而不需要学习指令语言。借助它的直观和图像界面，SciFinder 简化了世界科学文献、专利和物质信息的搜索，并起到了可代替部分科研活动的作用。

1997 年　CAS 认识到 Web 可加速和简化查找原始文献(一次文献)，CAS 和 STN 电子服务又推出了 Chemport，它连接期刊全文和专利说明书，从而通过网络检索全文。

2005 年　CAS 不断开发电子服务项目，使科学信息更容易获取和利用。2005 年 CAS 和 FIZ 推出 STN AnaVist，它能从多种角度分析和观察检索结果。

2007 年　CAS 仍在为化学和相关研究引领着高质量信息源，它不断地确立自身的威望。

今天，CAS 数据库“放射”出全世界已公布的研究成果。CA 数据库从期刊和专利文献中收录了 2700 万条文摘，17 000 万条引文，登录号已超过 3100 万种查明分子结构的物质，15 亿种已发现和实验的性质以及 1200 万个反应。

第二节　大类类目和部分子目

随着科学的发展，学科间的划分越来越细。CA 所报道的类目逐年有所变动和增加。第 1～38 卷分为 30 类；第 39～55 卷分为 31 类；第 56、57 卷分为 73 类；第 58～65 卷分为 74 类；从第 66 卷(1967 年)改为周刊后，分为 5 大部分，80 个类目。从 1971 年第 74 卷起，将 5 大部分又划分成两半，交替出版，即逢单期专载生物化学与有机化学两大部分，包括 1～34 类；逢双期专载高分子化学、应用化学与化学工程、物理化学与分析化学三大部分，包括 35～80 类。分类目录只供查当期文摘时使用，如果查过期文摘，则要通过各类索引检索。从 1982 年 96 卷开始，80 个类目中部分类目的内容和名称以及顺序有所变动。下面所列 80 个类目选自最近文本。此外，还选录一部分子目。各大类中的子目在文摘中虽没有载明，但各条文摘都是按子目顺序编排的。了解子目内容，掌握文摘内容的编排层次，对平时有目的地直接浏览 CA，以寻找某一方面的文献是很有好处的。子目层次规律大体上是综述、方法设备、理论概念、性质与测试、单元操作、制备、工艺流程、处理、其他等。

一、大类类目

从 1982 年 86 卷开始至今大类类目没有再变动。

逢单期：

1. 生物化学部分

(1) 药理学
(2) 哺乳动物激素
(3) 生化遗传学
(4) 毒物学
(5) 农业化学的生物调节剂
(6) 普通生物化学
(7) 酶
(8) 辐射生物化学
(9) 生化方法
(10) 微生物生物化学
(11) 植物生物化学
(12) 非哺乳动物生物化学
(13) 哺乳动物生物化学
(14) 哺乳动物病理生物化学
(15) 免疫化学
(16) 发酵及生物工业化学
(17) 食品与饲料化学
(18) 动物营养
(19) 肥料、土壤及植物营养
(20) 化学、历史、教育及文献编纂

2. 有机化学部分

(21) 普通有机化学
(22) 物理有机化学
(23) 脂肪族化合物
(24) 脂环化合物
(25) 苯及其衍生物与稠环化合物
(26) 活性分子及其合成类似物
(27) 单杂原子杂环化合物
(28) 多杂原子杂环化合物
(29) 有机金属与有机准金属化合物
(30) 萜烯和萜类化合物
(31) 生物碱
(32) 甾族化合物
(33) 碳水化合物

(34)氨基酸、肽及蛋白质

逢双期：

3. 高分子化学部分

(35)合成高分子化学
(36)合成高分子物理性能
(37)塑料制造与加工
(38)塑料制品及其应用
(39)合成弹性体及天然橡胶
(40)织物
(41)染料、荧光增白剂及光敏剂
(42)涂料、油墨及有关产品
(43)纤维素、木质素、纸及其他木制品
(44)工业碳水化合物
(45)工业有机化学品，皮革、脂肪及蜡
(46)表面活性剂和去垢剂

4. 应用化学与化学工程部分

(47)装置及工厂设备
(48)单元操作及过程
(49)工业无机化学品
(50)推进剂及炸药
(51)矿物燃料、衍生物及有关产品
(52)电化学、辐射及热能技术
(53)矿物及地质化学
(54)提炼冶金学
(55)黑色金属及合金
(56)有色金属及合金
(57)陶瓷
(58)水泥、混凝土及有关建筑料材
(59)空气污染和工业卫生
(60)废物的处理和清除
(61)水
(62)香精油及化妆品
(63)药物
(64)药物分析

5. 物理化学与分析化学部分

(65)普通物理化学
(66)表面化学及胶体
(67)催化、反应动力学及无机反应机理
(68)相平衡、化学平衡及溶液
(69)热力学、热化学及热性能
(70)核现象
(71)核技术
(72)电化学
(73)光谱、电子能谱和质谱及其他有关性能
(74)辐射化学、光化学及摄影和其他复像过程
(75)结晶学及液晶
(76)电现象
(77)磁现象
(78)无机化学品及反应
(79)无机分析化学
(80)有机分析化学

二、部分子目

选自原化学工业部科学技术情报研究所(现中国石油化工集团公司经济技术研究院)翻译的“美国化学文摘范畴分类表”。CA 每期每条文摘都是按照分类顺序编排的，但子目在印刷本中没有标注出来。读者经常注意自己所需的类目内容，多使用和查阅，就能发现所要阅读的内容在每期文摘中的位置。这对经常关注自己所从事的学科发展有事半功倍的效果。

第 1 类　药理学

(0)综述
(1)方法
分析方法
新的筛选方法
(2)药物代谢
(3)结构-活性

(4)药物相互作用与普通药理学
(5)抗菌剂及杀寄生虫药的作用
(6)抗肿瘤药物及细胞毒素药剂的作用
(7)消炎药物及免疫抗体的作用
抗类风湿药物
消炎镇痛药
免疫抑制药
(8)作用于心血管、血液及肾的药物
抗心律不齐药物
抗高血压药物
抗血凝剂
血液代用品
制尿剂
利尿剂
(9)作用于肠胃及呼吸系统的药物
解酸剂
止泻剂
镇咳剂
抗组胺剂
支气管扩张药
(10)作用于代谢和内分泌紊乱的药剂
抗糖尿病药物
抗胆固醇血药物
抗甲状腺药物
(11)作用于神经系统和行为病变的药物及神经肌肉的药剂
抗交感神经药物
抗惊厥药物
精神治疗药物
麻醉剂
镇痛药
缩瞳药
解痉药
食欲抑制剂
(12)其他(所有无处归属的药剂和作用)
局部皮肤病的药剂
牙科药剂
医疗器材

第 3 类　生化遗传学

(0)综述
(1)亚病毒(胞质遗传体，transposons 植入后果等)
(2)病毒及原核生物(细胞器)基因组
(3)真核生物基因组
(4)异类有机体的 DNA(RNA)的分子无性繁殖及重组合

第 4 类　毒物学

(0)综述
(1)方法(包括分析)
(2)法医化学(包括分析)
(3)化学品(家用、工业用、普通用)
(4)农用化学品
(5)毒液、毒素及毒药
(6)致癌物、致变物及致畸物
(7)酒精及酒中毒
(8)烟草
(9)其他

第 5 类　农业化学的生物调节剂

(0)综述
(1)方法
(2)微生物
杀真菌剂
杀菌剂
杀病毒剂
(3)植物
除草剂
生长调节剂
落叶剂
干燥剂
(4)非脊椎动物
杀虫剂
杀软体动物剂
(5)脊椎动物
灭鼠剂

杀鸟剂
(6)其他

第 6 类　普通生物化学

(0)综述
(1)亚细胞过程
(2)核酸及其组成
核酸核苷酸
核酸嘌呤
(3)蛋白质及其组成
蛋白质氨基酸
多肽
杂蛋白质
染色质
(4)碳水化合物
(5)脂类
(6)膜
人工类脂膜
(7)其他

第 9 类　生化方法

(0)综述
(1)设备及试剂[所有不宜收入子类目 2～10 的新设备或设备的重要改进(任何方法)以及生物制备和试剂]
(2)生物法
生物测定
酶分析
显微法
免疫化学方法
注：免疫方法与其他方法联合使用(如酶免疫、荧光免疫、免疫电泳及辐射免疫)收录在此
(3)色谱法
亲和色谱
液体色谱
柱色谱
气体色谱
凝胶色谱
离子交换色谱
纸色谱
薄层色谱
场流分级
(4)细胞化学法及组织化学法
染剂
染色法
组织制备
(5)光谱法
圆二色性
显色及点滴试验
比色法
结晶法
电子显微光谱
荧光测定
质量光谱分析
浊度测定
亮度法
旋光测定
折射法
自旋示踪
吸收光谱
原子吸收光谱
原子散射光谱
电子自旋共振(ESR)
红外光谱(IR)
发光光谱
质谱
微波光谱
穆斯堡尔谱
核磁共振(NMR)
磷光光谱
拉曼光谱
比浊法
X 射线衍射
光谱测定

第 16 类　发酵及生物工业化学

(0)综述
(1)方法(包括分析)
(2)药品(包括营养品)
(3)酒精饮料

(4)大分子
(5)工业化学品
(6)动植物细胞培养
(7)单细胞蛋白及细胞生长
(8)发酵工程
(9)其他

第 17 类　食品与饲料化学

(0)综述
(1)分析
(2)物理、有机、无机化学以及模型系统
(3)规格及标准(包括美国联邦局注册)
(4)包装、储藏及加工
(5)污染及毒素
(6)添加剂、甜味剂、香料、调味品及糖果
(7)肉、蛋、鱼及海产
(8)牛奶产品包括奶油
(9)脂肪、食油及人造黄油
(10)水果、蔬菜、豆类及坚果
(11)谷类及烘烤面食品
(12)饲料及动物食品
(13)其他

第 41 类　染料、荧光增白剂及光敏剂

(0)综述
(1)概论
(2)显色结构与物理性质
(3)偶氮染料
单偶氮染料
多偶氮染料
甲亚胺染料
(4)蒽醌染料(包括其他多环醌染料)及靛类染料
(5)杂环染料
吖啶
吖嗪
嗪
喹啉
噻嗪
噻唑
呫吨
(6)甲炔及聚甲炔染料
(7)酞菁染料
(8)其他染料及颜料
二芳基甲烷及三芳基甲烷染料
芪染料
硫化染料
内酯染料
氧化碱性染料
亚硝基及硝基染料
(9)染料中间体
(10)荧光增白剂
二氨基芪
其他
(11)摄影用染料，染料中间体及增感剂
菁染料
碳菁染料
二碳菁染料
高级碳菁染料
部花菁染料
氧醇染料
色偶联剂
其他

第 46 类　表面活性剂和去垢剂

(0)综述
(1)概论
(2)肥皂
(3)合成去垢剂
阴离子型(如磺酸盐)
阳离子型(如季铵盐)
非离子型(如烷基苯基醚或聚烷烯乙二醇)
两性电解质型
(4)其他表面活性剂的应用
分散剂
润湿剂
乳化剂
发泡剂

消泡剂

(5)服装成品的洗涤

去垢剂组成

干洗溶剂

洗濯去垢剂

纤维软化剂

(6)洗涤成分

第 59 类　空气污染和工业卫生

(0)综述

(1)分析

(2)一般大气污染物和大气污染

(3)内燃机废气及催化转化炉

(4)工业气体和尾气

(5)工业卫生

(6)其他

第 60 类　废物的处理和清除

(0)综述

(1)生物处理过程

(2)化学处理过程

(3)物理处理过程

(4)非水废物的处理

(5)未处理的和已处理的废物的清除

(6)其他

第 62 类　香精油及化妆品

(0)综述

(1)概论

(2)香精油

分析

提取

离析

分离

(3)理发用制剂

头发组成

洗发剂

做波浪及固定发型药剂

(4)润肤制品

雪花膏和洗涤剂

化妆品

去臭剂

修饰指甲用制剂

(5)香味制品

(6)包装(涉及化学)

(7)牙膏

第 63 类　药物

(0)综述

(1)概论

(2)药物标准

药典

药物及药物制备的标准化

美国食品及药物管理局介绍

联邦注册记录

(3)生物药品

疫苗

血制品

血缘制品

(4)生药制品

植物药品

离析及提纯

(5)制药学

绷带

缝线

人造器官

卫生防护

稳定性

增溶溶解及溶解度

生物有效性与配方的相互关系

物理化学

(6)配方与配料

片剂

注射剂

软膏

溶液

悬浮液

栓剂

(7)修复术

外科植入物及材料

牙科手术及合金
(8)其他
包装
器械
消毒

第 64 类　药物分析

(0)综述
(1)概论
药典
联邦政府活动
(2)天然药材
生物碱
抗生素
苷
类固醇
维生素
(3)合成有机物
(4)无机物

第三节　编排格式与著录内容

一、文摘编排顺序

CA 每一类目中的文摘分成四部分编排，每一部分间用虚线隔开，即先排期刊文章和各种论文的文摘，然后排图书和专题文集的题录，再排专利说明书文摘，最后排与本类目有关的参见目录。每一部分中大体上是内容相近的排在一起。最后一部分参见目录，以前注明为“see also”，即“参见”，76 卷以后改为“For papers of related interest see also sections”和“For patents of related interest see also sections”，即“有关论文的参见部分和条目”和“有关专利的参见部分和条目”。在这部分中只列所属类目顺序号、文摘号和文献题目。例如：

For papers related interest see also sections:

4765z Analysis of explosives by high performance liquid chromatography and chemical ionization mass spectrometry.

42 7556r Comparison of selected conductive polyolefin and lead floorings 等 10 个条目

For patents of related interest see also sections:

25 5615k 3,3″-Diamino or 3,3″-dimethoxyoctanitro-*m*-terphenyl.

27 5794t Highly brominated dibenzofurans

(以上选自 CA87 卷第 2 期 8202 页)

二、文摘编排格式

CA 中文摘的编排格式有过几次变更。1～27 卷是通栏编排的。从 28 卷(1934 年)起，每页分成左右两栏，每栏各编一个页码，两栏中间的空隙分成 9 等份，自上而下用 1～9 的数字标明每条文摘所在的位置。41 卷(1947 年)～55 卷(1962 年)，中间 1～9 的数字改用 a～i 的 9 个英文字母表示。从 56 卷(1963 年)起，又改为 a～h 8 个等份。例如，从索引中查得文摘号“3745g”，即表示该文摘在 3745 页中 g 的位置。

自 1967 年 66 卷起，取消栏号，每条文摘都编有一个文摘号。以卷为单位，全卷按顺序通排。每个文摘号后也有一个英文字母，但它不是表示文摘所在位置，而是供计算机编号时核对用的符号。

三、文摘著录内容和格式

每条文摘著录内容和顺序都是固定不变的。先是英文标题(黑体)、作者、作者所在单位、原始文摘名称、卷、期、页、年份、原始文献文别、文摘正文、文摘员姓名。现将期刊和专利文摘的题录举例说明如下(详细可见 CA 每卷第一期首页说明)。

1. 期刊论文文摘题录形式

JOURNAL-ARTICLE ABSTRACT HEADING

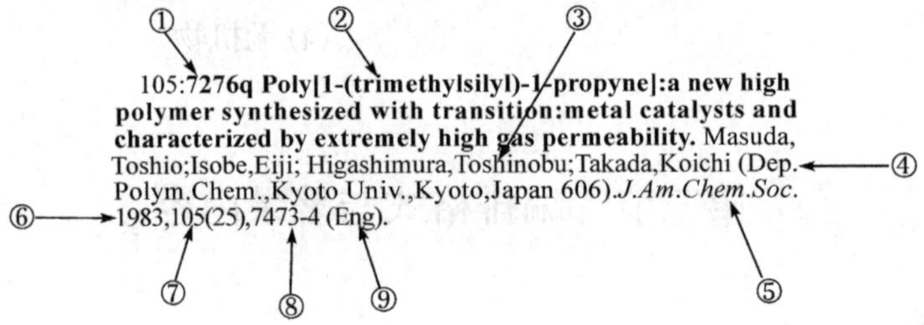

2. 专利文摘题录形式

PATENT ABSTRACT HEADING

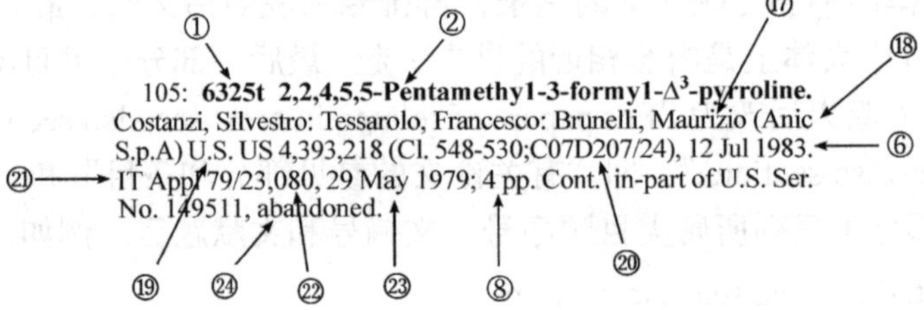

说明:

① 文摘号(黑体),“g”等小写英文字母是电子计算排检核准号。

② 文献标题(黑体)。

③ 论文著者或图书等的编者。

④ 著者单位和地址。

⑤ 期刊论文的刊名缩写,科技报告的报告代号及馆藏文件的识别代码等(斜体)。

⑥ 各类文献的出版年,会议录的会议召开日期,专利文献的公布日期。

⑦ 刊载文献的出版物卷次、期号(括号内)。

⑧ 论文起止页码,科技报告的总页数,专利说明书的页数。

⑨ 原文文种缩写。

⑰ 专利发明者姓名(个人或组织机构)。

⑱ 专利权人(个人或组织机构,用括号括起)。

⑲ 专利国别和专利号。

⑳ 国际专利分类号(若是美国专利,还著录美国专利分类号)。

㉑ 国际标准化组织(ISO)国别代号(CA 各卷专利索引前均有各国专利代号一览表)。

㉒ 专利申请号。

㉓ 专利申请日期。

㉔ 参见专利号或申请号。

第四节　索引及其检索方法

由于化学文献与日俱增，文摘收集条数也越来越多。为便于检索，CA 逐步增出了各种性质的索引，读者可以根据不同情况，通过各种索引，从不同途径查找各自所需的文摘。

CA 出版的索引，按出版时间划分有单期索引、卷索引和 10 卷累积索引 3 种，第 6 次累积索引为 5 卷(51～55)；按索引的性质划分有作者索引、主题索引、分子式索引、专利号索引等 10 种。CA 索引不仅名目多，而且索引的编制规则、选词原则、查找步骤，各个时期也不完全一样。因此，要普查文献时，对各种索引在不同阶段的不同使用方法必须认真研究和摸索。

为便于读者查阅，先将各种索引的增加和变动情况作一简单介绍，然后分别详细介绍它们的编制和使用方法。

(1)单期索引。现在，CA 每期后都附有作者、关键词、专利号(1980 年以前分为专利号及专利号对照索引)3 种索引，但早期没有索引或只有一种作者索引。现将其发展情况列表说明如下：

年份	索引出版情况
1907～1948	没有索引
1949～	作者索引
1959～	作者索引、专利号索引
1964～	作者索引、专利号索引、关键词索引、专利号对照索引

(2)卷索引。列表说明如下：

卷号(年份)	索引增加和变动
1～13 卷(1907～1919)	作者索引、主题索引(其中 6～8 卷有专利号索引)
14 卷(1920)	分子式索引
29 卷(1935)	专利号索引
51 卷(1957)	环系索引
62 卷(1963)	专利号对照索引
67 卷(1967)	杂原子索引(1972 年以后停刊)、登录号索引、索引指南
76 卷(1972)	原主题索引改为普通主题索引和化学物质索引，并分别出版
(1977)	母体化合物手册

(3)累积索引。累积索引是每出全 10 卷累积一次，CA 早期是一年出版一卷，所以称为 10 年累积索引；以后每年出版两卷，即相当于 5 年累积索引。累积索引也有主题、作者、分子式、专利号等 9 种。到现在为止共出版了 15 次累积索引，历次累积索引包括的年限、卷号及索引种类列表说明如下：

累积索引次数	年份	卷数	索引名称
1	1907～1961	1～10	作者、主题
2	1917～1926	11～20	作者、主题
3	1927～1936	21～30	作者、主题、专利号[1)]
4	1937～1946	31～40	作者、主题、分子式[2)]
5	1947～1956	41～50	作者、主题、分子式
6	1957～1961	51～55	作者、主题、分子式、专利号对照索引
7	1962～1966	56～65	作者、主题、分子式和专利号对照索引
8	1967～1971	66～75	作者、主题、分子式、专利号对照、环系索引和登录号索引
9	1972～1976	76～85	作者、普通主题、化学物质、分子式、专利号对照、环系和登录号手册
10	1977～1981	86～95	作者、普通主题、化学物质、分子式、专利号对照、环系和登录号手册
11	1982～1986	96～105	作者、普通主题、化学物质、分子式、专利号对照、环系和登录号手册
12	1987～1991	106～115	作者、普通主题、化学物质、分子式、专利号对照、环系和登录号手册
13	1992～1996	116～125	作者、普通主题、化学物质、分子式、专利号对照、环系和登录号手册
14	1997～2001	126～135	作者、普通主题、化学物质、分子式、专利号对照、环系和登录号手册
15	2002～2006	136～145	作者、普通主题、化学物质、分子式、专利号对照 环系索引 1995 年 122 卷起停刊

1)这次专利号索引包括 1907～1936 年的专利；2)这次分子式索引包括 1920～1946 年的分子式。

一、关键词索引

关键词索引(keyword index)是每期文摘中所附的一种主要索引。在普通主题索引和化学物质索引出版以前，它是查阅每期文摘的主要工具，也是电子计算机检索的主要工具之一。关键词索引的特点是同一关键词条目中，词与词之间没有必然的语法关系。关键词选自文献题目文摘或全文，选词比较自由，不像主题索引那样受检索词规范化的约束。例如，查找“环氧乙烷”的文献，用“ethylene oxide”和“oxirane”两个词作为关键词均可；查找“聚氯乙烯”的文献，可以用“polyvinyl chloride”，“PVC”，“vinyl chloride polymer”，“polymer vinyl chloride”，“chloride”以及聚氯乙烯的各种商品名作为关键词。事实上，在以上各关键词下往往能找到同一条文摘号。由此可知，使用本索引时，必须考虑好要查找的课题，有哪些词(学名、俗名、商品名等各种同义词和相关事项的各种名词)有可能作关键词，然后从多方面进行检索，才能避免漏检。如果有的内容有多个同义词，在一个时期内可能主要用其中某一个词作为关键词。例如，“凝胶渗透色谱法”，有一段时间曾用“GPC”作关键词，后来又改用“gel permeation chromatog”作为关键词，而在普通主题索引中则放在“chromatography”一词下。

二、主题索引

CA 编辑部自称主题索引(subject index)是打开世界化学和化学工程文献的钥匙，是查找 CA 的最主要的检索工具。由于化学文献的迅速增加，主题索引后来又分成了三种索引单独出版，即索引指南(1968 年 68 卷起)、普通主题索引和化学物质索引(1972 年 76 卷起)。也就是说，从 1972 年 76 卷起，不再用主题索引这一名称，而代之以其他三种索引了。我们查阅化学文献，往往不仅要查近期的，而且也要查早期的，因此有必要对早期的主题索引编制原则和使用方法作一简单介绍。

1. 主题索引的编排格式及解释

① **Acetic acid** ⑥[64-19-7]，②**Preparation**

③ by-product from, as flotation agents ⑤P16505,

③ by carbonylation of methanol,

④ catalysts for，⑤24639k

① **Benzoic acid** ⑥[65-85-0]

⑤B1246a，⑤R28695b

⑧——，⑦4-acetyl- ⑥[586-89-0]，⑤5669d

说明：

① 主题词。是根据原始文献内容，从不同角度选出的，一条文摘可以有好几个主题词，多至十几个，也就是说可以从多个角度查到它。可以选作主题词的有元素和化合物名称、反应名称、用途名称(催化剂、防老剂)、化工过程名称、物理和化学性能名称等。查阅某一课题，首先要广开思路，考虑可能出现的主题，同时还应考虑到同义词。

② 副题。排成黑体，位于主题词之后，并列在同一行，它起限定主题范围的作用，如上例中副题"Preparation"，表示有关制备的文摘均归纳在此标题之下。副题分两大类，一类是普通名词，另一类是化学名词、取代基团和官能团等。这两大类分先后次序编排，先排第一类，后排第二类，每类中的副题按字母顺序排列，第一类副题的名词有：分析(analysis)、制备(preparation)、性质(properties)、反应(reaction)、用途及其他(uses and miscellaneous)；第二类副题是：酸(acids)、酐(anhydrides)、化合物(compounds)、酯(esters)、氧化物(oxides)、聚合物(polymers)以及各种取代基团等。

③ 一级说明语。排在主题的下一行，并缩进两格，它用来限定主题和副题的范围，使标题更具体明确。例如，上例中"by carbonylation of methanol"(用甲醇羰化)，表示用甲醇羰化法制备乙酸。

④ 二级说明语。排在一级说明语的下一行，并缩进两格，它用来限定标题和一级说明语的范围，使内容更为详细和明确。例如，上例中"catalysts for"(用于……的催化剂)，全部连贯起来，即表示"甲醇羰化法制备乙酸所用的催化剂"。读者根据两级说明语，不看文摘就可以对文摘内容进行初步筛选了。

⑤ 文摘号。文摘号前的 P、B、R 分别表示该文献为专利、图书、综述。若为一般论文，不标注英文字母。文摘号后的字母，在 65 卷以前，表示该条文摘在栏号中所在的位置；66 卷以后，则表示电子计算机编号时核对用的符号。

⑥ 登录号。为化学组成明确的化合物永久性代号，是 CA 供电子计算机检索文献之用。

⑦ 取代基团。表示为主题的衍生物。

⑧ 省略号。表示与上位名称相同。

2. 主题词的选择原则

读者如果不熟悉主题索引的使用方法，在查阅以前最好先看看 1967 年 66 卷主题索引的引言(subject index-introduction)，引言中对各类主题词的选择原则、主题包含范围都有详细明确的规定。由于引言冗长，读者可以从该引言的目录(contents of introduction)中选出自己要了解的内容进行阅读，它可以帮助读者确定和寻找指定课题的主题词，避免盲目翻阅，徒劳无功。

由于篇幅关系，对于各类主题的选择原则在此不作赘述，仅将引言中的主要类目介绍如下(为使读者容易理解，编者采取意译，以供参考)：

(1)复杂有机物名词变成主题词的原则(derivation of a compound name)。

(2)染料、酯、示踪化合物、金属和非金属氢化物、分子加成化合物、聚合物、立体化学等的命名原则。

(3)天然产物的命名原则。

(4)无机物命名原则。

(5)集合名词(concepts)的使用原则，如合金、染料、聚合物等无具体化合物名称的集合名词。

(6)分析主题词。

(7)生物研究方法主题词。

(8)物理性质主题词。

(9)各类反应名称主题词。

(10)用途名称主题词。

此外，该引言中还有六个附表，可供读者确定英文主题名称时查阅之用：

附表Ⅰ 官能团排列顺序

附表Ⅱ 数字词头

附表Ⅲ 按字母顺序排列的有机基团

附表Ⅳ 按分子式排列的有机基团

附表Ⅴ 按字母顺序排列的无机基团

附表Ⅵ 按分子式排列的无机基团

三、化学物质索引和普通主题索引

化学物质索引(chemical substance index)和普通主题索引(general subject index)是原主题索引分编的两种索引。它们创刊于 1972 年 76 卷，是姊妹篇。化学物质索引是原主题索引中组成明确的各类物质，即可以用分子式表示的化合物。它所包括的主题内容有各种元素，化合物及其衍生物，各种金属的合金，各种矿物，各种化合物的混合物和聚合物，各种抗生素、酶、激素、蛋白质及多糖，基本粒子，用代号和商品名称定名的物质等。凡登录号索引中有的物质均列入本索引。

普通主题索引包括所有不适合列为特定化学物质的主题词，如某一类物质、组成不完全明确的物质和材料、物理化学概念和现象、性质、反应、工艺设备和操作、应用、生物化学、动物和植物的普通科学名词等。

这两种索引的编排格式与原主题索引相同，在此不再赘述。

从 1972 年 76 卷开始，CA 的检索系统有很大的变动。各类主题词的选择规则、化合物命名原则都有新的规定。很多课题按照老方法查不到了。

例如，76 卷起，把 aniline 改为 benzenamine；diethylamine 改为 ethanamine，*N*-ethyl；methylamine 改为 methanamine，各类化合物都有类似的修改。

又如，乙丙橡胶、乙烯丙烯二烯三元胶。在 75 卷以前，要从 ethylene，propylene，diene，rubber 甚至 ethene，propene 等角度去查，才能把有关乙丙橡胶的文献查全。从 76 卷起，规定二元胶只查 rubber、ethene-propene，三元胶查 rubber、synthetic。

对于 polymers，plastics and elastomers，76 卷起也有新的规定，特定化合物的高分子材料在特定化合物项下查。较重要的常见主题在普通主题索引中查，如 acrylic polymers，aminoplastics，epoxy resins，polyamids，polyesters，polyoxyme-thylene，siloxanes and silicones，urethane polymers。

合成纤维及其纺织品在 synthetic fibers 下查，或者在各种具体品种下查，如 acetate fibers（醋酸纤维），polyamide fibers（聚酰胺纤维），rayon（黏胶纤维），spandex fibers（弹力纤维）等。

弹性体都在 rubber 的副标题下查。例如：

rubber，natural（天然橡胶）

——，butyl（丁基橡胶）

——，nitrile（丁腈橡胶）

——，synthetic（合成橡胶）

上述情况在 75 卷以前各个角度最好都查，才不至于遗漏。另外，对于一些有共性的方法、性质及反应等也有一定的规定。例如，色谱分析（chromatography），对特定化合物用色谱法分析，在特定化合物项下查；色谱分析新的理论、方法和仪器则在 chromatography 这一主题下查。对黏度（viscosity）的研究，对特定化合物黏度的研究在特定化合物项下查，如 polypropylene viscosity 的研究，在 1-propene，polymers 主题下查；研究黏度的新理论、计算或测定方法则在 viscosity 这一主题下查。

又如，氯化（chlorination），对于特定物质的氯化在某特定物质主题下查。若为多种物质的氯化，则在 chlorination 这一主题下查。既有氯化（chlorination）又有溴化（bromination），则要在卤化（halogenation）这一主题下查。

因此，使用这两种索引，最好先看看 76 卷索引指南（index guide）。当翻开 76 卷以后的各卷索引时，每一页的右上角都有用黑框框起来的醒目提示：

consult index guide before using index	或	consult Vol.76 index guide and most recent supplement before using index

意思是提醒读者在查索引前要参见索引指南或最新索引指南的补篇。有关 76 卷以后命名的变化，本章在下面还要重点介绍。

检索方法举例：

如果读者要查乙二醇的有关文献，根据习惯，很自然会想到从“glycol”或“ethylene glycol”这两个主题词去查。然而现在用这两个主题却查不到了。因此，必须查询索引指南，它会告诉读者：ethylene glycol see 1, 2-ethanediol，就是说要用“1, 2-ethanediol”这一主题词查。

如果读者还想进一步了解整个醇类的变化原则，则要看 76 卷索引指南的引言部分（introduction），或 86～95 卷索引指南的附录。由于引言和附录十分冗长，内容包罗万象，全部阅读是有困难的，而且对于不是专门从事文献工作的读者，也没有必要全部阅读，因此读者可以选读引言中的某些章节和段落。例如，先看第Ⅳ章 G 节，“76 卷变化摘要”（ⅣG：summary of volume 76 changes）或 86～95 卷附录Ⅳ的 G 节，“追溯、检索用的化学物质名称”的目录，从目录中找出自己要看的条目。例如，乙二醇就要看醇类和酚类（alcohols and phenols，229）这一条。229 条明确地规定了醇类和酚类的新命名原则。

此外，也可以先从76卷的K节“化学物质索引主题词的选择”(K: selection of index names for chemical substances index)中找出有关的类目，或者从86～95卷附录Ⅳ的最后一节“本附录索引”中找出有关的类目(见索引指南)，即可找到醇类和酚类的选题原则。

四、索引指南

索引指南是1968年第69卷起创刊的。它是主题索引的辅助工具，76卷以后则是化学物质索引和普通主题索引的辅助工具，以前各卷是直接分散地编排在主题索引之中的参见条目。由于化学文献数量剧增，CA主题索引篇幅也随之增多。为了压缩主题索引的篇幅和便于使用，便将其中的参见、同义词、说明语、结构式抽出，编成此索引指南，单独刊行。

索引指南的主体是按字母顺序编排的参见词表。从86卷起，外加四个附录：Ⅰ. 普通主题词词族表；Ⅱ. CA各类索引的编制和使用；Ⅲ. 普通主题词的选择；Ⅳ. 化学物质的命名原则及检索主题词的选择。后三个附录在76卷中是作为引言中的三个小节。该指南到2007年已出版了第15次累积本，其累积期为2002～2006年。

索引指南的用途如下：

(1) 凡在主题索引中找不到的名称，用此索引指南可以找到统一主题词。例如，$CH_3COCH_2CH_3$ 这个酮，英文有几种名称：methylethyl ketone(甲基乙基甲酮)、methyl acetone(甲基丙酮)、acetylethane(乙酰基乙烷)、2-oxobutane(2-氧代丁烷)、2-butanone(2-丁酮)等。假如不知道主题索引或化学物质索引中统一采用哪一个名称，则应该查询索引指南。在索引指南中，在ketone，ethylmethyl；acetone，methyl等名称下，均可查到“see 2-butanone”字样。这就是说，用“2-butanone”这一统一主题词，根据这一名词就可以查到有关文献。

(2) 索引指南还指出相关主题。所谓相关主题，就是内容相近或同一类属的主题。凡相关主题，指南中用“see also”(还可参见)表示。这就是说除从统一主题词角度检索外，还可以从一些相关词角度检索，这样才不至于遗漏。例如：

chlorination(氯化作用)

see also
halogenation(卤化作用)
chlorine，reactions(氯的反应)

意思是说，除从“chlorination”角度检索以外，还要再查“卤化作用”和“氯的反应”。

又如：

petroleum refining catalysts(石油精炼催化剂)
see also
craking catalysts(裂解催化剂)
hydrocraking catalysts(氢化裂解催化剂)
hydrogenation catalysts(氢化催化剂)
reforming catalysts(重整催化剂)

附表3-Ⅰ 普通主题词词族表的用途

该词族表是第86～95卷的索引指南中新增加的内容。它由“词族表”和“词族表索引”两部分组成。其作用是便于确定规范化检索主题词和选择族内有关的词。该词族表对检索者编制电子计算机检索策略很有说明。在检索过程中，如果检出文献量很少，可能是由于检索主题词太专指，则可通过该词族表查出较泛指的名词。反之，也可通过该词族表查出较专指的名词，以提高检索的命中率。

下面是词族表的样例：

50　　SOLIDS

a Amorphous substances

Crystals

·Crystal defects

··Color centers

··Impurities and Impurity centers

··Paramagnetic centers

··Stacking fault energy

·Crystal field

·Crystal form

··Crystal dendrites

··Crystal whiskers

·Crystallinity

·Crystallites

·Crystallization

··Crystal growth

① 最泛指的检索主题词。

② 专指性提高的检索主题词(圆点表示上下等级关系，圆点越多表示专指性越强)。

词族表索引是词族表的辅助工具。如果在词族表索引中找不到要查的词，则必须先查索引指南。例如，“stacking fault”一词，在词族表索引中是查不到的。因为它不是规范化的名词，所以必须先查索引指南，在索引指南中找到：

stacking faults

　　see crystal defects

说明后者是规范化主题词。根据 crystal defects 查词族表索引，得

crystal defects，50a

据此条目再查词族表(结果见上面样例)。样例中 50 是 solids(最泛指的词)，是词族之首词。50a 是指 solids 的下属各级。crystal defects 列在 crystals 之下，crystals 比 solids 专指，而 crystal defects 又比 crystals 专指，然而比 crystal defects 更专指的是 color centers 等词。

下面附表 3-Ⅱ和附表 3-Ⅲ将列出它们的目次，这是因为这两个附表的内容比 76 卷引言中的第Ⅲ节和第Ⅳ节有较大的改动和增新。本书第一版曾介绍过 76 卷引言中第Ⅲ节和第Ⅳ节的目次，在此不再予以重复，而选用 86 卷以后采用的目次。

附表 3-Ⅱ　普通主题词的选择

	条目顺序
引表	(第)16(条)
普通主题类型	17
普通准则	18
普通主题词的词族关系	19
分析化学	20
化学工程	21
药物、激素和毒物	22
能	23
环境化学	24

食品和农业化学	25
普通生物化学和酶	26
历史、教育与文献	27
工业有机物	28
无机化学	29
大分子化学	30
冶金、矿物	31
天然产物	32
核化学和核能	33
有机化学	34
物理化学与性质	35
生理学、新陈代谢与分类学	36
反应	37

附表 3-Ⅲ 化学物质的命名原则和检索主题词的选择

	条目顺序
引言	(第)101～102(条)
A. 命名系统和一般原则	103～139
B. 分子骨架	140～163
C. 基本化学基团(后缀)	164～177
D. 化合物分类	178～201
E. 立体化学和立体母体	202～212
F. 专门物质	213～224
G. 追溯检索用的化学物质名称	225～293
H. 取代基(前缀)一览表	294
J. 各类化学物质命名法的原始文献目录选编	295～308
K. 化学名词词头(前缀)	309～311
L. CA 检索词的化学结构图解	312～318
M. 本附录的索引	

使用索引指南要注意的是，查不同时期的文献，要用不同时期出版的版本。例如，查 75 卷以前的文摘时，要用 69 卷、71 卷及 75 卷索引指南；查 76 卷以后的文摘，则要用 76 卷、76～85 卷、85～95 卷、95～105 卷及最近期的索引指南。

五、分子式索引

分子式索引(formula index)是根据化学符号检索的一种索引，CA 的分子式索引始创于 1920 年第 14 卷。其作用也跟主题索引(76 卷后的化学物质索引)大致相同，可以用来直接检索文摘号，其编排格式也与化学物质索引相同。如果对某种化学物质，只知道分子式或元素组成，不知道英语名称，通过分子式查是最简便的途径。但分子式索引不及化学物质索引详细和明了。从分子式索引筛选文摘往往是比较粗略的。因此，一般通过分子式索引的查阅，基本掌握主题词及有关词后，还是转用化学物质索引检索为好，从这一意义来讲，分子式索引是化学物质索引或主题索引的辅助工具。

分子式的排列顺序CA采用Hill系统[Hill System: *J Am Chem Soc*, 1900, 22(8): 478～494]，即最先排 C 原子，其次排 H 原子，其他原子按拉丁字母顺序排列。化学分子式的排列方式，国际上通用的除 Hill 系统外，还有 Richter 系统。后者排列顺序是 C，H，O，N，Cl，Br，

I，F，S，P，其余原子按字母顺序编排，这种方式比较难记，近年已不大采用了。

例如，硫胺素(thiamine)，采用这两种方法排列，其结果是不一样的：

按 Hill 系统为 $C_{12}H_7ClN_4OS$

按 Richter 系统为 $C_{12}H_7ON_4ClS$

在用分子式索引时，普通的化学式一定要按 Hill 系统重新组排后方能检索，如乙硫酰胺(thiacetamide)的分子式为 $CH_3CS \cdot NH_2$，应整理成 C_2H_5NS 再查；无机物 H_2SO_4，应排成 H_2O_4S 后再查，HCl 应排成 ClH 方能查到。

分子式索引中同一母体的衍生物都以说明语形式列在母体分子式下，如分子加成物、离子、二聚物、聚合物、立体异构物以及酚、醇和胺的金属盐等。因此，通过分子式可以查到相同母体的一系列化合物。现举例说明如下(选自 85 卷分子式索引)：

① $C_2H_2O_4$

② **Ethanedioic acid** ③ [144-62-7]。⑦ see chemical substance index

④ **aluminum salt**(3：1)[1113-35-5] ⑤ P62668n

aluminum salt(3：2)[814-87-9]P62668n

ammonium ion(3+) salt(2：1：1)[4568-27-8]，101047f

polymer with 1,2,3-propanetriol [51458-32-3]，63753y

① $C_2H_3Cl_3$

② **Ethane**，④ Trichloro-③ [25323-89-1]，⑤ p63630u

⑥ ——，1,1,1-Trichloro-[71-55-6]，see chemical substance index

说明：

① 分子式，按 Hill 系统编排。

② 母体名称。

③ 登录号。

④ 说明语，限定母体词的范围。

⑤ 文摘号。

⑥ 表示同上。

⑦ 表示该化合物在此不列文摘号，“要查化学物质索引”。

查找步骤如下：先确定待查化学物质的完整分子式或分子式母体。将分子式进行整理重排，使其符合 Hill 系统的排列要求，然后像查普通英语词典一样，在分子式索引中查出所需的分子式。但由于同分异构物质很多，要仔细逐个阅览列在同一分子式下的各种异构体名称，方能挑选出所要查的化合物的名称和文摘号。

六、环系索引

环系索引(index of ring systems)是根据化合物母体骨架结构编制的一种索引，1957 年第 51 卷开始刊行，1995 年 122 卷起停刊。它与索引指南一样，没有文摘号，不能直接用来检索文献，是主题索引和化学物质索引的辅助工具。但它又不同于索引指南，索引指南指出完整的主题词，环系索引仅指出主题词的母体骨架部分，即环的部分，不包括 H 和取代基团。

查找已知环状结构化合物时，如果不知道确切的主题词，最好先使用本索引，查得母体名称，再根据此名称去查主题索引或化学物质索引就比较方便。但此索引对于网络版检索就没有什么功用了。

七、《母体化合物手册》

美国化学文摘社于 1976 年 8 月单独出版了一套《母体化合物手册》(*Parent Compound Handbook*, PCH)。它汇编了半个多世纪以来环系母体、非环系立体母体和笼状化合物等母体化合物的结构图及其有关名目。据美国化学文摘社介绍，从 1977 年起，每隔一个月出版一次新母体化合物的补编页和更正页(活页形式)，补充并合订在该手册的各相应页后面。每两年出版一次新的累积本。

目前我国各单位收藏的 PCH 只有最早的一套: 两册正文，为 1976 年初版和 1977 年，1978 年补编页的合订本；一册母体化合物索引(第 8 次累积补编，包括第 1～7 次累积补编)。新的累积本国内未见征订。

本手册最好配合索引指南使用。它派生于索引指南和环系索引，但优于这两种索引。它不仅著录事项比它们详细，而且附有一篇原始文献的文摘号以备查找。该手册是查找母体化合物的便捷指南。通过它可以比较容易地查出难以命名的母体化合物，也可以查核有无被人研究过的母体结构。

PCH 的正文部分包括四大内容: ①笼状母体(cage parents)，主要为天然硼氢化物(多硼烷)及其同系物；②非环立体母体(acyclic stereo parents)，大多数为氨基酸或碳水化合物，它们的名称在索引指南中均能找到；③环立体母体(cyclic stereo parents)，主要为天然产物，如萜烯、甾族、碳水化合物和生物碱等；④环系母体(ring parents)，包括单环烃、单杂环系、稠环系、稠杂环系、稠桥环系统、Von Baeyer 系及螺环系 7 类。以上四种母体的著录格式如下。

1. 笼状母体

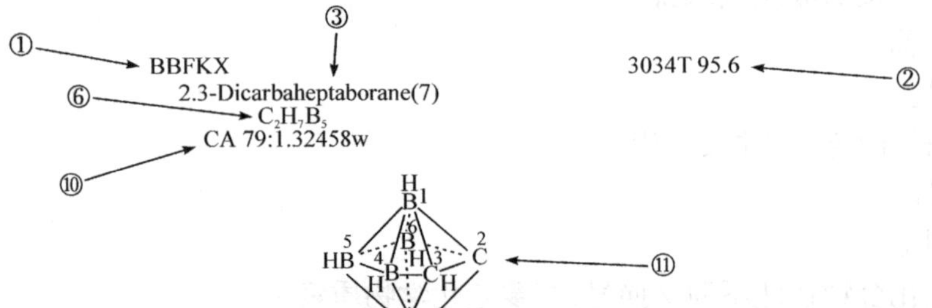

2. 非环立体母体

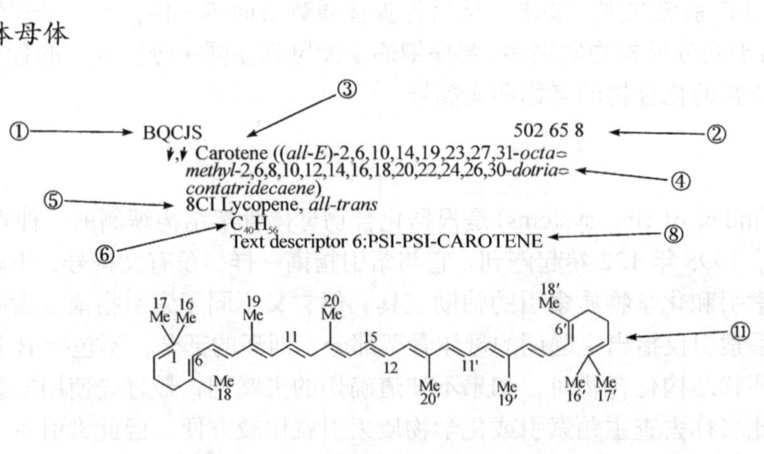

3. 环立体母体

① → CBJBL　　4427-84-3 ← ②

Cardanolide ([8*R*-[8α,9β,10α,13α,14α,17α(*R**)]]-4-
(*hexadecahydro-10,13-dimethyl-1H-cyclopenta*
[a]phenanthren-17-yl)dihydro-2(3H)-furanone) ← ④

⑥ → $C_{23}H_{36}O_2$

L E5 B666T　A1 E1 F-DT50VTJ ← ⑦

⑧ → Text descriptor 4:CARD

4-Ring System

5,6,6,6

⑨ → C_5-C_6-C_6-C_6

1-Ring System

5

C_4O

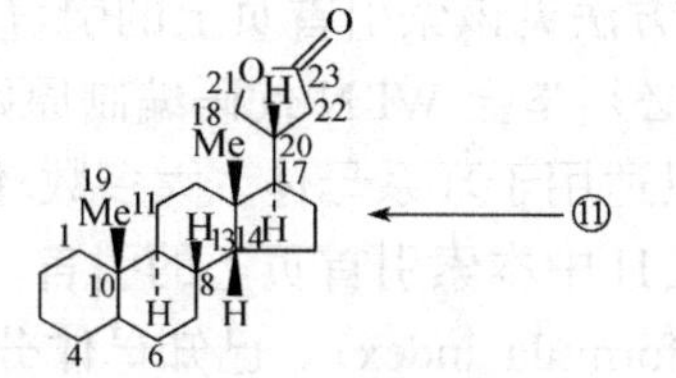

← ⑪

4. 环系母体

① → FBKBT ← ③　　843-89-0 ← ②

Anthra[9.1-cd:10.4-*c'd'*]bis[1,2]oxazine

⑥ → $C_{16}H_8N_2O_2$

T D6666 B6 2AB T HNO SONJ ← ⑦

5-Ring System

⑨ → 6.6.6.6.6

C_4NO-C_4NO-C_6-C_6-C_6

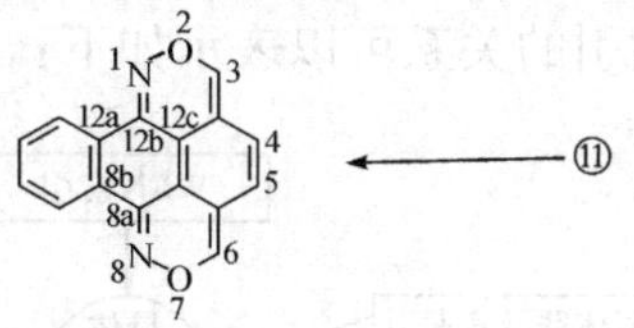

← ⑪

说明：

① 母体化合物代号。

② 美国化学文摘社登录号。

③ 母体化合物在 CA 化学物质索引采用的名称。

④ 系统同义名称(斜体)，用以解释CA上采用的非环立体母体和环立体母体的普通名称，同时标明立体化学构型。凡未标明构型的，在同义名称前加“stereoisomer of”。

⑤ 第 8 次累积索引中采用的名称。

⑥ 分子式。

⑦ WLN 代码。

⑧ 美国化学文摘社化学登录系统的原文叙词(text descriptor)，它可以是天然产物名称的词根，如 androst，pregn，或它们的类族名称，如 morphinan，*β*, *β*-carotene。若没有明确原文叙词时，用“*”号表示。

⑨ 环系分析项(与环系索引同)。

⑩ CA 文摘序号。欲知该母体化合物的原始文献可查阅该条文摘。

⑪ 结构图。带楔形箭头的母体为环立体母体。

PCH 索引部分。PCH 有六种索引：

(1) 环分析索引(ring analysis index)。该索引与环系索引相同，仅著录内容多一项母体化合物代号。

(2) 环亚结构索引(ring substructure index)。它是利用母体结构中各成员环编制而成的索引，即从任何一个构成母体的成员环的角度出发，都可以在本索引中查出其母体化合物。例如，CBN_3—CBN_4—C_4N_2 的三环母体，可以通过其中任何一个成员环找到这一个三环母体。该索引的编制格式和使用方法参见 PCH 中该索引首页的引言。

(3) 母体名称索引(parent name index)。已知某母体在 CA 中所用的名称，即可用此索引查找。该索引的编制格式和使用方法见该索引首页上的引言。

(4) WLN 索引。使用本索引必须学会 WLN 代码编制原则和方法。关于 WLN 编码法在本书第十二章有介绍。WLN 索引只适用于环系母体、大多数环立体母体以及笼状母体等。该索引的著录格式和使用方法参见 PCH 中本索引首页上的引言。

(5) 母体分子式索引(parent formula index)。已知母体分子式，即可用此索引查找，其方法与分子式索引相同。

(6) 母体登录号索引(parent registry number index)。若已知登录号，用此索引最简便，既快速又准确。

以上六种索引，从哪一种索引入手，完全取决于检索者对已知母体有关素材的掌握和对各种索引的熟练程度。

一般查找步骤如下：首先分析母体化合物结构，按环系索引所介绍的方法进行组排。然后根据组排结果查环分析索引、分子式索引或环亚结构索引。如果熟悉 WLN 编码法，对已知母体结构编写出正确的 WLN 代码，然后用 WLN 索引查找。

该手册的正文与各索引的关系可以表示如下：

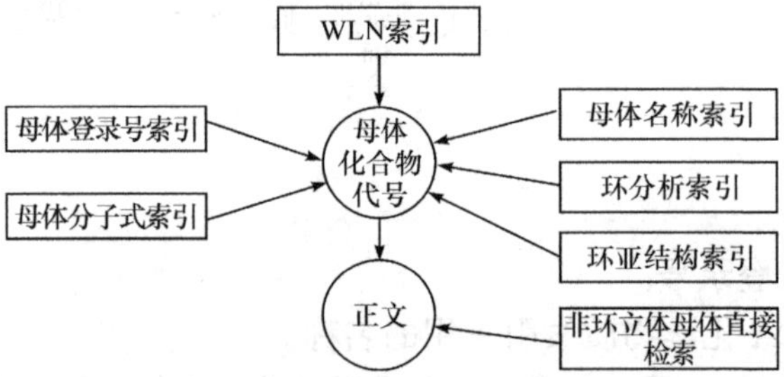

八、作者索引

1. 作者索引的用途

一个科学工作者，在一定时期内，甚至终身专门进行某一个领域的探索。科研人员应该熟知国内外的同行。要了解同行的科研活动和成果，通过作者索引(author index)检索是最快的办法。此外，作者索引还包括工厂企业和研究机构的名称。我国的研究单位、工厂或企业，在国外也一定有一些较著名的对口单位。在国外，一些新技术的专利往往是某几个公司所占有。因此，通过企业名称检索有关专利文献也是一条捷径。

CA 每期的作者索引只有姓名和文摘号。但每卷的作者索引和累积作者索引均著录有论文题目。

2. 作者索引的编制规则

(1)索引著录顺序：作者姓名、论文题目、文摘号。

(2)姓名顺序：一般人署名的习惯是名在前姓在后，如 H. F. Mark；但在编制索引时，为了便于检索，一律用姓在前名在后。因此，在查作者索引时，应注意这一规则。

(3)英美团体企业，凡以个人姓名开头的，也用姓在前名在后编排，如 John W. Williams Co. 改为 Williams，John W. Co.。

(4)同姓同名者列全称，名不用缩写。查阅时要注意，否则容易弄错。只是姓按字母顺序排列，名字不管缩写与否按带头字母(缩写字母)顺序排列，如 Walson Donald A 排在 Walson Denton B 之前。

(5)俄国女作者，婚前婚后姓不同，婚后用夫姓。CA 中两个姓都分别列出，如 Petrova A. I. (婚前姓) see Ivanova A. I. (婚后姓)。

(6)拉丁语系非英语的姓氏不译，照原样刊登。

(7)中国人的姓名据称是按 Wade-Giles 法音译；日本人姓氏按 Hepburn 法音译。有些日本人的姓名比较特殊，有时日本人也读不出，则可按照《日本化学总览》作者索引中的“难读姓氏一览表”，查出日本的读法，拼成英语，再查 CA 作者索引。也可查日本 Rengo Press 出版的《日本姓名大全》(*Japan Biographical Encyclopedia And Who's Who*)一书。

(8)德文姓氏一般照抄，只有母音 ä 改为 ae，ö 改为 oe，ü 改为 ue；丹麦语和挪威语中的 ϕ改为 oe。

(9)斯拉夫语系(俄语)姓氏，按本章附表 3-Ⅵ规则变化。

九、专利索引

专利索引(patent index)在 1980 年第 93 卷以前分成专利号索引(numerical patent index)和专利号对照索引(patent concordance index)，从 1981 年第 94 卷开始，两者合并改称为专利索引。该专利索引与原来的专利号对照索引的作用大体相同。所不同的是编排形式略有变动，原来的专利号对照索引分成三栏：第一栏为专利国别和基本专利号，第二栏为相关专利号，第三栏为 CA 的摘录情况。现在的专利索引是把同一发明的相同专利和相关专利组排成一个专利族(patent family)(见下面样例)，类似世界专利中的登录号索引，其著录事项比原来的详细。例如，凡相关专利在专利号后注明“related”，表示该号专利文献与第一次摘录的专利文献是相关的。所谓相关是指多重优先权，相关或者虽然只有一个优先权，但两者是不相同的。如果专利号后未加注明，表示为完全相同的专利，说明该号专利文献与第一次摘录的那篇专利文献都只有一个优先权号，而且是完全相同的。专利号后注明“nonpriority”，表示该号专利无优先权项。此外，注明有“division”，“continuation-in-part”，“addition”，“reissue”，分别表示该号专利文献为原发明的一个“分支”，“续篇”，“增添的内容”，“再版”等。对国际性专利组织(如 WO 和 EP)审批的专利还注明该专利适用的国家或地区，如“designated states”和“designated regional states”等字样。后者“指定地区国家”是指 WO 审批的专利，同时在 EP 成员国也适用，这时 EP 成员国称为指定地区国家。

该专利排列次序按专利国别代号字母顺序分国编排。每个国家下的专利号按数字顺序先后排列。同族专利中第一号为 CA 摘录报道的专利文献，即基本专利，或用“see”引见到基本专利。其他相同和相关专利按专利国别代号字母顺序排列。专利国别代号和专利文献类型代号(世界专利索引中称发表阶段)见附表 6-Ⅱ或 CA 期专利索引或卷专利索引引言中的文献类型表(kinds of documents covered)。

```
JP (Japan)
①→ 54/012643 A2(56/007346 B4)
        (79 12643),92:180658g
②→ 54/012643 B4,See US 3986977 A
③→ 54/012653 A2[79 12653],90:11514h
        AT 337140 B (Related)
        FR 2270206 A1(B1)
        JP 54/072654 A2(Related)
          [79 72654],90:11515j
        JP 54/072655 A2(Related)
          [79 72655],92:180858g
        NL 75/05204 A(Nonpriority)
        U S4173268 A (Related),
          92:27346w
        US 4173972 A
          (Continuation-in-part;
          Related),92:10869ly.
        WO 79/00274 Al(Designated
          States:BR,SE;Designated
          Regional States:EP(DE,GR);
          Elected States:BR;Elected
          Regional StaIes: EP(DE);
          Related)
```

说明：

① 日本专利号，A2 代表专利类型，即表示为日本公开特许。B4 表示为日本特许。92：180658g 为 CA 摘录该号专利的卷号和文摘号。

② 日本专利号引见到美国专利号(表示为相同的专利)。

③ 日本专利号下列出各国相关专利号和相同专利号。专利国别代号和专利类型说明登载在每期每卷专利索引第 2 页上。

该专利索引规定，同一件专利可以在不同国家申请和发表，但 CA 只摘录报道一次，除非它是基本专利的一个分支或续篇，或内容有所增新，否则只列专利号码。这样，此索引对我们来说就有这样的用处，即假如查到一件日本专利，因不懂日文，当然无法参考，但可以通过该索引，查一查这一件专利是否在其他国家申请了，如果查到在英、美、法、德等国都申请了，那么就可以根据所掌握的语言，索取以上任何一个国家的专利说明书。此外，读者可以借此了解某一发明专利在国际上的专利权范围，评价它的使用价值。

十、登录号手册

登录号手册(registry handbook number section)原为登录号索引(registry number index)。美国化学文摘社于 1965 年开始对各类化学物质建立登录号系统，并在 1969 年第 71 卷中第一次出版登录号索引。登录号索引由电子计算机自动编制。每一个号码代表一种物质。它与物质的组成和分子式无关，而是按各种物质收录先后编号的。每个号码等于是每种物质的永久通信地址，存储在数据库中。需要时，按这个“地址”就可以找到某种物质的分子式、结构式、CA 检索主题词、原始文献的名称以及它们的所有参考文献。美国化学文摘社从 1965 年到 1986 年间存储了 7 000 000 多种化学物质。现在每年平均增加约 350 000 种新物质。

CA 的化合物登录号最多由九个数字组成，如××××××-××-×，前一组数字最多为六位数，中间的是两位数，末位数字为核对数字，是供电子计算机查对编号有无错误之用。核对公式为

$$\frac{iN_i + \cdots + 4N_4 + 3N_3 + 2N_2 + 1N_1}{10} = Q + \frac{R}{10}$$

式中，Q 为商数中的整数，R 为余数。R 的值即为核对数字。例如，D-aspartic acid 的登录号为[1783-96-6]，代入上式核对是否正确，除去最后核对数字 6，还有六位数。代入后得

$$\frac{(6\times1)+(5\times7)+(4\times8)+(3\times3)+(2\times9)+(1\times6)}{10}=10+\frac{6}{10}$$

结果 R 是 6，证明此核对数是正确的。

登录号手册中，在每个登录号下列出各该物质的规范化检索词和分子式。例如，我们从某出版物中得知 eupachloroxin 的登录号为 20071-51-7，但不知主题词是什么，分子式是怎样的。利用登录号索引，在 20071-51-7 号码下查知主题词为 Guai-11(13)-en-inoic acid, 14-chloro-3a, 4-epoxy-2β, 5, 6d, 8β, 10-pentahydroxy-, 12, 6-lactone, 8-(2-methylcrotonate)，分子式为 $C_{20}H_{25}ClO_8$。知道了这一主题词和分子式，即可以利用化学物质索引或分子式索引查找有关文献。

美国化学文摘社发起的化学物质采用登录号的方法已为美国化学会采纳，在其所属的出版物中，在化合物名称后开始注明登录号。例如，美国的"*J. of Organic Chemistry*"中已注明与 CA 统一的登录号。现在已有越来越多的检索工具、专利说明书和商品目录逐步开始采用这种统一登录号。如果商品名和习惯名都采用登录号，则今后通过 CA 的登录号检索将是最方便、最简单的一种检索途径。

十一、化学文摘资料来源索引

化学文摘资料来源索引(chemical abstracts service source index, CASSI)原称"ACCESS"，是查找 CA 所引用的文献出处的辅助工具。该索引于 1970 年创刊，第一版包括 1907～1969 年的所有文献出处。这部索引可取代 1908～1967 年间的全部《化学文摘引用期刊一览表》(list of periodicals abstracted by chemical abstracts)。第二版 1974 年出版，包括 1907～1974 年所引用的文献出处。第三版 1979 年出版，包括 1907～1979 年所引用的文献出处。现已有 2001 年版本。

《化学文摘资料来源索引》从 1970 年起，每年增出季刊补充本(CASSI quarterly)，但第四季度补充本相当于年度补充本，它包括全年新增期刊和其他资料。对我国读者而言，该索引主要用处是查缩写刊名的全称以及日文、中文、朝鲜文等刊物的意译名称，以便确定这几种文字刊物的正确原文名称。现将该索引的编制规则和使用方法简单介绍如下：

该索引包括现行期刊、改名期刊、停止出版的期刊、会议录、专题文集以及刊名变动的情况。

索引条目以缩写字字母顺序编排，索引条目(刊名)均用全称，但缩写部分用黑体，所以查阅起来比较方便。例如：

*Journal of the **American Chemical Society***

*Journal of **Organic Chemistry***

日文、中文、朝鲜文等刊物音译全称(黑体)，下面加注英文意译名称，可供参考。例如：

Kagaku kogaku(*Chemical Engineering*)化学工学

Kagaku kogyo(*Chemical Industry*)化学工业

Kagaku(***Tokyo***)(*Science*)科学

Kagaku(***Kyoto***)(*Chemistry*)化学

索引条目下大致包括以下内容：①刊名代号；②原名(如果改名过的话)；③使用语言；④期刊的变动情况：记载期刊初刊的卷、期号和日期以及停刊或中断等情况，不再出版的刊物注明起止卷、期和末期的出版日期；⑤出版周期，如周刊、月刊、季刊、不定期(irr)等；⑥价格；⑦出版者名称和地址；⑧各图书馆收藏记录，各图书馆名称用缩写，并注明各馆收藏该刊起止年份；⑨会议日期、会议地址、出版日期(若为会议录)。

音译规则如下：

(1)俄语、保加利亚语、马其顿语、塞尔维亚语、乌克兰语、白俄罗斯语一律按“斯拉夫语族字母音译对照表”音译。

(2)汉语用 Wade-Giles 法、日语用 Hepbunn 法音译。此外，本书附有“日文期刊音译对照表”，编者对 CASSI 中有关日本的化学化工期刊基本上全部收录，并注明原文名称，以供读者查阅。

第五节　各种索引的相互关系和查阅方法举例

综上所述，CA 的索引品种很多，每一种索引都有其特定的作用。在查阅化学文献时，用什么索引，从什么地方着手查，必须根据课题的具体情况和检索者对 CA 索引的熟练程度而定。大体归纳有以下几种情况：

(1)已知所查对象的名称，要用化学物质索引或普通主题索引。

(2)已知所查对象为化学物质的学名，需查化学物质索引。

(3)已知所查对象为习惯名、俗名、商品名或类属性的集合名称(如聚合物、橡胶等)，需查普通主题索引。

(4)要查化工过程、性能、分析方法、应用等，需查普通主题索引。

(5)根据已知名称在上述两种索引都查不到时，查询索引指南，确定统一主题词。

(6)已知化学式，不知道英语名称，需查分子式索引。

(7)结构比较复杂的环化物，可先用环系索引，确定正确主题词(母体名)，再查化学物质索引。

(8)已知物质登录号，查登录号索引；确定统一主题词和分子式，再查化学物质索引或分子式索引。

几种索引间的关系列表[2](表 3-1)说明。从表 3-1 所列例子可以了解各种索引之间的相互关系。

此外，在查阅某一课题时，必须广开思路，全面考虑可能出现的主题、同义词和相近名词。现以查聚酯(聚对苯二甲酸乙二醇酯)文献为例，说明采用不同索引时可以考虑的不同主题。

(1)若用每期后附的关键词索引查，用下列关键词均可查到有关聚酯文献：

polyester；polyester fiber；polyethylene terephthalate；terephthalate polyester；ethylene terephthalate；terylene；mylar；polyester film

(2)用主题索引查，可考虑用下列主题词：

polyesters
polyester fibers
terephthalic acid polyethylene ester
terephthalic acid，esters dimethyl-
with terephthalic acid
ethylene，polymers
polyester with terephthalic
acid

terephthalic acid，polyesters	ethylene oxide，polymers
with ethylene glycol	with terephthalic acid
ethylene glycol，ester	ethylene oxide，ester
terephthalate	terephthalic acid

(3)76 卷以后，可用普通主题索引和化学物质索引查。用普通主题索引查时，可用下列主题词：

polyester fibers；polyesters；polymerization 的各相应项

polymer 的各相应项

(4)从化学物质索引查，则用下列检索词：

poly (oxy-1, 2-ethanediyloxycarbonyl-1, 4-phenylenecarbonyl)

从原料酸的角度：

1, 4-benzenedicarboxylic acid, esters
    dimethyl with 1, 2-ethanediol
    with ethene oxide
    with oxirane
——, polymer
    with 1, 2-ethanediol

从原料醇的角度：

1, 2-ethanediol, esters
    with 1, 4-benzenedicarboxylic acid
1, 2-ethanediol, polymers
    with 1, 4-benzenedicarboxylic acid

从原料环氧乙烷的角度：

ethene oxide, ester
    with 1, 4-benzenedicarboxylic acid,
polymer with 1, 4-benzenedicarboxylic acid
oxirane, polymers
    with 1, 4-benzenedicarboxylic acid

(5)用分子式索引查：$(C_{10}H_8O_4)_x$。

表 3-1 CA 各索引之间的相互关系

索引指南 75 卷和 76 卷	普通主题索引 76 卷	化学物质索引 76 卷	分子式索引 76 卷	环系索引 76 卷	登录号索引 75 卷
Curare(苦拉拉，箭毒) see also *itrychnos*	Curare(在该主题下有五个有关引题)	无			
Strychnos see also *Nux Vomica*	Strychnos alkaloids of, extraction Asian species	无			
Nux Vomica(马钱子) see also *strychnidin*-10-*one* [57-24-9](马钱子碱-10-酮) *strychnidin*-10-*one* 2，3-*dimethoxy*-[357-57-3]	Nux vomica brucine and strychine detn. in	无			

续表

索引指南75卷和76卷	普通主题索引76卷	化学物质索引76卷	分子式索引76卷	环系索引76卷	登录号索引75卷
Strychnidin-10-one (strychnine) [57-24-9]	无	strychnidin-10-one [57-24-9] 在该主题下约有50个引题	$C_{21}H_{22}N_2O_2$（有13个同分异构体）	7-ring systems 5, 5, 6, 6, 6, 6, 7 $C_4N—C_4N—C_5N—C_5N—C_6—C_6—C_6O$	57-24-9 Strychnine $C_{21}H_{22}N_2O_2$
结构图（略）					
Strychnidin-10-one 2, 3-dimethoxy-(Brucine) [357-57-3]	无	Strychnidin-10-one, 2, 3-dimethoxy- [357-57-3]（有两个引题）	$C_{23}H_{26}N_2O_4$（有18个同分异构体）		357-57-3 Brucine $C_{23}H_{26}N_2O_4$
Strychnine see strychnidin-10-one [57-24-9]	无	无			
Brucine see strychnidin-10-one 2，3-dimethoxy-[357-57-3]					

第六节　关于CA中常见问题的解答

1. 文摘号前，B、P、Pc和R分别表示什么意思？

答：B是Book的缩写，表示原始文献为图书。

P是Patent的缩写，表示文摘根据专利实验部分摘录。

Pc是Patent Claim的缩写，表示文摘根据申请权限摘录。

R是Review的缩写，表示原始文献为综述。

2. 文摘号后的字母表示什么？

答：28～65卷表示文摘在某页中的所在位置；66卷以后为电子计算机核对符号，对普通查阅者没有什么作用。

3. 文摘中的原文期刊或其他文献名称缩写在何处可以查到全称？

答：期刊、会议录及专题文集等名称缩写可查化学文摘资料来源索引。此外，在57卷、59卷、61卷、63卷、66卷的索引中均附有使用期刊一览表(list of periodicals)，可供查阅。

4. 音译的刊名有什么办法还原成原文？

答：CA中采取音译的主要有中文、日文、俄文及斯拉夫文。其还原办法分别介绍如下：

(1) 日文期刊名称和日本公司名称的音译可以查本章附表3-Ⅳ。如果没有，可查CASSI及其近几年的每年第四季度补编，参考其意译名称，再还原成原文。

(2) 斯拉夫语主要是俄语的音译，可根据本章附表3-Ⅵ拼写。

(3) 德语、丹麦语、挪威语和冰岛语只有几个字母作了音变，如ä，ö，ü及ø分别拼写为ae，oe，ue及oe。其余照抄原文。

(4) 日本音译人名可查日本化学总览索引(Ⅶ)、30～37卷(1956～1963)A-2事物索引和日文の部(Ⅸ页)。

5. 怎样辨认西方作者的姓和名?

答：西方人名跟我们的习惯不一样，一般采用名在前、姓在后，如 H. F. Mark，这里 H. F. 为名字的缩写，Mark 是姓。但在作者索引中，为便于检索，都将姓排在前面，如 Mark H. F. 。

西方人署名，姓必定是全称，名字一般采用缩写，但为了区别同名，也有采用全称的，或其中一个字署全称。

6. 文摘中缩写词何处可查?

答：CA 中每年第一期卷首均附有常用词缩写表，可供查阅。本章附表 3-Ⅴ也附有缩写词译文对照。

7. 文摘正文中罗马数字表示什么?

答：同一条文摘中，同一种化合物或反应名称重复出现时，均用罗马数字代替，以节省篇幅。

8. 文摘中物质名词后方括号内的数字号码是什么意思?

答：这是 CA 编辑部用电子计算机自动编制的物质代号。凡组成已知的物质都有一个永久性代号，这种代号称为登录号，有了登录号，利用电子计算机检索就方便多了。这种登录号在美国化学会的其他出版物中也已推广使用。我们通常查文献，如果知道登录号，用登录号索引可以很快查出统一主题词和分子式。

9. 文摘中行末往往有“⌒”符号，它表示什么?

答：这就是通常的转行符号，CA 自从采用电子计算机编排后，行末的转行符号不再用“-”，它可以任意转行，不受音节的限制。

10. 文摘中有的化学物质名称为什么要用斜体字?

答：CA 自从采用电子计算机编排以来，对其中一部分类目以磁带和印刷品两种形式发行，这些类目中的某些重要化学物质名称用斜体字排印，以示醒目，这种形式的文摘称为计算机阅读文摘。

11. CA 每个类目最后部分是什么内容?

答：CA 每个类目最后部分，在 76 卷以前标有 “see also”，即表示在 “see also” 下所列的内容是与本类有关的参见目录。因为一篇文献，就其内容有时可以属于好几类，但 CA 只根据其主要内容编入某一类目中，而在其他有关类目中，只在 “see also” 项下列出该文献的题目和在本期中的文摘号。从 76 卷起，“see also” 改称 “for papers of related interest see also section” 和 “for patents of related interest see also section”，即 “有关论文参见下列部分” 和 “有关专利参见下列部分”。

12. 什么是关键词索引？它与主题索引有什么不同？

答：关键词索引是附在每期文摘末了的主要索引。关键词与主题索引中的主题词有所不同，关键词选择比较自由，不受命名规则的约束，关键词索引一般是根据原始文献中作者所用的名词汇集起来的，有的关键词与主题词一致，有的则不能作主题词，详见本章“关键词索引”的说明。

13. CA 索引种类很多，应该选择什么索引为好？

答：应该选用什么索引，要根据不同情况而定：

(1)如果查最近期动向，还没有卷索引，则查每期后附的关键词索引。

(2)若要普查文献，最好用卷索引或累积索引。用累积索引的优点是省时间，文献集中，但累积索引遗漏很多，没有卷索引全。

(3)已知分子式，而不知物质名称，用分子式索引最方便。但分子式索引著录较简单，不利筛选，因此通过分子式索引，掌握主题名称后，还是改用主题索引和化学物质索引检索为好。

(4)假如通过分子式索引查不到，很可能是所排的分子式有错误，那么可先查杂原子索引(1972 年以前的)或环系索引(1995 年以前的)，从中找到正确分子式或主题词，再用分子式索引或化学物质索引检索。

(5)已知化学物质登录号，则用登录号索引，查出主题词和分子式，再用化学物质索引和分子式索引检索。

(6)用常用的名词在主题索引和化学物质索引中查不到时，则要查询索引指南，然后根据它所指定的词检索。如果在 75 卷以前遇到这种情况，要查询 69 卷、71 卷、73 卷及 75 卷的索引指南；查 76 卷以后的遇到这种情况，则查 76 卷和 85 卷索引指南；查 86 卷以后的遇到这种情况，则查 2001 年出版的版本。

14. 索引指南有什么用途？

答：一种化合物往往名称很多，但 CA 上尽量用符合它的命名原则的名称作为统一检索词，索引指南是读者统一检索词的“参谋”。例如，查“聚氯乙烯”一词，它最通常的叫法是“polyvinyl chloride”，但用此名称在后来的普通主题索引和化学物质索引中是查不到的。但查索引指南，它会告诉你：

Polyvinyl Chloride

see “polymers of ” under ethene, chloro-

就是说要查化学物质索引中的

ethene(或 ethylene), chloro 项下的 polymers of

15. 根据索引指南所指定的检索词检索，是否就可以查全文献了？

答：根据作者的实践，索引指南固然好，它可以帮助确定统一检索词，并指出相关项目，但是只按它所指定范围检索是不够的。特别是在准备查找某一课题时，一定要广开思路，多设想几个可能检索的角度。例如，查石油炼制废气中 H_2S 和 NH_3 的回收问题，不仅要从物质“hydrogen sulfide”和“ammonia”角度查，而且要从化工单元角度，即分离(separation)、蒸馏(distillation)、平衡(equilibrium)等普通主题项下查，也就是说既要用化学物质索引查，也要同时用普通主题索引查，把所查得文摘号核对，去掉重复的号码，这样才不至于遗漏。事实上，有关 H_2S 和 NH_3 的回收问题就是分散在各种主题下的，有时各处重复反映，有时只在某一主题下反映。

16. 化学物质索引和普通主题索引有什么不同?

答：这两种索引的前身是主题索引。CAS 从 1972 年 76 卷起把主题索引分成了这两种索引，它们是姊妹篇。化学物质索引包括组成明确的一切化学物质。普通主题索引则包括原主题索引不能列入化学物质索引的全部内容。详见本章有关该两种索引的介绍。

17. 累积索引是否可以代替全部卷索引?

答：从理论上说，累积索引应该可以代替全部卷索引，因为累积索引是各卷索引的累积，一般认为有了它可以不必查每年的卷索引了，但实际上并不如此。累积索引的优点只是省时间，一下子可以解决 10 年、5 年内的文献，但很不全。我们多次查索对比，累积索引选录的并不很多，有时只有卷索引的 40%。因此，读者如果不是急于求成，而要求齐全的话，还是多花一点时间，查每卷索引为好。

18. 利号索引中 "nonpriority" (非优先项)表示什么意思?

答：专利号索引中，专利号后注明"nonpriority"表示这一发明在一国申请取得优先权后，再向他国申请时已超过法定期限，因而不得享有优先权。

19. 专利号索引中专利号后注 "designated states" 和 "designated regional states" 表示什么意思?

答：题示内容只出现在 EP 和 WO 这两个国际性组织批准的专利后，它们均表示各该发明专利指定生效的国家。至于"designated regional states"只出现在 WO 的专利号下，凡向 WO 组织申请的专利，如涉及要求取得 EP 成员国的专利权，这时 EP 成员国称为"designated regional states"。

20. 专利国别代号和专利文献类型代号何处可查?

答：(1)本书第六章的附表中可查到。

(2)查 CA 各期文摘后面的专利索引或各卷专利索引的首页引言中的附表。

(3)查《世界专利索引》(WPI)的目录周报各期最后一页的右下角附表。

(4)2000 年以来的，可在每卷第一期头几页上找。

21. 杂原子索引是什么样的一种索引?

答：在本书第一版中，作者曾把杂原子索引(hetero atom in context，HAIC)作为 CA 的索引之一介绍过。该索引 1967 年第 66 卷开始创刊，到 1971 年第 77 卷就停刊了，一共只存活了 5 年，所以本版不再予以单独介绍。杂原子索引是分子式索引的辅助工具，它不提供文摘号。所谓杂原子是指 C、H 以外的所有原子，杂原子索引是将含杂原子的化合物以杂原子为中心，按杂原子的符号字母顺序和杂原子个数的顺序组排起来的一种索引。由于它突出分子式中的杂原子，读者可以通过它迅速查明同一卷的分子式索引中是否有自己所要查的化合物。

此外，在分子式索引中，一个分子式只出现一次，而在杂原子索引中，分子式中有几个不同的杂原子，就出现几次。例如，C_5H_4FN 可以在 F 为中心的序列中找到它，也可以在 N 为中心的序列中找到它。

第七节　化合物命名法及索引词

CA 对化合物的命名方法从 1972 年 76 卷起作了较大的改变。CA 在每一次累积索引的首卷，对检索名称都有一定的更改，以求得在同一卷累积索引本身命名的统一。但其中以 1972～1976 年的第 9 次累积索引的更改涉及面最大。其次是 1987～1991 年的第 12 次累积索引，即从第 106 卷起，对检索名称的改动也较大。检索名称作了改变的有以下三个方面：①俗名和以作者命名的名称均改为系统名称，即分子结构式的说明名称；②统一和简化化学物质的命名原则；③取消了某些类别物质的特殊检索法，如合金、基本粒子、酶、混合物等现都以普通化学物质名称进行检索。

现将这三方面的变化分别介绍如下[3, 4]。

一、取消俗名

CA 对于化学物质的俗名的取消有一演变过程。有的名称经过了多次改变。例如，aspirin（阿司匹林）1917 年改为 acetylsalicylic acid（乙酰基水杨酸），1967 年改为 salicylic acid acetate（水杨酸乙酸酯），1972 年改为 benzoic acid, 2-(acetyloxy-)[苯甲酸，2-(乙酰基氧)-]。但是，这里的“benzoic acid”还不能算是真正的系统名，只是半系统名，按系统名要求，苯甲酸应该是“benzenecarboxylic acid”。

又如：

bivinyl（二乙烯基）1927 年改为 1,3-butadiene（1,3-丁二烯）

γ-pentenic acid（γ-戊烯酸）1927 年改为 γ-pentenoic acid，1937 年改为 4-pentenoic acid（4-戊烯酸）

chloroform（氯仿）1972 年改为 methane, trichloro-

从以上例子可以看出，查 CA 各阶段的索引，一定要掌握各阶段的命名原则。现在凡结构明确的化学物质均已改为系统名检索，少数结构不明的物质，如酶、某些天然产物、九种组分以上的混合物，保留俗名。

现将各类化合物俗名和习惯名更改情况分别介绍如下（下面例句中括号内的名称为以前使用的名称）。

1. 羧酸类

$CH_3CH_2CH_2COOH$　butanoic acid 丁酸（butyric acid）

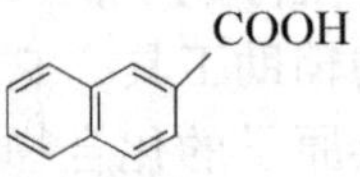

2-naphthalenecarboxylic acid 2-萘羧酸
（2-naphthoic acid）

$H_3NNHCOOH$　hydrazinecarboxylic acid 肼羧酸
（carbazic acid）

2. 酰卤类

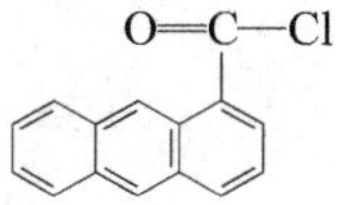

1-anthracenecarbonyl chloride 1-蒽酰氯
（1-anthroyl chloride）

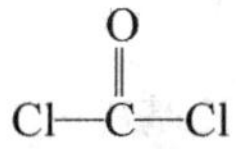

carbonic dichloride 甲酸二氯
（phosgene，光气）

3. 酰胺类

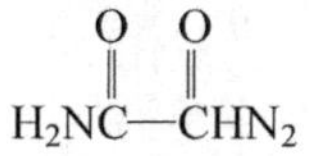

ethanediamide 乙二酰胺
（oxamide，草酰胺）

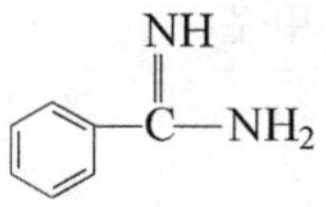

benzenecarboximidamide
（benzamidine，苯甲脒）

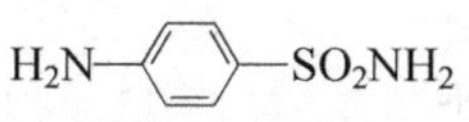

benzenesulfonamide, 4-amino- 4-氨基苯磺酰胺
（sulfanilamide，磺胺）

4. 醛类

CH_3CH_2CHO

propanal 丙醛（propionalaldehyde）

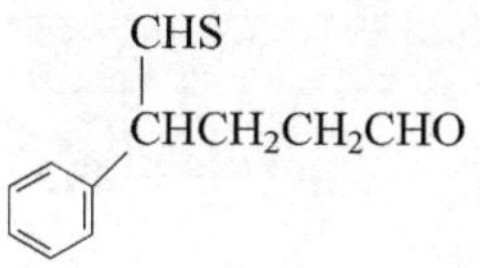

benzenebutanal, γ-(thioxomethyl)-
苯丁醛，γ-(硫代氧甲基)-
（glutaraldehyde, 2-phenyl-1-thio-）
戊醛，2-苯基-1-硫代-

5. 酮类

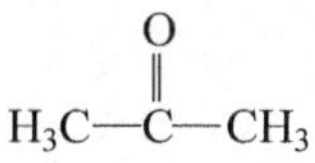

2-propanone 2-丙酮（acetone）

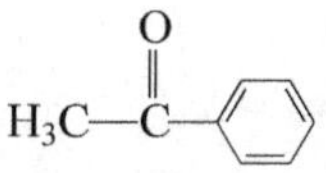

ethanone, 1-phenyl-　乙酮，1-苯基-
（acetophenone 乙酰苯或苯乙酮）

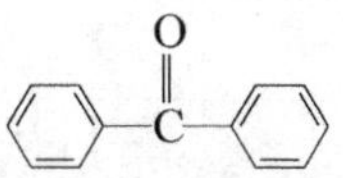

methanone, diphenyl-　甲酮，二苯基-
（benzophenone，二苯甲酮）

6. 醇类和酚类

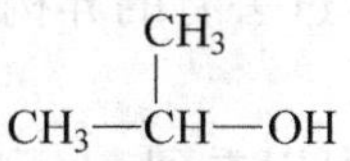

2-propanol 2-丙醇
（isopropyl alcohol，异丙醇）

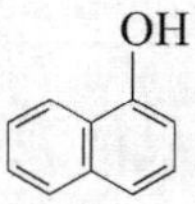

1-naphthalenol 1-萘酚
（1-naphthol）

7. 胺类

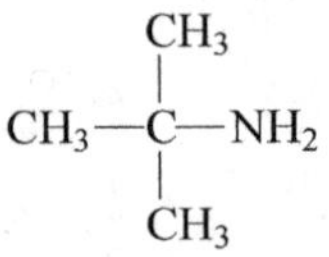

2-propanamine, 2-methyl- 2-丙胺，2-甲基-
(tert-butylamine，叔丁胺)

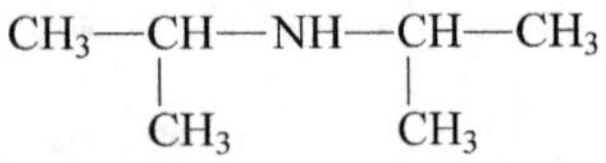

2-propanamine, *N*-(1-methylethyl)-2-丙胺，*N*-(1-甲基乙基)-
(diisopropylamine，二异丙胺)

8. 亚胺类

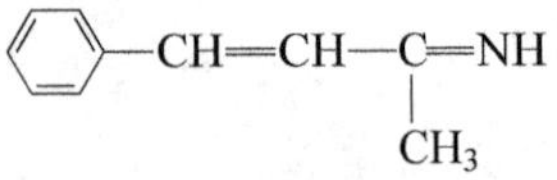

3-buten-2-imine, 4-phenyl- 3-丁烯-2-亚胺，4-苯基-
(cinnamylidenimine，α-methyl-，肉桂叉亚胺，α-甲基-)

9. 季铵化合物(quaternary ammonium compounds)

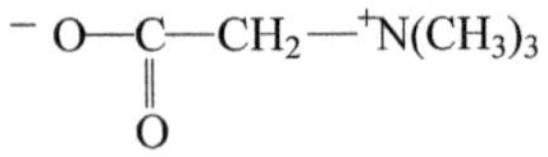

methanaminium, 1-carboxy-*N*, *N*, *N*-trimethyl-
甲胺盐，1-羧基-*N*, *N*, *N*-三甲基-(betaine，甜菜碱)

10. 芳族化合物同分异构体

现在名	过去名
benzoic acid, 2,3-dihydroxy- 苯甲酸，2,3-二羟基	(*o*-pyrocatechuic acid) 焦儿茶酚酸
benzoic acid, 2,4-dihydroxy- 苯甲酸，2,4-二羟基	(β-resorcylic acid) β-雷琐酸
benzoic acid, 2,5-dihydroxy- 苯甲酸，2,5-二羟基	(gentisic acid) 龙胆酸
benzoic acid, 2,6-dihydroxy- 苯甲酸，2,6-二羟基	(γ-resorcylic acid) γ-雷琐酸
benzoicacid, 3,4-dihydroxy- 苯甲酸，3,4-二羟基	(protocatechuic acid) 原儿茶酸
benzoic acid, 3,5-dihydroxy- 苯甲酸，3,5-二羟基	(α-resorcylic acid) α-雷琐酸

像这类异构物过去都各自有孤立的俗名，由于字母顺序关系，在索引中排列分散，很难检索，现在这类异构物只是改变了位置号，全部可以列在同一名称之下，过去有的异构体，有用俗名，有用系统名，现均用系统名称。

关于苯的衍生物不再使用的俗名，现选列如表 3-2 所示。从表 3-2 中可以看到：

(1) aniline(苯胺)及其衍生物(第 29～31)均用“benzenamine”检索。

(2) *o*，*m*，*p* 等字符以及希文α，β，γ 等均改为数字符号。

表 3-2 苯衍生物检索名称的改变

过去					现在
1	benzoic acid	COOH	H	H	benzoic acid
2	anthranilic acid	COOH	2-NH_2	H	benzoic acid, 2-amino-
3	salicylic acid	COOH	2-OH	H	benzoic acid, 2-hydroxy-
4	anisic acid	COOH	OCH_3	H	benzoic acid, methoxy-
5	toluic acid	COOH	CH_3	H	benzoic acid, methyl-
6	*o*-pyrocatechuic acid				benzoic acid, 2, 3-dihydroxy-
7	*β*-resorcylic acid				benzoic acid, 2, 4-dihydroxy-
8	gentisic acid	COOH	OH	OH	benzoic acid, 2, 5-dihydroxy-
9	*γ*-resorcylic acid				benzoic acid, 2, 6-dihydroxy-
10	protocatechuic acid				benz oic acid, 3, 4-dihydroxy-
11	*α*-resorcylic acid				benzoic acid, 3, 5-dihydroxy-
12	cresotic acid	COOH	OH	CH_3	benzoic acid, hydroxymethyl-
13	phtalic acid				1, 2-benzenedicarboxylic acid
14	isophthalic acid	COOH	COOH	H	1, 3-benzenedicarboxylic acid
15	terephthalic acid				1, 4-benzenedi carboxylic acid
16	mandelic acid	CH(OH)COOH	H	H	benzeneacetic acid, *α*-hydroxy-
17	hydratropic acid	$CH(CH_3)COOH$	H	H	benzeneacetic acid, *α*-methyl-
18	atropic acid	C(: CH_2)COOH	H	H	benzeneacetic acid, *α*-methylene-
19	hydrocinnamic acid	CH_2CH_2COOH	H	H	benzenepropanoic acid
20	cinnamic acid	CH : CHCOOH	H	H	2-propenoic acid, 3-phenyl-
			alcohols and phenols		
21	phenol	OH	H	H	phenol
22	cresot	OH	CH_3	H	phenol, methyl-
23	*α*, *γ*-stilbenol	OH	CH : CHPh	H	phenol, (2-phenylethenyl)-
24	thymol	OH	2-$CH(CH_3)_2$	5-CH_3	phenol, 5-methyl-2-(1-methylethyl)
25	*o*-cymen-5-ol	OH	4-$CH(CH_3)_2$	3-CH_3	phenol, 3-methyl-4-(1-methylethyl)
26	pyrocatechol				1, 2-benzenediol
27	resorcinol	OH	OH	H	1, 3-benzenediol
28	hydroquinone				1, 4-benzenediol
			amines		
29	aniline	NH_2	H	H	benzenamine
30	toluidine	NH_2	CH_3	H	benzenamine, ar-methyl-
31	xylidine	NH_2	CH_3	CH_3	benzenamine, ar, ar-dimethyl-
32	benzylamine	CH_2NH_2	H	H	benzenemethanamine
33	phenethylamine	$CH_2CH_2NH_2$	H	H	benzeneethanamine
			ethers		
34	anisole	OCH_3	H	H	benzene, methoxy-
35	phenetole	OCH_2CH_3	H	H	benzene, ethoxy-

续表

过去					现在
			hydrocarbons		
36	toluene	CH_3	H	H	benzene, methyl-
37	xylene	CH_3	CH_3	H	benzene, dimethyl-
38	mesitylene	CH_3	CH_3	CH_3	benzene, 1, 3, 5-trimethyl-
39	styrene	CH : CH_2	H	H	benzene, ethenyl-
40	cumene	$CH(CH_3)_2$	H	H	benzene, (1-methylethyl)-
41	cymene	$CH(CH_3)_2$	CH_3	H	benzene, methyl(1-methylethyl)-
42	bibenzyl	CH_2CH_2Ph	H	H	benzene, 1, 1'-(1, 2-ethanediyl)bis-
43	stilbene	CH : CHPh	H	H	benzene, 1, 1'-(1, 2-ethenediyl)bis-

二、主题母体词的选择原则

(1)优先选择化学官能团最多最大的链为母体，化合物的基团和类属的旧名称大部分保留不变。命名先后次序是从最高级的自由基到阳离子；中性配位化合物(包括二茂铁)；阴离子；以酸作字尾时，其次序是过氧酸、羧酸和同系物、硫酸、硒酸、碲酸；其他酸：其顺序是碳酸(甲酸等)、卤代酸、硫属酸、氮酸、磷酸、砷酸、锑酸、硅酸及硼酸；酰卤、叠氮化物、异氰酸酯等；酰胺；腈；醛；酮、硫酮；醇和酚(现归在同一类)；硫醇；过氧化氢；胺；亚胺。

(2)优先选择有杂原子的骨架分子为母体，杂原子的命名顺序是：氮→磷→砷→锑→铋→硼→硅→锗→锡→铅→氧→硫→硒→碲。

(3)优先选择环系统(如环丙烷的排列先于任何无环的碳链)。

(4)无环杂原子最大数。

(5)骨架原子的最大数。

(6)最优先的无环杂原子的最大数。

(7)不饱和键的最大数。

(8)检索主题母体占最低位置。

上述原则的应用举例说明如下：如根据第(1)条原则，propionic acid(丙酸)应改为更符合系统命名法的名称 propanoic acid。

根据第(1)和第(2)条原则，化合物

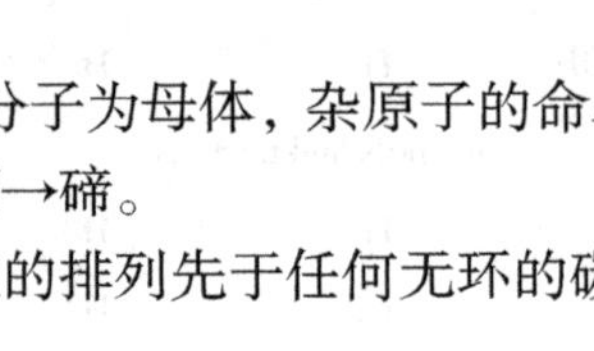

其名称应该是：如果 R 为 H，则按第(1)条原则，应称为 benzenepropanoic acid(苯丙酸)；如果 R 是优先于环系统衍生的基团(如 4-pyridinyl-，“4-氮苯基-”)，则按第(2)条原则，母体应该是 4-pyridine acetic acid，完整的检索名称应为

4-pyridineacetic acid，*α*-phenyl-*α*-(1-phenylethyl)-

又如：

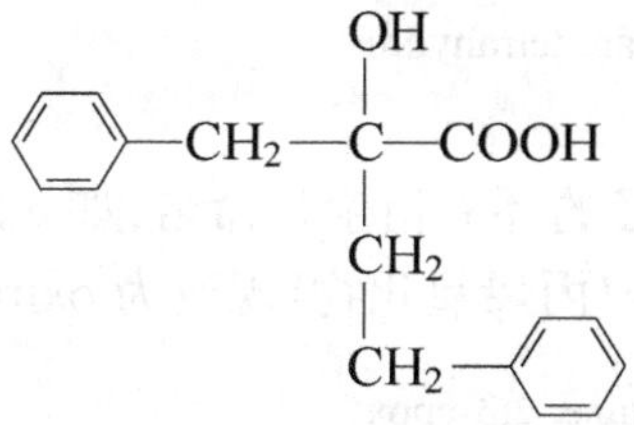

根据第(1)条原则，其名称应是 benzenebutanoic acid，*α*-hydroxy-*α*-(phenylmethyl)-。该结构式，根据以前命名法是 hydrocinnamic acid，*α*-hydroxy-*α*-phenethyl-[氢化肉桂酸(苯基丙酸)，*α*-羟基-*α*-苯乙基-]，这里强调了苯基。然而过去在这一名称下有一参见，即 see lactic acid, 3-phenyl-[乳酸(羟基丙酸)]，用这一名称，显然是强调了羟基的重要性，因此在第八次累积索引中改用“乳酸”为母体检索。但是在 lactic acid，2-phenethyl-下又注明参见 butyric acid, 2-hydroxy-2-methyl-4-phenyl-，因为考虑了无环最长链的原则。由于这里少一个苯基，因此把甲基变为苄基“benzyl-”，完整名称应为 butyric acid，2-benzyl-2-hydroxy-4-phenyl-。再从丁酸又可以追溯到氢化肉桂酸。根据现在的原则就不存在这一问题了。

再如，无环的有杂原子的化合物：

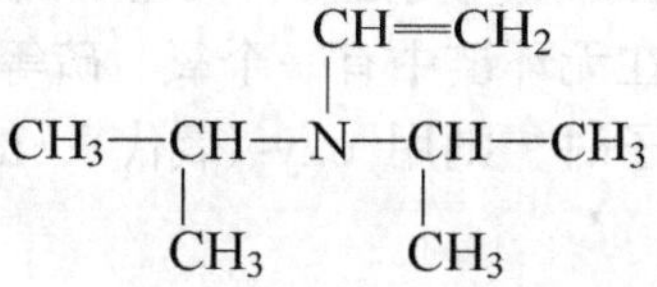

根据以前的原则，母体应选为 diisopropylamine(二异丙基胺)，再加 *N*-vinyl-。以前 CA 上母体上的取代基常用 *iso*-，*sec*-，*tert*-的字头。虽然“isopropanol”也用“2-propanol”，但“2-propanamine”以前是不予采用的。根据最长含杂原子链为母体的原则，以前 diethylamine(二乙基胺)是同时使用的，如上面的结构式，以前又为 diethylamine,1，1′-dimethyl-*N*-vinyl；但是根据不饱和链优先选为母体的原则，又应为 vinylamine，*N*，*N*-diisopropyl-。根据现在的选择原则，上面结构名称应为 2-propanamine，*N*-ethenyl-*N*-(1-methyl-)ethyl-。这里 vinyl 和 isopropyl 采用更系统的名称 ethenyl 和 1-methyl-ethyl。

三、醚类和硫化物等命名原则的简化

76 卷以后，CA 对于醚类和硫化物等的命名原则作了简化，现对照列举如下：

结构式	以前名	现在名
$CH_3CH_2OCH_2CH_3$	ethyl ether (乙醚)	ethane, 1,1′-oxybis- (乙烷,1,1′-氧二-)
$CH_3CH_2OCH_3$	ether, ethylmethyl (醚，乙基甲基)	ethane, methoxy- (乙烷，甲氧基-)
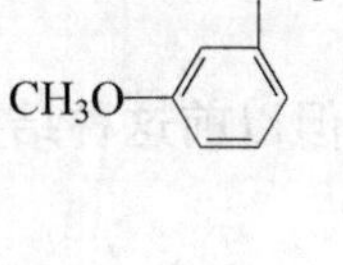	anisole, *m*-methyl (茴香醚，间-甲基-)	benzene, 1-methoxy- 3-methyl- (苯，1-甲氧基-，3-甲基-)

环醚作为杂环化合物，这一点与以前相同：

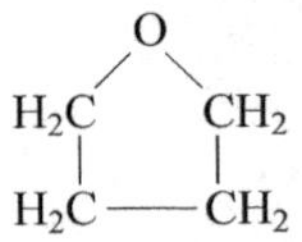

furan, tetrahydro-　　　　不变

以往较小的环单醚作为无环烃的环氧衍生物命名，如 ethylene oxide（乙撑氧）、trimethylene oxide（三甲撑氧）、propylene oxide（丙烯氧化物）现改为 oxirane（环氧乙烷）。

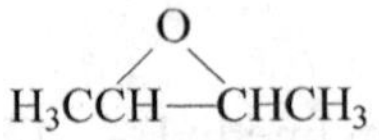

butane, 2,3-epoxy-（丁烷，2,3-环氧-）　　　　oxirane, 2,3-dimethyl-（环氧乙烷，2,3-二甲基-）

四个单个氧原子以上的无环聚醚，以取代法命名。例如：

$CH_3CH_2OCH_2OCH_2OCH_2OCH_2OCH_2CH_3$　　　　3,5,7,9,11-pentaoxatridecane 不变（3,5,7,9,11-五氧代十三烷）

过去邻位酯以酸命名，现在以烷烃为母体。例如：

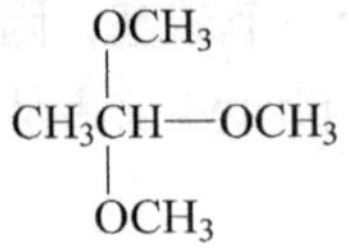

orthoacetic acid trimethyl ester（原乙酸三甲酯）　　　　ethane, 1,1,1-trimethoxy-（乙烷，1,1,1-三甲氧基-）

凡硫、硒、碲等化合物的命名原则均与醚一样处理，所以 76 卷以后这些化合物的命名原则都大大简化了。其简化原则是在无环链中有一个氧、硫等原子用 oxy（氧基）、thio（硫基）等表示。如果有四个以上这类杂原子时，则用 oxy-（氧代）、thio-（硫代）等取代烃中的碳原子的方法命名。

四、其他变化的扼要说明

1. 合并命名法

合并命名法（conjunctive nomenclature）是 CA 在第一次累积索引（1916 年）中开始采用的。这种名称就是环系统名称和带官能的无环饱和链名称的简单合并名称，即化合物结构式的一端为环，另一端为其他官能团。例如，2-naphthalenebutanamine（2-萘丁胺）就是萘的第 2 位和丁胺的第 4 位相结合构成的名称。但是有双键的化合物，如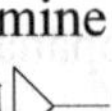—CH═CHCOOH就不采用这种方法命名，而采用不饱和键最大数优先的原则，即应为 2-propenoic acid，3-cyclopropyl-（2-丙烯酸，3-环丙基-），而以前称为 cyclopropane acrylic acid（环丙烷丙烯酸）。

2. 对应结构命名法

对应结构命名法（multiplicative），现在限定只能用在相同位置为同样的原子或基团所取代的母体。不对称的不用此法命名。例如：

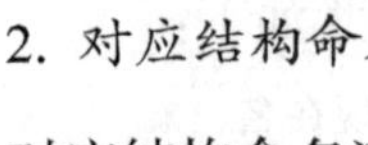

benzene, 1,1′-thiobis-（苯，1,1′-硫基二）（对应法命名）

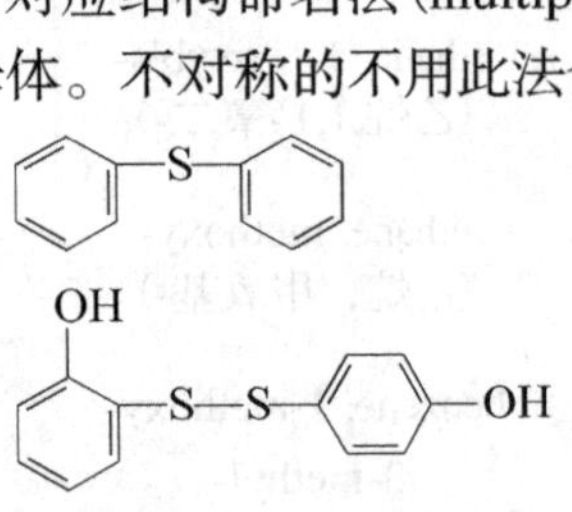

phenol, 2-[4-(hydroxyphenyl) dithio]-（苯酚，2-[4-(羟苯基) 二硫基]-）

后者不能用对应法命名，而要根据最低位置优先选为母体的原则命名。但以前这种结构也可

以用对应法命名，该结构按以前的叫法为“phenol, 2,4′-dithiodi-”。

3. 官能团取代命名法

官能团取代命名法，过去只用在磷酸及其同系物中的氧原子为其他原子或基团所取代的场合，现在这种方法扩大应用到过氧酸、联氨酸、酰卤、酰胺和醛的硫属化合物。例如：

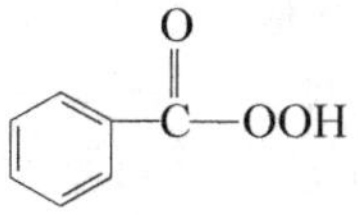

benzenecarboperoxoic acid 苯过氧羧酸
(原 peroxybenzoic acid 过氧苯甲酸)

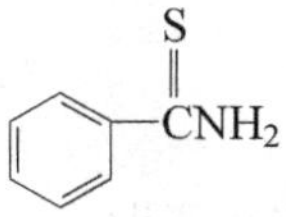

benzenecarbothioamide 苯甲硫代酰胺
(原 benzoylamide, thio- 苯甲酰胺，硫代-)

CH_3CHS

ethanethial 乙烷硫醛
(原 acetaldehyde, thio- 乙醛，硫代-)

4. 取代基(词冠)的变化

取代基和支链自由基的变化原则与主题母体的一样，习惯名取代基改为系统名称。取代基的变化主要有：

(1)支链烷基作为最长烷链的衍生物命名，所有 *iso-*(异)、*sec-*(仲、另)、*tert-*(叔、特)的烷基名均不再使用。习惯名 allyl(烯丙基)和 vinyl(乙烯基)改为系统名；无环烷撑基(除 methylene 甲撑外)均改为“-diyl”(二基)，烷撑基的位置为两个末端位置，如 butylene 改为 1, 4-butanediyl；trimethylene 改为 1, 3-propanediyl；vinylene 改为 1, 2-ethenediyl。

(2)三价苯基用 1, 2, 3-benzenetriyl。

(3)环烃二价基词尾“-ylene”改为“-diyl”，如 1, 4-cyclohexylene(1, 4-环己撑)改为 1, 4-cyclohexanediyl(1, 4-环己烷二基)。

(4)苯基烃基的习惯名改为系统名。例如：

benzyl(苄基)→phenylmethyl(苯基甲基)

styryl(苯乙烯基)→2-phenylethenyl(2-苯基乙烯基)

2,4-xylyl(2,4-二甲苯基)→2,4-dimethylphenyl(2,4-二甲基苯基)

(5)联环基根据联环名称命名，但要加上括号和环的连接位置。例如：

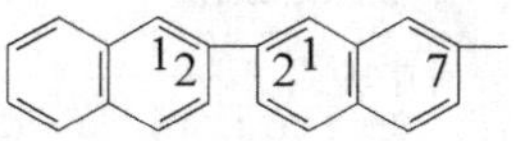

(2,2′-binaphthalen)-7-yl
(2,2′-联萘)-7-基

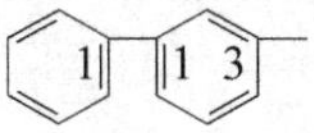

(1,1′-biphenyl)-3-yl
(1,1′-联苯)-3-基

(6)除了羰基、甲酰基(不饱和化合物的)、乙酰基及苯甲酰基外，凡系统命名的酰基均改为取代烷基。例如：

acetimidoyl(亚氨逐乙酰基) $\xrightarrow{\text{改为}}$ 1-iminoethyl(1-亚氨乙基)

propionyl(丙酰基) ⟶ 1-oxopropyl(1-氧丙基)

succinoyl(琥珀酰基) ⟶ 1,4-dioxo-1,4-butanediyl(1,4-二氧-1,4-丁烷二基)

现将主要取代基团的变化列于表 3-3，以供参考。

表 3-3　取代基团名称的改变

以前用名	现在用名	中文名称
acetamido	acetylamino	乙酰胺基
acetoacetyl	1, 3-dioxobutyl	乙酰乙酰基
acetonyl	2-oxopropyl	乙酰甲基
acetoxy	acetyloxy	乙酰氧基
acryloyl	1-oxo-2-propenyl	丙烯酰基
adipoyl	1, 6-dioxo-1, 6-hexanediyl	己二酰基
allophanoyl	[(aminocarbonyl) amion] carbonyl	脲基甲酰基(脲羰基)
allyl	2-propenyl	烯丙基
amidino	aminoiminomethyl $H_2NC(:NH)$—	脒基
anilino	phenylamino C_6H_5NH—	苯胺基
anthraniloyl	2-aminobenzoyl	邻氨基苯甲酰基
benzamido	benzoylamino C_6H_5CONH—	苯甲酰胺基
benzenesulfonamido	(phenylsulfonyl) amino $C_6H_5SO_2NH$—	苯磺酰胺基
benzimidoyl	iminophenylmethyl $C_6H_5C(:NH)$—	亚氨苄基
p-benzoquinonyl	3, 6-dioxo-1, 4-cyclohexadien-1-yl $C_6H_3O_2$—	对醌基
4, 4′-biphenylylene	1, 1′-bipheny1-4, 4′-diyl $C_6H_4C_6H_4$—	4, 4′-联苯撑
2-bornyl	1, 7, 7-trimethylbicyclo (2, 2, 1)-hept-2-yl 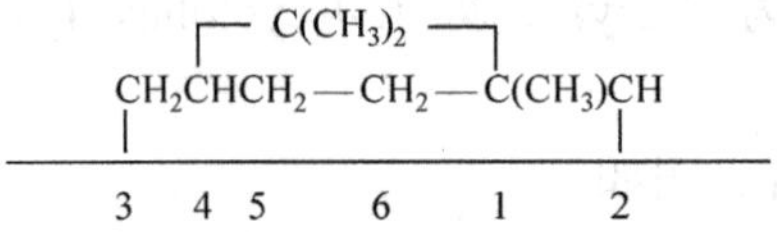	冰片基
butenylene-2	2-butene-1, 4-diyl —C_4H_6—	2-丁烯撑
tert-buyl	1, 1-dimethylethyl $(CH_3)_3C$—	叔丁基
butyryl	1-oxobutyl C_3H_7CO—	丁酰基
carbazoyl	hydrazinocarbonyl $C_{12}H_8N$—	咔唑基(氮芴基)
carvacryl	2-methyl-5-(1-methylethyl) phenyl $(CH_3)(C_3H_7)C_6H_3$—	香芹基
cinnamoyl	1-oxo-3-phenyl-2-propenyl $C_6H_5CH:CHCO$—	肉桂酰基
cinnamyl	3-phenyl-2-propenyl $C_6H_5CH:CHCH_2$—	肉桂基
diazoamino	1-triazene-1, 3-diyl —NHN : N—	重氮烯撑
disiloxanylene	1, 3-disiloxanediyl —SiH_2OSiH_2—	甲硅醚撑
epoxyethyl	oxiranyl OCH_2CH—	环氧乙基
ethylene	1, 2-ethanediyl —CH_2CH_2—	乙撑
furyl	furanyl C_4H_3O—	呋喃基
glyoxyloyl	oxoacetyl OHCCO—	乙醛酰基

续表

以前用名	现在用名	中文名称
guanidino	(aminoiminomethyl) amino $H_2NC(:NH)NH$—	胍基
hexamethylene	1, 6-hexanediyl —C_6H_{12}—	六甲撑、己撑
indolyl	1H-indolyl C_8H_6N—	氮茚基、吲哚基
iodoso	iodosyl IO—	亚碘酰基
iodoxy	iodyl IO_2—	碘酰基
isobutyl	2-methylpropyl $CH_3CH(CH_3)CH_2$—	异丁基
isobutyryl	2-methyl-oxopropyl $CH_3CH(CH_3)CO$—	异丁酰基
isoquinolyl	isoquinolinyl C_9H_6N—	异喹啉基
isopropyl	1-methylethyl $CH_3CH(CH_3)$—	异丙基
malonyl	1, 3-dioxo-1, 3-propanediyl —$COCH_2CO$—	丙二酰基
morpholino	4-morpholinyl —$N(CH_2)_2O(CH_2)_2$—	吗啉代
naphthalimido	1, 3-dioxo-1H-benz[*de*] $C_{10}H_6(CO)_2N$—	萘二甲酰胺基
naphthaloyl	1, 8-naphthalenediyldicarbonyl $C_{10}H_6(CO)_2$—	萘二甲酰
anphthoyl	naphthalenylcarbonyl $C_{10}H_7CO$—	萘甲酰
neopentyl	2, 2-dimethylpropyl $(CH_3)_3CCH_2$—	新戊基
nitramino	nitroamino —$NH \cdot NO_2$	硝氨基
norbornyl	bicycle [2, 2, 1] heptyl	降冰片基
oxalyl	1, 2-dioxo-1, 2-ethanediyl —COCO—	乙二酰基、草酰基
oxarnoyl	aminooxoacetyl H_2NCOCO	氨基乙二酰基、草氨酰基
palmitoyl	1-oxohexadecyl $CH_3(CH_2)_{14}CO$—	十六酰基、棕榈酰基
phenacyl	2-oxo-2-phenylethyl $C_6H_5COCH_2$—	苯酰甲基
phenanthryl	phenanthrenyl $C_{14}H_9$—	菲基
phenethyl	2-phenylethyl $C_6H_5C_2H_4$—	苯乙基
phthalamoyl	2-(aminocarbonyl) benzoyl $H_2NCOC_6H_4CO$—(*o*)	邻氨羰苯酰
phthalimido	1, 3-dihydro-1, 3-dioxo-2H-isoindol-2-yl COC_6H_4CON—	酞酰亚胺基、苯二甲酰抱亚胺基
phthaloyl	1,2-phenylenedicarbonyl —COC_6H_4CO—(*o*)	酞酰、邻苯二甲酰基
piperidino	1-piperidinyl $CH_2(CH_2)_4N$—	哌啶基
2-piperidyl	2-piperidinyl $CH_2(CH_2)_3CHNH$—	2-哌啶基
piperonyl	1, 3-dibenzodioxol-5-ylmethyl 3, 5-$(CH_2O_2)C_6H_3CH_2$—	胡椒基、3, 5-亚甲二氧甲苯基
propionyl	1-oxopropyl CH_3CH_2CO—	丙酰基
propylene	1-methyl-1, 2-ethanediyl CH_3—CH—CH_2—	丙撑
pyruvoyl	1, 2-dioxopropyl CH_3COCO—	丙酮酰基
m-quaterphenyl-2′-yl	1, 1′: 3′, 1″: 3″, 1‴-quaterphenyl-2′-yl	间联四苯 2′-基

续表

以前用名	现在用名	中文名称
quinuclidinyl	1-azabicyclo [2, 2, 2] octyl $C_7H_{12}N$—	奎宁环基
β-resorcyloyl	2, 4-dihydroxybenzoyl	2, 4-二羟基苯甲酰基
salicyl	(2-hydroxyphenyl) methyl *o*-$HOC_6H_4CH_2$—	邻羟苄基(水杨基)
salicyloyl	2-hydroxybenzoyl *o*-HOC_6H_4CO—	水杨酰基、邻羟苯甲酰基
semicarbazido	2-(aminocarbonyl) hydrazino $H_2NCONHNH$—	脲氨基
siloxy	silyloxy H_3SiO—	甲硅烷氧基
sulfamoyl	aminosulfonyl H_2NSO_2—	氨磺酰基
thenyl	thienylmethyl $C_4H_3SCH_2$—	噻吩甲基
toluidino	(methylphenyl) amino $CH_3C_6N_4NH$—	甲苯胺基
toluoyl	methylbenzoyl $CH_3C_6H_4CO$—	甲苯酰基
tolyl	methylphenyl $CH_3C_6H_4$—	甲苯基
trimethylene	1, 3-propanediyl —$CH_2CH_2CH_2$—	三甲撑
trisiloxanylene	1, 3-trisiloxanediyl —SiOSiOSiO—	三硅氧烷撑
trityl	triphenylmethyl $(C_6H_5)_3C$—	三苯甲基
ureido	(aminocarbonyl) amino H_2NCONH—	脲基
ureylene	carbonyldiimino —NHCONH—	脲撑
valeryl	1-oxopentyl $CH_3(CH_2)_3CO$—	戊酰基
veratroyl	3, 4-dimethoxybenzoyl 3, 4-$(CH_3O)_2C_6H_3CO$—	3, 4-二甲氧苯甲酰基(藜芦酰)
vinyl	ethenyl CH_2═CH—	乙烯基
vinylene	1, 2-ethenediyl —CH═CH—	乙烯撑

5. 第 12 次累积索引期间对检索词的修订

CA 从 106 卷起，即在第 12 次累积索引期间(1987～1991 年)，在索引策略、检索名词选择、化学物质登录、标引和命名等方面作了新的补充和修订，在手检索引和机检文文件中对检索途径均作了增补[5]。

1)检索词的变化

一些名词由原来的泛指改为特指，如 data 改为 information science and technology，data；一些名词突出了类称，如 coordination compounds，chelates 代替过去使用的 chelates。

在普通主题索引中增设了 27 项带有副题词(修饰词)的索引标题，如加成反应，配位型；取代反应，配位型；消去反应，配位型；电摄影，彩色型；色谱分离，气相法。

在化学物质索引中增加了大类化学物质的索引标题，这些标题原来只列在普通主题索引中，如 albumins(清蛋白类)、globulins(球蛋白类)、carbon fibers(碳纤维)、glycoproteins(糖蛋白)、phospholipids(磷脂类)、polyacelylenes(聚乙炔类)、polycarbonates(聚碳酸酯类)、polyethers(聚醚类)、polyoxyalkylenes(聚氧烯烃)、polysulfones(聚砜类)、proteins(蛋白质类)、pulping liguors(纸浆液)、trace elements(痕量元素)。

2) 化学物质登录、标引及命名的变化

(1) 对于嵌段、接枝和交替共聚物均分别给出登录号，并作为 CA 的索引名称。

(2) 无论以何种方式参与聚合物组成的交链剂均作为共聚物的组成部分。

(3) 由不同官能团——二卤代和二羟基硅烷缩聚所得的硅氧烷，均按其单体结构的重复单元进行登录和标引。

(4) 在非定比的无机化合物(nonstoichiometric inorganic compounds)索引名称之后，在其结构式或分子式中指明了组成状况——每个元素的具体数目或数目范围。非定比的无机化合物也都给出登录号。

(5) 具有相同组成的盐，如乙酸和三氟乙酸、乙胺和 *N*, *N'*-二乙基乙胺，在化学物质索引及分子式索引中不再增设款目。

(6) 胺的盐类及其他以下列离子所取代的正离子的盐类，均不在有关离子项下再设索引款目。

硼酸(1-)盐，四氧代-

硼酸(1-)盐，四苯基-

磷酸(1-)盐，六氟代-

(7) 用希腊字母 λ 表示非常规价键的原子。

3) 在联机检索系统中增加检索途径

(1) 增加索引款目。具有特殊用途的化学物质，过去只在主题索引中出现一次，现在可再增设索引款目。这些新增加的索引款目仅在 STN(国际科技网络系统)中的 CA 文档内出现并使用。同时，还提供了用登录号查找文献的手段。这类新增加的索引款目在 CA 106 卷以后的每卷中有 2 万～3 万条。

(2) 在主题索引中出现更多的商品名称。

附表 3-Ⅳ　CA 中的日文期刊名称对照

Abura Kagaku (見 Yukagaku) 油化学

Acetate (見 Aseteto)

Aichi Igakkai Zasshi (見 Nagoya Igakkai Zasshi) 愛知醫学会誌(見名古屋醫学会誌)

Aichi-ken Eisei Kenkyushoho 愛知縣衛生研究所所報

Aichi-ken Nogyo Shikenjo Nempo 愛知縣農業実驗場年報

Akita Daigaku Cakugei Gakubu Kenkyu Kiyo,Shizen Kagaku 秋田大学学芸部研究紀要，自然科学

Aseteto (Osaka) 即 Acetate

Bochu-kagaku 防蟲科学

Botyu-kagaku (見 Bochu-kagaku) 防蟲科学

Bunko Kenkyu 分光研究

Bunseki Kagaku 分析化学

Bunseki to Shiyaku 分析と試藥(50 年后改為分析化学)

Chagyo Gijutsu Kenkyu 茶葉研究

Chagyo Shikenjo Kenkyu Hokoku 茶葉実驗場研究報告

Chiba Daigaku Bunrigakubu Kiyo Shizen Kagaku 千葉大学文理学部紀要，自然科学

Chiba Daigaku Engeigakubu Gakujutsu Hokoku 千葉大学園芸学部学術報告

Chiba Daigaku Fubai Kenkyusho Hokoku 千葉大学腐敗研究所報告

Chiba Daigeku Kogakubu Kenkyu Hokoku 千葉大学工学部研究報告

Chibaken Nogyo Shikenjo Kenkyu Hokoku 千葉縣農業試驗場研究報告

Chigaku Kenkyu 地学研究

Chigaku Zasshi 地学雜誌

Chikyu Kagaku 地球科学

Chishitsugaku Zasshi 地質学雜誌

Chugoku Nogyo Shikenjo Hokoku 中國農業実驗場報告

Denki Kagaku 電気化学

Denki Kagaku Oyobi Kogyo Buturi Kagaku 電気化学及び工業物理化学

Doitai to Hoshasen 同位體と放射綫

Eisei Kagaku 衛生化学

Eiyo to Shokuryo 營養と食糧

Eiyogaku Zasshi 營養学雜誌

Fukushima lgaku Zusshi 福島醫学雜誌

Fujikura Densen Giho 藤倉電線技報

Gendai Chuzo 近代金屬

Gendai Igaku 近代醫学

Hakko Kogaku Zasshi 発酵工学雜誌

Hakko Kyokaishi 発酵協会誌

Hikaku Kagaku 皮革化学

Himeji Kogyo Daigaku Kenkyu Hokoku 姬路工業大学研究報告

Hiroshima Igaku 広島醫学

Hiroshima Daigaku Chigaku Kenkyu Hokoku 広島大学地学研究報告

Hiroshima Daigaku Kogakubu Kenkyu Hokoku 広島大学工業部研究報告

Hokkaido Daigaku Kogakubu Hokoku 北海道大学工業部報告

Hoshasen Kobunshi 放射性高分子

Hyoykukai 兵藥界

Igaku Kenkyu 医学研究

Igakuto Seibutsugaku 医学と生物学

Jozogaku Zasshi 見発酵工学雜誌

Jushi Kako 樹脂加工(1964 年后改名为 Kobunshi Kako，高分子加工)

Kagaku(Kyoto)化学

Kagaku(Tokyo)科学

Kagaku Asahi 科学朝日

Kagaku Kenkyu-sho Hokoku 化学研究所報告

Kagaku Kikai 化学機械

Kagaku Kogaku 化学工学

Kagaku Kogyo 化学工業

Kagaku No Jikken 科学の実驗

Kagaku No Kenkyu 化学の研究
Kagaku No Ryoiki 化学の领域
Kagaku No Ryoiki Zokan 化学の領域增刊
Kagaku Ryoho 化学療法
Kagakusi Kenkyu 化学史研究
Kagakuto Kogyo (Osaka) 科学と工業
Kagaku to Kogyo (Tokyo) 化学と工業
Kagaku to Seibutsu 化学と生物
Keikinzoku 軽金屬
Kinzoku Hyomen Gijutsu 金屬表面技術
Koatsu Gasu 高圧ガス
Koatsu gazu Kyokaishi 高圧ガス協会誌
Kobayashi Rigaku Kenkyusho Hokoku 小林理学研究所報告
Kobunshi 高分子
Kobunshi Kagaku 高分子化学
Kobunshi Kako 高分子應用
Kobutsugaku Zasshi 鉱物学雑誌
Kogakuin Daigaku Kenkyu Hokoku 工学院大学研究報告
Kogyo Kagaku Zasshi 工業化学雑誌
Kogyo Kayaku 工業火藥
Kogyo Kayaku Kyokaishi 工業火藥協会誌
Koru Taru コールタル(煤焦油)
Koryo 香料
Koso Kagaku Shimpojiumu 酵素化学シンポジコース(専題論文集)
Kotai Butsuri 固體物理
Kyaka purasuchikusu 強化プラスチツタス(增強塑料)
Kyoto Daigku Kagaku Kenkyusho Hokoku 京都大学化学研究所報告
Kyoto Daigaku Kagaku Kenkyusho Iho 京都大学工学研究所彙報
Kyoto Daigaku Nippon Kagakuseni Kenkyusho Koenshu 京都大学日本合成繊維研究所公報
Kyoto Kogei Seni Daigaku Sen'igakubu Gakujutsu Hokoku 京都工芸繊維大学繊維学部学術報告
Kyushu Deigaku Seisankagaku Kenkyusho Hokoku 九洲大学生產科学研究報告
Nagoya Igakkai Zasshi 名古屋醫学会誌
Nagoya Kogyo Gijutsu Shikensho Hokoku 名古屋工業技術試験所報告
Nagoya Sangyo Kagaku Kenkyusho Kenkyu Hokoku 名古屋产業科学研究所研究报告
Nenryo Kyokaishi 燃料協会誌
Nenryo Oyobi Nensyo 燃料と燃燒
Nippon Butsuri Gakkaisi 日本物理学会誌
Nippon Deigaku Kogaku Kenkyusho Iho 日本大学工学研究所彙報
Nippon Dojo-Hiryogaku Zasshi 日本土壤肥料学雜誌
Nippon Gasu Kyokaishi 日本ガス協会誌

Nippon Genshiryoku Gakkaishi 日本原子力協会誌

Nippon Genshiryoku Kenkynsho Chosa Hokoku 日本原子力研究所調查報告

Nippon Genshiryoku Kenkyusho Kenkyu Hokoku 日本原子力研究所研究報告

Nippon Gosei Sen'I 日本合成纖維

Nippon Gomu Kyokaishi 日本橡胶(ゴム)協会誌

Nippon Hikaku Gijustu Kyokaishi 日本皮革技術協会誌

Nippon Hoigaku Zasshi 日本法醫学雜誌

Nippon Hoshasen Kobunshi Kenkyu Kyokai Nempo 日本放射高分子研究協会年報

Nippon Hoshasen Gizutsu Gakkai Zasshi 日本放射線技術学会雜誌

Nippon Kagaku Ryohogakukai Zasshi 日本化学療法学会雜誌

Nippon Kagaku Zasshi 日本化学雜誌

Nippon Kagaku Soran 日本化学綜覽

Nippon Kankosikiso Kenkyusho Hokoku 日本感光色素研究所報告

Nippon Kinzoku Ga'kaishi 日本金屬学会誌

Nipponkogyo Kaishi 日本鉱業会誌

Nippon Nogie Kagaku Kaishi 日本農芸化学会誌

Nippon Secckaku KyokaiShi 日本黏合劑協会誌

Nippon Seikagakkai Shi 日本生化学会誌

Nippon Seirigaku Zasshi 日本生理学雜誌

Nippon Shashin Gakkai Kaishi 日本寫眞学会誌

Nippon Suisan Gakkaishi 日產水產学会誌

No to Shinkai 脳と神經

Oyo Butsuci 応用物理

Osaka Kogyo Gijutsu Shikenjo Hokoku 大阪工業技術試驗所報告

Rakuno Kakaku No Kenkyu 酪農科学の研究

Rubber Digest(Tokyo) テバグイジエスト(橡膠文扎)

Ryusan 硫酸

Sankyo Kenkyusho Nempo 三共研究所年報

Sanshigaku Zasshi 蚕絲学雜誌

Seikagaku 生化学

Sen-I Gakkaishi 纖 維学会誌

Secchaku(Kyoto) 黏合劑

Sekiyu Gakkai Shi 石油学会誌

Sen-i Kikai Gakkaishi 纖 維機械学会誌

Sen-i Kogyo Gakkaishi 纖 維工業学会誌

Seniso Kogyo 纖 維素工業

Senryo to Yakuhin 染料と藥品

Senshoku Kogyo 染色工業

Senshoku & Kako 染色と加工

Shinku Kagaku 眞 空化学

Shokubai (Tokyo) 触媒

Tampakushitsu，Kakusan，Koso 蛋白質、核酸、酵素

Tanso 碳素

Tetsu To Hagane 鐵と鋼

Tohoku Daigaku Hisuiyoeki Kagaku Kenkyusho Hokoku 東京大学非水溶液化学研究所報告

Tokai Denkyoku Giho 東海電極技報

Tokushuko 特殊鋼

Tokyo Daigaku Fukushasen Kagaku Kenkyusho Hokoku 東京大学放射線化学研究所報告

Tokyo Kogyo Shikensho Hokoku 東京工業試験所報告

Yakugaku 藥学

Yogyo Kyokaishi 窰協会誌

Yogyo Kyokai Zasshi 窰業協会雜誌

Yuki Gosei Kagaku Kyokaishi 有機合成化学協会誌

Yukagak (即 Abura Kagaku) 油化学 (前名 Yushi Kagaku Kyokaishi 油脂化学協会誌)

Yuki Kagaku no shimpo 有機化学の进步

附表 3-Ⅴ　CA 中常用词缩写

(包括美国化学会所属出版物常用词缩写)

A　ampere 安 (培)

Å　Angstrom unit (s) 埃 (长度单位，10^{-10}m)

abs.　absolute 绝对的

abs. EtOH　absolute alcohol 无水乙醇

abstr.　abstract 文摘

Ac　acetyl (CH_3CO, not CH_3COO) 乙酰基

ac　alternating current 交流电 (流)

Ac. H.　acetaldehyde 乙醛

AcOH　acetic acid 乙酸

Ac_2O　acetic anhydride 乙酸酐

AcOEt　ethyl acetate 乙酸乙酯

AcONa　乙酸钠

add　additive 附加物

addn　addition 加成，添加

addnl　additional 添加的

alc.　alcohol, alcoholic 醇

aliph.　aliphatic 脂族的

Al. Hg.　Aluminum amalgam 铝汞齐

alk.　alkaline (not alkali) 碱性的

alky　alkalinity (alhys. for alkalinities is not approved) 碱度，碱性

am　amyl (not ammonium) 戊基

amorph　amorphous 无定形的

amp　ampere (s) 安 (培)

amt.　amount (as a noun) 数量

anal.　analysis 分析

anhyd.　anhydrous 无水的

AO　atomic orbital 原子轨道

app.　apparatus 仪器，装置

approx　approximate (as an adjective)，approximately 近似的，大概的

approxn　approximation 近似法，概算

aq.　aqueous 水的，含水的

arom.　aromatic 芳族的

as.　asymmetric 不对称的

assoc.　associate (s) 缔合

assocd　associated 缔合的

assocn　association 缔合

at.　atomic (not atom) 原子的

atm　atmosphere (s)，atmospheric 大气压 (=1.013 25×10^5Pa)

ATP　adenosine triphosphate 三磷腺苷酶

at. wt.　atomic weight 原子量

av.　average (except as a verb) 平均

b.　(followed by a figure denoting temperature) boils at, boiling at (similarly b_{13}, at 13mm pressure) 沸腾 (后面的数字表示温度，同样 b_{13} 表示在 13mm 压力下沸腾)

bbl　barrel 桶[液体量度单位，=163.5L (英)=119L (美)]

BCC　body-centred cubic 体心立方

BeV or GeV　billion electronvolts 10 亿电子伏，吉电子伏，10^9 电子伏

BOD　biochemical oxygen demand 生化需氧量

b. p.　boiling point 沸点

Btu　British thermal unit (s) 英热单位 (=1055.06J)

Bu　butyl (normal) 丁基

bu　bushel 蒲式耳[=36.368L (英) =35.239L (美)]

Bz　benzoyl (not benzyl) 苯甲酰

BzH　benzaldehyde 苯 (甲) 醛

BzOH　benzoic acid 苯甲酸

C　concentration 浓度

Cal　calorie (s) 千卡，大卡 (=4186.8J)

cal　卡 (=4.1868J)

calc.　calculate 计算

calcd　calculated 计算的

calcg　calculating 计算

calcn　calculation 计算

CC　cubic centimeter (s) 立方厘米

CD　circular dichroism 圆二色性 (物)

c. d.　current density 电流密度

cf.　参见

compare　比较

cubic feet per minute　立方英尺/分钟 ($1ft^3=2.831\ 685\times10^{-2}m^3$)

chem.　chemical (as an adjective) (not chemistry not chemically) 化学的

Ci　curie 居里 (放射单位) ($=3.7\times10^{10}$Bq)

clin.　clinical (ly) 临床的

cm　centimeter (s) 厘米

CoA　coenzyme A 辅酶 A

COD　chemical oxygen demand 化学需氧量

coeff.　coefficient 系数

col.　colour, coloration 颜色

com.　commercial 工业的，商业的，商品的

comb.　combustion 燃烧

compd.　compound 化合物，复合物

compn.　composition 组成，成分

conc.　concentrate (as a verb) 提浓，浓缩

concd.　concentrated 浓的

concg.　concentrating 浓缩 (的)

concn.　concentration 浓度

cond　conductivity 电导率，传导性

const.　constant 常数，常量

contg　containing 包含，含有

cor　corrected 校正的，改正的，正确的

cp.　constant pressure 恒压

C. P.　chemically pure 化学纯的

crit.　critical 临界的

cryst.　crystalline (not crystallize) 结晶

crystd　crystallized 使结晶

crystg　crystallizing 结晶

crystn　crystallization 结晶，结晶化

cu. m.　cubic meter (s) 立方米

Cv　constant volume 恒容

d　density 密度 (d_4 相对于水在 4℃时的相对密度；d_{20} 相对于水在 20℃时的相对密度)

D　Debye unit 德拜单位，电偶极矩单位

d.　dextrorotatory 右旋 (不译)

dl-　外消旋 (不译)

d. c.　direct current 直流电

decomp.　decompose (s) 分解

decompd　decomposed 分解的

decompg　decomposing 分解

decompn　decomposition 分解

degrdn　degradation 降解

deriv.　derivative 衍生物，导数 (数)

det.　determine 测定

detd　determined 测定的

detg　determining 测定

detn　determination 测定

diam.　diameter 直径

dil.　dilute 稀释，冲淡

dild　diluted 稀释的

diltg　diluting 稀释

diln　dilution 稀释

diss.　dissolves，dissolved 溶解

dissoc　dissociate (s) 离解

dissocd.　dissociated 离解的

dissocn　dissociation 离解

dist.　distil，distillation 蒸馏

distd　distilled 蒸馏的

distg　distilling 蒸馏

distn　distillation 蒸馏

dl　分升

dm.　decimeter (s) 分米

DMF　dimethylformamide 二甲基甲酰胺

DNase　deoxyribonuclease 脱氧核糖核酸酶

d. p.　degree of polymerization 聚合度

dpm　disintegrations per minute 分解量/分钟

DTA　differential thermal analysis 差热分析

E. D.　effective dose 有效剂量

EEG　electroencephalogram 脑电流描记术

e.g.　for example 例如

elec electric, electrical (not electrically) 电的
e. m. f. electromotive force 电动势
e. m. u. electromagnetic unit 电磁单位
en. ethylenediamine (used in formulas only) 乙二胺
equil equilibrium (s) 平衡
equiv equivalent 当量，克当量
esp. especially 特别，格外
est. estimate (as a verb) 估计
estd estimated 估计的
estg estimating 估计
estn estimation 估计
Et ethyl 乙基
Et_2O ethyl ether 乙醚
eV electron volt (s) 电子伏[特]
evac. evacuated 抽空的
evap. evaporate 蒸发
evapd evaporated 蒸发的
evapg evaporating 蒸发
evapn evaporation 蒸发
examd examined 检验过的，试验过的
examg examining 检验，试验
examn examination 检验，试验
expt. experiment (as a noun) 实验
exptl experimental 实验的
ext. extract 提取物，萃取，提取
extd extracted 提取的
extg extracting 提取
extn extraction 提取
F farad 法[拉](电容)
fcc face centered cubic 面心立方
fermn fermentation 发酵
f. p. freezing point 冰点，凝固点
FSH follicle-stimulating hormone 促卵泡激素
ft foot, feet 英尺 (=0.3048m)
ft-lb foot-pound 英尺磅 (=0.3048m×0.453 592kg)
g gram (s) 克
gal gallon 加仑[=4.546 092L (英) =3.785 43L (美)]
geol. geological 地质的
gr grain (weight unit) 谷 (=0.064 799g)
h hour 小时
H henry 亨[利]
ha hectare (s) 公顷 (=6.451 600×$10^{-4}$$m^2$)
homo- 均匀，单相
hyd. hydrolysis，hydrolysed 水解
Hz hertz (cycles/sec) 赫[兹]，周/秒
ID infective dose 无效剂量
in inch (es) 英寸 (=0.0254m)
inorg. inorganic 无机的
insol. insoluble 不溶的
IR infrared 红外线
irradn irradiation 照射
iso-Bu isobutyl 异丁基
iso-Pr isopropyl 异丙基
IU 国际单位
J joule 焦[耳](能量单位)
K kelvin 开[尔文]，热力学温度
kcal kilocalorie (s) 千卡 (=4186.8J)
kg kilogram (s) 千克
kV kilovolt (s) 千伏
kV-amp. kilovolt-ampere (s) 千伏安
kW kilowatt (s) 千瓦
kWh kilowatthour 千瓦时 (=3.6×10^6J)
l. liter (s) 升
lab. laboratory 实验室
lb pound (s) 磅 (=0.453 592kg)
LCAO linear combination of atomic orbitals 原子轨道的线性组合
LD lethal dose 致死剂量
LH luteinizing hormone 促黄体发生激素
liq. liquid 液体，液态
lm lumen 流明 (光通量单位)
lx lux 勒[克斯](照度单位)
M molar (as applied to concn.) 摩尔
M. mega- (10^6) 兆
m meter (s)；also (followed by a figure denoting temperature) 米，熔融 (注明温度时)
m molal 摩尔的
m. melts at，melting at 熔融
ma milliampere (s) 毫安
manuf. manufacture 制造
manufd manufactured 制造的
manufg manufacturing 制造
math. mathematical 数学的
max maximum (s) 最大值，最大的
Me methyl (MeOH，methanol) 甲基 (甲醇)
mech. mechanical 机械的
metab. metabolism 新陈代谢
m. e. v million electron volts 兆电子伏
mg milligram (s) 毫克
mi mile 英里 (=1609.344m)
min minimun 最小值，最小的
min minute 分[钟]

misc　miscellaneous 其他
mixt.　mixture 混合物
ml　milliliter(s) 毫升
mm　millimeter(s) 毫米
MO　molecular orbital 分子轨道
mol　molecule，molecular 分子，分子的
mol. wt.　molecular weight 分子量
m. p.　melting point 熔点
mph　miles per hour 英里/小时
mV　millivolt(s) 毫伏
Mx　maxwell 麦克斯韦(=10^{-8}Wb)(磁通量单位)
n　index of refraction(n_D^{20}, 20℃，钠光)折射率
N　newton 牛[顿](力的单位)
N　normal(as applied to concn.) 当量(浓度)
neg.　negative(as an adjective) 阴性的，负的
nm　nanometer(s) 纳米
no　number 号，数
obsd　observed 观察，观测
org.　organic 有机的
oxidn　oxidation 氧化
oz　ounce 盎司(=28.349 523g)
p　pico(10^{-12}) 皮
P　poise 泊[=10^{-1}Pa · s(黏度单位)]
p. d.　potential difference 势差，电位差
Pet. Et.　petroleum ether 石油醚
Ph　phenyl 苯基
phys.　physical 物理的
physiol.　physiological 生理学的
p. m.　post meridiem 午后
polymd　polymerized 聚合
polymg　polymerizing 聚合
ploymn　polymerization 聚合
pos.　positive(as an adjective) 阳性的，正的
powd.　powdered 粉末的，粉状的
p. p. b. (ppb)　parts per billion 亿万分之(儿)
p. p. m. (ppm)　parts per million 百万分之(儿)
ppt　precipitate 沉淀，沉淀物
pptd　precipitated 沉淀出的
pptg　precipitating 沉淀
pptn　precipitation 沉淀
Pr　propyl(normal) 丙基
prac.　practically 实际上
prep.　prepare 制备
press.　pressure 压力
prepd　prepared 制备的
prepg　preparing 制备
prepn　preparation 制备
psi　pounds per square inch 磅/英寸^2[=0.453 592kg/(6.4516×$10^{-4}$$m^2$)]
psia　pounds per square inch absolute 磅/英寸^2(绝对压力)
pt　pint 品脱(=0.568 261 5L)
purifn　purification 精制
py　pyridine(used only in formulas) 吡啶
qt.　quality 质量
qual　qualitative(not qualitatively) 定性的
quant.　quantitative(not quantitatively) 定量的
red.　reduce 还原
red　reduction 还原，减小
ref.　reference 参考文献
rem.　roentgen equivalentman 人体伦琴当量，雷姆
rep.　roentgen equivalent physical 物理伦琴当量，雷普
repr.　reproduction 再生产，再生
res.　resolution 分辨，分解，离析
resp.　respectively 分别地
RNase　ribonuclease 核糖核酸酶
rpm.　revolution per minute 每分钟转数
sapon.　saponification 皂化
sapond　saponified 皂化过的
sapong　saponifying 皂化
sat.　saturate 使饱和
satd　saturated 饱和的
satg　saturating 饱和的
satn　saturation 饱和，饱和度
sec　second(s) 秒，仲，第二的
sep.　separate 分离
sepd　separated 分离出的
sepg　separating 分离的
sepn　separation 分离
sol.　soluble 可溶的
soln　solution 溶液
soly　solubility(solys. for solubilities is not approved) 可溶性，溶解度
sp. gr.　specific gravity 比重
sp. ht.　specific heat 比热
sp. vol.　specific volume 比容
std.　standard 标准
suppl.　supplement 补篇
sym.　symmetrical 对称的
tech.　technical 技术的
temp.　temperature 温度
tert.　tertiary 叔[指 $CH_3\cdots C(CH_3)_2$—型烃基]
thermodyn.　thermodynamics 热力学

titrn　titration 滴定

unsym.　unsymmetrical 偏，不对称

U. V.　ultraviolet 紫外线

V　volt(s) 伏[特]

vac.　vacuun 真空

vapor.　vaporization 汽化

vol.　volume (not volatile) 体积

vs　versus 对

W　watt(s) 瓦[特]

wk　week 星期

wt.　weight 重量

γ　希文，消旋(不译)

η　viscosity 黏度

μ　micron(s) 微

μB　Bohr magneton 玻尔磁子[物]

附表 3-Ⅵ　俄、英文音译对照表

俄文	英文	俄文	英文
Аа	a	Рр	r
Бб	b	Сс	s
Вв	v	Тт	t
Гг	g	Уу	u
Дд	d	Фф	f
Ее	e	Хх	kh
Ёё	e	Цц	ts
Жж	Zh	Чч	ch
Зз	z	Шш	sh
Ии	i	Щщ	shch
Йй	i	Ъъ	,(如在字尾则不标出)
Кк	k	Ыы	y
Лл	l	ъъ	,(如在字尾则不标出)
Мм	m	Ээ	e
Нн	n	Юю	yu
Оо	o	Яя	ya
Пп	p		

参 考 文 献

[1] CAS History: Milestones; CAS 100th Anniversary

[2] Терентьев А П, Яновская Л Я. Химическая литература и пользование, Москва, 1964, 45

[3] Woodburn H M. Using the Chemical Literature—A Practical Guide. New York: MaRcel Dekker Inc., 1974, 179

[4] CA Index Guide, Introduction, 1972, 76

[5] J Chem Docum, 1974, 14(1): 3

第四章　SciFinder 和 STN

已有 110 余年历史的美国化学文摘社(CAS)是化学和生命科学研究领域中不可或缺的权威信息提供商。随着网络技术的发展，CAS 早在 1995 年就推出了 CA 网络版——SciFinder 和 SciFinder Scholar。前者是主版本，后者是大学版本，目前有主版本运行。印刷版则在 2010 年 1 月 1 日正式停止出版。除 SciFinder 外，CAS 还相继推出了多种电子资源，包括 STN、SciFinder^{n}、PatentPak、MethodsNow 等。本章将重点介绍 SciFinder，同时介绍信息集成平台 STN(Scientific Technical Network)。

第一节　SciFinder 概况

CAS 的数据库可以通过 SciFinder 或 STN international(STN)检索。

SciFinder 包括数据库和检索工具。其数据库不仅只是 CA 印刷版的电子化和网络化的复制，更整合了 MEDLINE 医学数据库，世界各国近 80 家专利机构的全文专利文献以及 CA 从 1907 年到现在的所有文献和部分 1907 年以前的文献。通过 SciFinder，可以获取由 CAS 人工加工过的、来自全球 180 多个国家的期刊、书籍、网络资源、技术报告、会议论文、学位论文、专利等超过 50 种不同语种的文章信息。涵盖的学科有应用化学、化学工程、普通化学、物理化学、生物学、生命科学、医学、聚合物化学、材料学、地质学、食品科学和农学等。

SciFinder 数据库的检索使用 CAS 自己开发的检索工具。除了使用检索工具外，还可以通过 Science IP 直接向 CAS 提出检索请求，Science IP 的专业团队会根据用户需要提供定制的检索报告。

SciFinder 内容更新较快，也会不断地根据技术的进步优化和增加其功能。除提供多种检索、结果分析和分类选项，帮助用户快速、全面地获取所需的信息外，SciFinder 还提供全文链接，快速获取所需的全文。

STN 是一个支持访问超过 140 个全球科技数据库的在线联机系统。STN 是一个在线检索平台，由 CAS、德国莱布尼茨学会卡尔斯鲁厄专业信息中心等共同经营，它连接了位于美国俄亥俄州哥伦布市的 CAS 计算机中心和位于德国卡尔斯鲁厄的 FIZ 计算机中心，提供化学文摘等各学科数据库检索服务，有 STN Express 等软件辅助 STN 数据库检索*。

第三章已经对 CA 的文摘格式作了介绍，网络版仅版面有区别，内容大同小异，这里不再赘述。

SciFinder 目前主要有七大数据库，其提供的检索方法更为先进(详见表 4-1)，如化学结构式(其中结构模拟法对研发工作特别有帮助)和化学反应式检索等。这些功能是印刷版和光盘版所没有的。它还可以通过链接查阅电子期刊全文和引文(从 1997 年开始)；连接互联网；查寻 CA 文摘号和专利号等。它的多种先进检索和服务功能可帮助了解最新科研动态；找到参考和借鉴

---

* 有关数据库和网站信息由美国艾赛思国际有限公司北京代表处提供，有需要的读者可联系 china@acs-i.org。

的资料；决策最佳资源投入和研究方向，使用户在科研过程中得到更多的启示和灵感。

表 4-1　CA 印刷版、CA 光盘版与 CAplus of SciFinder 比较[1]

项目	CA 印刷版	CA 光盘版	CAplus of SciFinder
包含文献起始日期	1907 年	1977 年	1907 年（上万条记录回溯到 1900 年以前）
得到最新信息的延迟	几个月	一个多月	一天
检索方式之主题检索	√	√	√
检索方式之普通物质名称检索	√	×	√
检索方式之分子式检索	√	√	√
检索方式之结构式检索	×	×	√
检索方式之亚结构式检索	×	×	√
检索方式之相似结构式检索	×	×	√
检索方式之反应式检索	×	×	√
检索方式之分析与二次检索	×	×	√
检索效率	低	不高	高效
检索速度	慢	尚可	快捷

第二节　SciFinder 数据库

SciFinder 目前主要的数据库有七个。现分别介绍如下[2]。

一、CAplus^{SM} 文献数据库

CAplus^{SM} 是当今世界上最新最全的化学题录型数据库，收录内容包括 19 世纪早期至今的源自 50 000 多种科技期刊（包括目前仍在出版的数千种期刊）文献、63 个专利授权机构的专利文献、会议论文、技术报告、图书、学位论文、评论、会议摘要、e-only 期刊、网络预印本等。数据每日更新，对于全球 9 个主要专利机构公布的专利，保证其著录和摘要信息在公布两天之内收入数据库。目前有超过 4600 多万条文献记录，每天新增文献超过 4000 条。

CAplus 中绝大部分记录都由 CAS 科学家人工添加了标引信息。标引信息包括技术主题、物质及物质的研究方向，同时 CAS 科学家还对 CAplus 中大部分的专利标题和摘要进行了改写。这种人工介入的对数据的深度加工，有利于使用者不漏掉任何重要的信息。

二、CAS REGISTRY^{SM} 物质信息数据库

CAS REGISTRY^{SM} 是 CAS 的化学物质登录号数据库，它属于字典型数据库。目前存储有超过 1.39 亿种物质记录，包括独特的有机物质、无机物质，如合金、配合物、矿物质、混合物、聚合物、盐及超过 6700 万条序列，是全球收录物质最多的数据库。它包含丰富的物质信息，如实验和预测性质数据，包括超过 76 亿条属性值、数据表和谱图，已成为化学家、工业

企业、信息部门及法律部门鉴定化学物质的权威依据。每日新增约 1500 种物质。

在该数据库中，可以使用化学物质名称、结构和 CAS 登录号对物质进行识别，通过化学物质登录号进入 CAplus^{SM} 数据库查该物质的文献和专利信息。

三、CASREACT®化学反应数据库

CASREACT®包括从 1840 年以来的超过 1.05 亿条化学反应，包括单步、多步反应及合成制备。记录内容涉及反应条件、产率、催化剂、实验步骤等信息。可进行结构式检索，或从物质/文献链接获取。

反应信息除来源于 CAS 收录的期刊(1985 年至今)和专利(1991 年至今)外，还包括以下来源：InfoChem 的期刊(1974～1991 年)和专利(1982～1991 年)、INPI(1907～1985 年)。数据库每天更新。

四、MARPAT®马库什结构专利信息数据库

MARPAT®记录超过 118 万条可检索的马库什结构，来自于 1988 年至今 CAS 收录的专利及 1987 年至今选择性收录的日本专利。此外，部分收录 1984～1987 年的英语专利和 1986～1987 年的法语、德语专利。其他 1961～1987 年的数据来自于 INPI(法国工业产权局)。2000 年 1 月 10 日之后的俄罗斯专利和 2008 年至今的韩国专利也收录在内。可显示近 500 000 篇含有马库什结构的专利引文信息。数据每日更新，每天新增 60～75 条专利引用和 150～200 个马库什结构。

MARPAT®数据库在确认化合物专利的新颖性和创造性方面起着不可或缺的作用。

五、CHEMLIST®管控化学品信息数据库

CHEMLIST®是查询全球重要市场管控化学品信息(化学名称、别名、特征、详细目录、来源以及管控信息等)的工具。数据库目前收录超过 38.8 万种备案/管控物质。数据库涵盖 1979 年至今的名录及目录，每周更新。

六、CHEMCATS®化学品商业信息数据库

CHEMCATS®主要用于查询化学品供应商的联系方式、价格、产品纯度、库存等信息。记录内容还包括目录名称、定购号、物质等相关方法。

七、MEDLINE 美国国家医学图书馆数据库

MEDLINE 主要收录生命科学尤其是生物医学方面的文献，包含来自 70 多个国家近 5000 种期刊的生物医学文献，覆盖 1951 年到现在的所有文献以及尚未完全编目收录的最新文献(目前有超过 1700 万参考书目记录，每周更新 4 次)。

以上七个数据库在 Database 选项中只出现 CAplus、MEDLINE、CAS REGISTRY 和 CASREACT 四个数据库，其中 MEDLINE 可以选择使用，其他三个数据库是默认检索的，而它们可提供的检索途径也很少。

另外目前还新上线了 3 个产品(以下数据截至 2018 年 3 月 31 日)：

PatentPak™——专利工作流程解决方案。PatentPak™ 是一个强大的、全新的专利工作流程解决方案，通过支持用户使用熟知的语言，对专利及专利族中难以发现的化学信息进行即时访问，帮助用户在专利全文中快速定位难以查找的化学信息。

MethodsNow™——全球最大的实验方法数据库。MethodsNow™ 是一个为分析、合成科学家提供的迄今为止全球最大的实验方法数据库，可以极大地节省在期刊全文中查找信息的时间。MethodsNow™ 中收录的实验方法是 CAS 科学家通过分析大量的顶级科技期刊及专利原文后，收集、整理、筛选出来的方法，主要聚焦在有机化合物分析、药理学、毒理学、食品分析、农学、水质分析、环境分析、生物技术、材料科学、石化、地质学等多学科领域，涵盖物质的检测、提取、离析、纯化、分离和测量等相关方法。借助 MethodsNow™，科学家能够及时获得详细的实验操作方法、实验材料、实验条件、实验设备等信息；并且可供用户在不同方法间进行比较，简单而高效地进行筛选、优化。

ChemZent™——最早期的历史化学文献“德国化学文摘”。包含 1830～1969 年出版的《德国化学文摘》(*Chemisches Zentralblatt*)，并首次实现以英文检索。

第三节　SciFinder 的使用和检索

使用 SciFinder 之前，必须先向国内购置单位(如学校图书馆)服务器或 CAS 网站下载并安装用户端检索程序软件。

SciFinder 是当今能提供最精确和最全面的化学和相关科学信息的学术先导。它提供数以百万计的重要科学数据都与已发表的文献相连接。它把期刊论文和专利的参考文献一起连接成一个资源提供使用，可以大大节省检索者的宝贵时间。为了精确无误，以下介绍的检索方法和部分范例主要参考 CAS 网站、网站提供的检索材料和 CAS 专家的培训材料。

要进入 SciFinder，必须先登录，登录后系统在两周内自动记忆用户的登录信息(图 4-1)。

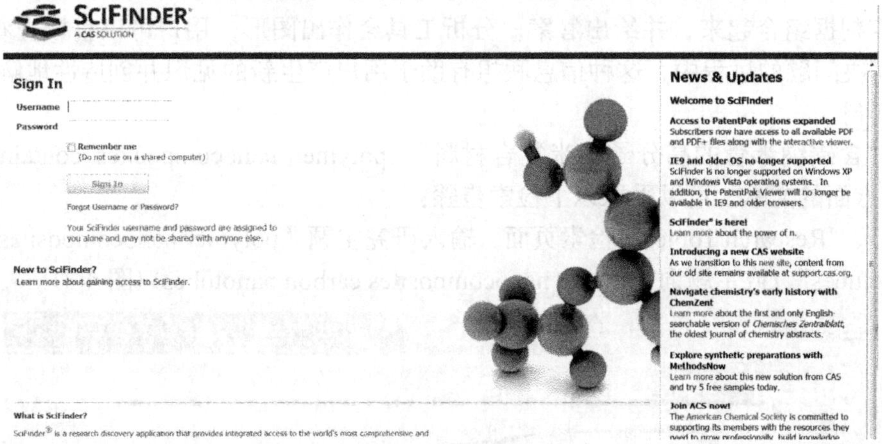

图 4-1　SciFinder 登录页面

检索页面(Explore)列有各种检索选项可以使用，如研究主题、作者名称、化学结构、专利优先权项等(图 4-2)。

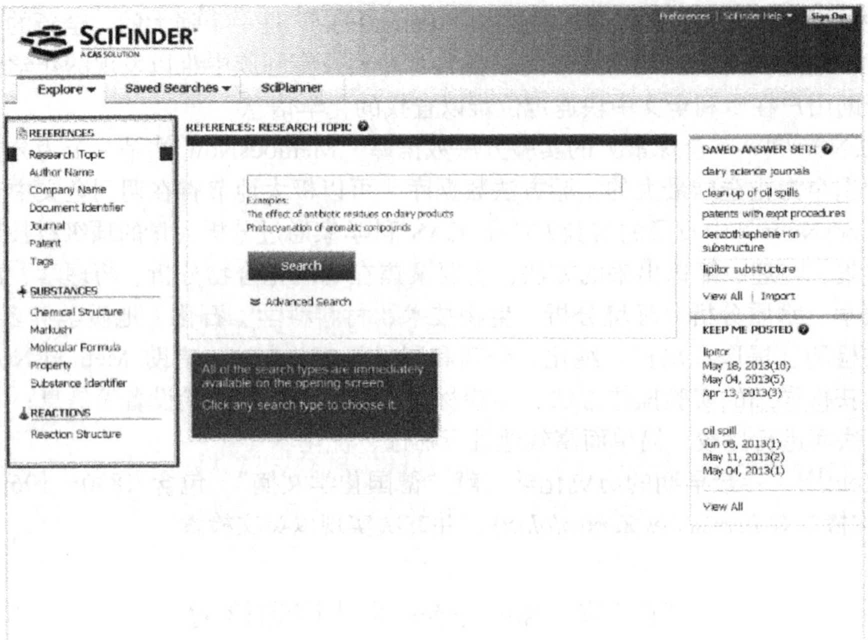

图 4-2　SciFinder 检索页面

一、从研究主题检索

SciFinder 可以二次检索，用普通语言从 CAS 数据库中的参考文献和 MEDLINE 数据库中的参考文献中检索研究课题的文摘和参考文献；可根据 CAS 科学家所指引的同义词和相关名词，自动扩大查询范围；可用分析工具将结果整理成独立的类目，如出版年份、公司名称、文献类别或作者名称等。每一类目都可以拓展新的思路和连接关系，更详细地进一步检索。例如，参考文献都与每位作者相连接。

SciFinder Scholar 不仅可以从这类二次检索中查找到答案，而且有强有力的分析工具，可以根据特定判据组合起来，并给出答案。分析工具会作出图形，用户可以直接查看结果。用户在寻求解决问题的过程中，这种信息联想有助于用户产生新的见识并创造性地解决问题。

检索实例

查找“含碳纳米管的高分子纳米复合材料”(polymer nanocomposites containing carbon nanotubes)方面的文献。可以采取以下检索步骤：

(1)进入“Research Topics”检索页面，输入研究主题“polymer nanocomposites containing carbon nanotubes”(或主题词 polymer nanocomposites carbon nanotubes)(图 4-3)。

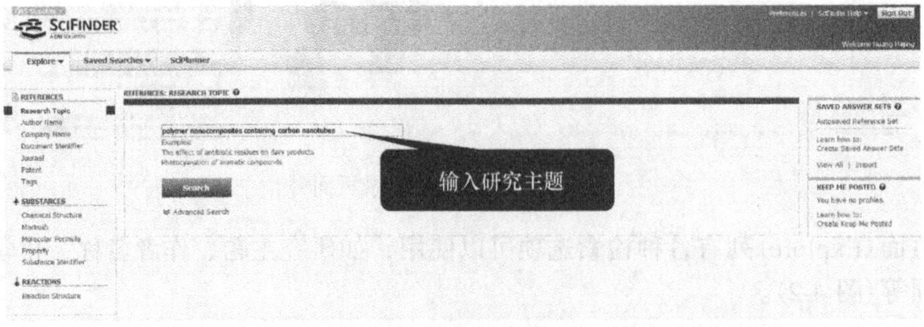

图 4-3　检索词输入方式

(2)点击“高级检索”(Advanced Search)可以增加检索限制条件。限制条件包括发表年份、文献类型、语种、作者、作者工作单位等(图 4-4)。

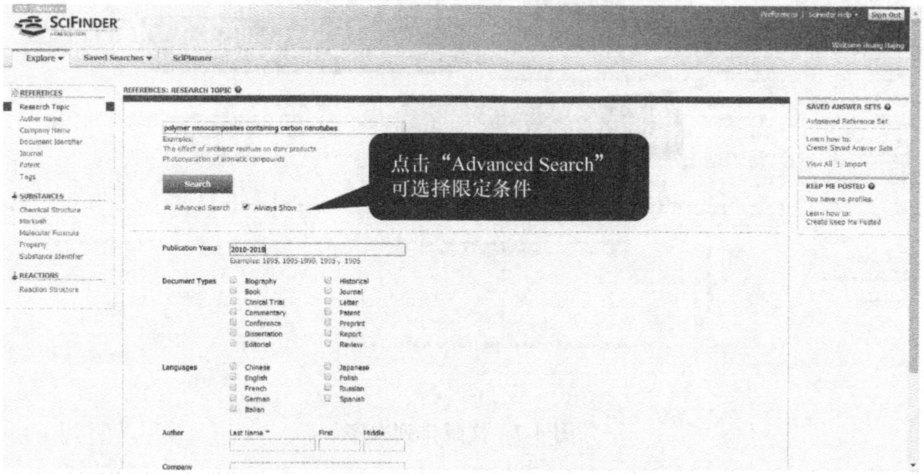

图 4-4　SciFinder“高级检索”页面

(3)点击“检索”(Search)即可得到不同的关键词组合检索出的文献数。在产生答案集之前，SciFinder 组合一系列候选答案供选择。用户可以选择含有输入关键词、且这些关键词彼此联系紧密(如出现在同一句子或标题中)的文献集(图 4-5)。

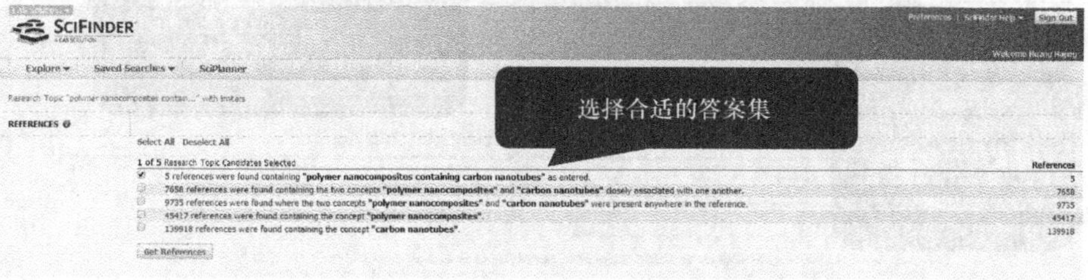

图 4-5　检索结果

(4)选择文献集后，点击“获取文献”(Get References)，即可得到文献(图 4-6)。

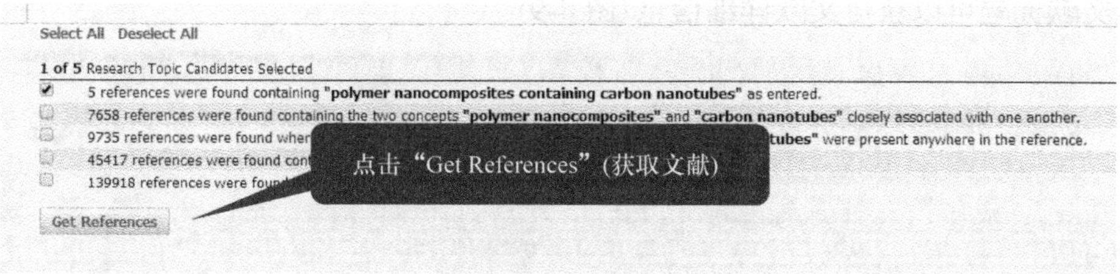

图 4-6　获取文献

(5)SciFinder 高亮显示符合检索条件的字词，包括同义词，也被检索到。

文献集按照不同限定条件排序，如作者发表此类文献的篇数、文献被引用的次数等。用户可以根据不同的要求在按钮“Sort by”(按……排序)的下拉菜单中选择排序(图 4-7)。

例如，按照“引用文献”(Citing References)得到的结果如图 4-8 所示。含有最高被引频次的文献排在最前面。点击“快速浏览”(Quick View)则不需要离开当前页面就能预览文献信息。

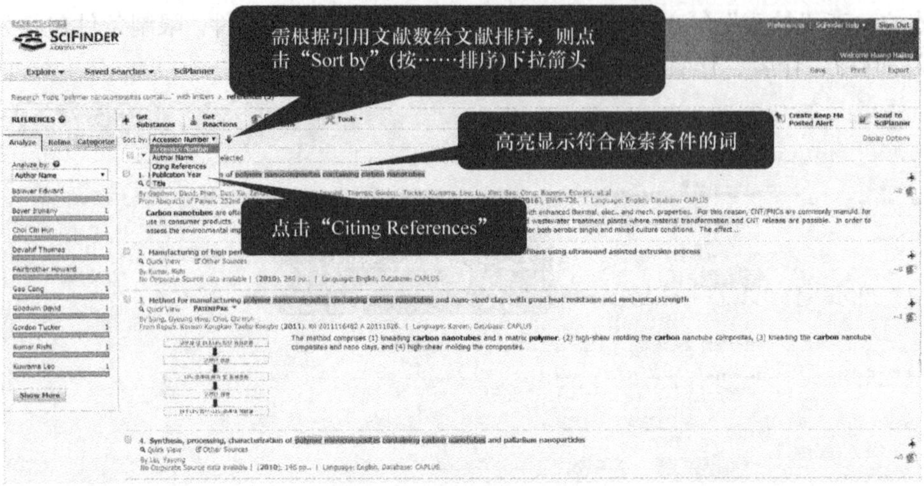

图 4-7　文献排列次序

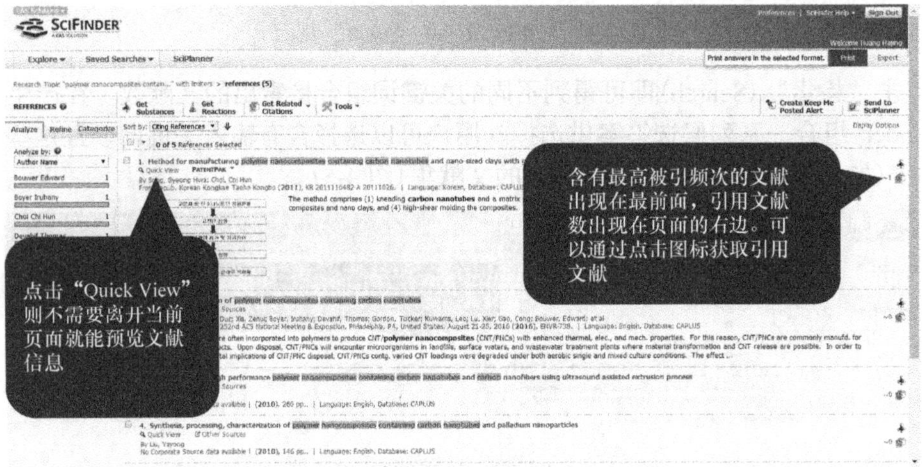

图 4-8　“引用文献”结果

点击文献标题可以获得文献详细信息(图 4-9)。

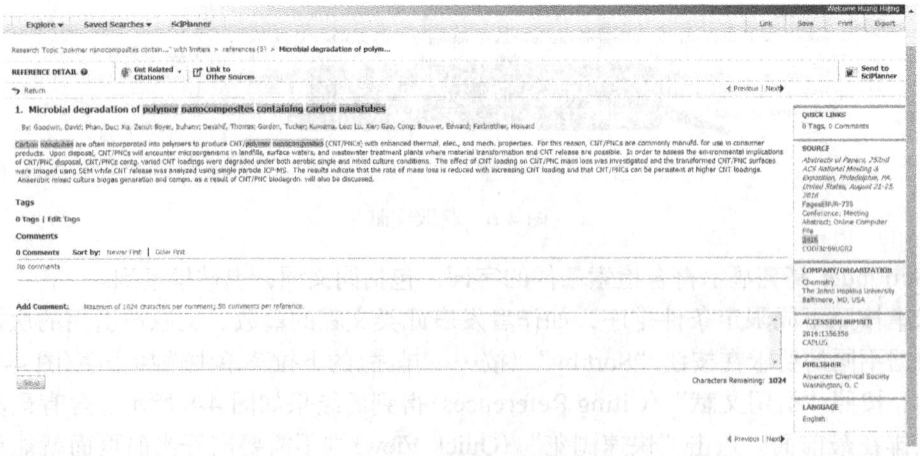

图 4-9　文献详细信息

二、文献分析和检索提醒

在文献摘要中，“概念”(Concepts)超链接检索所有与该概念有关的文献，“物质”(Substances)超链接检索相应的物质记录，引文(Citations)超链接检索相应引文。用户还可点击“Edit Tags”按钮贴上自己选择的描述性词语作为书签，可以检索有同样书签的文献。最后还可以给此文献加上评语。

点击左上角的“Return”按钮可以返回完整的答案集。

如有需要，可以进行文献答案集分析，也可以回到检索界面(Explore)进行不同的检索(图 4-10)。

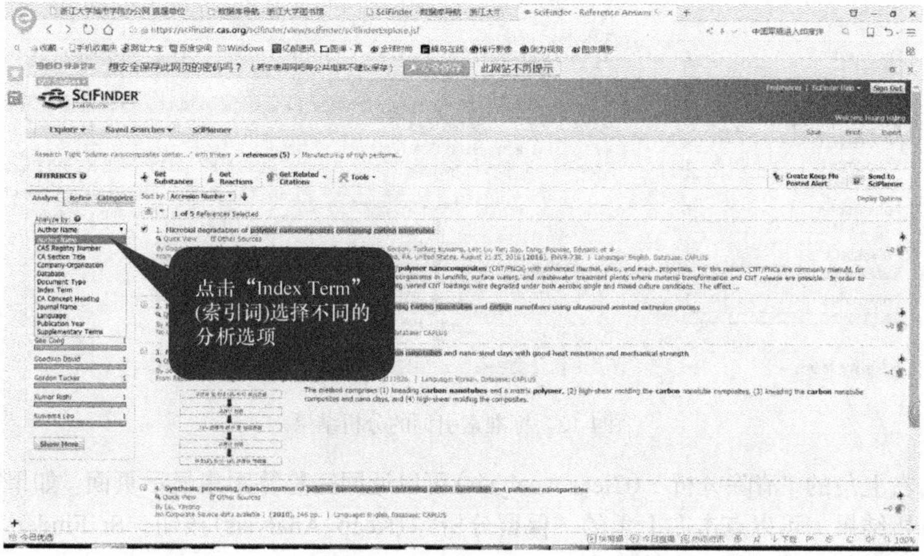

图 4-10 文献分析的结果

在“分析”(Analyze)按钮的下拉菜单中可以选择不同的分析类别，如 CAS 登录号、发表年份、索引词等(图 4-11)。

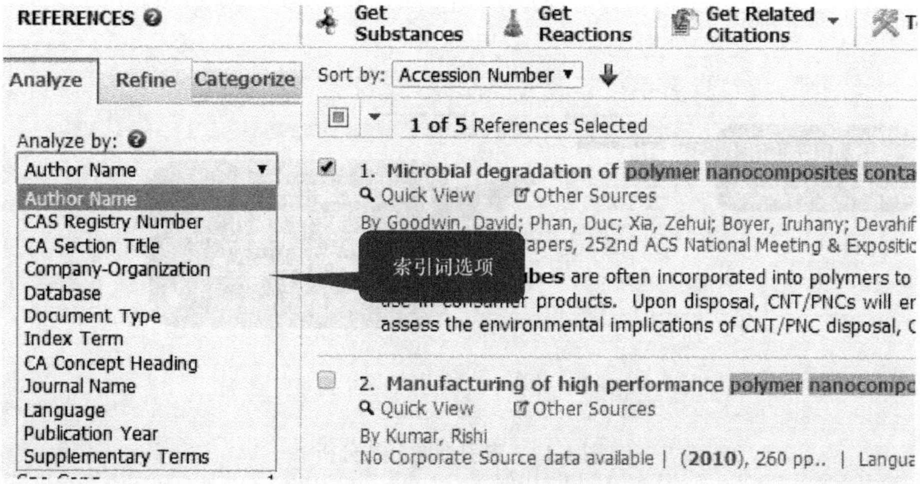

图 4-11 不同的分析类别

索引词分析中列出的是按 CAS 标准索引词排列的相关文献数，用户可以点击自己感兴趣的索引词浏览文献信息(图 4-12)。

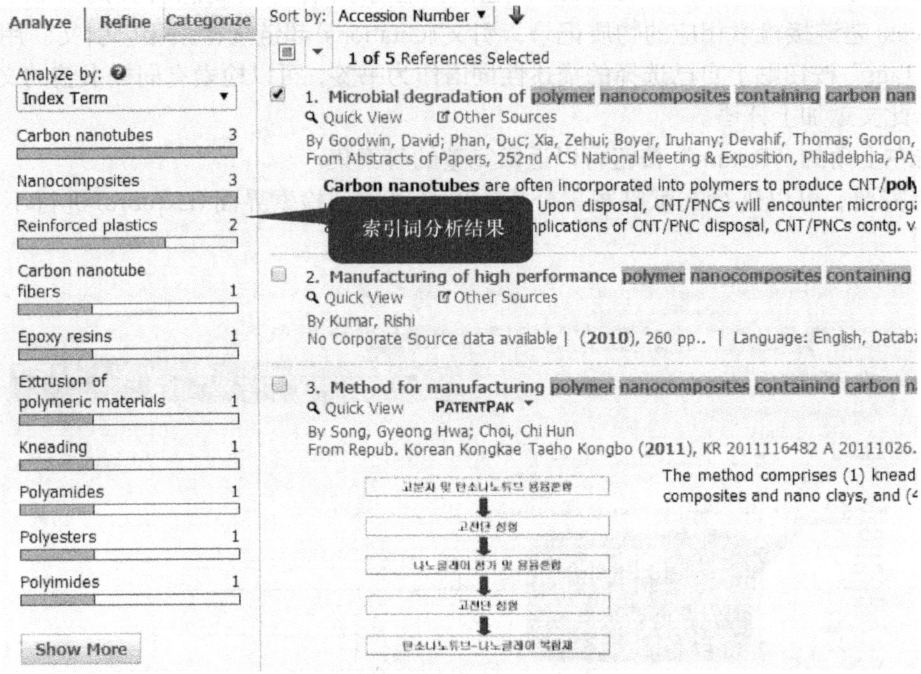

图 4-12　标准索引词的分析结果

点击右上角的“清除分析”(Clear Analysis)可以返回完整答案集显示页面。如果需要保留目前的分析结果，可以点击右上角的“保留分析”(Keep Analysis)按钮，SciFinder 将把目前显示的答案子集变成新的一套答案集。

可以点击左上角的“限定”(Refine)下拉选项对答案集进行限定，如限定文献类型、出版年限等(图 4-13)。

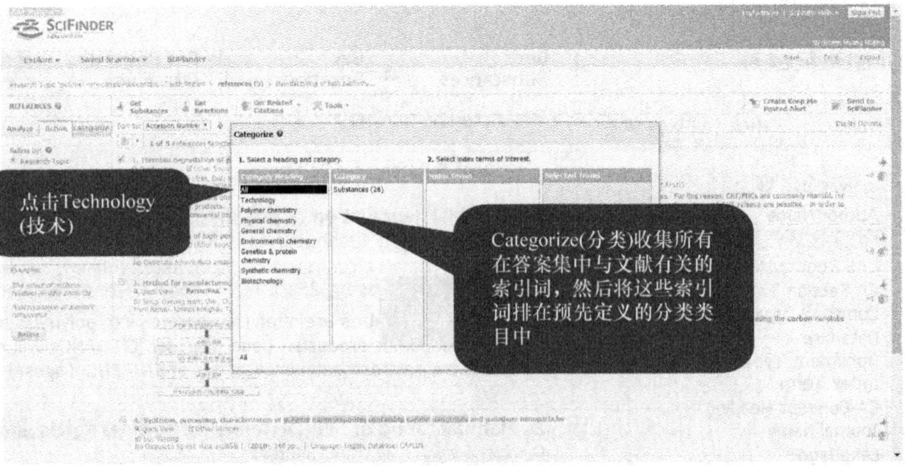

图 4-13　索引标题分类分析

左上角的“分类”(Categorize)按钮是另一种评估当前答案集的方法。此分类收集所有在答案集中与文献有关的索引词，然后将这类索引词排在预先定义的分类类目中。

例如，点击分类标题“Technology”(技术)，下面有 4 个类目(图 4-14)。

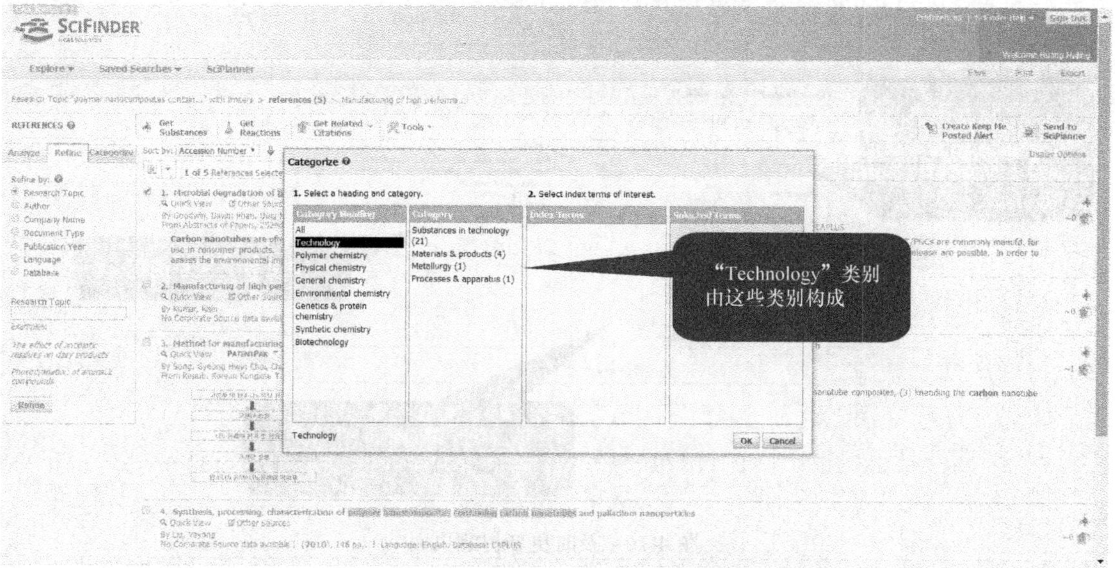

图 4-14　“Technology”分类分析结果

点击类目词“Substances in Technology”(技术处理过程中的物质)，即显示该类别含有的 21 个索引词中与每一个索引词相关的文献数。用户可以选择感兴趣的索引词，精选当前答案集(图 4-15)。

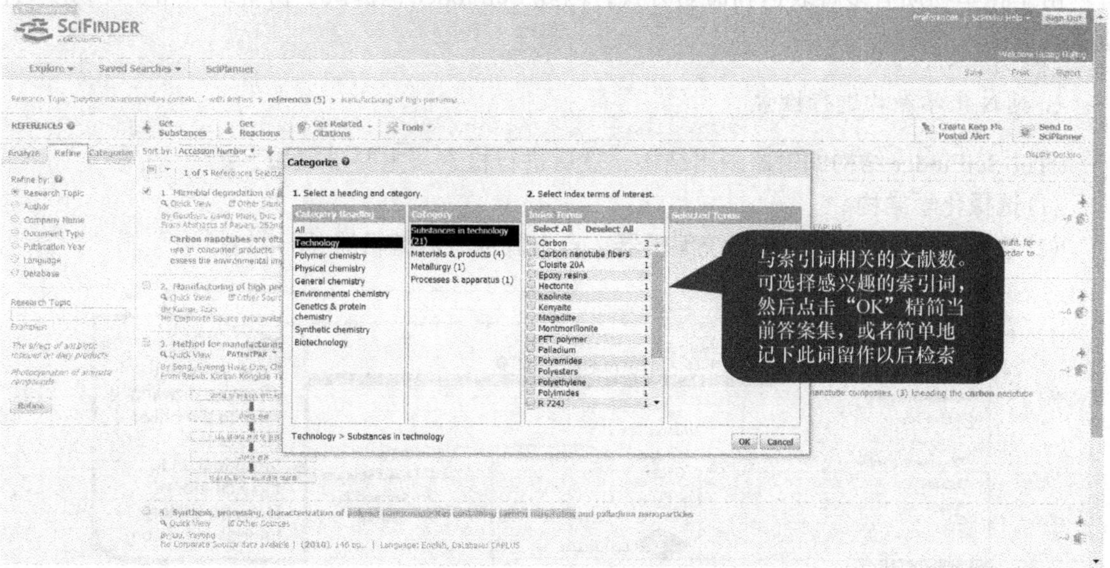

图 4-15　“Processes & Systems”分类分析

如果对当前结果满意，可以点击右上角“Create Keep Me Posted Alert”按钮，创建一个及时更新提醒功能，此功能将会自动定时检索最新结果。例如，本例中若要将刚刚结束的研究主题检索创建一个每周发送新检索结果的提醒功能，则点击“Create Keep Me Posted Alert”后，出现如图 4-16 所示的页面。

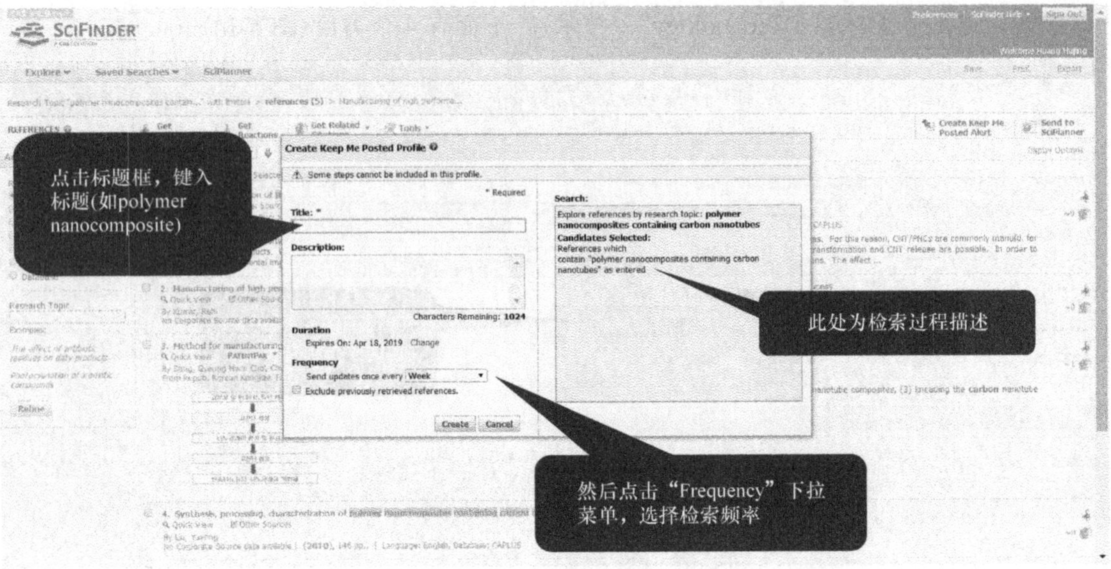

图 4-16　及时更新提醒页面

输入标题和需要更新的频率，点击“Create”，即可创建提醒功能，该功能展现在“检索”(Explore)页面。

三、物质检索

由于化学物质有多种表达和命名方式，因此 SciFinder 也提供了物质结构和多种物质名称检索。

1. 通过化学结构进行检索

通过 SciFinder 结构编辑器画出结构，然后进行检索。主要步骤如下：

(1)选择化学结构。

(2)选择 Java 或 Non-Java 系统编辑器，点击画框激活编辑器(图 4-17)。

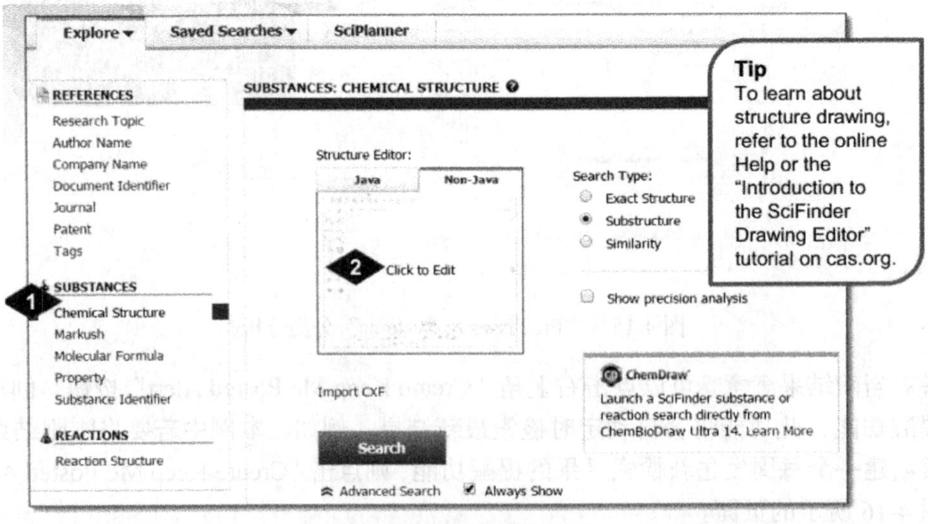

图 4-17　激活编辑器

(3) 画出结构(如何用结构编辑器画出结构见本章第四节)。

(4) 选定结构检索类型。

结构检索的类型有三种，详见表 4-2。

表 4-2 结构检索类型

检索类型	能检索得到的结果	不能检索得到的结果
精确结构检索	与检索的结构完全相同，以及其多元物质： · 立体异构体 · 配合物 · 盐和混合物 · 有精确单体的聚合物 · 同位素 · 互变异构体	含取代基的物质
亚结构检索	与目标结构相同或是其一部分： · 在开放位置上含取代基的物质 · 附加环融合的物质	两者结构相似，但并不是其亚结构
相似结构检索	相似化学结构，包括： · 位置异构体 · 不同或少见取代基 · 不同的环系	结果的结构有较大的取代基(相似程度低)

三种结构检索的包容关系为：亚结构检索包含了精确结构检索，与相似结构检索有交叉；相似结构检索与精确结构检索有交叉。

(5) 点击“OK”将化学结构和检索类型传入结构检索页面(图 4-18)。

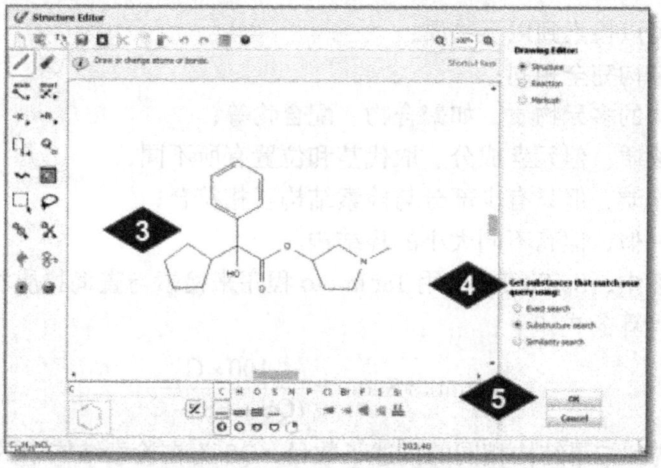

图 4-18 结构检索页面

(6) 点击“Search”获得检索结果。

(7) 对相似结构检索，当点击“Search”后，出现一个“相似度选择”(Similarity Candidates)窗口，可以选择需要的符合答案的相似度，然后点击“Get Substances”，获得按相似度排列的物质结果，选择新的物质后再进行新的检索(图 4-19)。

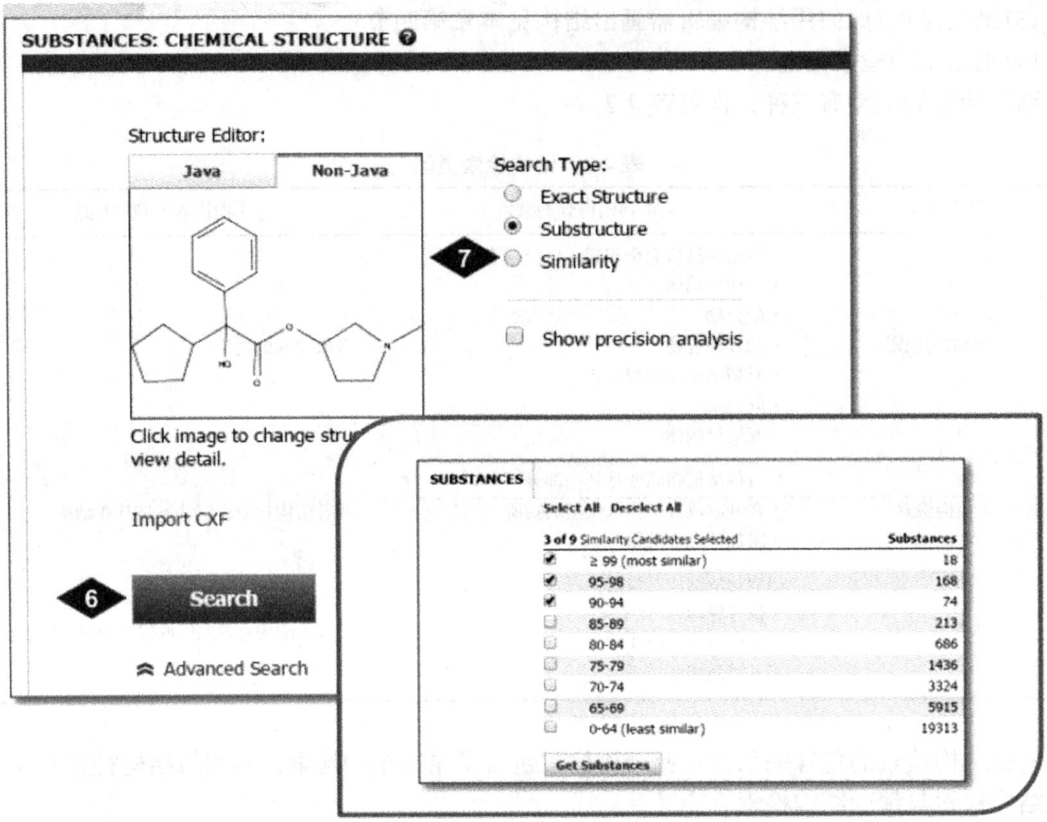

图 4-19　相似度选择

相似结构检索可以检索到以下物质：

- 与已画出的结构完全相同；
- 包含检索结构的多元物质，如聚合物、配合物等；
- 结构相似的物质，但元素成分、取代基和位置有所不同；
- 结构相似的物质，但只有少部分与检索结构互相符合；
- 与检索结构相似，但有不同大小的环结构。

在相似结构检索中，SciFinder 会用 Tanimoto 程序来检索与查询物质相似的结构，并给予相似评分。评分的计算公式如下：

$$\text{Tanimoto Score} = \frac{100 \times C}{(QS + FS) - C}$$

式中，C 为检索结构和结果结构相同的描述子数目；QS 为在检索结构中的描述子数目；FS 为在结果结构中的描述子数目。

结构描述子有：原子数、环数、原子排列、键排列、周边原子、相连原子数、元素成分、环类型。

相似性的计算中不考虑以下因素：氢原子的数目、离子、同位素标识、立体结构。

2. 通过马库什(Markush)结构进行检索

相关内容见本章第四节。

3. 通过分子式进行检索

步骤如下：

(1)选择物质检索中的分子式检索(Molecular Formula)。

(2)输入分子式。

(3)点击“检索”(Search)(图 4-20)。

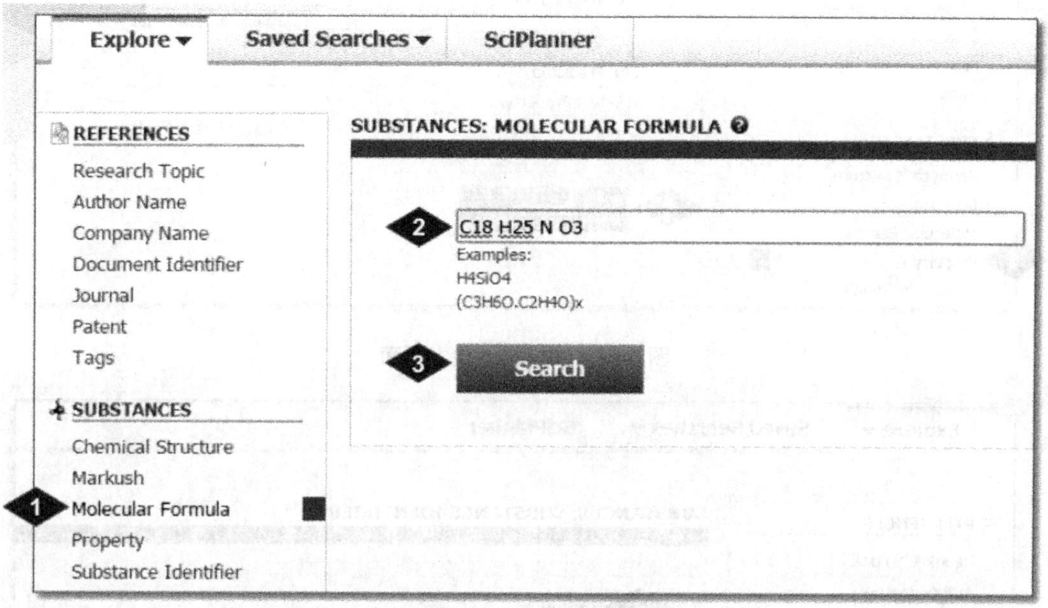

图 4-20　分子式检索页面

分子式检索时，分子式的输入规则是：

(1)写在前面，其他按照字母顺序。

(2)必须输入完整的分子式，包括各个原子的数目。

(3)最好在各个原子之间空一格。

(4)多字母的原子第一个字母要大写。

(5)氢的两个同位素：氘(D)和氚(T)也可进行检索。

(6)对于多组分物质，用“.”将不同的组分分开，如(C8 H4 Cl2.C4 H10 O2)x。

(7)聚合物用括号表示，括号外用 x 表示起始物，用 n 表示终产物。

4. 通过物质特性进行检索

选择物质检索中的特性(Property)，在页面中根据情况选择实验数据或预测数据，即可进行检索(图 4-21)。

5. 通过物质识别符进行检索

物质识别符(substance identifier)(代码或缩写或其他名称)包括识别码(如 CAS 登录号)、化学名称、简称、商标名、缩写、通用名等。检索栏中一次允许输入 25 个识别符，每行一个识别符(图 4-22)。

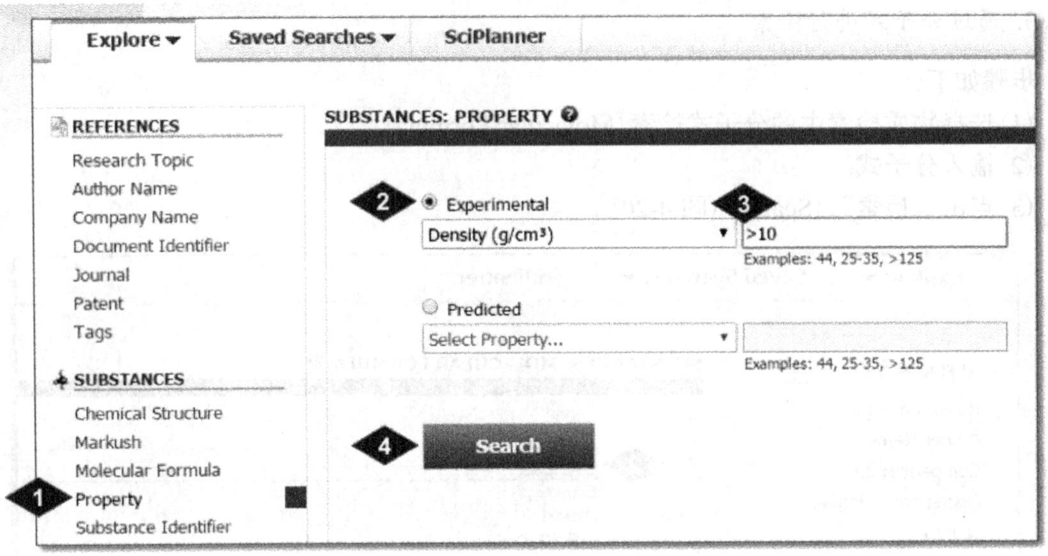

图 4-21　物质特性检索页面

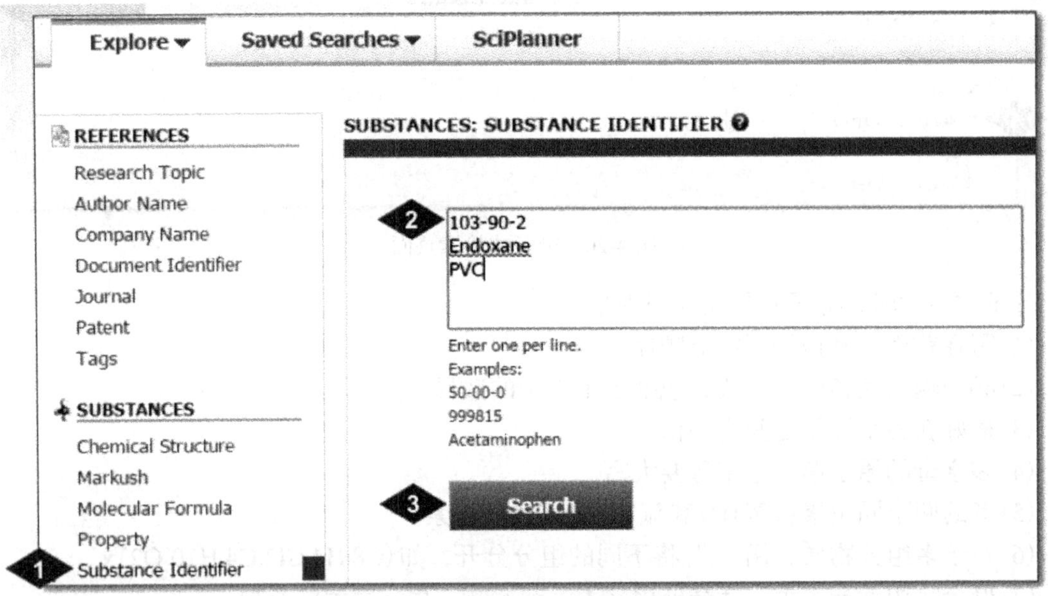

图 4-22　物质识别符检索页面

物质的主要识别码有：

(1) 化学物质的 CAS 登录号。

(2) SMILES。SMILES 是“simplified molecular input line entry specification”(简化分子线性输入规范)的缩写，这是一种用 ASCII 字符串明确描述分子结构的规范。

(3) InChI。InChI 是“International Chemical Identifier”(国际化合物标识)的缩写(第一个单词前两个字母+第二个单词前两个字母+第三个单词首字母)，InChI 编码是 IUPAC 给出的每种化合物化学结构的唯一识别码。

物质检索的方法与研究主题的检索方法大致相同。

物质检索得出的结果通常按照一定次序排列，如相关度、CAS 登录号、分子式、分子量等，用户可以根据要求做出限定、进一步查询某一具体物质的详细信息等(图 4-23)。

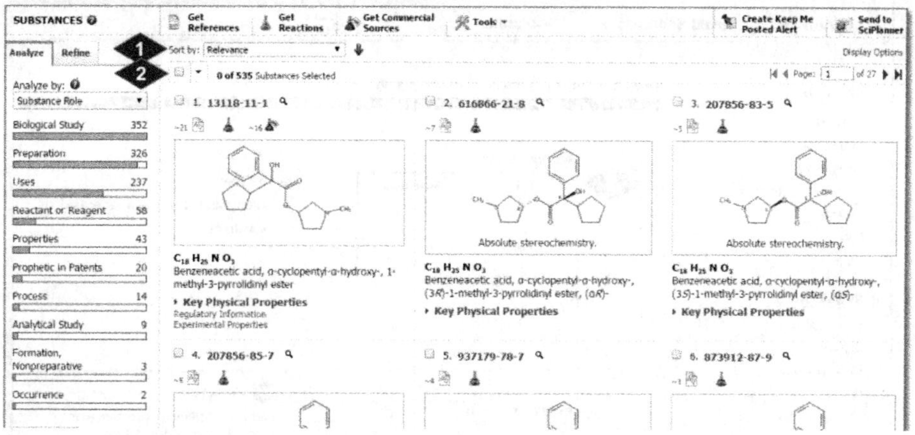

图 4-23　检索结果排序页面

整个物质检索过程可总结为：①进入检索页面；②检索；③保存检索结果；④如有需要可以利用 SciPlanner 对物质作进一步探讨；⑤保存、打印或输出结果；⑥回溯以前的步骤和结果并修正；⑦从参考信息(作者、单位等)获得更多信息；⑧利用参考信息进行检索；⑨从商业来源获取物质的提供商等信息；⑩合并所有文献，形成文献集；⑪保存检索策略；⑫将新选择的信息送入 SciPlanner 作进一步检索(图 4-24)。

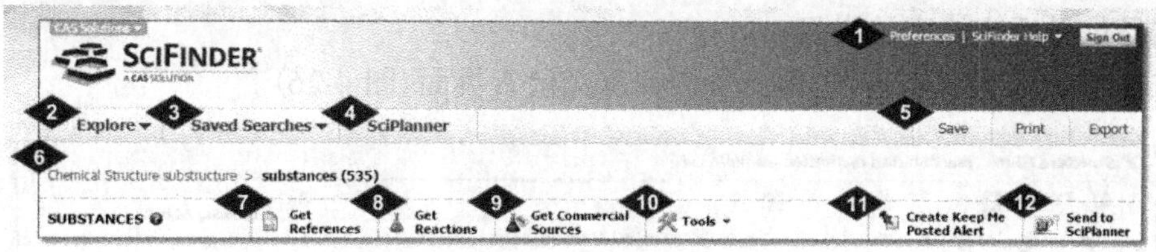

图 4-24　物质检索步骤

四、化学反应检索

在 SciFinder 中，用户可用化学结构图标来检索化学反应，并设定物质在反应式中的角色(反应物、试剂、产物或任何角色)。用户也可以用反应位置工具和原子绘图工具作精确的反应检索。

在检索化学反应的结果中，用户可以得到以下数据：①含有绘画结构和官能团的化学反应式；②怎样做合成物质物质的合成方法；③化学物质提供商的资料；④管制化学品目录及其法规；⑤文摘、目录数据等与反应式相关的数据。

化学反应检索的主要步骤如下。

1. 准备检索

(1) 进入检索(Explore)页面的“反应”(REACTIONS)浏览条，点击“REACTION STRUCTURE”，进入检索页面。

(2)选择结构编辑器的应用环境(Java 或 Non-Java)，点击窗口激活编辑器(图 4-25)。

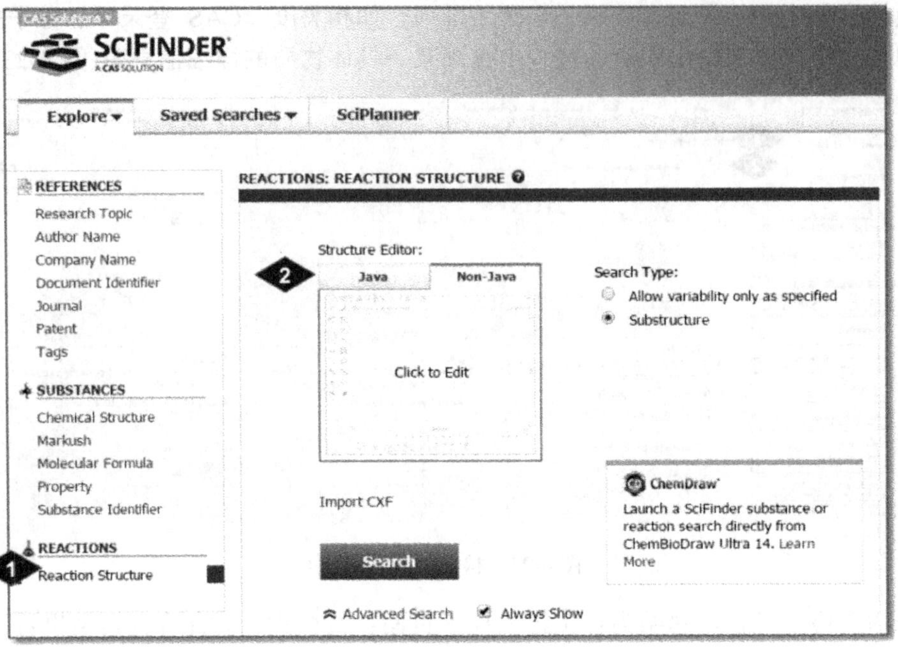

图 4-25　结构编辑器激活页面

2. 画出和传输反应式

(1) 画出反应式。
(2) 选择化学反应检索的类型。
(3) 点击“OK”将反应和检索类型传到反应检索页面(图 4-26)。

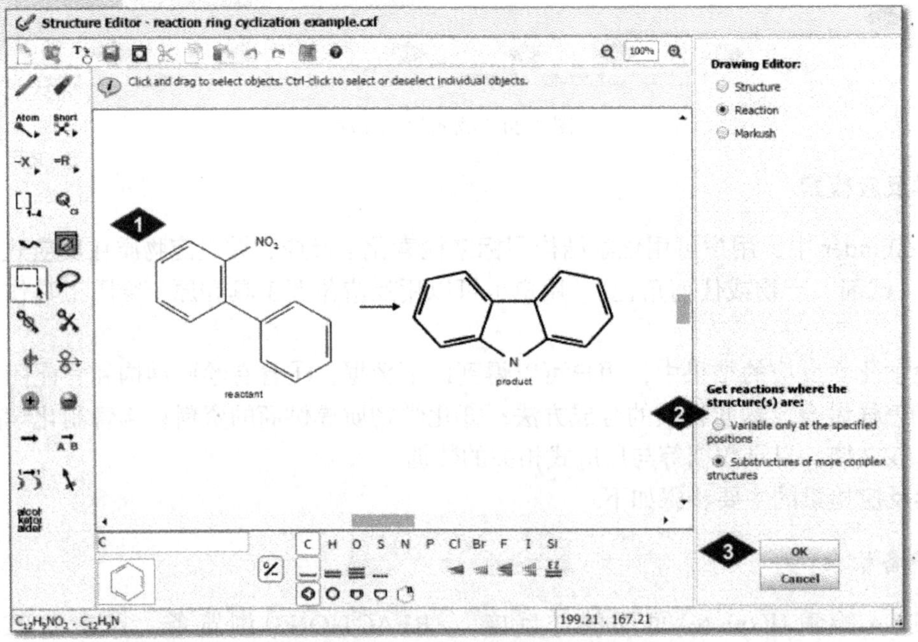

图 4-26　反应检索页面

在这里化学结构显示的是原始文献中的结构。如果用户输入的是二维结构，则反应检索可能检索出二维和三维的结构。

3. 检索化学反应

(1) 如有需要，点击“高级检索”(Advanced Search) 添加附加检索项(图 4-27)。
(2) 如有需要，选择限制项，如反应步数，作进一步限定。
(3) 点击“Search”，实施检索。

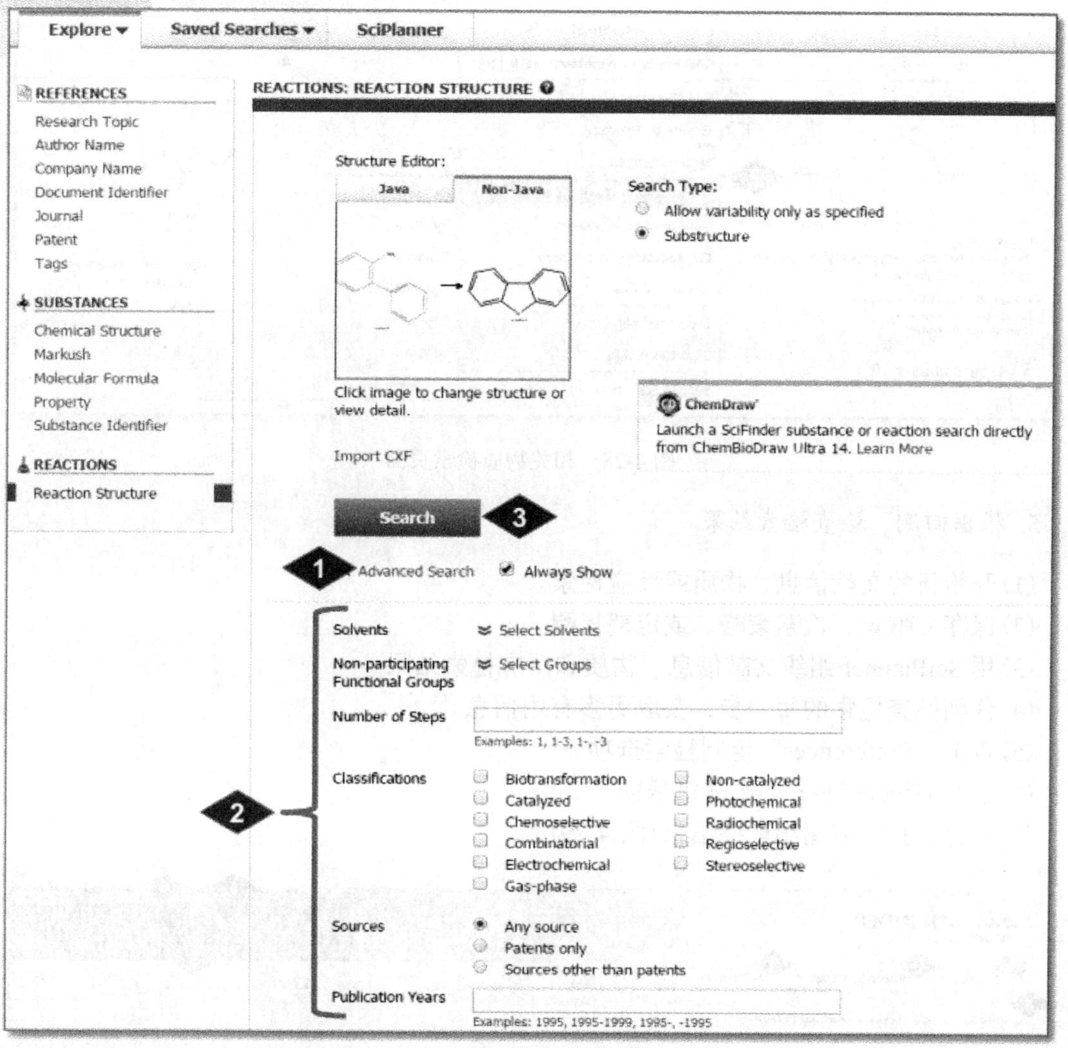

图 4-27 反应检索“高级检索”页面

4. 产生文献集

(1) 在获得参考文献集和物质答案集之后，点击“Get Reactions”工具条。

(2) 将鼠标移到物质答案集中的某一个物质上，会出现双蓝框，点击框内右上角的蓝色双箭头，再下拉菜单中选择相关条目，如“Synthesis this”(合成此物质)、“Get Reactions where Substance is a Product”(获取此物质为产物的反应) 等(图 4-28)。

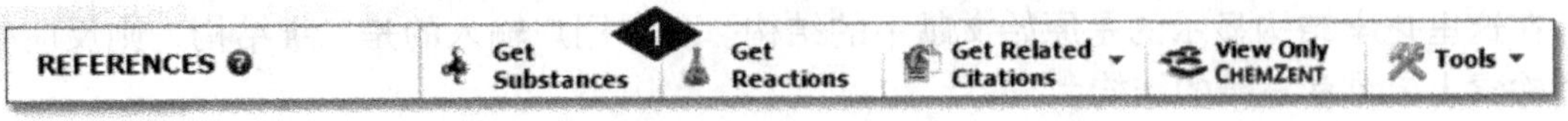

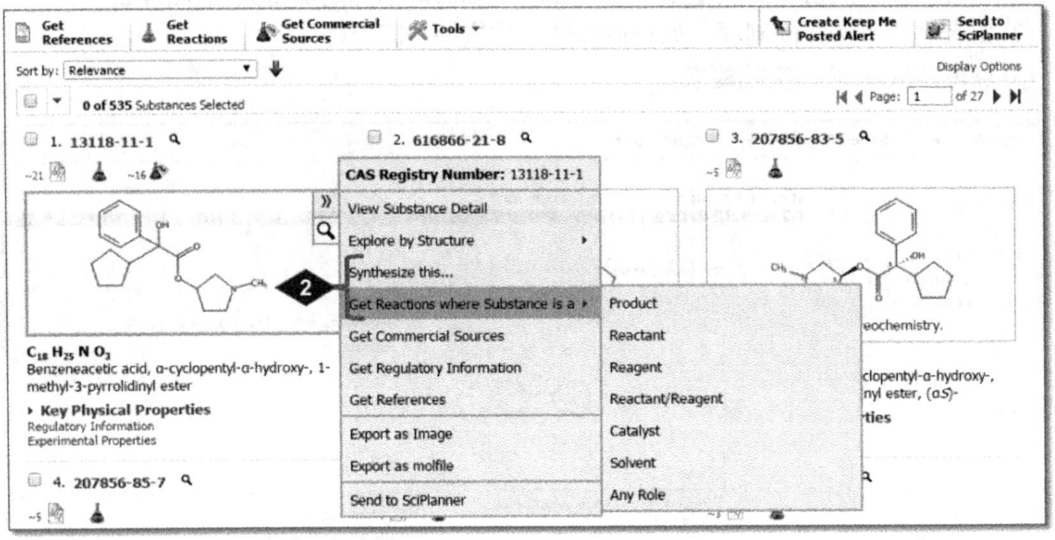

图 4-28　相关物质检索页面

5. 根据回溯、检查检索结果

(1) 开始新的文献信息、物质或反应检索。

(2) 保存文献集、检索策略，或定期提醒。

(3) 用 SciPlanner 组织文献信息、物质和反应检索结果。

(4) 仔细检查检索的每一步，获取更多有用信息。

(5) 点击“Preferences”定制检索选项。

(6) 在 SciFinder Help 中有联机帮助。

(7) 保存、打印或输出最终结果(图 4-29)。

图 4-29　检索结果回溯步骤

获得了反应的信息后，用户可以进一步根据该化学反应提取相关有用信息。主要的步骤可以是：

(1) 基于规定的标准获得关联信息。

(i) 在缺省状态下，答案是按照关联度高低排列的。点击顶部的蓝色向下箭头可以看到下拉菜单中的不同排列标准，用户可以选择。

(ii) 点击“Display Options”可以选择每一页面显示的文献数量(15、20、25 或 50 篇)。

(iii) 点击结构式，可以发现该物质的提供商信息 (图 4-30)。

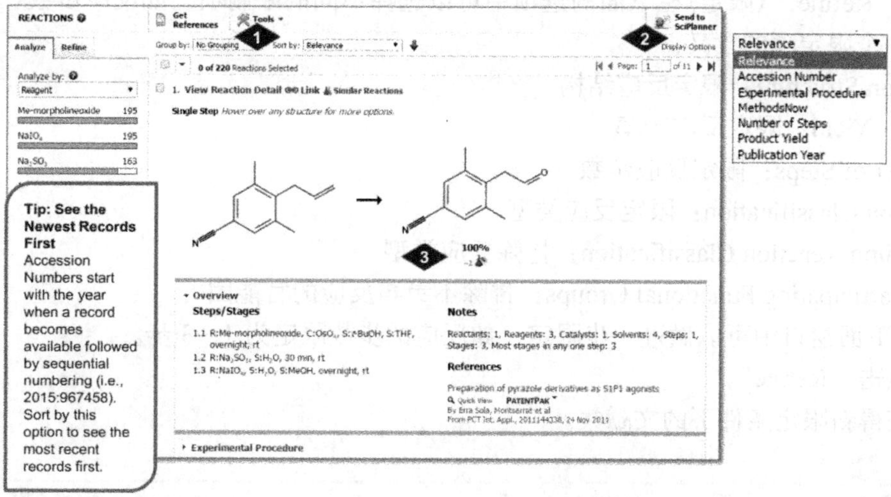

图 4-30 物质提供商信息

(iv) 将鼠标移到物质答案其中的某一个物质上，会出现双蓝框。

(v) 点击框内右上角的蓝色双箭头，可以看到该物质的更多查询选项。点击放大镜，可以在一个独立窗口 (称为 "Quick View") 看到该物质的更多细节。

(vi) 点击参考文献标题或标题下面的 "放大镜" 按钮都可以得到该参考文献的更多信息 (图 4-31)。

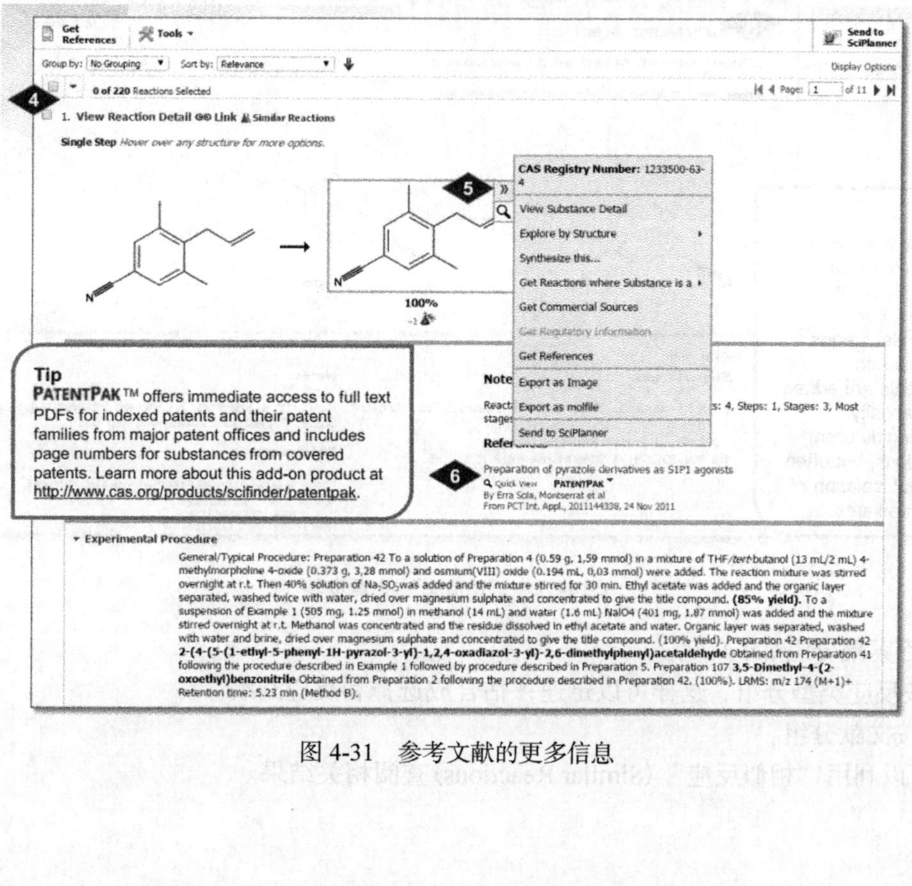

图 4-31 参考文献的更多信息

(2) 改善检索到的文献集的准确度。

(i) 在 “Refine”（限定）栏下面的选项中可以选择不同的限制项，如反应步数(图 4-32)。下面是每一个限定项的含义：

Reaction Structure：限定反应结构

Product Yield：限定反应产率

Number of Steps：限定反应步数

Reaction Classification：限定反应类型

Excluding Reaction Classification：排除反应类型

Non-Participating Functional Groups：排除不参与反应的官能团

(ii) 在下面窗口中可以做进一步限定，如反应的步数限定为 1～3 步。

(iii) 点击 “Refine”。

(iv) 获得新限定条件下的文献集。

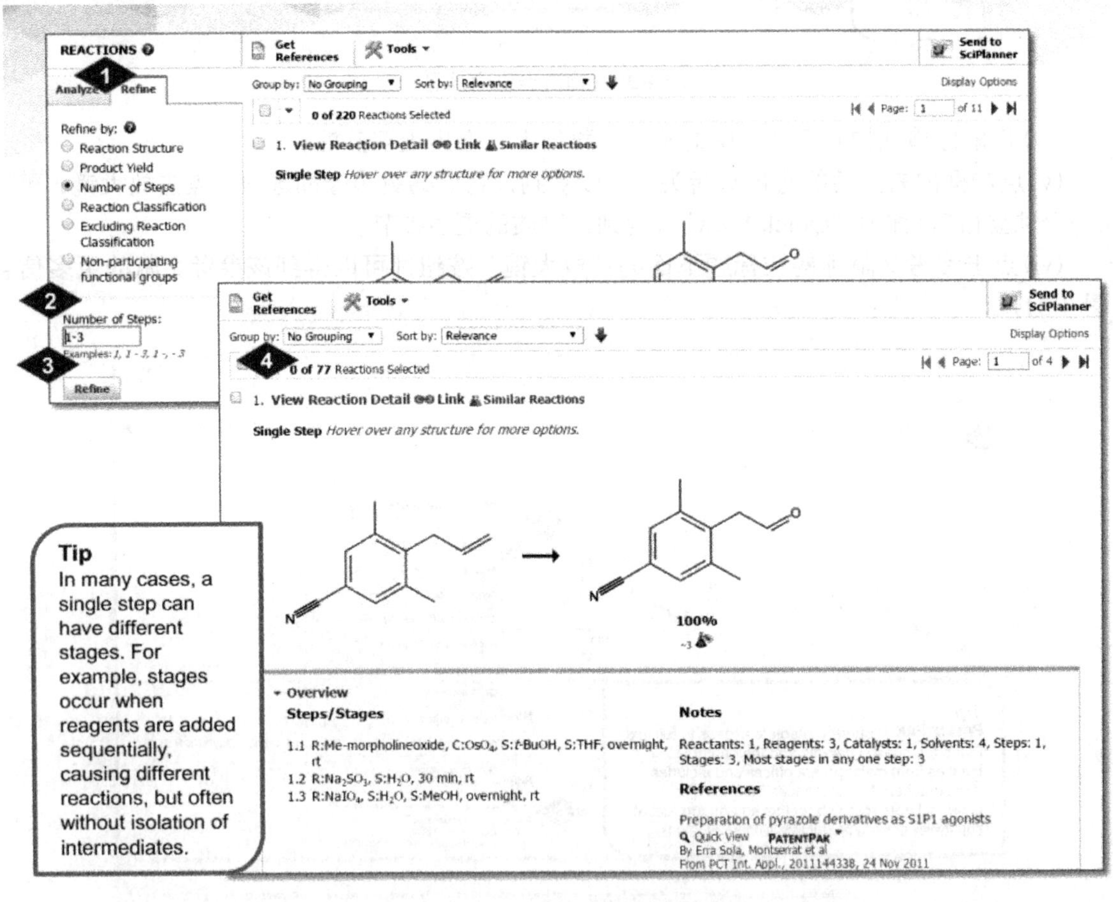

图 4-32　“Refine” 检索步骤

(3) 答案集分组(图 4-33)。

(i) 按反应类型分组，这样可以迅速评估合成选择和反应路线。

(ii) 按文献分组。

也可以利用 “相似反应” (Similar Reactions) 查阅相关结果。

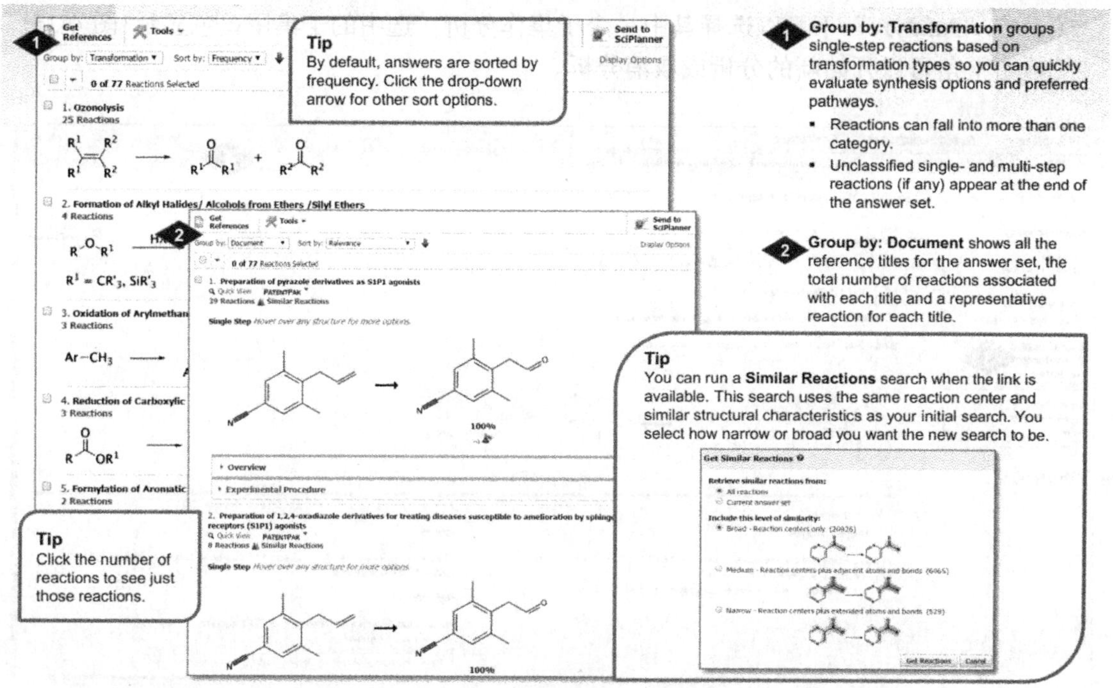

图 4-33 答案集分组步骤

(4)分析信息子集(图 4-34)。

(i)点击“Analyze”。

(ii)下拉菜单中有不同的分析选项，包括文献特征限定：作者名、公司/组织机构、文献类型、期刊名称、语种、出版年份等；反应特征限定：催化剂、反应步数、反应产率、试剂、溶剂等。还可按实验步骤或目前的方法限定。

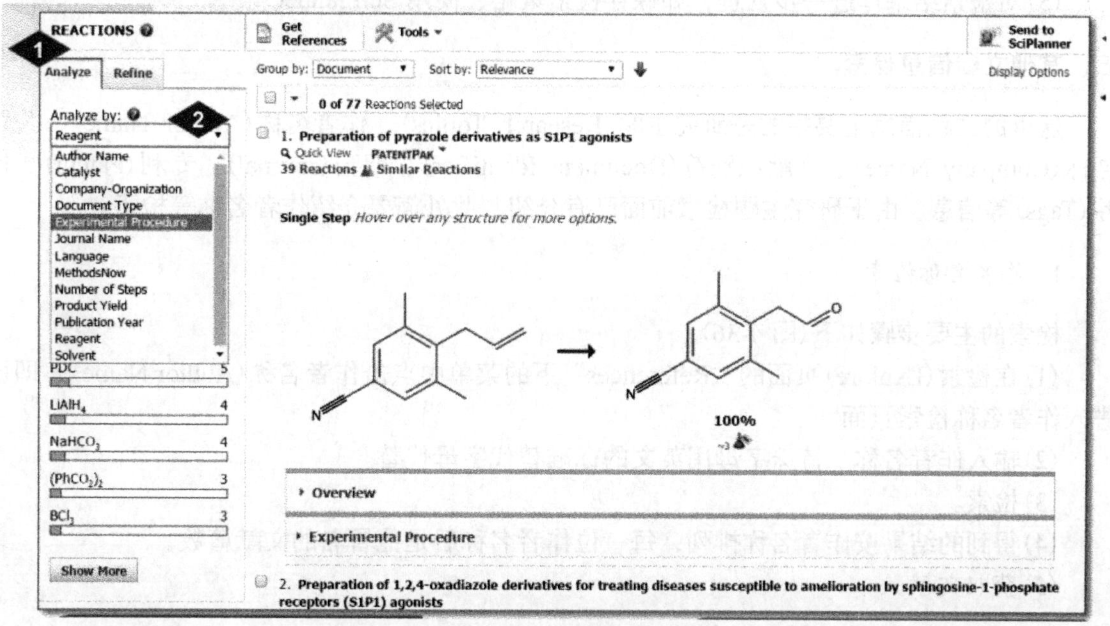

图 4-34 信息子集分析选项

(iii) 在“Analyze”下可以选择其中一个子集作分析。选中的子集用黄色显示(图 4-35)。

(iv) 右上角可以开始新的分析或取消分析。

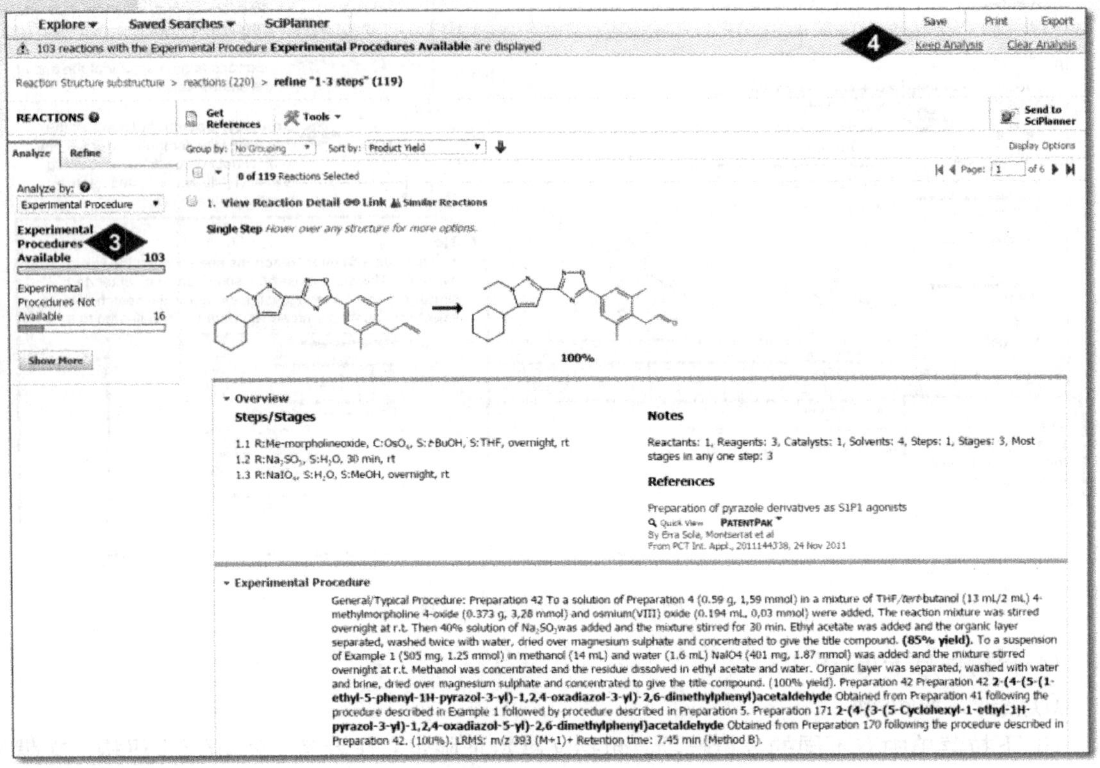

图 4-35　信息子集分析

(5) 对检索结果作进一步处理，如保存检索策略、使用 SciPlanner 等。

五、其他文献信息检索

这里的文献信息主要指的是研究主题(Research Topics)、作者名称(Author Name)、公司名称(Company Name)、文献识别符(Document Identifier)、期刊(Journal)、专利(Patent)、标签(Tags)等信息。由于研究主题检索前面已有介绍，此处简要介绍作者名称等检索。

1. 作者名称检索

检索的主要步骤如下(图 4-36)：

(1) 在检索(Explore)页面的“References”下的菜单中点击作者名称(Author Name)，即可进入作者名称检索页面。

(2) 输入作者名称。特殊字母用英文的标准替代字母代替。

(3) 检索。

(4) 得到的结果按作者名称排列，每一位作者名称后是他署名的文献篇数。

(5) 获取文献。

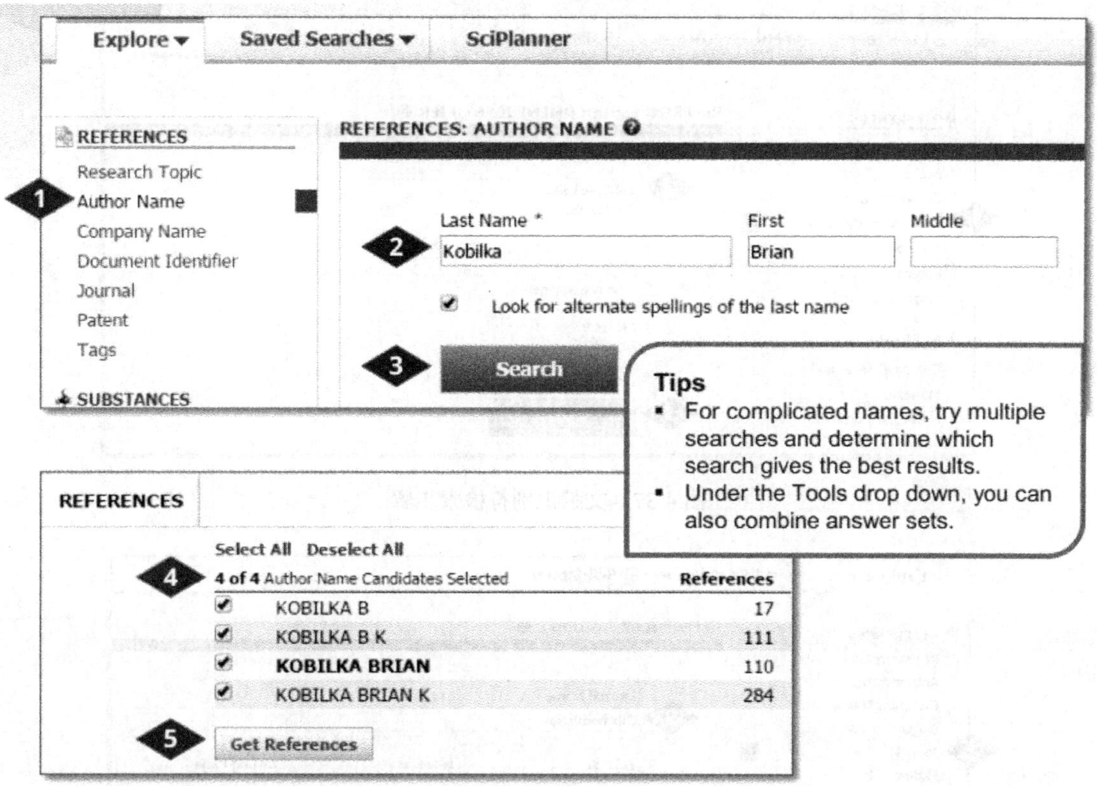

图 4-36 作者名称检索步骤

2. 公司(或机构)名称检索

检索步骤与作者名称检索基本相同。

3. 文献识别符检索

文献识别符指一篇文献的 CAS 登录号、发表的卷号等信息，其主要类别如表 4-3 所示。

表 4-3 可检索的文献识别符

识别符类型	示例
登录号：每一篇文献在 CA 和 MEDLINE 中有一个唯一的号码，按年编号	CAplus：2012:1527010 MEDLINE：1998010009
数字文献识别符(Digital Object Identifier)：表征数字文献的字母数字的字符串	10.1021/jp204843r

检索时，SciFinder 会忽略标点符号和用两位数及四位数表示的年份的差别。例如，1983:4296，会检索出 MEDLINE 识别号(PubMed ID)为 834296 的文献和 CA 登录号为 1983:4296 的文献。

文献识别符检索步骤如图 4-37 所示。

4. 期刊检索

期刊检索步骤如图 4-38 所示。

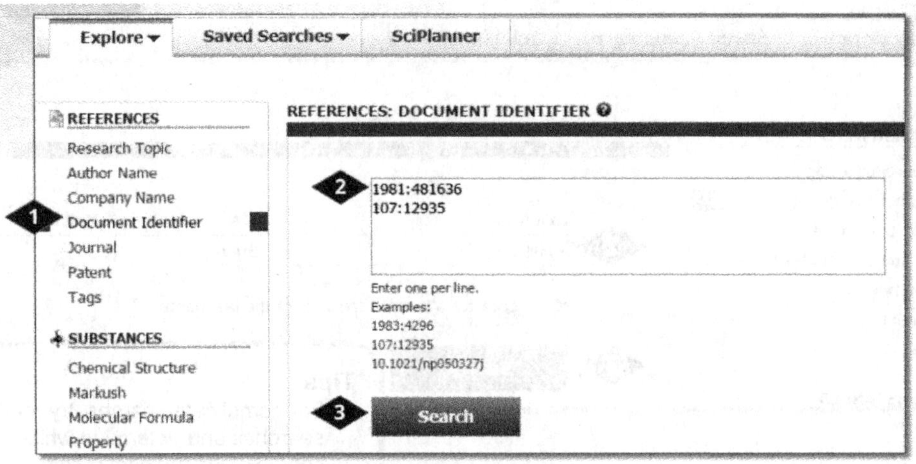

图 4-37　文献识别符检索步骤

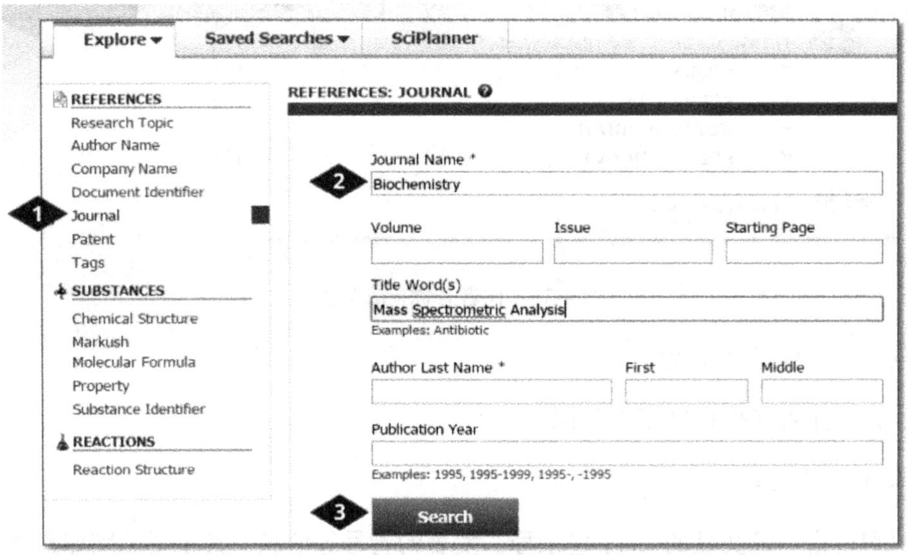

图 4-38　期刊检索步骤

可用于检索的项有：期刊名称、卷号、期号、起始页码、标题词、作者名称、出版年份等。各检索项的相关规则如表 4-4 所示。

表 4-4　期刊检索项规则

检索项	输入规则
期刊名称	全称、缩写、首字母缩略词 缩写和首字母缩略词不能带有空格和标点符号。最多能输入 30 个字母
卷号	数字(如 38)或字母数字串(如 45a)
期号	数字(如 46)或月(如 June)
起始页码	数字(如 46)、字母(如 iii)、或字母数字串(如 m287)
标题词	关键词、标题中有实际意义的词

5. 专利检索

专利检索步骤如图 4-39 所示。

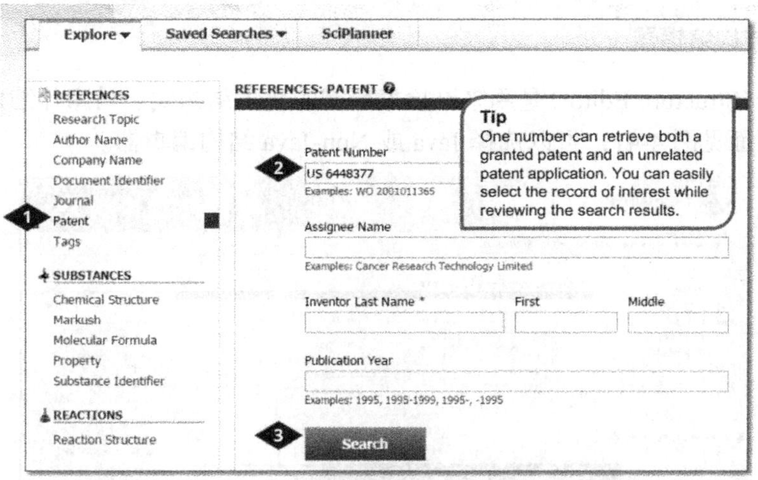

图 4-39　专利检索步骤

可检索用的专利号码有以下三种：

(1) 专利申请号检索，如 WO2012-、US29090 等。

(2) 专利优先权申请号检索，如 US-1996-15450P。

(3) 专利号检索，如 JP 2001519650。

也可以输入所有权人名称 (Assignee Name) 或发明人名称 (Inventor Name) 进行限定检索。

6. 标签检索

这里的标签指的是用户在获得一个文献集之后，系统会给出一些与这些文献相关的关键词。这些关键词也可以用于检索。其方法很简单，直接点击关键词即可 (图 4-40)。

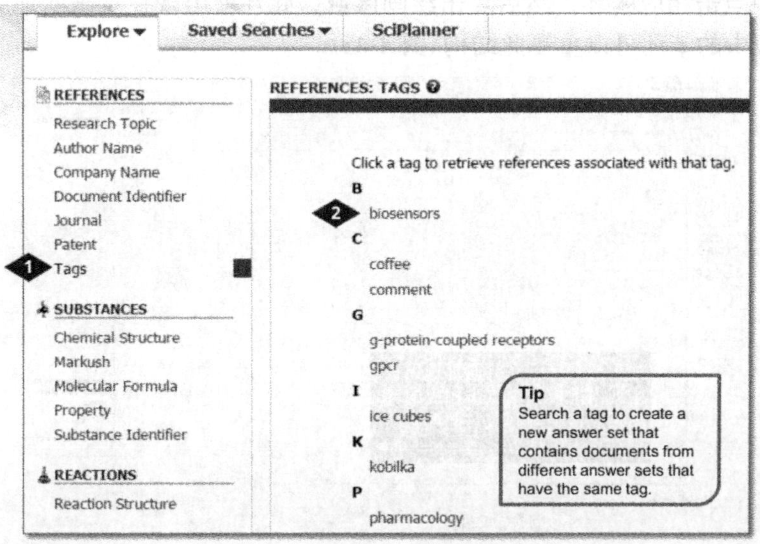

图 4-40　标签检索步骤

第四节　SciFinder 的特色工具

一、SciFinder 结构编辑器

结构编辑器(Structure Editor)是用来画检索所需的化学结构式、马库什结构和化学反应式的编辑器。主页面见图 4-41，可以选择 Java 或 Non-Java 结构编辑器。

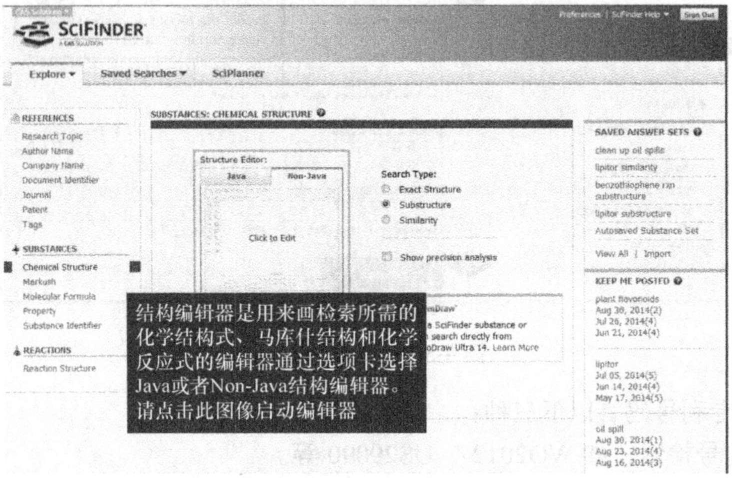

图 4-41　结构编辑器主页面

例如，画出下列结构：

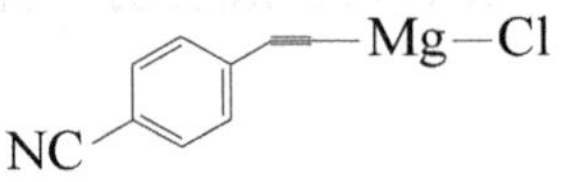

步骤如下：

(1) 在页面下部有各种模板图像，可以通过移动鼠标使用。如果想画环，在普通环选项板中或当前模板中点击相应的环，然后点击绘画区域，此环就出现在点击的地方(图 4-42)。通过鼠标拖动图板中的苯环可以重复此结构(图 4-43)。

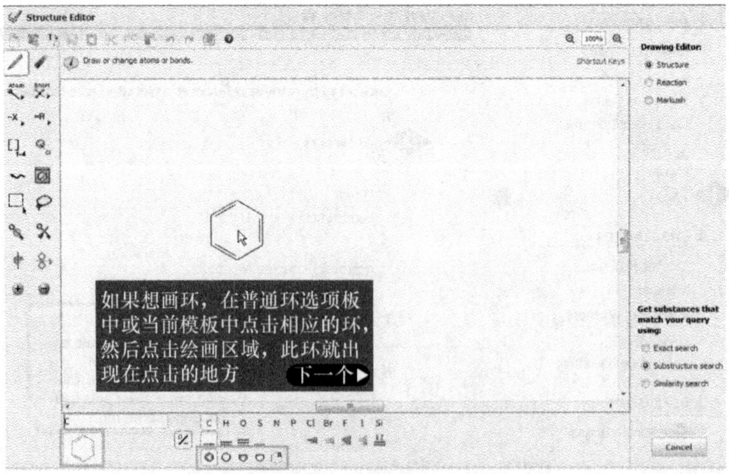

图 4-42　结构模板选择

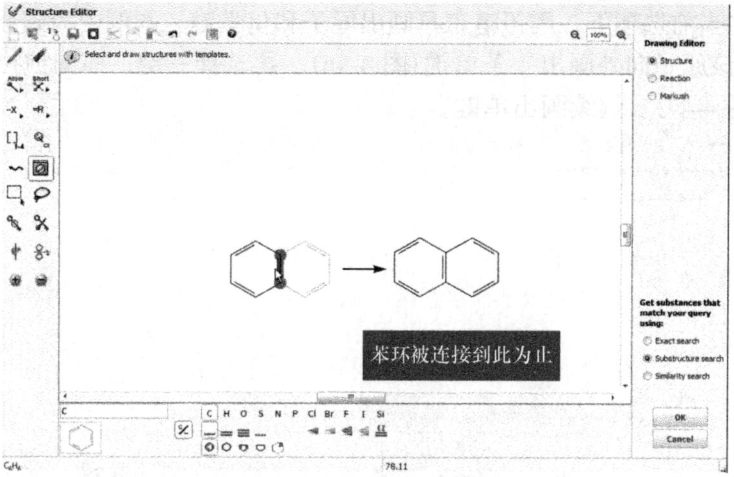

图 4-43 绘出重复结构

还可以继续拖动(图 4-44)。点击“Undo Tool”(复原工具)可以取消上次的操作，可连续点击(图 4-45)。

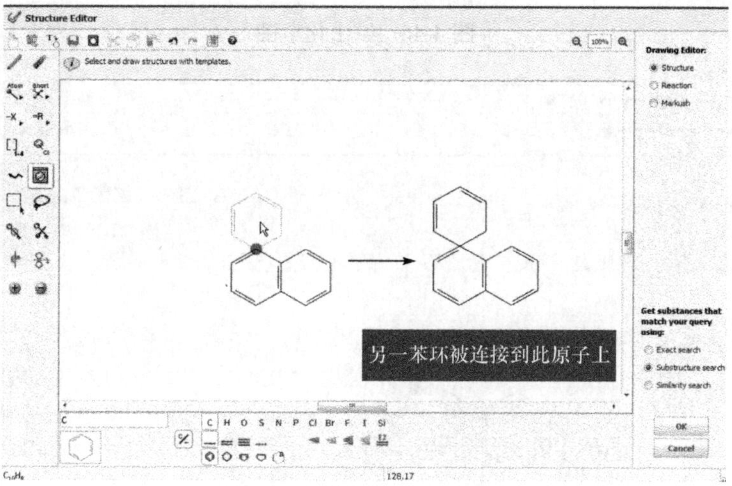

图 4-44 绘出相同结构

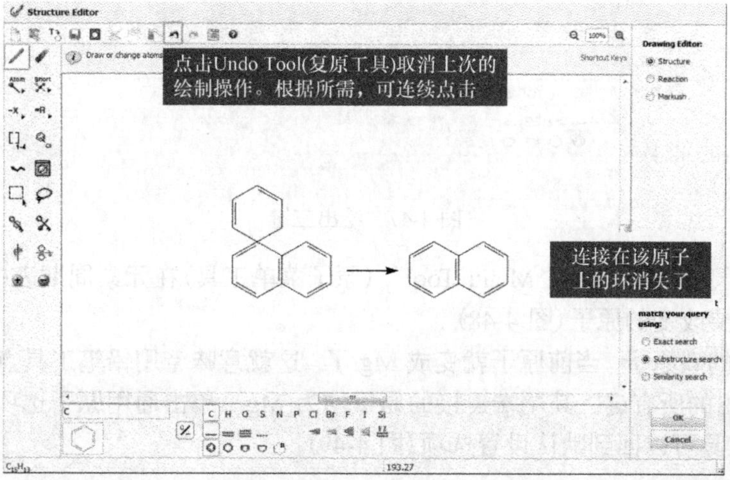

图 4-45 取消操作

(2)画键。在当前选项下，用铅笔工具画出原子和化学键。本例中为碳原子和单键。点击某一原子，则从该原子向外画出一条单键(图 4-46)。再选择三键，横向拽拉鼠标画出具有特定角度的三键(图 4-47)。继续画出单键。

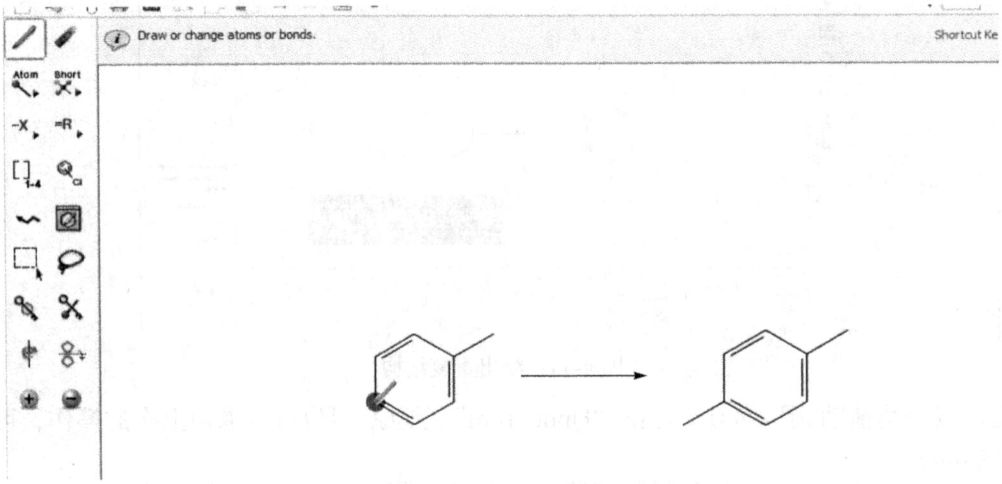

图 4-46　绘出化学键

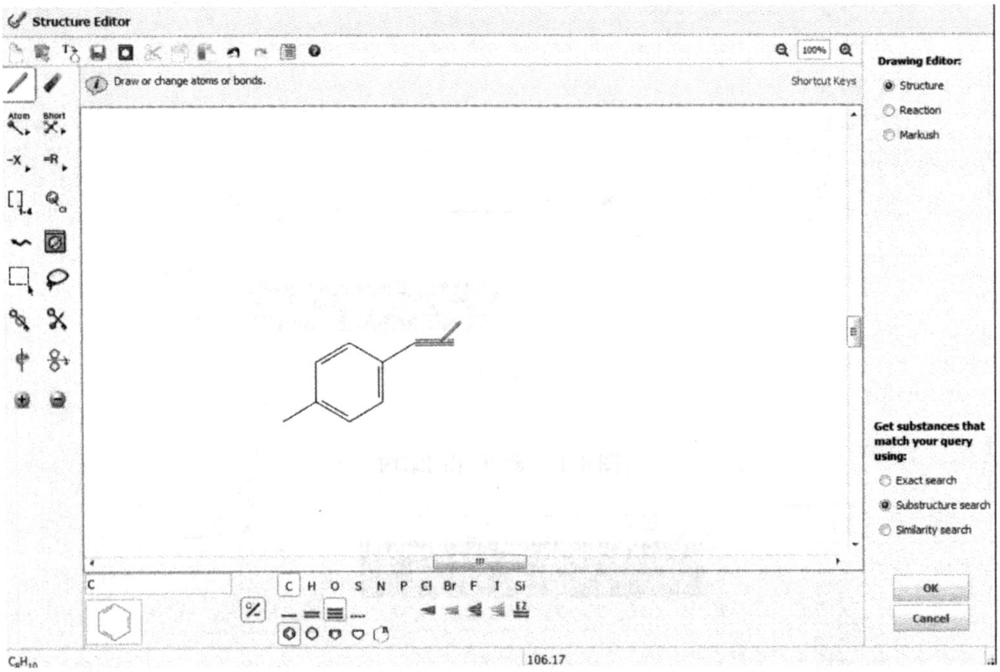

图 4-47　绘出三键

(3)添加原子。使用“Atom Menu Tool”(原子菜单工具)在元素周期表中先选上 Mg，然后点击结构中需要改变的原子(图 4-48)。

点击单键上的碳原子，当前原子就变成 Mg 了。这就意味着用铅笔工具点击的任何原子都会变成 Mg；画出的所有键，其尾端连接的原子均为 Mg。单击通用原子选项板中的碳原子，或单击碳/单键工具可以回到默认设置选项(图 4-49)。

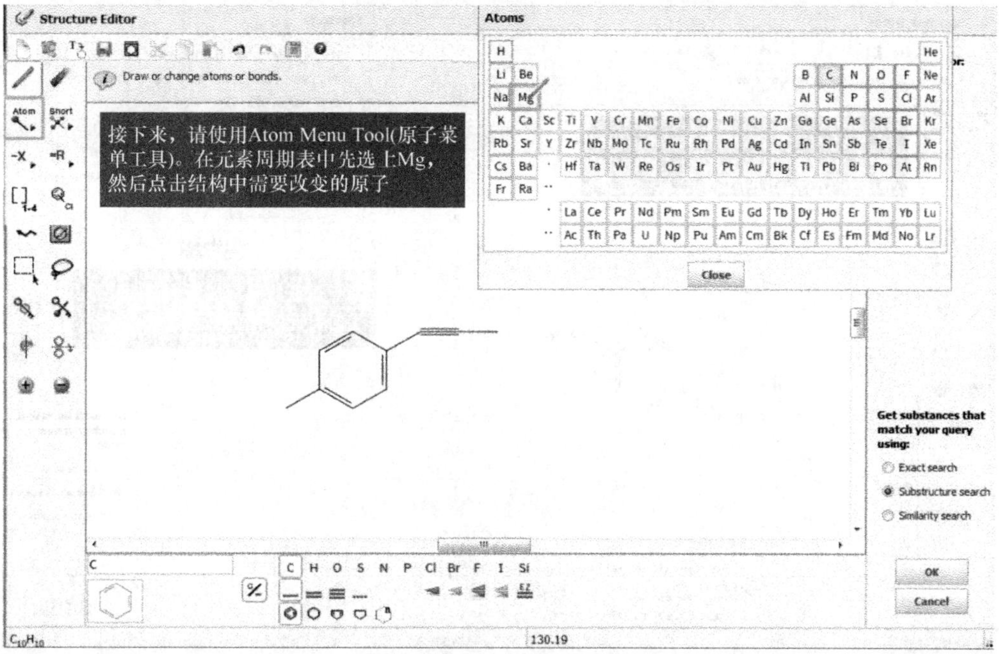

图 4-48　添加特定原子

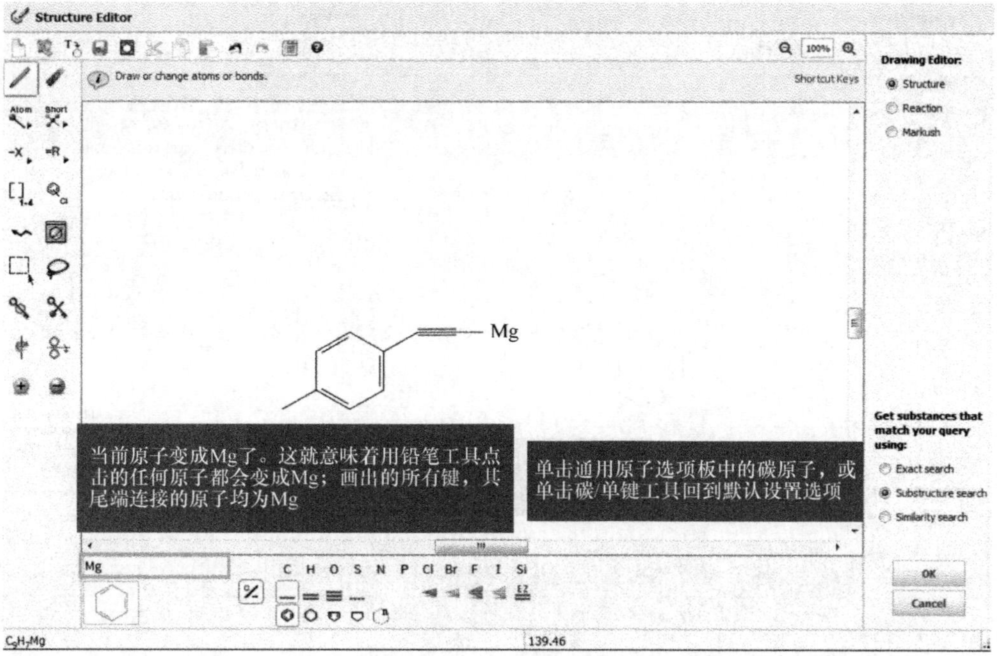

图 4-49　取消特定原子

用同样方法画出单键和 Cl 原子。

(4) 使用快捷菜单添加基团。点击“Shortcut Menu Tool”(快捷菜单工具)加上氰基。当点击或将鼠标放置在快捷文本上时，此基团的结构式就会显示(图 4-50)。

点击单键尾部，即可加上 CN 基团。CN 基团会自动转换为 NC 以符合化学键连接方向(图 4-51)。

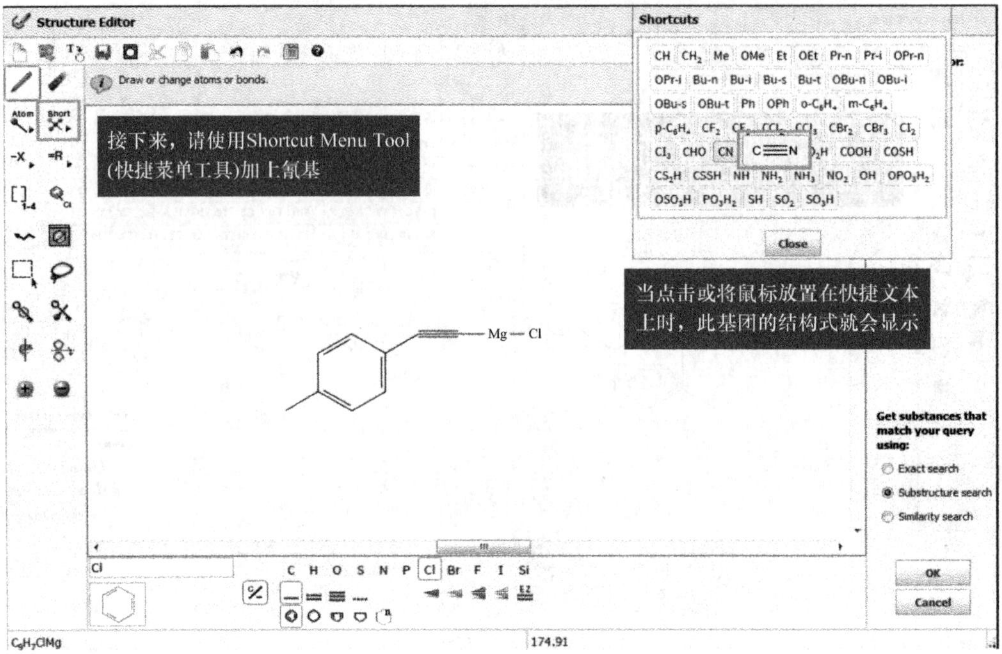

图 4-50　选择基团

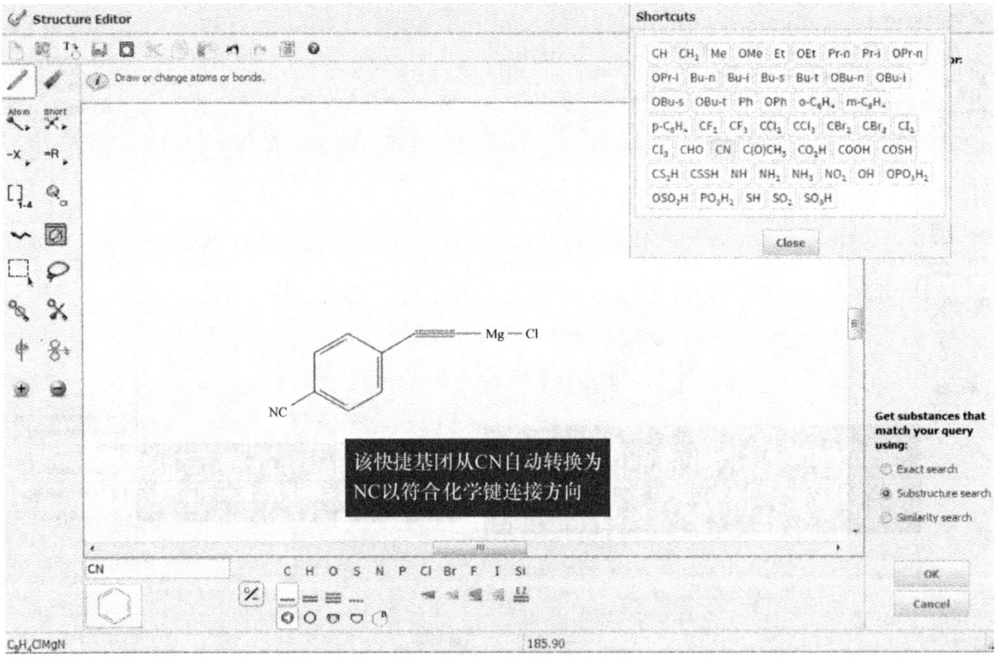

图 4-51　添加基团

(5) 删除结构式。使用“Marquee Tool”（选框工具）或“Lasso Tool”（套索工具）可以将选择的结构删除（图 4-52）。

(6) 使用模板画出结构。单击“Template Tool”（模板工具）可以使用预存的结构（图 4-53）。

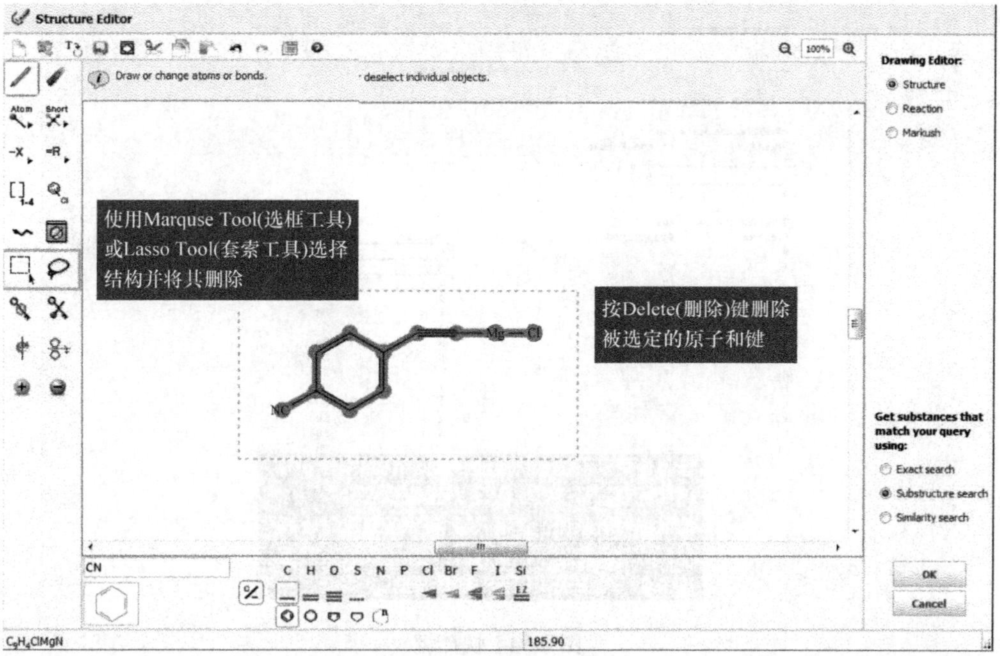

图 4-52 删除结构式

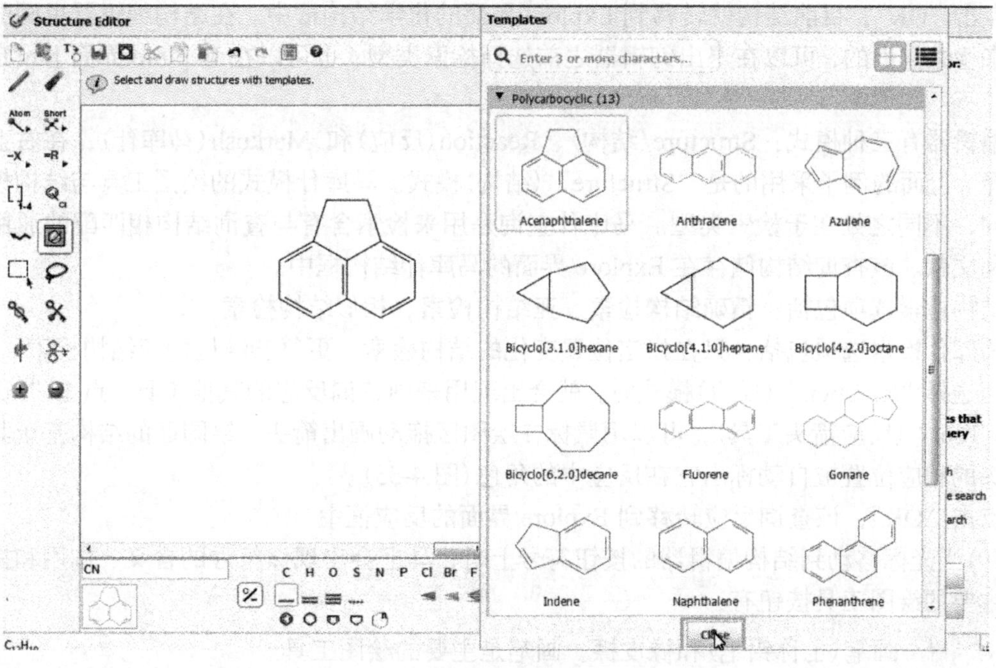

图 4-53 结构式模板

(7) 快捷键(图 4-54)。使用快捷键(Shortcut Keys)可以迅速改变键型或者添加原子或基团。点击右上角的“Shortcut Keys”或者按“？”键都可以进入快捷键模式。例如，先把光标指向一个原子，然后指向 b 键，此原子就变成 Br。将光标指向一条键，然后键入 2，此键就变成双键。点击任何位置或者按下任意键都可以退出快捷键显示窗口。

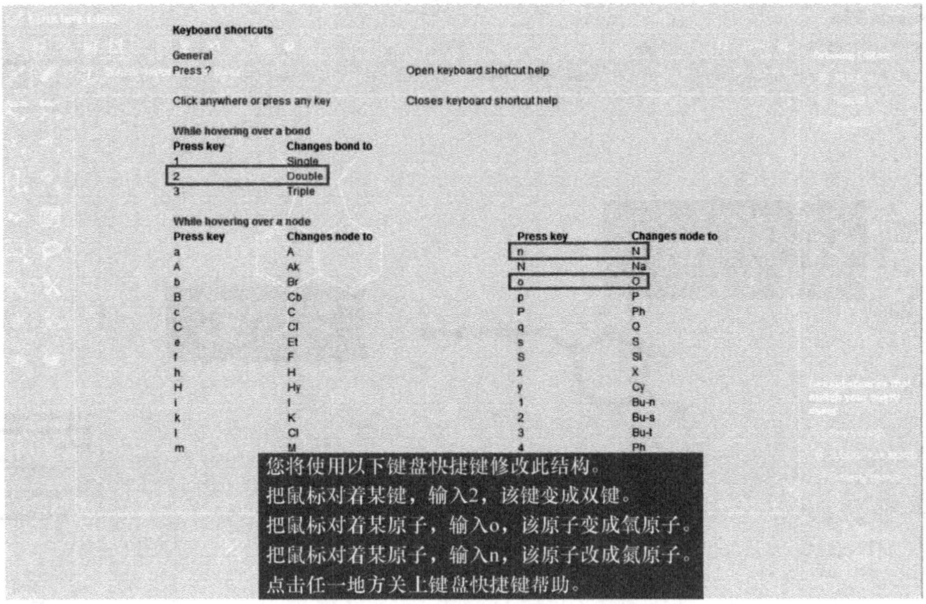

图 4-54　快捷键

(8)要删除不需要的原子或化学键，可以使用“Eraser Tool”(橡皮擦工具)。

点击“OK”，目前结构就转移到 Explore 界面的化学结构框中。在结构编辑器里画的结构是用来检索查询的，可以在退出编辑器之前选择检索类型，也可以在 Explore 界面上设定检索类型。

编辑器有三种模式：Structure(结构)、Reaction(反应)和 Markush(马库什)，在右上角可以选择。上面的例子采用的是“Structure”(结构)模式。马库什模式的绘图工具与结构模式完全相同，不同之处在于检索类型。马库什查询是用来检索含有与查询结构相匹配的通用结构的专利文献。该查询结构储存在 Explore 界面的马库什结构框中。

结构检索选项包括：精确结构检索、亚结构检索、相似结构检索。

马库什检索选项包括：只在指定位置变化的结构检索、更复杂结构的亚结构检索。

当选择“Reaction”(反应)模式时，就会出现用来画查询反应的其他工具。点击“Reaction Arrow Tool”(反应箭头工具)，可以用鼠标在绘图区拖动画出箭头。绘图区的结构基于其与反应箭头的相应位置被自动标出它在反应中的角色(图 4-55)。

点击“OK”，该查询反应转移到 Explore 界面的反应框中。

(9)当光标移动到结构编辑器的按钮符号上时，马上会出现该符号的含义、作用和操作方法。主要的绘图工具按钮有：

 画笔(也称铅笔)和橡皮擦。画笔是主要的绘图工具。

使用 Atom Menu Tool(原子菜单工具)从元素周期表中选择当前原子。

Shortcut Menu Tool(快捷菜单工具)允许快速地表征官能团。点击此工具，将出现一个菜单。点击其中一个快捷官能团，然后点击结构中希望与此官能团相连的原子。

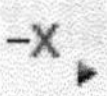

Variables Tool(可变工具)。从可变菜单中选择当前原子类型。只有在进行亚结构或反应检索时才能使用这些可变原子类型。

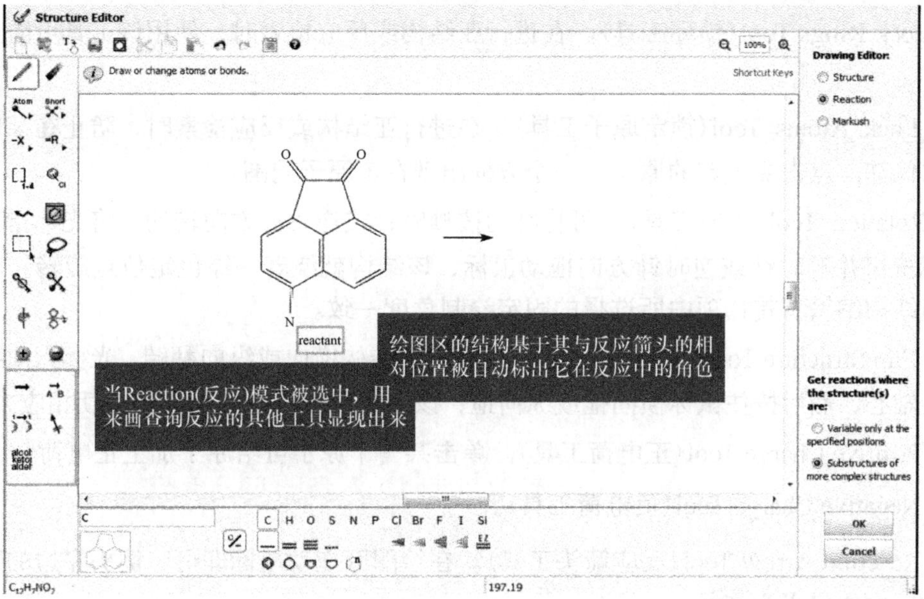

图 4-55 “Reaction”(反应)模式页面

=R R-Group Tool(R-基工具)。指定在某原子上允许相连的一系列取代基。R-基可出现在亚结构或反应查询结构中。点击此工具，R-基定义对话框出现。先选择 R-基，然后选择一个或多个可能的原子、变量或快捷官能团，或者在 R-基文字框中键入彼此用逗号隔开的符号。若需在查询结构中引入 R-基，点击对话框中的 R-基，然后点击结构中的原子，该原子变成了 R-基。

[ ]1-4 Repeating Group Tool(重复单元工具)。指定一个结构中可重复的原子或基团。如果重复单元出现在查询结构的环节，则检索结果中环的大小可发生改变。如果重复单元出现在所输入的查询结构的链上，则检索结构中链的长短可发生改变。

Variable Attachment Position Tool(可变取代位点工具)。标明一个取代基在一个环中的多个可能连接位点。此功能可用于亚结构检索和反应检索。将光标指向取代基中的一个原子，然后按住鼠标按钮并拖动到环上的连接点，这样一条连接线就画好了。

Chain Tool(链工具)。快速画出一条由单键形成的链。按住鼠标按钮的同时拖动鼠标。在此过程中，链中的原子数目将被显示。松开鼠标按钮停止画链。

Template Tool(模板工具)。画出一个预先定义好的结构。点击文件夹可以查看现有的模板。点击模板，然后点击放置此模板的绘图区域即可。

Marquee Tool(选框工具)。通过在周围画一个长方形将里面的原子和键选上。按下鼠标按钮开始绘制，然后拖动鼠标继续绘制，松开鼠标按钮绘制完毕。也可以点击某一个原子或一条键将其选上。按住 Ctrl 键并点击需选择的对象或已被选择的对象，将其选上或取消原有的选择。双击结构上的任何部分选择整个结构。

Lasso Tool(套索工具)。将所要选择的原子、键或结构围在一条封闭的自由曲线内。使用方法与选框工具相同。

Lock Rings Tool（锁环工具）。在进行亚结构或反应检索时，使用该工具可防止新环的形成。

Lock Atoms Tool（锁定原子工具）。在进行亚结构或反应检索时，防止在某原子上形成新的取代基。点击要锁定的原子，一个方框出现在该原子周围。

Rotation Tool（旋转工具）。可将结构按顺时针或逆时针方向转动。将光标指向结构，按住鼠标按钮并顺时针或逆时针方向拖动鼠标，该结构就绕着一绿色定位点旋转。旋转的最小角度与结构编辑器首选项中所选择的固定绘制角度一致。

Flip Structure Tool（翻转结构工具）。将一个结构横向或纵向翻转。光标指向某一个原子以其为轴心，然后按住鼠标横向拖或纵向拖，该结构就会以此原子为中心朝相应方向翻转。

Positive Charge Tool（正电荷工具）。单击某一个原子可给原子加上正电荷。

Negative Charge Tool（负电荷工具）。

Reaction Arrow Tool（反应箭头工具）。在绘图区拖动鼠标即可，箭头左边的物质定义为反应物，右边定义为产物。

Reaction Role Tool（反应角色工具）。点击一个物质，然后指定该物质为产物、反应物、试剂、反应物/试剂或任何角色。如果用此方法指定物质在反应中的角色，反应箭头就不需要了。

Atom Mapping Tool（原子标记工具）。标出反应物与产物中相对应的原子。点击反应物中的原子，然后点击产物中相对应的原子，同一个数字（从 1 开始）出现在对应的两原子上。

Reaction Site Marking Tool（反应位点标记工具）。标记反应过程中发生变化的键。点击一条键即可将此键标为反应位点。

Functional Group Tool（官能工具）。指定反应过程中变化的官能团或官能团类别。

结构编辑器页面的上面一排功能键分别为新建（New）、导入（Import，从 CXF 或 MOL 文件中导入结构或反应）、在结构编辑器中加入（Add to Editor，将一个 CAS 登录号、SMILES 或 InChI 字符串转换成结构，先输入它们，然后点击“OK”）、导出（Export）、保存为模板（Save as Template）、剪切（Cut）、复制（Copy）、粘贴（Paste）、取消（Undo）、重做（Redo）、首选（Preferences，访问 SciFinder 结构编辑器中的首选设置）等。

二、SciFinder 合成路线设计工具 SciPlanner

SciPlanner 是一个创建合成路线及组织文献、物质和反应检索结果的动态工作平台。其主要特点和作用有：①是一个特定的工作区域，可以让用户用一种更直接的方式组织、管理检索结果，用户能够通过 CAS 数据库收录的文献，检索到特定的反应，进而创建完整的研究反应路线；②文献、物质、反应信息都可以传送到 SciPlanner，并在其中进行自由组织，增强可视化效果，图形化直观呈现用户所期望看到的反应策略，同时还能将参考文献、结构、反应以及物质等信息与其归纳整合；③SciPlanner 可以辅助进行逆合成路线的制订，用户能够创建出用来共享其特定反应路线的报告，并与同事共享。

此外，SciFinder 还增加了如下特性，令用户使用更便捷：

(1) 根据引用文献对参考答案排序，进而甄选出检索结果中有影响力的作者、研究命题以及潜在合作者。

(2)直接将 ISIS 或绘制的结构式复制/粘贴到 SciFinder 结构编辑器中，从而节省时间。

(3)将检索范围扩展并覆盖到 MEDLINE 数据库的参考文献以及 MEDLINE 中收录的引用文章。

SciPlanner 将科学研究推进到了一个新的高度，它让科学家按照自己喜欢的方式对研究结果进行综合分析，从而充分利用 CAS 提供的权威内容，更好地帮助他们创建研究合成路线，并迅速做出决策(图 4-56)。

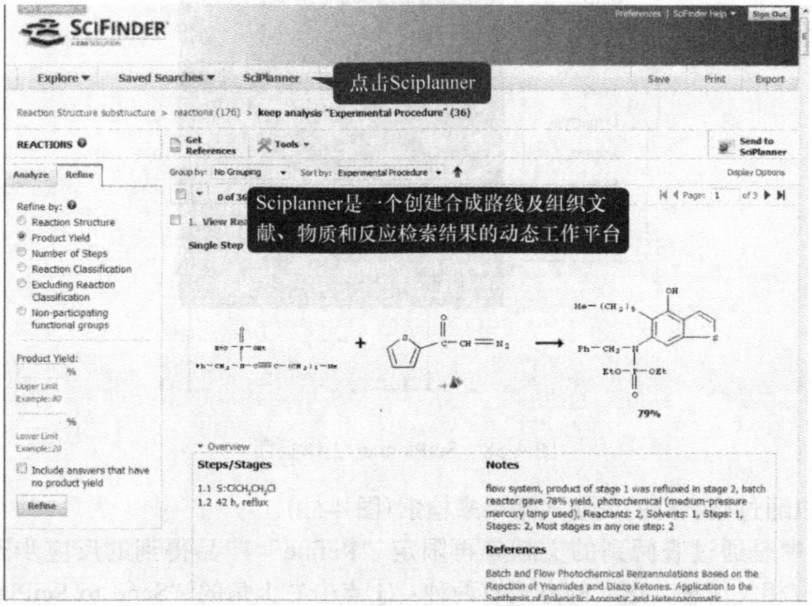

图 4-56　进入 SciPlanner 页面

SciPlanner 的主要使用方法如下：

(1)点击“SciPlanner”进入页面(图 4-57)。

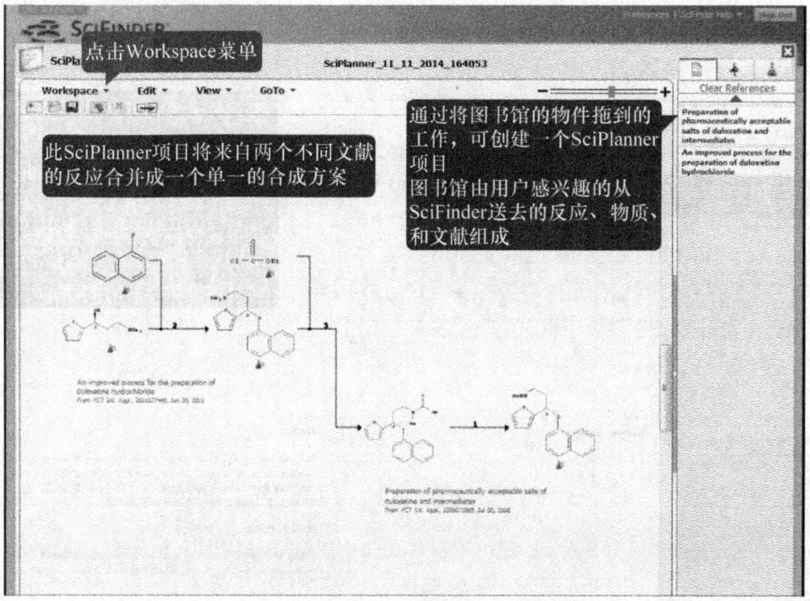

图 4-57　SciPlanner 页面

(2) 点击“Workspace”(工作区) 进入工作页面。用户可以将感兴趣的反应、物质、文献等(储存在 SciFinder 的个人图书馆中) 放入右边的文献区。图 4-57 中有两篇文献被放入文献区，在工作区就出现了将两篇文献中的不同反应合并成一个单一的合成方案。

在“Workspace”的下拉菜单中有各种操作供使用(图 4-58)。

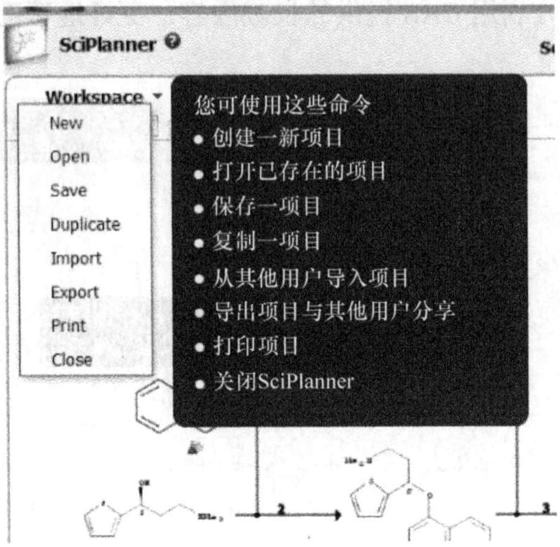

图 4-58 SciPlanner 工作页面

(3) 也可以通过检索到的反应式结果来检索(图 4-59)。

图 4-59 中是通过查阅到的文献集再限定“Refine”产品得到的反应步骤，通过送入 SciPlanner 获取相关信息。送入的方式有两种：①点击右上角的“Send to SciPlanner”将整个答案集送到 SciPlanner；②选择具体答案后，再点击“Send to SciPlanner”。

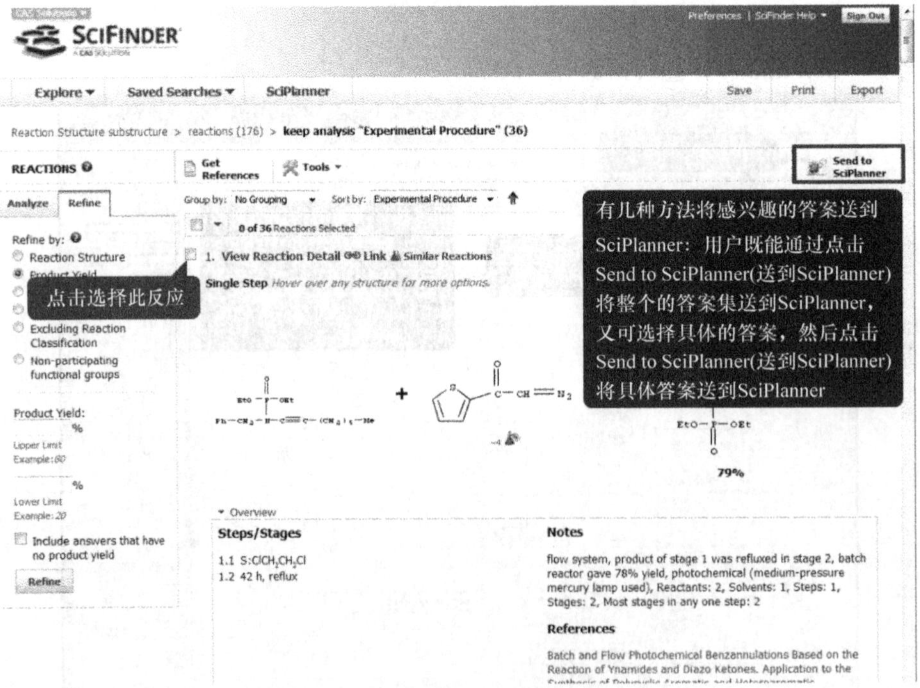

图 4-59 SciPlanner 反应结果检索

(4)选中后页面会出现相关提示(图 4-60)。

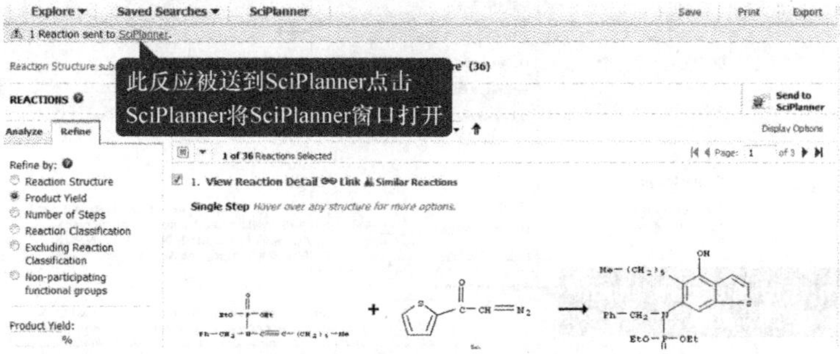

图 4-60 将答案集导入 SciPlanner

同时，此反应出现在右边的文献集(图书馆)中(图 4-61)。

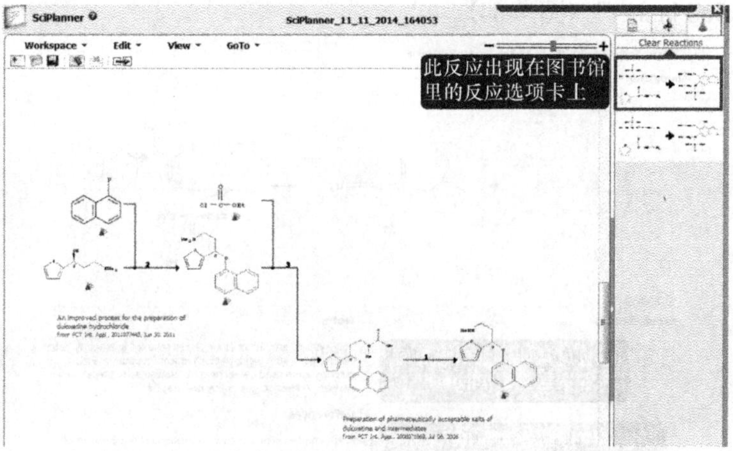

图 4-61 显示的文献集

(5)也可以通过双击反应式中具体的一个物质激活，然后送到 SciPlanner(图 4-62)。

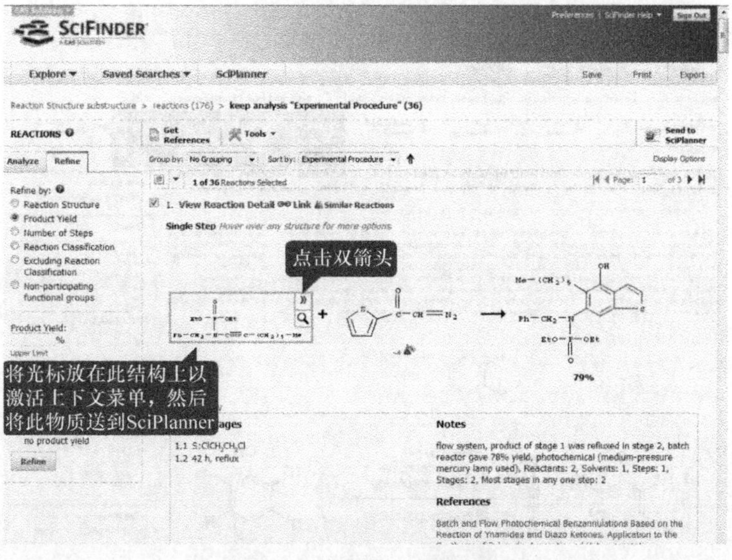

图 4-62 激活一个具体物质

具体方法是激活该物质后点击双箭头，在下拉菜单中点击“Send to SciPlanner”(图 4-63)。

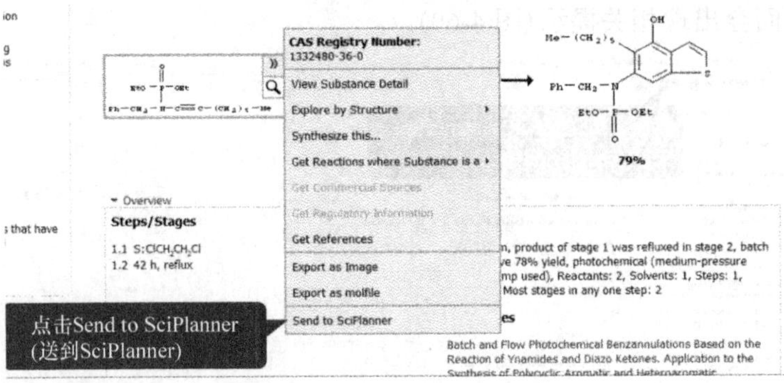

图 4-63　将具体物质导入 SciPlanner

(6) 也可以直接将检索到的文献信息送入 SciPlanner。方法是点击打开文献详细信息后，再点击“Send to SciPlanner”(图 4-64)。

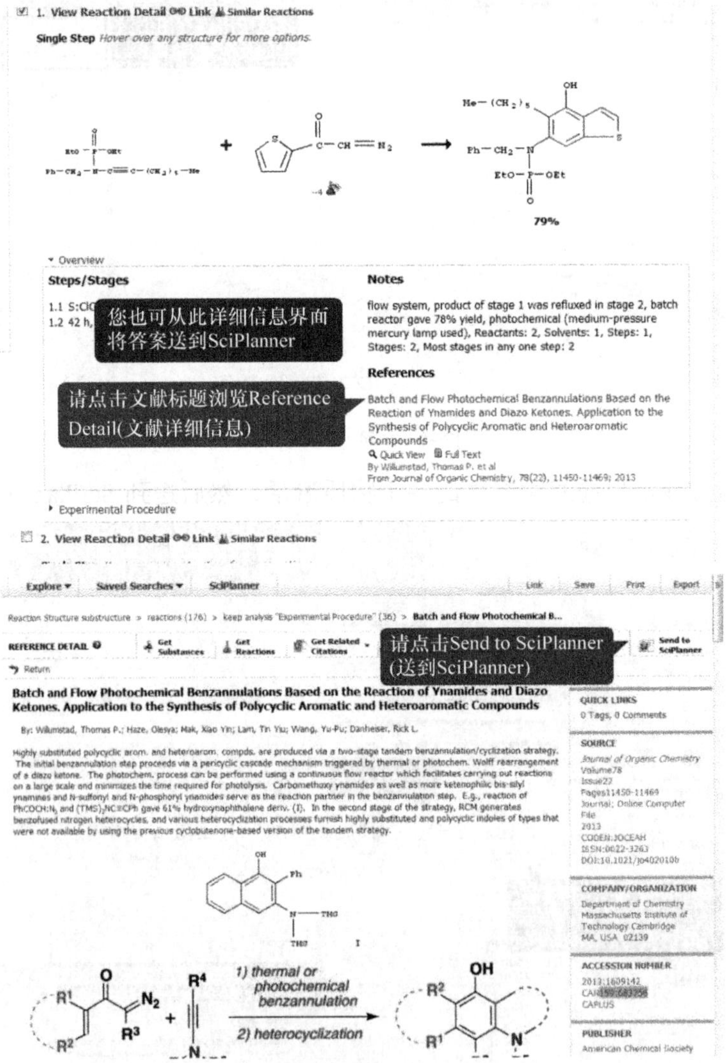

图 4-64　将文献信息导入 SciPlanner

用户在实践中多加练习，定能熟练掌握 SciFinder 及 SciPlanner 的用法。

第五节　STN 信息集成平台

一、STN 简介

STN(Scientific and Technical Network)系统于1983年开发创建，1984年开始运行，是一个国际联机检索系统。该系统覆盖近60个基础科学领域和应用技术领域，其中化学化工类、生物科技类、材料科技类、图形数据库等独具特色[3]。

STN 是纯粹的科技信息系统，由于 CAS 的直接参与，STN 中有 CAPlus 和化学分子式图示系统等，并开发有一些配套软件，如 STN Express、STN AnaVist、STN Viewer 等。

STN 具有以下特点：

(1)独特的整合内容。STN 是唯一同时提供包括 CAS 权威内容、德温特世界专利索引(DWPI)以及 INPA-DOC 专利数据库(世界专利文献中心)的信息集成平台。

(2)强大的功能和精确性。可根据需要灵活地进行广泛而精确的检索，解决在检索、分析科技、化学和专利内容时面临的挑战。

(3)可靠性。有超过30年的专业检索体系支持，是全球各大专利局、企业和科研机构值得信赖的合作伙伴。

STN 的检索入口主要有：

(1)主题词检索：STN 提供多个数据库续词表，帮助在检索时获取完整、精准的检索结果。

(2)化学物质检索：名称、结构、CAS 登录号、分子式、元素符号、环系数据、理化性质数据等。

(3)基因序列检索：名称、BLAST、Motif。

(4)数值检索：压力、温度、尺寸等。

(5)机构名检索：提供机构名词库，以获取某一机构完整的文献信息。

STN 主要有5个不同功能的检索界面，每一个都可对 STN 数据库进行访问。

(1)STN Easy。比较人性化，用户可通过 Web 方式对数据库进行检索，直接点击 STN 的数据库子集即可进行检索，无需专业检索技巧，也不用输入专业检索指令，适合普通用户检索。

(2)STN Express。适合专业人员检索，需要了解一定的检索指令和检索技巧。可随时更改检索词和检索策略，灵活方便，特别适合从事联机检索的专业人员使用。

STN Express 需预先安装和运行专门软件，用检索式进行检索。

(3)STN on the Web。可对多个数据库同时进行检索，多个词典的提供和选择能够让用户清楚地辨别自己的相关术语，缩短检索时间，提高查准率。

STN on the Web 用用户名和密码登录，用检索式进行检索。

STN Express 和 STN on the Web 这两个界面可结合使用两个专利文献的分析工具：STN AnaVist 和 STN Viewer，对文献进行分析和可视化，查看文献中不同内容之间的关联度，适合竞争情报的分析。

(4)STNext。以网页方式浏览，无需安装软件或浏览器插件。有自动建议功能，如用 File 指令时，CA 词库(CA Lexicon)将自动推荐数据库，用 Display 指令时，会自动推荐显示格式和字段。

(5)New STN。在化学化工查新检索中很有用处。通过 New STN 的结构式检索可简单、快捷、精确地得到结果。

二、STN 主要检索命令和算符

STN 通过联机或直接上网方式，用一系列命令、采用布尔逻辑检索式检索文献。各个检索字段用运算符连接以表述查找内容。主要检索字段代码见表 4-5。

表 4-5 主要检索字段代码

检索字段	内容	检索代码	显示结果代码
标题	文献题目	/TI	TI
作者	作者姓名	/AU	AU
团体作者	作者工作单位	/CS	CS
出版年份	出版年	/PY	PY
语言	文献语种	/LA	LA
文献类型	期刊论文、专利等	/DT	DT

其主要检索步骤为拟订检索策略(包括选择数据库、选定检索词、检索方式和结果输出方式)、打开数据库、运行检索命令、实施检索、运行输出命令、结束检索等。一些基本命令和逻辑运算符如下：

(1)基本命令。命令有全称和简写两种形式，都可以使用(表 4-6)。

表 4-6 STN 基本命令

命令	功能	示例
FILE FIL	进入一个或多个数据库	FILE REGISTRY FIL TOXICOLOGY
EXPAND E EXPAND BACK E BACK	查看索引词，缺省显示 12 个索引词。如果要继续显示，在命令行键入“E”。要逆向排列，键入“EXPAND BACK”和“E BACK”	E YATES C/AU E YATES，C/AU E BACK METHYL
SEARCH S	实施检索。如果 AUTOSEARCH 设置为开(ON)，则 SEARCH 就被预设为自动检索	S MOTORIST ACID RAIN
DISPLAY D	显示结果。要显示不相邻的答案需使用逗号或空格	D 1-10，15，21 D L6 1 TI AB
PRINT	打印结果	
LOGOFF LOG Y	结束检索	
LOGOFF HOLD LOG H	结束本次检索，但在 2 小时内保留本次检索进程	

(2) 截词符（表 4-7）。

表 4-7 STN 截词符

符号	定义	示例	可以检索到的词
?	词根右边的任何字母。一个词中仅能用一次，一般放在词尾	ALUM?	ALUM ALUMINA ALUMINUM 等
!	替换仅任意一个字母。除词头外，一个词中可以使用多次	THERMOLUS！S	THERMOLUSIS THERMOLUSES
#	该位置可以有 0 或 1 个字母，除词头外，可多次使用	CASEIN###	CASEIN CASEINS CASEINATE 等

(3) 数值运算符（表 4-8）。

表 4-8 STN 数值运算符

数值运算符	功能	示例
/或=	检索单个条目	S 20060400/UP
-	检索多个条目	S 3-5/FE
<	检索小于某个特定值的条目	S py<1967
>	检索小于某个特定值的条目	S ED>20060211
>=或=>	检索大于或等于某个值	S FW>=600
<=或=<	检索小于或等某个值	S PD<=19980100

(4) 位置运算符（表 4-9）。

表 4-9 STN 位置运算符

位置运算符	功能	示例
(W) 或空格	两个词必须按顺序相邻	S NUCLEAR (W) REACTOR S ACID RAIN
(nW)	两个词按顺序相邻，中间可插入不大于 *n* 个的词	S OIL (1W) WATER
(xW)	两个词按顺序相邻，中间可插入任意个的词	S NITRO (xW) PHENYL
(A)	两个词相邻，但可无顺序	S SHALE (A) OIL
(nA)	两个词相邻无顺序，中间可插入不大于 *n* 个的词	S TOXICITY (2A) FISH
(xA)	两个词相邻无顺序，中间可插入任意个的词	S CHLORO (XA) METHYL
(S)	两个词必须在同一词组中出现	S PLANET (S) DISTANCE
(nS)	两个词必须在同一词组中出现，中间可插入不大于 *n* 个的词组	S NITROGEN (3S) PUMP
(P)	两个词必须在同一段落中出现	S ANION (p) CHROMATOG?
(nP)	两个词必须在同一大段中出现	S ELECTRICAL (1P) WIRE
(L)	两个词出现在同一信息源中	S 10024-97-2 (L) DENTAL

(5) 运算次序。按下列次序运算：①括号中的词；②数值运算符=，<，>，>=，<=，-；③位置运算符 (W) 和 (A)；④位置运算符 (S)；⑤位置运算符 (P)；⑥位置运算符 (L)；⑦逻辑运算符 AND 或 NOT；⑧不在括号内的逻辑运算符 OR。

三、STN on the Web

STN on the Web 的检索步骤一般如下。

1. 登录

网络登录页面见图 4-65。

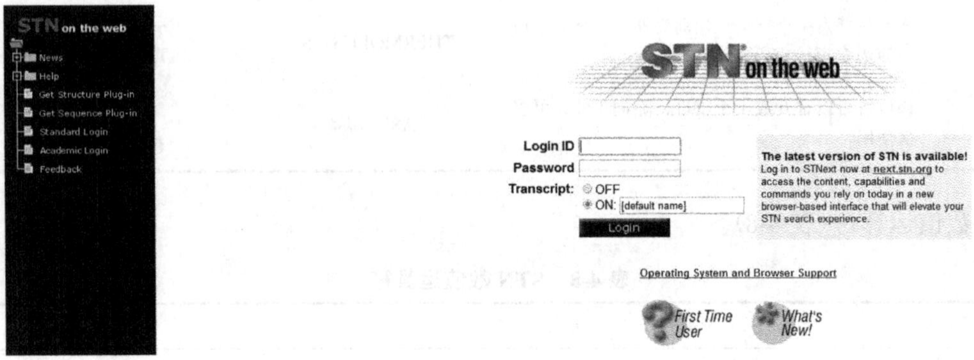

图 4-65　STN on the Web 登录页面

2. 进入数据库

在 STN 相关帮助栏目中可以找到数据库一览和名称。用命令“FILE”后加数据库名进入数据库。进入单个数据库，如“FILE BIOSIS”。进入多个数据库用“FILE”后面加上数据库名称，不同数据库名称之间用空格隔开，如“FILE BIOSIS MEDLINE EMBASE”。选择同类数据库用“FILE”后面加含有共同数据库名的单词，如“FILE POLYMERS”。排除某数据库用减号表示，如“FILE PATENTS HCA-CA”。

3. 建立布尔逻辑检索式

例如：

S GRAVITY OR GRAVITATION

D TI

FILE INSPEC

4. 得到结果

使用“DISPLAY”等命令可以获得各类结果。相关费用可以用不同的命令式得到。例如：

```
=> SET ACCOUNT
ENTER COST CENTER (NONE):RESEARCH LAB
COST CENTER SETTING WILL TAKE EFFECT WITH THE NEXT SUCCESSFUL FILE COMMAND
SET COMMAND COMPLETED
```

另外，系统还有一些限制，如每次检索式检索不得超过 999 次，每次查到的文献数累计不超过 800 万等。详见 STN 说明。

5. 退出检索

使用相关命令可退出检索，具体如下：

(1) LOGOFF：退出检索前会提示是否保存检索式和答案集。

(2) LOG Y：不保存检索式和答案集就退出检索。

(3) LOGOFF HOLD/LOG H：在 2 小时内保存整个检索过程，此时重新登录可重新恢复原有进程。

例如，查找有关链霉菌“streptomyces bacteria”方面的文献。

(1) 确定数据库为 CAplus，主要检索词为 streptomyces，在基本索引(Basic Index，BI)中进行检索。

(2) 用 FILE 命令打开数据库。

```
FILE 'HOME' ENTERED AT 13:37:44 ON 19 MAR 2010

=> FILE CAPLUS
COST IN U.S. DOLLARS

FULL ESTIMATED COST

FILE 'CAPLUS' ENTERED AT 17:44:33 ON 27 MAY 2010
USE IS SUBJECT TO THE TERMS OF YOUR STN CUSTOMER AGREEMENT.
PLEASE SEE "HELP USAGETERMS" FOR DETAILS.
COPYRIGHT (C) 2010 AMERICAN CHEMICAL SOCIETY (ACS)

Copyright of the articles to which
held by the publishers
*
*
*
*
FILE COVERS 1907 - 27 May 2010  VOL 152 ISS 22
FILE LAST UPDATED: 26 May 2010  (20100526/ED)
```

检索命令用大、小写字母均可

该数据库的最新信息

(3) 运行检索命令。

```
=> SEARCH STREPTOMYCES/BI
L1       40487 STREPTOMYCES/BI
```

(4) 用 DISPLAY 命令查看结果信息。可以对需要显示的结果进行限定。

```
=> DISPLAY
ENTER (L1), L# OR ?:L1
ENTER ANSWER NUMBER OR RANGE (1):4
ENTER DISPLAY FORMAT (BIB):BIB

L1   ANSWER 4 OF 40487  CAPLUS  COPYRIGHT 2010 ACS on STN
AN   2010:308384  CAPLUS  Full-text
TI   RNA degradation and the regulation of antibiotic synthesis in Streptomyces
AU   Jones, George H.
CS   Department of Biology, Emory University, Atlanta, GA, 30319, USA
SO   Future Microbiology (2010), 5(3), 419-429
     CODEN: FMUIAR; ISSN: 1746-0913
PB   Future Medicine Ltd.
DT   Journal
LA   English
```

显示第1个答案集的第4条文献信息

检索词被高亮显示

(5) 结束检索。

```
=> LOGOFF
ALL L# QUERIES AND ANSWER SETS ARE DELETED AT LOGOFF
LOGOFF? (Y)/N/HOLD:Y
```

四、STN Express

STN Express 是 CAS 开发的专为联机检索使用的检索软件。一般的检索步骤如下：

(1)登录。打开 STN Express 软件并登录联机，用户名会出现在上方。

每次检索开始时，系统都会询问是否要保存该次检索的策略，如果有保存，用户在进行新的检索时可以用上次检索保存的副本(图 4-66)。

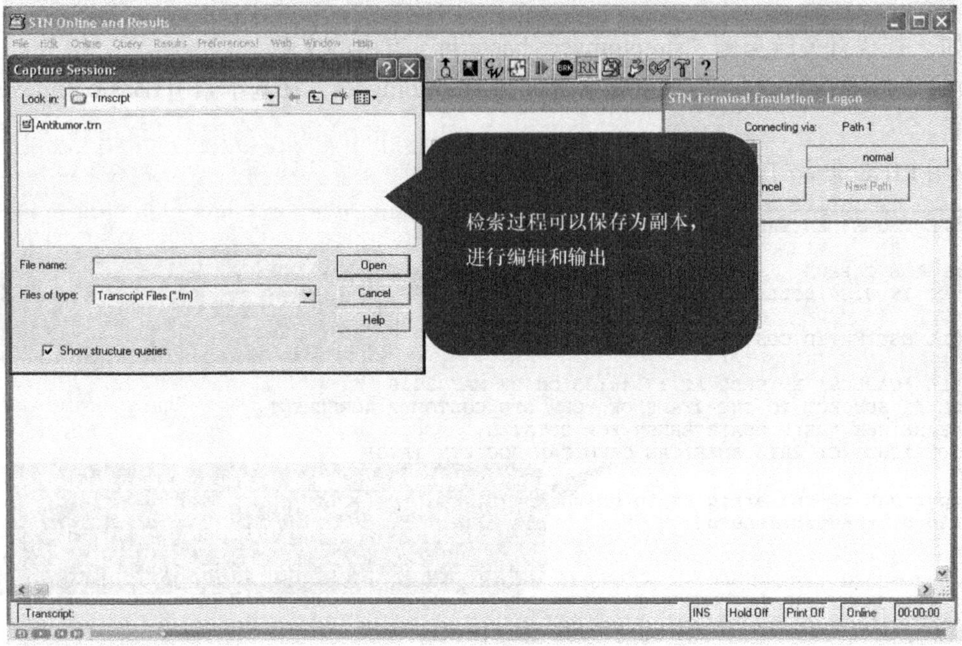

图 4-66　副本保存页面

检索副本在检索页的下方。副本可以编辑和输出。

(2)输入检索式进行检索。基本检索页面如图 4-67 所示。

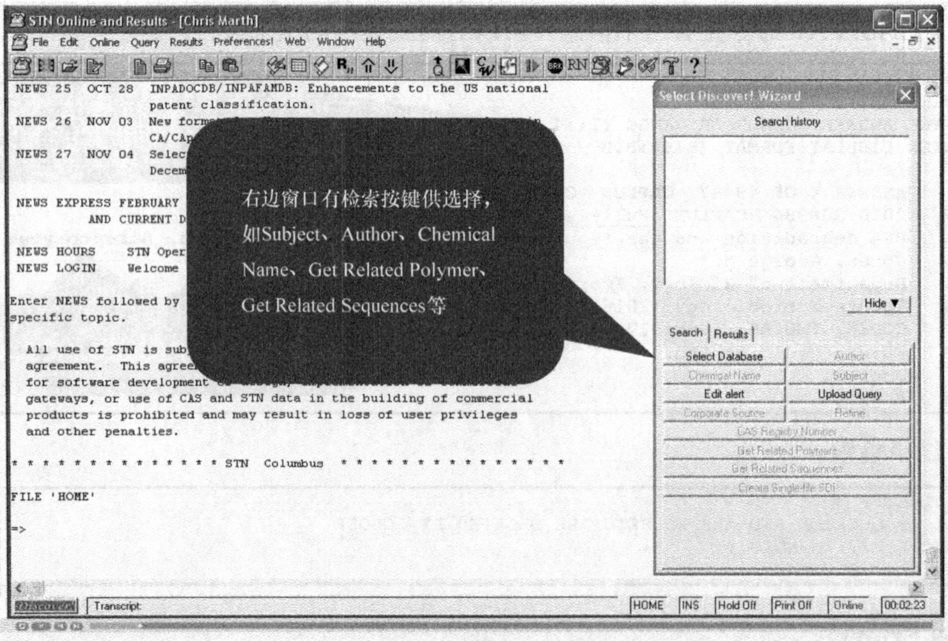

图 4-67　基本检索页面

用户可以用命令输入检索词或检索式进行检索，也可以用保存的副本进行检索。副本一般出现在最下方的窗口中，点击副本后，检索策略就出现在右边的窗口中，可实施检索。在右边窗口下方有多个检索按键可供选择，如“Select Database”（选择数据库）、“Author”（按作者检索）等(图 4-68)。

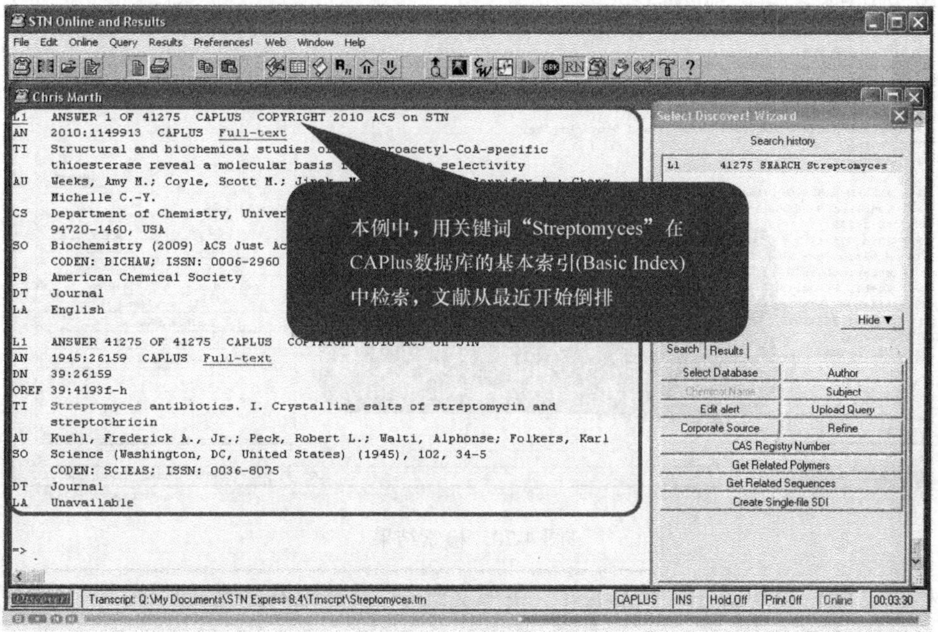

图 4-68　检索结果页面

(3)浏览检索。使用“EXPAND”命令可以检索到与关键词有关的其他关键词的结果，检索结果按关键词顺序排列(图 4-69)。

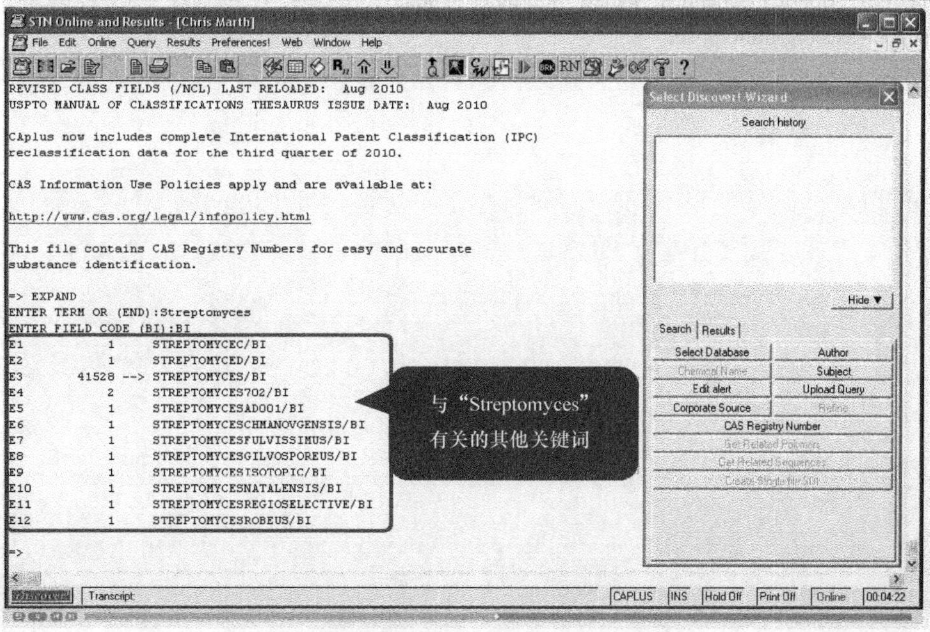

图 4-69　EXPAND 命令检索结果页面

(4) 获得文献信息。最终结果如图 4-70 所示。

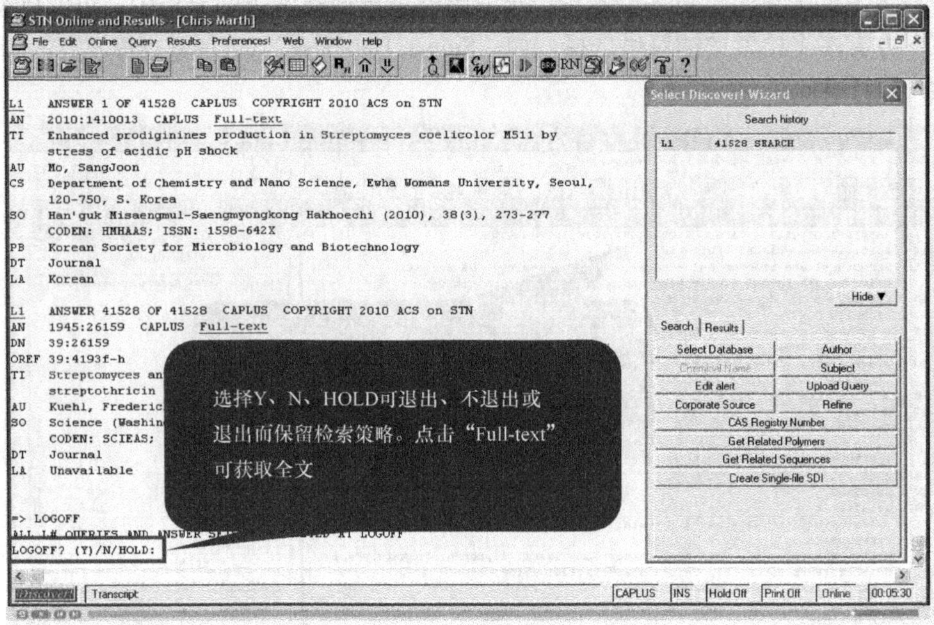

图 4-70　检索结果

(5) 根据文献信息可点击“Full-text”获得文献全文(如果有的话)。

参 考 文 献

[1] http://www.cas.org/training/scifinder
[2] Advision of the American Chemical Society, SciFinder Scholar
[3] https://support.cas.org/training/stn

第五章　化学相关文摘及数据库

印刷型的化学相关文摘出版年代早，累积程度高，文献的收集完整性较好。其对应的电子和网络数据库是从印刷型的文摘发展而来的，主要的优点是检索方便，检索速度快，尤其是在时间和空间上限制较少，有许多文献还可以从文摘格式直接链接到全文。因此，化学相关文摘及其对应数据库可以相互补充，形成较为完善的化学文献检索体系。

化学化工文献数据库发展也较早，1961 年 CAS 就开始用计算机编制《化学题录》。文献数据库包括书目数据库、文摘数据库和原始文献数据库。这类数据库将期刊、论文、报告、专利、图书等各种原始文献经过分析整理，存入存储设备。通过检索可以按用户需要获取寻求的信息及其来源。许多文献数据库都是出版物的数字文献形式。由于计算机和通信、网络技术的进步，出现了国际共用的情报联机检索系统和网络数据库。

CA(化学文摘)与 BA(生物学文摘)、SA(科学文摘)、Ei(工程索引)曾并称四大文摘，分别对应有 CAS、BIOSOS、INSPEC、CPMPENDEX 数据库。化学文献自然以 CA 为主，但也与生物、科学、工程有关，故本章主要介绍与化学相关的文摘及其数据库。

第一节　《中国化学化工文摘》

《中国化学化工文摘》(*Abstracts of Chemistry and Chemical Industry of China*)原名《中国化工文摘》，创刊于 1983 年，双月刊，自 1986 年起为月刊，由中国化工信息中心编辑出版。它是中国化学化工科技情报检索的主要刊物，重点报道在我国公开和内部发行的化学和化工期刊以及有关高等学校学位论文和中国专利文献。报道的主要文献类型有化学化工期刊论文、科技图书、会议录、学位论文及专利文献等。除化学化工的各个领域外，其内容还包括化工机械设备及仪器仪表自动化，化工经济管理，化工设计、施工、安装，能源化工，材料科学等与化工相关的领域。通过它可以了解全国化工技术的新动向及化工新产品、新成果。除月刊外，每年编有年度主题索引和年度著者索引。

报道内容包括：

(1)化学：无机化学、有机化学、高分子化学、物理化学、化学物理学和分析化学。

(2)化工：化工基础理论、化学工程、化工设计、化工施工、化工安装、化工过程、化工机械、无机化学工业、电化学工业、有机化学工业、高分子化学工业、化学肥料、农药、化工自动化及仪表、精细化工、新技术在化工中的应用。

(3)原料与材料：化工原料、合成树脂及塑料、橡胶、合成纤维、溶剂、助剂、化学试剂、黏合剂、感光材料、磁性材料、染料、涂料。

(4)能源与环境：天然气化工、石油化工、煤化工、矿业化学、化工能源及节能、工业水处理、化工安全、环境保护、化工“三废”处理及综合利用、腐蚀与防腐蚀。

(5)化工规划与经济：化学工业规划、技术经济。

《中国化学化工文摘》的文摘著录格式如下：左上角为中国图书资料分类法分类号

(TQ×××)；右上角为文摘号。其他著录事项依次为文献标题、副标题(置于小括号内)、作者、第一作者所在单位及地址、期刊名称、出版日期(年/日)、卷(期号置于小括号内)、起止页码、文摘正文、文摘员(置于小括号内)。若为图书资料，还标明文献收藏单位代号、文献索取号(用户用此号可向收藏单位索取原文)、出版单位和地址、定价等。

该刊主题索引根据《化工汉语主题词表》进行主题标引。采用两级标引(一级为主题词、二级为说明语)，并按照主题词汉字的汉语拼音顺序排列。例如：

A①

(A，阿、埃，a，安、氨、鞍、胺、螯)②

a-烯烃③

a-烯烃 Ziegler-Natta 聚合增长的新机理④

3：03865⑤

说明：

① 汉语拼音音部顺序。

② 每个音部下列出本部收集的主题词的为首一字。

③ 主题词。

④ 说明语。

⑤ 文摘号(包括卷号和文摘序号，全卷排通号)。

此外，作者索引也按照作者姓名的汉语拼音顺序编排。

对熟悉汉语拼音的读者，使用以上两种索引是比较方便的。

由原化工部科技情报研究所(成立于 1959 年)和原化工部经济信息中心(成立于 1984 年)于 1992 年 10 月合并组建的中国化工信息中心是 1999 年经国务院批准转制成立的中央科技型企业，是中国最大的化工专业文献资源中心，也是国家科技图书文献中心(NSTL)成员单位和国家工程技术图书馆(NETL)第三(化工)分馆，馆藏图书、会议资料、特种文献达 20 多万册，其中包括中外文科技期刊 2300 多种，中外文科技会议录 300 多种，科技报告、工具书若干，另有专利文献 200 多万件，年加工文献信息量超过 30 万条记录。中国化工信息中心曾于 1990 年建有中国化工信息网(www.cheminfo.cn)[1]，纳入了《中国化学化工文摘》及其他相关的化学化工数据信息资源。

第二节　EBSCO 数据库

美国 EBSCO 公司拥有约 60 个数据库，配有检索系统 EBSCOhost(http://search.china.epnet.com)[2]，其中全文数据库 10 余个。比较适合大学和研究图书馆使用的全文数据库有多学科学术期刊集成全文数据库(Academic Search Premier，ASP)、商业资源集成全文数据库(Business Source Premier，BSP)等。

对化学化工文献查阅有重要意义的数据库有：

(1) 多学科学术期刊集成全文数据库(ASP)。它是全球最大的多学科学术期刊全文数据库之一，几乎涵盖了所有的学术研究领域，包括社会科学、人文科学、教育学、语言学、艺术、文学、历史学、法律、军事、心理学、哲学、工商经济、工程技术、计算机科学、物理学、化学、医学、生物等多个领域。它所提供的许多文献为该数据库所独有，无法在其他数据库中获得。资料每日更新。

(2) MEDLINE。MEDLINE 数据库是当前国际上最具权威性的生物医学文献数据库，收录范围包括美国国立医学图书馆的 *Index Medicus*（医学索引）、*Index to Dental Literature*（牙科文献索引）和 *International Nursing Index*（国际护理索引）印刷本的全部内容。该数据库在 1995 年起已整合进美国《化学文摘》网络版（SciFinder Scholar）（详见第四章）。它每年收录世界上 70 多个国家 4300 余种期刊的题录和文摘，其中 88%的资料用英文发表，76%的文献含有英文文摘，内容涉及临床医学、基础医学、环境医学、营养卫生、药理和药剂学、卫生管理、医学保健和情报科学等领域，年记录 25 万～30 万条，其中 70%～80%的记录有文摘。该数据库每月更新一次，适合生物医学及临床和基础科研的需要，在国内医学界的应用最为普遍。可检索年限为 1966 年至今。

EBSCO 主要有两类检索方法：基本检索（basic search）和高级检索（advanced search），可采用的检索途径包括关键词检索（keyword search）、主题检索（subject search）、出版物检索（publications search）、索引（index）、图像检索（images search）和参考文献检索（references search）。但需要说明的是，每个数据库提供的检索项不尽相同。

具体检索操作方法如下：

(1) 选择数据库。如果要对某个数据库单独进行检索，只需在“选择数据库”下用鼠标点击这个数据库的名称（在这个数据库前的方框内打钩），然后按“继续”按钮。如果要对多个数据库进行检索，在所有要检索的数据库前的方框内打钩，然后按“继续”按钮。请注意：同时对多个数据库进行检索可能会影响某些检索功能或数据库的使用。例如，如果所选的数据库使用了不同的主题词表，则无法使用主题检索功能。又如，单独检索 Business Source Premier 数据库时可以使用 Company Profiles，而同时对 Business Source Premier 和其他子数据库进行检索时则无法使用此功能。

(2) 基本检索。对记录进行全文检索，方法为在检索框中输入检索词或检索策略，然后单击“search”。检中记录包括检索式中的字或词，检索结果按出版日期顺序从最近次开始排列。允许使用布尔逻辑检索、截词检索、字段限制检索、位置运算符检索。在限制检索区可进一步限定或扩大检索结果。

在基本检索中可以使用以下字段代码进行检索：

TX——全文（All text）
AU——作者（Author）
TI——标题（Title）
SU——主题词（Subject）
AB——摘要（Abstract）
GE——国别（Geographic terms）
KW——关键词（Keyword）
IS——标准刊号（ISSN）
SO——期刊名（Journal name）
AN——索取号（Access Number）

限制检索项有：

Full Text（全文）、Reference Available（参考文献）、Peer Reviewed（经过同行专家评价的刊物）、Published Date（出版日期）、Publication（出版物名称）、Publication Type（文献类型，期刊、报纸、图书）、Number of Pages（全文页数，如 1-3、10-）、Articles with Images（是否有图的文献）、Covery Story（在期刊封面上着重介绍的文章）。

常用扩展检索选项有：

Also search within the full text of the articles：也可以在文章的全文范围内搜索；

Automatically “And” search terms：自动“添加”检索词语；

Also search for related words：也可以搜索相关关键字。相关词指同义词，如 bike、bicycle。

(3) 高级检索。高级检索提供更多检索方式和检索选项，适合有各种需求的读者使用，使检索更加便捷、准确。

常用高级检索选项有：

(i) 出版物类型(Publication Type)：只检索发表在指定类型的出版物上的文章。可多选。

(ii) 全文页数选项(Number of Pages)：可限定全文的页数范围。例如，“1-3”表示全文的页数为 1～3 页；“10-”表示全文的页数大于 10 页；“-5”表示全文的页数小于 5 页。

(iii) 封面故事(Cover Story)：封面故事是在期刊封面上着重介绍的文章。通常封面故事是在期刊出版当时发生的比较重要的事件或比较重要的文章。选择此选项则只在封面故事中进行检索。

(iv) 检索图片(Articles with Images)：检索有图片的文章。可选择 PDF 格式的图片、HTML 格式的高级检索选项检索历史内嵌的图片或两者都选。

(v) 检索历史记录表：每次在高级检索中点击“Search”按钮进行新的检索，都会在历史记录表中产生一条新的检索历史记录。每一条历史记录有一个编号，可以用这个编号代替检索命令用于构建检索表达式。用历史记录构建表达式也会在历史记录表中产生一条新的历史记录。可以打印和保存历史记录表，以便再次检索时使用。“搜索历史记录”功能可帮助使用者记录检索过程、方便表达式构建，是进行复杂检索的有效工具。

在检索框中根据需要选择检索字段，输入检索词，使用下拉菜单选择逻辑运算符，进行逻辑组配。同样可以利用限制检索和扩展检索。

在图像检索中，可进行特定种类的图像的检索，实现人物、自然科学、地址、历史、地图、旗帜等方面的检索。参考文献检索可以检索某篇文章、某位作者、某个出版物、某一段时间内甚至数据库中所有的参考文献。在 EBSCO 系统中，不是所有的数据库都提供参考文献检索功能。

另外还有视觉检索。使用视觉搜索可在广泛的主题中高效地进行搜索，之后返回结果的视觉导航图，并按主题进行排列。具体的检索方法是：在视觉检索的查找字段中输入搜索词语，然后单击搜索。这时会显示一个视觉导航图，其中包含：①圆形，表示结果的类别，类别中可以包括表示子类别的圆，单击某圆(类别)可查看其内容；②矩形，表示文章的链接，单击某矩形可将该文章加载到窗格中。

要在导航图中向后(或向上)移动，单击圆形或矩形的外部。单击顶级，可查看整个导航图。在导航图顶部使用过滤器可以按照关键字、日期或出版物名称限制或集中信息。但视觉搜索需要 Java 才能运行。

此外，EBSCO 数据库还提供个性化定题服务(My EBSCOhost)。它可设定将检索到的文件、检索的永久链接、所有检索结果、检索快讯(Search Alert)、期刊快报(Journal Alert)等提供给读者，并放置在个人收藏夹或个人网页。

第三节　美国《生物学文摘》及 BIOSIS

美国《生物学文摘》由美国生物科学情报社(BIOSIS)编辑出版，它有两套版本。一套是《生物学文摘》(*Biological Abstracts*，BA)，创刊于 1926 年，半月刊，每年两卷，每卷 12 期。其前身是《细菌学文摘》(*Abstracts of Bacteriology*，1917～1925 年)和《植物学文摘》(*Botanical Abstracts*，1918～1926 年)。它是世界范围内生命科学文摘的重要检索工具期刊，收录世界各国，尤其是欧美各国有关生物学、医学、农业方面的文献，摘用了 100 多个国家和地区的近万种期刊以及大量的图书和其他文献。从 BA 中可查到实验医学研究，包括临床和理论方面的文献。另一套是《生物学文摘/报告、评论、会议》(*Biological Abstracts*/RRM，BA/RRM)。它专门报道有关科技报告、评论和会议论文，是一种题录索引性刊物，半月刊，每年分成两卷。这两套检索工具的总体结构、分类、编排以及它们的各种索引完全相同。

文摘和索引的编制特点及其使用方法介绍如下。

一、文摘部分

文摘部分由目次表、主题指南和文摘正文三部分内容组成。目次表按字母顺序排检；主题指南实际上是概念组配索引的辅助工具。主题指南现在只在每卷的第一期刊载一次。

BA 的正文部分(文摘部分)自 1998 年 105 卷起将原来的 84 个标题类调整为 78 个标题类(1969 年前分为 100 多小类)，文摘条目即按此 78 个标题类分开，并按这些标题类的字母顺序排列。每期 BA 前面有这个标题类表，即目次页，称为"Hierarchical List of Major Concept Headings"(标题类等级表)。用户可按该表查到所需内容的相应页码。文摘著录顺序与其他理工科文摘略有不同。它先列著者姓名、文献出处，然后才是题目和摘要。例如：

Medical sciences Human Medicinestroenterology

6402. Xia Bing, J. B. A. Crusius, Zhang Guishui, et al. 1997. Acta Academiae Medicinae Hubei 18(3) July: 209-213. [Text: Chinese; Summary: Chinese, English]. Relation of polymorphism of lymphotoxin α and interleukin 1 receptor antagonist genes to secretion of tumour necrosis factor α, soluble interleukin 2 receptor and interleukin 6 in Chinese patients with inflammatory bowel disease. -To determine the relation of lymphotoxin α and interleukin 1 receptor antagonist genes to the secretion of …

Dep. Gastroenterol., Second Alfiliated Hosp., Hubei Med. Univ., Wuhan 430071, China.

二、索引部分

该文摘配有著者索引、生物分类索引、属类索引、概念组配索引、生物体索引及主题索引。另外，还附有配合生物分类索引使用的大类类目表；配合概念组配索引使用的主题指南；配合属类索引使用的属类索引缩写表、属类索引使用标记以及属类索引缩写概念词查照表。

现将各种索引的作用和使用方法简要介绍如下。

1. 著者索引

著者索引(Author index)是按文献资料的作者姓名字母顺序排列的一种索引。通过它可查出已知个人或团体作者的文章。本索引只列出作者名称(包括个人和团体)和文摘号。一篇文章有几个作者就有几条索引(最多不超过 10 个)，可相互参见。除每期末附有著者索引外，还出版有年和半年累积索引。

2. 生物分类索引

生物分类索引(Biosystematic Index)始于 1963 年第 42 卷，用来检索内容涉及具体生物体，如病毒、细菌、寄生虫、实验动物、人类等的文献。整个索引按生物体、微生物、植物、古生物、动物的顺序编排，然后分别按生物分类系统的"门"(Phylum)、"纲"(Class)、"目"

(Order)、“科”(Family)的生物分类等级编排。一级类目和二级类目名称按生物分类系统从低等到高等顺序排列。一级类目用黑体大写，二级类目用小一号黑体小写(首字母大写)，三级类目用更小一号黑体小写(首字母大写)，并在词前加中圆点“·”。三级类目及其下属说明语均按字母顺序排列。

使用该索引检索时，首先要确定待查课题的生物体在生物分类上属哪一类。为此可查找“大类类目表”(Taxonomic Heading)，该分类表比较简单，类目不多。

3. 属类索引

属类索引(Generic Index)始于1974年第57卷。该索引是根据生物、植物、动物等属种名称编排的，并按名称字母顺序排列。著录项目分成三栏：左栏为生物体名称，中栏为主要概念词，右栏为文摘号。检索时，左栏名称和中栏主要概念词要联系起来考虑，才能比较准确地筛选出切题的文摘号。

该索引前附有索引中使用的各种标记代号以及查找类目和生物体名称用的各种缩写和标志及概念词缩写。

4. 概念组配索引

概念组配索引(Concept Index)是用概念词为核心进行归类，以概念词作主题词，以能起限定作用的词作副题词，两者组配起来表达文献内涵的一种检索工具。主题词和副题词的选择可查阅“主题指南”。实际上，该索引主题词和副题词的编排顺序与“主题指南”的编排顺序完全一致。主题词黑体大写，副题词一般大写，名词下列文摘号。

5. 生物体索引

生物体索引(Organism Index)按BIOSIS生物等级分类体系编排。每期生物体索引前有主要分类等级表(Major Taxonomic Classifications)和生物体索引主题等级表(Hierarchical Headings Used in the Organism Index)。后者是前者的详表，每期的生物体索引按当期提供的“生物体索引主题等级表”编排。

索引条目由一个检索标目词、原文涉及的主要概念、限制说明标目词的文本词以及文摘号组成。检索标目包括生物体(包括细胞株、病毒)的普通名称、专有名称、属种名称，只要在论文中提及的生物体名称(即使不被BIOSIS生物等级分类体系所罗列)都可在生物体索引中作为标目词。该索引可用来检索具体生物体文献。

使用该索引，必须了解有关生物分类及其学名，参阅该索引前的主要分类等级表和生物体索引主题等级表，确定生物体在生物分类体系中的大致位置。按分类到索引中找标目词，找到符合要求的标目词，浏览条目中主要概念和文本词，选择符合需要的条目，按文摘号查阅文摘。

6. 主题索引

主题索引(Subject Index)以文章论述的主要内容作为关键词，大多根据文献题目选取，也有的是编辑部按文献内容选出的。以关键词作为检索标目词，并按关键词的字母顺序排列，以数字开头的关键词置于最后。它实质上是一种上下文关联关键词索引，与美国以往的化学题录索引类同。索引条目由一个标目词(关键词)、表达原文其他内容的标题类和文本词(包括药物修饰词)以及文摘号组成，检索标目词是能反映原文主要内容的具有检索意义的词，包括生物体(包括细胞株、病毒等)的普通名称、专有名称、属种名称，地理位置、药物的通用名、商品名和系统名，还包括疾病、普通物质、生物医学技术方法、细胞、组织、器官、系统等内容。具体排法分左、中、右三栏。每一条目限占一行，每行只能容纳60个字符，超过部分删去，凡题目长度超过60个字符的就不能完整地著录出来。中栏的首词或前几个词为关键词，按字母顺序排列，是检索的核心。上下关联词分别排在关键词的左右两侧。关键词的上文在左栏排不下时，剩余字符往关键词右侧空白处接排，反之亦然。词条中的“/”表示题目的首词或尾词。

生物体索引和主题索引是1998年(105卷)开始新增的。1962～1997年相关索引有主题索引、生物分类索引和属类索引。

BA/RRM是BA的补充刊。它收录BA未收摘的生物学研究报告、会议文献、学位论文、评论期刊、图书等。BA/RRM的前身是1964年创刊的《生物研究索引》(*Bioresearch Index*)，月刊，每年一卷。1980年起改为现名，半年一卷，到1998年已出至52卷。

BA/RRM是题录，没有文摘。每一题录的著录项目包括：题录号；著者；主要著者地址；文献来源(如会议名称、地点、时间)；文献所刊载的出版物名称、页码、出版年；文献篇名(黑体字印刷)；表示文献内容的关键词大写字体印刷；标题概念(CON)；文献中涉及的生物体的生物分类名称(TAX)。

BA/RRM 每期前面有一栏“BOOKS”，集中报道本期的新书题录，并有图书章节内容的简要介绍，供读者专查新书之用。BA/RRM的编排方式、所收录的文献学科范围、地区范围、所用的专业分类表、索引种类及查阅方法与BA完全相同。

如今，BA和BA/RRM有统一的数据库BIOSIS，可在Web of Knowledge(WoK)平台下检索。操作方法类似检索Web of Science (WoS)，参见第十一章。

第四节　俄罗斯《化学文摘》和《生物化学文摘》

俄罗斯《化学文摘》和《生物化学文摘》是原《苏联文摘杂志》(*РефераТивный журнал*, РЖ)之一。РЖ是俄罗斯科学院科学技术情报研究所(原全苏科学院科学技术情报研究所，ВИНИТИ)编辑出版的一套多学科文摘检索工具，分为综合本(сволный том)、分册本(выпуск)和单卷本(отдельный выпуск)几种版本。

综合本收录学科范围广，单卷本报道专业范围窄，这两种版本报道内容不重复。综合本和分册本内容是重复的，文摘编号也是一致的。分册本是综合本的抽印本，单独出版发行。每一个分册就是综合本中的一个大类或两个大类，它适合专业范围较窄的用户订购。到1983年共出版214个分册，其中160个分册是属于27种综合本的，其余54个分册独立于综合本之外，称为单卷本。

与化学化工有关的综合本有：

《化学》(*Химия*)

《冶金》(*Металлургия*)

《生物化学》(*Биологическаяс химия*)

《轻工业》(*Легкая промышленностъ*)

单卷本有：

《土壤学与农业化学》(*Почвоведение и агрохимня*)

《毒物学》(*Токсивология*)

《药理学、化学疗法》(*Фармакология，Химиотерапевтические Средства*)

《化工、石油加工和聚合物机械制造》(*Химинеское нефтеперерабатывающее и полимерное машиностроение*)

《城市环境保护与改善》(*Охрана и улучшение городской среды*)

《环境保护技术》(*Технологические аспекты охраны окружающей среды*)

《腐蚀与防腐蚀》(*Коррозия и защита от коррозии*)

《热与质量交换》(*Тепло и массообмен*)

以上各种文摘的编排格式和检索方法大体相同。

本节只介绍俄罗斯《化学文摘》和《生物化学文摘》。

一、俄罗斯《化学文摘》

俄罗斯《化学文摘》(*Рефератiный Журнал Химия*，РЖХ 或 РЖХим)创刊于 1953 年，由俄罗斯科学院科学技术情报研究所编辑出版，半月刊，每年 24 期。

它和 CA 一样，是综合性的化学化工文摘，收录内容和范围也大体相同。CA 包括生物化学，РЖХ 从 1955 年起，生物化学部分就单独出版。但生物化学的索引一直与化学文摘合编在一起，直到 1974 年才分开。

РЖХ 的索引开始不及 CA 的完整，而且出版不及时，有一些 20 世纪 50 年代的索引到 60 年代才逐渐补齐。但从 1971 年起，РЖХ 的检索系统渐趋完善。主题索引和分子式索引的著录质量也有明显提高。

与 CA 相比，РЖХ 的优点是每条文摘摘录内容比 CA 的详细，有的文摘读者阅后可以不必再查原文。对于原始文献不全的地区和单位的读者，使用 РЖХ 是有利的。

РЖХ 创刊初期包括生物化学和冶金学。这两部分内容先后于 1955 年和 1956 年划出，单独出版。现在 РЖХ 共分 16 大类，20 个分册，1983 年以前为 14 个分册，1984 年以后(Б)物理化学分册分成 4 个分册，(Т)聚合物材料与工艺分册分成 3 个分册。20 个分册的名称如下：

АБ-1　一般化学问题、物理化学(分子结构)

Б-2　物理化学(结晶化学、固体化学、气体、液体、非晶态物体、表面现象、胶体化学)

Б-3　物理化学(化学热力学、物理化学分析、溶液、电化学)

Б-4　物理化学(动力学、催化、光化学、等离子体化学、辐射化学、放射化学)

В　无机化学、配合物(1959～1966 年版有中译本)

⎧Г　分析化学(1960～1966 年版有中译本)
⎩Д　实验室设备

Ж　有机化学

Е　天然有机化合物及其类似的合成物

И　日用化学品生产工艺

Л　无机物与无机产品工艺学、化肥生产(1960～1966 年版有中译本)

М　硅酸盐与难熔非金属材料工艺学(1959～1966 年版有中译本)

Н　有机物工艺学

O 有机药物、兽医制剂与农药

П 可燃矿物及天然气的化学与加工

Р 食品、表面活性剂及香料的化学与工艺

С 高分子化合物化学与工艺(1959～1966 年版有中译本)

Т-1 聚合物材料与工艺(塑料、离子交换材料)(部分中译本与 C 部分合订)

Т-2 聚合物材料与工艺(橡胶、油漆颜料、有机涂料、聚合物及其制品生产用辅助材料)

Т-3 聚合物材料与工艺(天然高分子化合物、木材化学与木材加工、化学纤维、纺织材料、纸、皮革、毛皮)

此外，不定期出版 К 分册——腐蚀与防腐，但该分册中的内容都分别编在化学文摘、冶金文摘和运输文摘中。

РЖХ 每条文摘的编号，1960 年以前采用全年排通号，即从 1 号开始排。1961 年以后，除去综合本外，还单独发行各类分册，所以文摘号也以类目为单位编号，文摘号上加注期号和类目代号。例如，3Г289 这一文摘号表示为第 3 期，Г 类(分析化学)，第 289 号，即第 1 个数字表示期号(有 1～24 号)，俄文字母为各类目(分册)代号，字母后的号码为文摘顺序号。

对专业性比较狭窄的单位，订购这种分册，从经济上考虑是比较节约的。

各种索引及其检索方法如下：

期末索引：РЖХ 在 1964 年以前，每期后附有作者索引和专利索引，1965 年起这两种索引取消，1971 改为月度索引。

月度索引：1971 年起出版月度索引，月度索引分为作者索引和主题索引，这两种索引都单独发行，不附在期末。月度索引与每月最后一期文摘同时发行。月度索引编制内容和形式与年度索引一致。从这点上看，月度索引比 CA 的期末关键词索引好，著录内容较为详细。

年度索引：РЖХ 的年度索引有四种，即主题索引、分子式索引、作者索引和专利号索引。现分别介绍如下。

1. 主题索引

РЖХ 主题索引(предметный указатель)的编制和主题词的选择原则与 CA 的普通主题索引大体相同。选为主题词的主要有化学元素、化合物、矿物、混合物、聚合物、反应名称、化工过程名称、物理常数、物化性能、分析方法、设备、生物名称等。凡结构明确的化合物基本上编在分子式索引之中。分子式索引和主题索引中注有参见。

РЖХ 20 世纪 50 年代的主题索引是后来补充出版的，所以开始几年各类索引是两年合订本，如 1953～1954 年，1955～1956 年，1957～1958 年，索引中文摘号后加注年份。1959 年以后为一年一本，文摘号后就不再加注年份。生物化学文摘索引的文摘号后加注 бх。

主题索引按俄文字母顺序排列，其著录内容与 CA 相同，分主题词、一级说明语和二级说明语。主题词用黑体，以示醒目。说明语也按字母顺序排列。

2. 分子式索引

РЖХ 分子式索引(фомульный указатель)的著录内容比 CA 详细，是主题索引的补充。主题索引和分子式索引必须同时使用。凡分子式索引收录的项目，在主题索引中一般不重复著录，只注明“см”(见)。从这点来看，РЖХ 不像美国 CA 的烦琐和重复，充分发挥分子式索引的作用。从目前著录内容看，РЖХ 的分子式索引相当于 CA 的化学物质索引。

分子式索引编制原则如下：分子式索引的编排与 CA 相同，按 Hill 系统编排，即有 CH 的化合物，先排 CH，其余元素符号按字母顺序排列。例如：

$BaSO_4$(硫酸钡)要排成 BaO_4S

$KHCO_3$(碳酸氢钾)要排成 $CHKO_3$

COOHCH═CHCOOH(丁烯二酸)要排成 $C_4H_4O_4$

3. 作者索引

РЖХ 作者索引(авторский указатель)分为两部分：第一部分是俄文作者，包括其他国家作者的俄文音译名；第二部分是拉丁文作者。利用这两种索引可以根据作者姓名查找某作者所发表的文献。

4. 专利索引

РЖХ 的专利号索引(патентый указатель)从形式上看与 CA 的有所不同，CA 包括专利号和专利对照号索引两种。РЖХ 的专利索引 1964 年以前包括下列三个部分：①原苏联发明证书索引；②专利权所有者索引；③各国专利号索引。

知道原苏联发明证书号码，利用第一部分索引，可以查得文摘内容。

第二部分分为西文字顺和俄文字顺两种，俄文字顺为日本和有关国家专利权所有者音译。在 CA 中，这一部分内容编在作者索引之中。利用这一部分索引，可以查出某一单位在一年内所获得的专利。

第三部分各国专利号索引按国别字顺和专利号顺序排列，与 CA 的相同。从 1964 年起，取消第二部分索引，并增加专利分类索引(систематический указатель авторских свидетельств и патентов)。该索引按文摘期号和类目编排。它相当于专利文摘的题录部分，也可称为专利题录索引。这是 CA 所没有的。这种索引对于查某一主题专利文献有一定方便之处。

二、俄罗斯《生物化学文摘》

《生物化学文摘》(*РефераТивный Журнал Биологическая Химия*)1953 年和 1954 年是与《化学文摘》合并在一起的，1955 年开始单独出版。但很长时间没有单独出索引，索引部分一直混编在 РЖХ 索引之中。只是在索引中文摘号后注明“бх”字样，表示该条文摘为生物化学的。1974 年开始，《生物化学文摘》单独出版各类索引，但它的分子式索引仍然合并在《化学文摘》的分子式索引之中。

《生物化学文摘》著录形式和 РЖХ 完全相同。它共分 11 个类目：

(1)普通生物、生物化学研究法。

(2)蛋白质、氨基酸和核酸的生物化学。

(3)酶。

(4)维生素、激素、其他生物活性化合物。

(5)微生物化学、病毒、抗生素、免疫化学。

(6)植物生物化学。

(7)动物生物化学。

(8)医药生物化学。

(9)营养生物化学。

(10)工业生物化学。

(11)生物化学方面的药物学、治疗学和毒物学。

该文摘 1968～1972 年每期文摘后只附有关键词索引。1973 年起又增加作者索引。

生物化学文摘，除出版综合本外，还出版四个分册，即

30Φ　一般问题和方法、蛋白质和核酸、酶学

30x　微生物化学、植物生物化学、技术生物化学

30ц　动物和人类生物化学、免疫化学

30ч　生物活性化合物及其分子作用和机理

第五节　日本《科学技术文献速报》及相关网站

一、《科学技术文献速报》

日本年份与公元年份的换算
平成年+1999=公元年
昭和年+1925=公元年
大正年+1911=公元年
明治年+1867=公元年

日本《科学技术文献速报》(简称《速报》)是由日本科学技术情报中心(Japan Information Center of Science and Technology，JICST)编辑出版的一套日文的综合性检索刊物，1958 年创刊。《速报》摘录了世界上近 70 个国家 20 多种文字出版的近万种刊物中的科研文献。文献类型包括期刊论文、会议论文、学位论文、技术报告、政府出版物等，年报道量达 55 万多条。一般不报道专利。

目前，《速报》共有 12 个分册，均独立发行。分册间以固定颜色封面相区别。各分册的卷号都是跨年度的，各卷所包含的期数也不一样，有旬刊、半月刊和月刊。每个分册均有多种载体出版发行，包括书本式、卡片式、胶片式、磁带式等，现在还有最常使用的网络电子文献格式。它以简介和文摘两种形式报道世界上理、工、农、医及经济管理等方面的文献。

《速报》与化学化工有关的主要分册有：

(1)《化学与化学工业编(国内编)》，1877～1963 年名为《日本化学总览》，1964～1973 年名为《速报》第 9 分册《国内化学编，日本化学总览》，1974 年为《国内化学与化学工业编》，并由月刊改为半月刊，正式编入《速报》体系，1975 年 4 月改为现名。分册代号为 J，半月刊。

(2)《化学与化学工业编(外国编)》，1958～1971 年为《化学与化工篇》，1975 年 4 月前为《外国化学·化学工业编》，简称“化”，分册代号为 C，1958～1965 年为半月刊，1966 年第 8 卷改为旬刊。

从 1975 年起以上两刊不再摘录专利文献。专利文献由《特许速报》专门摘录报道。两刊的报道内容也有变更。1981 年以后生物化学、药学的文献归入 L 分册《生命科学编》。现在报道的主要类目有：一般化学、物理化学、分析化学与无机化学、配合物化学、有机化学、高分子化学、化学工程、一般化学工业、无机化学工业、窑业、有机化学工业与燃料工业、油

脂、洗涤剂与化妆品工业、橡胶与塑料工业、颜料、染料、涂料与黏结剂工业、纤维工业、纸、纸浆与木材工业、照相化学工业、皮革工业、农林水产、食品工业、发酵工业、其他化学工业等。

(3)《金属工学 · 矿山工学 · 地球科学编》，简称“金”，代号 G。

(4)《环境公害编》(1975 年 4 月前《环境公害文献编》)，简称“害”，代号 K。

(5)《ェネギ编(能源编)》，简称ェネ，代号 S。

(6)《ライっイエンス编(生命科学编)》，简称ライっ，代号 L。

为加快报道速度，《速报》采用了题录、简介和文摘三种形式，并于 1969 年起正式采用计算机编排，使报道时差由 3 个月减少到 1.5 个月，年度索引的出版时间从 8 个月减少到 1～1.5 个月。随着计算机和网络技术的快速发展，《速报》加快了计算机和网络在文献检索和服务中的应用。1972 年 10 月，“JICST 理工学文献检索系统”开始服务。1976 年 4 月开始试验“日本联机情报系统(JOIS)”，9 月开始情报检索服务。1980 年建成日本全国联机情报系统 10 个网点，初步形成全国联机情报检索网络。目前，《速报》系统已发展到建立了科学技术振兴机构(JST)数据网站。

《速报》各编的编制体例和查阅方法基本相同，每期速报均包括分类目次、说明、文摘正文及关键词索引几部分，其中文摘正文按分类编排。每卷均另编有卷索引，以“增刊号”单独出版。

《速报》每期正文前的“分类目次”采用二级类目，并标出各类的页码。其文摘款目在同一小类之下按《国际十进分类法》(UDC)的分类号排列。当一篇文献的内容涉及几个类目时就编上几个 UDC 号，但在最主要的类目下有详细著录。其文摘号由一个拉丁字母的分册代号和八位阿拉伯数字组成，最前面的两位数字表示公元年后两位数，第三、四两位数表示期号，最后四位数为顺序号。

《速报》的主要索引有：

(1)关键词索引。《速报》每期文摘之后附关键词索引，按关键词字母顺序编排，所用关键词从《JICTS 科学技术用语词表》中选取。以阿拉伯数字起头的关键词排在最前面，然后是拉丁字母起头的关键词，最后是日文和汉字起头的关键词。关键词后列出与此关键词相关的文摘号，读者可根据文摘号查阅文摘，进而获取全文。

(2)主题索引。该索引按主题词的字母顺序编排，主题词选自《JICST 科学技术用语词表》。主题索引的主题词排列方法与关键词索引相同，但著录款目比关键词索引详细。在主题词下一般带说明语，各说明语之间用“||”符号隔开。主题词下每条索引款目的著录项目包括：日文篇名、文献类型的区分代号、语种和文摘号。

(3)著者索引。按著者姓名字母顺序编排，其后为文摘号。按拉丁字母、俄文字母、日文五十音图顺序排列。

(4)分类索引，即“项目索引编”，由类目名称、文献篇名、文献类型号、文献性质代号、发行国别及文摘号等项组成。

除上述索引外，还有报告号索引、引用资料目录等。

利用《速报》检索文献，可从主题、分类、著者等途径入手。从主题途径入手，主要利用年度主题索引，选准主题词后再进行检索。从主题途径查找近期资料，可用每期的关键词索引查找。从分类途径入手，可利用“分类项目”，选定类目之后，即可根据类目后的文摘号直接查看文摘。《速报》每分册也有“分类目次”。从著者途径入手，可根据已知著者姓名，按著者索引排列规则查找，然后根据文摘号获得文摘。

二、科学技术振兴机构数据网站

日本科学技术振兴机构(Japan Science and Technology Agency，JST)是根据日本《独立行政法人科学技术振兴机构法》成立的独立行政法人单位，隶属于日本文部科学省。作为实施《日本科学技术基本计划》的核心机构，JST 肩负的使命是：以创造技术萌芽为目的，促进从基础研究到产业化全过程的研究开发，建设包括促进科学技术信息流通在内的科学技术振兴所必需的基础环境，以实现日本科学技术的振兴为使命。

JST 的前身是：1957 年 8 月～1996 年 9 月的日本科学技术情报中心，1961 年 7 月～1996 年 9 月的新技术事业团，1996 年 10 月～2003 年 9 月的科学技术振兴事业团。2003 年 10 月成立独立行政法人科学技术振兴机构。

JST 为自己制订的第 1 期中期计划(2003 年 10 月～2007 年 3 月)期间实施的主要工作有以下 6 项内容：①旨在创造新技术的基础研究；②新技术的产业化开发；③促进科学技术信息的流通；④有关科学技术研究开发的交流与支援(研究交流与支援)；⑤促进科学技术知识的普及，增进国民对科学技术的兴趣和了解(增进对科学技术的了解)；⑥组织与科技类相关的活动。

JST 自成立时就致力于科技文献的开发利用工作，堪称日本科技门户，尤其对《速报》报道的内容进行了计算机网络的应用开发。在其网站中包含了《速报》的所有内容。

JST 目前拥有的主要数据库如表 5-1 所示。

表 5-1 JST 主要数据库

数据库名	文献包含年限	文献量	文献领域	内容
JSTPlus	1981.4～	约 18 920 000	科学、技术	50 余个国家的科技、医药数据库
JST7580	1975.4～1981.3	约 2 200 000	科学、技术	50 余个国家的科技数据库
JMEDPlus	1981.4～	约 4 060 000	医学、制药、科学	日本医学数据库
MEDLINE	1966～	约 14 450 000	医学、制药、科学	世界医学数据库
医药会议全文数据库	1999～	约 820 000	医学、制药、科学	各学会举办的会议论文
JAPICDOC	1983.4～	约 320 000	医学、制药、科学	日本药物信息中心有关药物安全和效果的文献
JCHEM		约 2 400 000	化学	JST 收集的化学名称、商品名、登录号等数据库
JST 中国文档	1981.4～	约 47 500	科技	740 种中文期刊论文精选

《速报》的主要内容都可以在这些数据库中获得。JST 开发了一个称为 Jdream 的联机检索系统，后发展为 J-Global，可以直接检索 JST 开发的数据库，网址为 https://jglobal.jst. go. jp，检索界面如图 5-1 所示。

目前，JST 拥有两个主要网站：科技门户网和日本科技信息网。另外还开发了一些特色网站。

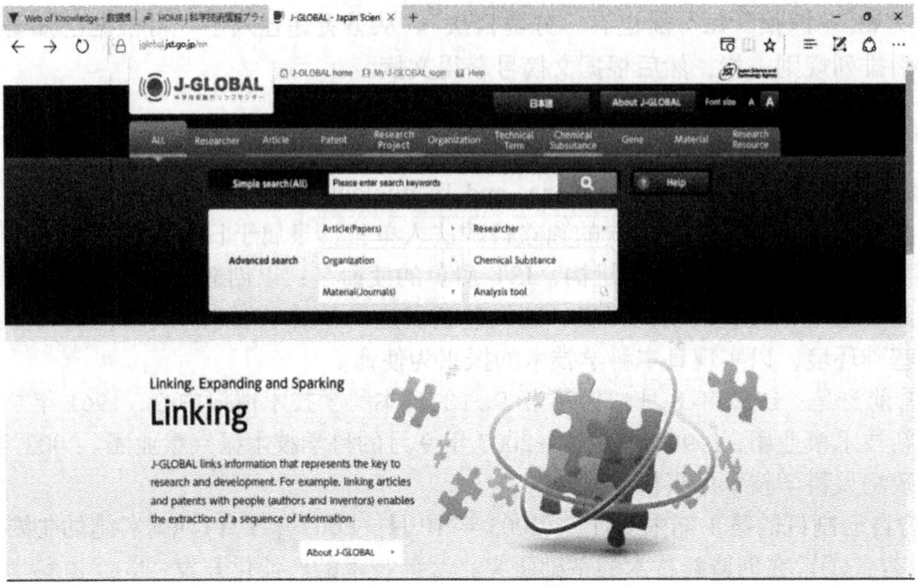

图 5-1　J-Global 检索界面

1. JST 科技门户网

JST 科技门户网(http://scienceportal.jst.go.jp)[3]是 JST 网站的门户，提供科技新闻、学术会议通知和日程、研究者访谈、白皮书、文献、专利、研究成果等检索的入口。同时还提供一些特色资源，如新闻 News、报告 Reports、杂志 Magazines 等。

2. 日本科技信息网

日本科技信息网网址为 http://jipsti.jst.go.jp，其中有情报资产、情报分析等专门链接。

三、NII 系数据网站

日本除了 JST 之外，还有一个做情报学研究及相关服务的专门机构，就是国立情报学研究所(National Institute of Informatics，http://www.nii.ac.jp)，其主页下也链接有一些特色服务，包括专门出版物等[4]。

第六节　美国《工程索引》和 Ei Village

一、美国《工程索引》印刷本

美国《工程索引》(The Engineering Index，EI)是一种大型的、综合性文献检索工具，由美国工程索引公司(The Engineering Index Inc. USA)编辑出版，创刊于 1884 年，至今已有 100 多年的历史。EI 是世界著名的工程技术综合性检索刊物，名为索引，实为指示性文摘期刊。它报道的文献主要为美国工程学会图书馆(The Engineering Society Library)收藏的各种期刊、会议录、技术报告、论文集、政府出版物和图书，但不收录专利文献。文献均选自几十个国家和地区的几千余种科技期刊以及千余种国际会议录等科技出版物。

EI 有月刊和年刊两种版本：EI 月刊(The Engineering Index Monthly)，1962 年创刊，报道

时差约 6 周；EI 年刊(The Engineering Index Annual)，创刊于 1906 年，是月刊的年度累积本，内容完全相同。

EI 中各条文摘是按照主题词的字母顺序编排的，这些主题词选自美国工程信息公司编的工程主题词表(Subject Heading for Engineering，SHE)。

EI 年刊由主题索引(Subject Index)和一些辅助索引(Supplemental Indexes)组成。过去主题索引就是按主题词字母顺序编排的文摘主体部分，即 EI 的正文，从 1987 年起编有独立的主题索引。文摘条目按各自内容分别编排在 EI 所选用的有关主题词及其副题词下。主题索引的著录事项较为详细，基本上可分为三大部分：文摘号和文献标题、文摘正文(包括参考文献的数量和原文文种)、著者项和文献出处等(这一部分与文摘正文空开一行，以示醒目)。

EI 年刊最后一卷主要编有以下几种辅助索引：①著者索引；②著者单位索引；③文摘号码转换索引(Number Translation Index)，其作用是把月刊的文摘号转换成年刊的文摘号；④工程出版物索引(Publications Indexed for Engineering，PIE)，它是 EI 摘录的原始文献缩写与全称的对照表等。

二、Ei Village

Ei Village(工程信息村，https://www.engineeringvillage.com)[5]是由美国工程信息公司在互联网上提供的网络数据库，是把工程数据库、商业数据库以及 1500 多个 Web 站点和其他许多与工程有关的信息结合起来而形成的信息集成系统，它的核心产品是 Ei。20 世纪 90 年代以来，随着网络通信技术的发展，Ei 公司开始提供网络版《工程索引》数据库 Ei CompendexWeb，同时开始研究基于 Internet 环境下的集成信息服务模式。

1997 年左右推出的 Ei Village 是以 Ei CompendexWeb 为核心数据库，将世界范围内的工程信息资源组织、筛选、集成在一起，向用户提供“一步到位”的便捷式服务。Ei CompendexWeb 数据库除了收录 1980 年以来的 Ei Compendex 数据(每年收录 2600 余种工程期刊、会议录和科技报告)以外，还包括 1990 年以来的 Ei PageOne 数据(在 Ei Compendex 的 2600 种期刊基础上扩大收录范围，每年收录 5400 种工程期刊、会议录和科技报告)，其中化工和工艺的期刊文献最多，约占 15%。大约 22%的数据是有主题词和摘要的会议论文，90%的文献是英文文献。数据库每周更新数据。可在网上检索 1970 年至今的文献，了解相关领域的最新进展。

Ei Village 可使用逻辑运算符、位置运算符、截词符等，也可使用通配符。通配符包括截词符(*)、单字符通配符(?)、词干检索($)等。

进入 Ei Village 检索界面(图 5-2)，根据年代选择数据后，即可进入基本检索界面。

Ei Village 提供了三种检索方式：

(1)简单检索(Easy Search)。可在单个检索框中输入检索表达式(包含检索词及 AND/OR/NOT 等逻辑运算符)，检索范围为数据库中所有内容。

(2)快速检索(Quick Search)。可以进行三个检索词之间的组配，组配关系及其他检索条件的限定通过下拉框完成。快速检索可以检索所有的字段，也可选择某个检索字段。

(3)专家检索(Expert Search)。专业的检索用户通过专家检索方式可快速、准确地查询所需的信息。专家检索要求用户在一个检索框内输入使用检索表达式，检索表达式需要合理使用检索字段和检索运算符。例如，检索期刊名称中含有化学，有关有机合成方面 2000～2007 年的文献。选取关键词 “organic synthesis”，限定在摘要中。关键词 “chemical” 和 “chemistry” 限定在期刊标题中，使用截词 “chemi*”。检索式如下：

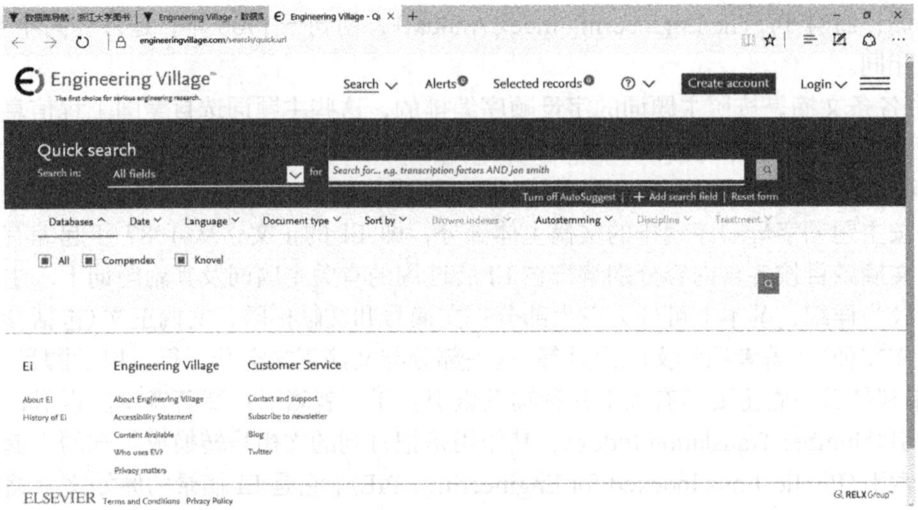

图 5-2　Ei Village 检索界面

(organic synthesis) wn AB AND (chemi?) wn ST。

各字段的代码可参见检索框下面的“Search Codes”栏。

此外，Ei Village 还提供了精选检索(Refine)和类目检索(By Category)，检索结果页的左栏有“精选检索”和“类目检索”按钮，点击此按钮可返回上一次的检索页面，添加检索词或限制条件。

第七节　其他主要化学化工文摘

其他主要化学化工文摘简单介绍如下[6]。

一、国内其他主要文摘

1. 《中国无机分析化学》

《中国无机分析化学》于 1984 年创刊，季刊，一年出版四期“文摘”，另加年度主题与作者索引一本。该刊以文摘、简介及题录形式报道国内公开发行的有关无机分析化学的期刊 300 余种及各种会议论文集、新标准、新书目等，年收录文献 3000 篇左右。栏目分为一般问题、重量法与滴定法、光度法、电化学分析、光谱分析、色谱分析、物相分析、气体分析、活化分析、质谱分析、分离方法、贵金属分析专栏共 12 大类。为便于读者检索，每期附有按被测元素及阴离子编排的索引。

2. 《化工文摘》

《化工文摘》属于信息报道类文摘刊物，由国家科学技术部西南信息中心主办，并与世界著名出版商英国 Reed 公司合作出版。本刊采用的 ACN(亚洲化工新闻)、ECN(欧洲化工新闻)、APC(亚太化工)、PCE(欧洲精细化学品)、CMR(化工市场报道)以及其他国外信息都由 Reed 公司独家提供。该刊结合中国国情，立足于大化工，荟萃了现代世界化工的先进技术、先进设备和新产品信息，全面报道化工各行业的市场动态、技术发展趋势、价格分析、行业动态、经营策略和产供销行情，同时着重介绍国际知名公司的科研开发动向及其在亚太地区的商贸活动。

3.《精细石油化工文摘》

《精细石油化工文摘》由中国石化总公司精细化工情报中心站编辑出版。该刊由两个分册组成:《精细石油化工文摘——胶黏剂》,《精细石油化工文摘——表面活性剂、洗涤剂、乳化剂、破乳剂、抗氧剂》。报道的内容译自 CA 中的有关文摘。2000 年改名为《精细石油化工进展》。

4.《石油与天然气文摘》

《石油与天然气文摘》创刊于 1962 年，双月刊，全年 7 期(包括最后一期索引)，每期收录国外科技文献的文摘或题录 1000 篇以上，是国内唯一一家以中文形式收录国外石油科技文献的检索期刊，由中国石油经济技术研究院主办。文献来源于国内外有关石油与天然气方面的 295 种期刊以及专利、论文集、会议文集等，是系统报道国外石油工业的一般性问题、石油地质、物探、测井、钻井、油气田开发、油气储运、炼油化工及石油工业环境保护等各个领域科技信息的检索性刊物。

5.《中国石油文摘》

《中国石油文摘》于 1985 年创刊，双月刊，中国石油经济技术研究院主办。全年 7 期(第 7 期为主题词、著者索引)，每期收录国内外科技文献 2500 余篇，其中 95%为文摘，5%为题录。全年报道文献量 1.5 万篇以上，时差基本保持在 4～7 个月。收录范围包括石油工业的 12 个专业(石油工业经济、石油企业管理、地质勘探开发、物探、测井、钻井、采油、石油炼制、储运、矿场机械、油气田环保等)；收录的文献类型有期刊、论文、汇编、内部资料、专利、标准等。以《中国石油文摘》为基础建立的《中国石油文献数据库》从 1986 年以来累计数据 14 万多篇，每年更新数据 1.5 万篇，与《中国石油文摘》现刊同步更新数据。

6.《涂料技术与文摘》和涂料涂装资讯网

《涂料技术与文摘》(原名《涂料文摘》)创刊于 1962 年，1978 年正式成为国内外涂料涂装科技文献检索刊物，2002 年更名为《涂料技术与文摘》，分为技术和文摘两部分，同时也是涂料涂装资讯网(http://www.asiacoat.com/)的网刊。该刊为月刊，由中国化工建设总公司常州涂料化工研究院主办。整合后的《涂料技术与文摘》定位于贴近企业，走近市场。在栏目设置上，除将继续保持原涂料文摘内容外，另开设技术综述类、涂料快讯、市场动态、管理与营销、标准与检测、表面涂饰、涂料讲坛、涂装讲坛、产品信息等栏目，这些栏目内容作为对涂料文摘纯文献报道的一种补充，将更丰富涂料信息的内涵，给读者提供除技术以外的包括市场等综合方面的信息。

其中的涂料文摘内容继续保留原《涂料文摘》多年保持的国内外涂料涂装科技文献检索刊物的特色，收录内容包括国内外数十个国家的涂料涂装相关专业期刊、专利、科研报告、会议录、论文集、图书、手册、标准等文献。涉及各类树脂及其涂料，无机涂料、有机无机杂化涂料、高固体分涂料、粉末涂料、电泳涂料、水性涂料、辐射固化涂料以及民用和军工各类专用涂料；此外还有涂料、油墨用的各类颜料、填料、助剂及原材料；密封材料；油墨；

标记材料；涂料、颜料新产品开发，制造方法及发展述评，施工设备、漆膜性能检验方法、标准化、分析、仪器、环境保护等内容。

7.《环境科学文摘》

《环境科学文摘》于 1982 年创刊，中国环境科学研究院主办。环境科学文献资料检索刊物。主要报道国内外 400 余种期刊中有关环境科学的最新文献资料，包括环保科技成果、研究报告、论文及综述等。

8.《化纤文摘》

《化纤文摘》于 1972 年创刊，上海市合成纤维研究所主办，是化纤工业文摘刊物。以题录、简介及文摘的形式大量报道国外有关化纤工业的科技文献资料，并提供世界各国化纤工业发展的新信息，以便科技人员查找国外资料。有材质、品种、工艺设备、助剂、环保与节能等栏目。

二、国外其他主要文摘

1.《法国文摘通报(化学分册)》

《法国文摘通报(化学分册)》(*Bulletin Signaletique du CNRS*，BS)创刊于 1939 年，由法国国立科学研究中心(CNRS)的科技文献中心编辑出版，现已发展成为一套学科齐全(包括文理百科)、著录统一的文摘刊物。

2.《环境文摘》

《环境文摘》(*Environment Abstracts*)于 1971 年创刊，编辑出版者几经变更，1994 年起由美国国会信息服务公司(Congressional Information Service Inc.)编辑出版。它是当今世界上收录环境污染和环境保护文献信息最全的综合性检索刊物。1993 年 12 月，《能源信息文摘》(*Energy Information Abstracts*)停刊，原由该刊收录报道的 75 种与能源有关的杂志的文章也被《环境文摘》收录和报道。

3.《分析文摘》

《分析文摘》(*Analytical Abstracts*，http://www.rsc.org/Publishing/Current Awareness/AA/index.asp) 1954 年创刊，由英国皇家化学会(Royal Society of Chemistry)出版，是根据特定的分析化学信息的需求而设计的，所涉及的行业从生物化学、临床化学到工业和应用科学；从环境、农业和食品到制药业，刊载分析化学(包括普通、无机、有机、金属、应用、工业、临床、生化、药理、环境、农业和食品分析化学以及相关技术和设备)高质量文摘。每月新增约 1400 条文摘，选自 250 多种期刊、图书、会议录、标准和技术报告(约有 12 种文字)。数据库主题覆盖以下各领域：普通分析化学、色谱法和电泳、光谱学和放射化学法、无机、有机和金属有机化合物分析、农业分析、食品分析、环境分析、应用和工业分析、药物分析，包括生物流体中的药物等；应用举例涉及药物和原材料纯度测试、环境污染测试、食品中添加剂和余渣的监视、跟踪分析技术和仪器的最新发现等。

4. 《理论化工文摘》

《理论化工文摘》(*Theoretical Chemical Engineering Abstracts*)于 1964 年创刊。该刊登载世界各国期刊、报告与其他出版物中所发表的有关化工理论方面文献的指示性文摘。

5. 《美国化学会单篇文章通报》

《美国化学会单篇文章通报》(*ACS Single Article Announcement*)由美国化学会 1970 年出版，半月刊。

6. 《英国橡胶与塑料研究协会文摘》

《英国橡胶与塑料研究协会文摘》(*RAPRA Abstracts*)由英国塑料和橡胶研究协会 1968 年出版。1972 年至今，文献更新周期为 2 个月。本刊收录橡胶、塑料及聚合物复合材料等方面的科学技术文献和产品。

7. 《工程材料文摘》

《工程材料文摘》(*Engineered Materials Abstracts*)于 1986 创刊。本刊收录聚合物、陶瓷材料、复合材料的研究、设计、开发的文献资料。

8. 《化工文摘》

《化工文摘》(*Chemical Engineering Abstracts*)由英国皇家化学会 1982 年出版。本刊收录世界上约 80 种最重要的化学化工领域学术期刊中涉及化工理论和实践新进展的论文。

9. 《化学工业札记》

《化学工业札记》(*Chemical Industry Notes*)为周刊，1971 出版。本刊文摘按八大类编排：生产、价格、销售、设备、产品与加工、公司活动、政府活动、人事。每期附关键词索引和公司索引。另外出版卷(年)累积索引。

参考文献

[1] 中国化工信息网, http://www.cheminfo.cn
[2] EBSCO 数据库网, http://search.china.epnet.com
[3] JST 数据网, http://scienceportal.jst.go.jp，http://sciencelinks.jp
[4] JST2007 手册, http://www.jst.go.jp/EN/jstguide2007.pdf
[5] Ei Village, http://www.engineeringvillage.com
[6] 余向春. 化学化工信息检索与利用. 3 版. 大连: 大连理工大学出版社, 2008

第六章　专利文献及其检索

专利制度是以国家法律或区域公约形式保护技术发明之专有权益的一种制度。专利文献是包含已经申请或被确认为发现、发明、实用新型和工业品外观设计的研究、设计、开发和试验成果的有关资料，以及保护发明人、专利所有人及工业品外观设计和实用新型注册证书持有人权利的有关资料的已出版或未出版的文件(或其摘要)的总称。

通常所说的专利文献，主要指的是发明人提出的发明创造的说明书。这种说明书是专利的原始资料。至于专利公报、专利文献、专利索引及专利分类表等，只是查找专利说明书的工具书。

专利文献是一种重要的信息源，它是专利申请人向政府递交的说明新发明创造的书面文件。此文件经政府审查、批准后，成为具有法律效力的文件，由政府印刷发行。因此，学会查找专利文献意义重大。

第一节　专利知识概述

在科学技术突飞猛进发展的今天，专利有极为重要的作用。这主要是因为当今每一项新的发明创造或技术改进，通常都首先反映在专利文献上，而且每件专利都是第一手资料。在研究国外科技水平的发展趋势、制订科研生产计划、评价采用新的科技成就的经济价值，以及组织商品出口、研究销售市场等工作时，都越来越明显地反映出使用专利情报的重要性[1]。

目前，世界上有160多个国家和地区实施专利制度，有100多个国家公布专利申请说明书和正式批准的专利说明书。每年公布约100万件专利，其中很多都是同一项发明创造向不同国家重复申请的专利。专利是知识产权的一部分。知识产权是人们利用知识获得成果的专有权，是相对实物产权而言的，所以也称为智力成果权，它受法律保护。虽然知识产权受法律的保护，但却受到国界与时间的限制，即在一个国家授予的知识产权，只在该国家有效，受法律保护，若想在其他国家受到保护，则需另行申请并批准。

我国直至19世纪末到20世纪初，才开始有涉及专利的活动。1979年成立了中华人民共和国专利局，着手拟定我国的专利法和专利制度。1983年3月，我国正式加入了世界知识产权组织(WIPO)，1984年3月12日正式通过了《中华人民共和国专利法》，并于1985年4月1日起实施。

一、专利说明书的结构

从狭义上解释，专利文献就是专利说明书。它是专利申请人向专利局递交的说明发明创造内容及指明专利权利要求的书面文件，既是技术性文献，又是法律性文件。由于各国的专利法不同，专利种类的划分也不尽相同。美国分为发明专利、外观设计专利和植物专利。中国、日本、德国等分为发明专利、实用新型专利和外观设计专利。发明专利是国际上公认的应具备新颖性、先进性和实用性的新产品或新方法的发明。实用新型专利是对机器、设备、装置、器具等产品的形状构造或其结合所提出的实用技术方案，其审查手续简单，保护期较短。外观设计专利指产品的外形、图案、色彩或其结合做出的富有美感而又适合工业应用的新设计。实用新型专利和外观设计专利都涉及产品的形状，两者的区别是：实用新型专利主要涉及产品的功能，外观设计专利只涉及产品的外表。如果一件产品的新形状与功能和外表均有关系，申请人可以申请其中一个，也可分别申请。

专利说明书与一般科技论文、研究报告的行文结构和风格明显不同。各国专利法明文规定，专利说明书必须撰写 3 部分内容：标头部分、正文部分和权利要求部分。由于各国专利说明书大多请专利代理人撰写，因此各国专利说明书的结构和风格都大体相同。如能熟悉它，对于查阅和掌握专利发明的内容是大有裨益的。美国专利说明书样页如图 6-1 所示。

US006167567A

United States Patent [19]
Chiles et al.

[11] **Patent Number: 6,167,567**
[45] **Date of Patent: Dec. 26, 2000**

[54] **TECHNIQUE FOR AUTOMATICALLY UPDATING SOFTWARE STORED ON A CLIENT COMPUTER IN A NETWORKED CLIENT-SERVER ENVIRONMENT**

[75] Inventors: **Anthony A. Chiles**, Manassas, Va.; **David C. Chiles**, Mitchellville, Md.; **Jackie Lee Manbeck, Jr.**, Herndon; **Vu Hoanh Nguyen**, Manassas Park, both of Va.

[73] Assignee: **3Com Corporation**, Santa Clara, Calif.

[21] Appl. No.: **09/073,054**

[22] Filed: **May 5, 1998**

[51] **Int. Cl.**[7] **G06F 9/445**

[52] **U.S. Cl.** **717/11**

[58] **Field of Search** 395/712; 704/8; 707/203; 709/200, 221; 717/11

[56] **References Cited**

U.S. PATENT DOCUMENTS

5,247,683	9/1993	Holmes et al.	709/221
5,555,416	9/1996	Owens et al.	717/11
5,675,802	10/1997	Allen et al.	717/3
5,742,829	4/1998	Davis et al.	717/11
5,790,796	8/1998	Sadowsky	709/221
5,794,218	8/1998	Jennings et al.	705/35
5,835,777	11/1998	Staelin	717/11
5,835,911	11/1998	Nakagawa et al.	707/203
5,845,090	12/1998	Collins et al.	709/221
5,859,969	1/1999	Oki et al.	709/200
5,860,012	1/1999	Luu	717/11
5,903,859	5/1999	Stone et al.	704/8

OTHER PUBLICATIONS

"Introducing Dynamic Update", Elltech Development, Inc. downloaded from *http://www. elltechdev. com/products/dynupdt. htm* on Apr. 11, 1998 (page last dated Mar. 13, 1998), pp. 1–3.

"Tools The Rule!", Elltech Development, Inc. downloaded from *http:/www. elltechdev. com/index. html* on Apr. 11. 1998 (page last updated Apr. 10, 1998), pp. 1–4.

IBM, Using Resource Bundles to Internationalize Text Java and Mulit-language Applications, http://www.ibm.com/services/bustran/java/wpresour.html, Jun. 2000.

Primary Examiner—Tariq R. Hafiz
Assistant Examiner—Hoang-Vu Antony Nguyen-Ba
Attorney, Agent, or Firm—Michaelson & Wallace; Peter L. Michaelson

[57] **ABSTRACT**

A technique for automatically updating software, including but not limited to application programs, residing on, e.g., a client computer. Specifically, an update script is stored on a network server for each software product to be updated and, where appropriate, for each different country or locale in which that product will be installed. At a scheduled time, the client computer automatically, through an executing updating application: establishes a network connection to the server; constructs a file name for a file containing an appropriate update script; and then downloads that file from the server. The script contains appropriate update information, including whether the update is to occur through a web site or through the script, and if the latter, listings of operating system (O/S) specific and O/S-independent product update files. For a script-based update, the updating application downloads those update files, as specified by the script, corresponding to the executing O/S and then, in a sequence specified in the script, executes various files therein to complete the update. Once the update successfully concludes, the updating application appropriately updates the locally stored version number of the installed software and schedules the next update accordingly.

33 Claims, 18 Drawing Sheets

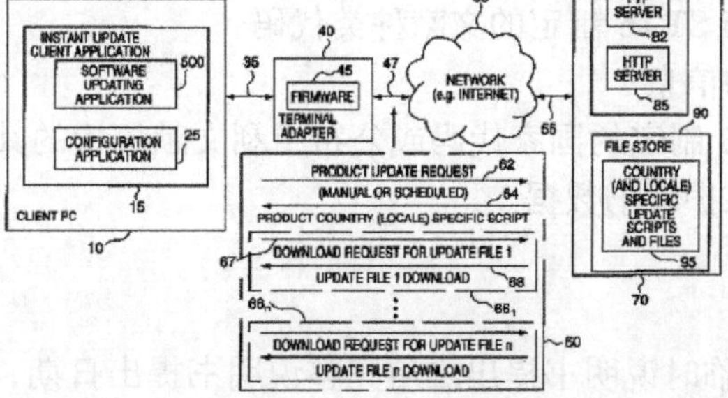

图 6-1　美国专利说明书样页

1. 标头部分

每件专利说明书标头部分一般均著录有专利说明书名称、本发明的专利号、国别标志、申请日期、申请号、国际专利分类号、专利题目、申请者。如为相同专利，则要著录优先项：优先申请日期、优先申请国别、优先申请号。说明书的名称各国称呼不一。例如：

国别	名称
中国	发明专利申请公开说明书
	发明专利申请审定说明书
	实用新型专利申请说明书
美国	United States Patent
英国	Patent Specification
日本	公开特许公报
	特许公报
	公开用新案公报
	实用新案公报
俄罗斯（原苏联）	Описание изобретения к авторскотусвидетелъству（发明作者证说明书）
	Описание Изабретения к Патенту（发明专利说明书）
德国	Offenlegungsschrift（公开说明书）
	Auslegeschrift（审定说明书）
欧洲专利	European Patent Application
世界专利	International Application

为易于识别和查找专利文献的著录项目内容，各著录事项前还标有由世界知识产权组织(WIPO)巴黎联盟专利局间情报检索国际合作委员会(ICIREPAT)规定使用的专利文献著录数据代码，即 INID(Internationally agreed Numbers for the Identification of bibliographic Data)代码。这种代码由圆圈或括号所括的两位阿拉伯数字表示。1997 年国际专利成员国条约(PCIPI)通过了一项新版专利文献标准，即 ST.9《关于专利及补充保护证书的著录数据的建议》，将专利文献著录项目由原来的八个大项扩充为九个，各大项下还有数目不同的小项目。现将新版 ST.9 介绍如下：

(10) 文献标志
- (11) 文献号
- (12) 文献种类文字释义
- (13) 根据 WIPO 标准 ST.16 制定的文献种类代码
- (15) 有关专利修正的信息
- (19) WIPO 标准 ST.3 制定的国家代码或公布专利文献机构的其他标识

(20) 专利申请或补充保护证书数据
- (21) 申请号
- (22) 申请日期
- (23) 其他日期(包括临时说明书提出之后完整说明书提出日期，展览优先权日期)
- (24) 工业产权权利开始生效日期

(25)原始申请公布时的语种

(26)申请公布的语种

(30)遵照巴黎公约规定的优先权数据

(31)优先申请号

(32)优先申请日期

(33)优先申请国家或组织代码，对于根据PCT程序提交的国际申请，应使用代码“WO”

(34)依地区或国际协定提交的优先申请中的国家代码，至少有一个地区或国际申请提交的国家是巴黎联盟成员国

(40)文献的公知日期

(41)未经审查并在此日或日前尚未授权的专利文献，对公众阅览或提供复制的日期

(42)经过审查并在此日或日前尚未授权的专利文献，对公众阅览或提供复制的日期

(43)未经审查并在此日或日前尚未授权的专利文献以印刷或类似方法公布的日期

(44)经过审查并在此日或日前尚未授权的专利文献以印刷或类似方法公布的日期

(45)此日或日前已经授权的专利文献以印刷或类似方法公布的日期

(46)仅限于专利文献权利要求以印刷或类似方法公布的日期

(47)此日或日前已经授权的专利文献，对公众阅览或提供复制的日期

(48)经过修正的专利文献公布日期

(50)技术信息

(51)国际专利分类或工业品外观设计国际分类

(52)内部分类或国家分类

(54)发明名称

(55)关键词

(56)单独列出的对比文献清单

(57)文摘或权利要求

(58)检索领域

(60)与国内或前国内专利文献，包括其未公布的申请有关的其他法律或程序引证

(61)较早申请的提出日期及申请号，或较早公布的文献号，或较早授权的专利号，发明人证书号、实用新型号或当前文献作为补充文献的文献号

(62)较早申请的提出日期及申请号，当前文献为其分案申请

(63)较早申请的提出日期及申请号，当前文献为其继续申请

(64)较早公布的文献号，该文献已再版

(65)与该申请有关的早期公布的专利文献号

(66)由当前文献所取代的较早申请的提出日期及申请号，即同一发明较早申请驳回之后提出的较晚申请

(67)专利申请的提交日期及申请号，或授权专利号，以此为基础提交的当前实用新型申请或注册的实用新型(或类似工业产权，如实用证书或实用创新)

(68)对补充保护证书而言的基本专利号和/或专利文献公布号

(70)与专利或补充保护证书有关的人事引证

(71)申请人姓名

(72)发明人姓名

(73)保护文件的获得者、持有者或其法律继承者姓名

(74)专利代理人或代表人姓名

(75)申请人同是发明人的姓名

(76)申请人同是保护文件获得人和发明人的姓名

(80)(90)与国际公约(除巴黎公约之外)有关的，以及与补充保护证书法律有关的数据

(81)根据专利合作条约指定的国家

(83)依据布达佩斯条约微生物保存的有关信息

(84)根据地区专利公约指定的缔约国家

(85)根据专利合作条约第 23 条(1)或第 40 条(1)进入国家阶段的日期

(86) PCT 国际申请的申请数据，即国际申请日期，国际申请号及最初提交国际申请公布的任意语种。

(87) PCT 国际申请公布数据，即国际公布日期，国际公布的文献号及国际申请公布的任选语种

(88)检索报告延迟公布的日期

(91)根据 PCT 提出的国际申请日期，该日期由于未进入国家或地区阶段而在一个或几个指定国或选定国失效，或不进入国家或地区阶段的确定日期

(92)第一次国家允许作为医药品向市场供货的日期及号码(用于补充保护证书)

(93)第一次允许作为药品向地区经济共同体市场供货的号码、实施日期及国家(用于补充保护证书)

(94)补充保护证书的有效期及有效期届满的计算日期

(95)受基本专利保护并申请了补充保护证书或已授予了补充保护证书的产品名称

(96)地区申请数据，即申请日、申请号、最初提交申请公布的任意语种

(97)地区申请(或已经授权的地区专利)公布数据，即公布日期、公布号、申请(或专利)公布的任选语种

为便于检索各国专利，1978 年 WIPO 制订了一套各国标准缩写代号。各国标准缩写均由两个字母组成。例如：

CN(RC)中国	EP 欧洲专利局
FR 法国	GB 英国
JP(JA)日本	RS 俄罗斯
US 美国	WO 世界知识产权组织(PCT)

括号内的代号为英国德温特专利检索工具 1981 年前曾使用的代号。

2. 正文部分

正文部分内容一般分五个方面：

(1)前言(发明者或专利权所有者介绍及发明背景介绍)。

(2)同类专利存在的问题。

(3)本专利要解决的问题及其优点。

(4)专利内容(原料、制造条件等)的解释(有的略作一点理论性的解释)。

(5)实施例(包括使用设备、原料制备、配方、生产条件、结果等)。

3. 权利要求部分

权利要求即权项，是发明专利和实用新型专利要求保护的内容。权利要求书(claims)的内容也是判定他人是否侵权的依据，因此具有直接的法律作用。权利要求书一般是将发明创造的关键内容概括成若干条，第一条为从整体反映技术内容的独立权利要求，其他为说明附加技术特征的从属权利要求。

此外，有的专利说明书还附有简图和检索报告(有关文献目录)。

如果熟悉专利说明书的行文结构，在使用专利说明书时，就没有必要对说明书从头到尾逐字逐句的阅读了。因为专利说明书中，上述几个方面的内容重复是很多的。假如要了解配方、操作步骤和条件，只要看(5)实施例部分即可，而且其中第一个实施例是最主要的；要了解专利主要内容，只要看(4)专利内容部分的解释即可。

二、国际专利分类法

1. 概况

国际专利分类法(International Patent Classification，IPC)[2]于1968年诞生于欧洲。创建国际专利分类法的准备工作最早始于20世纪50年代初。1951年，欧洲理事会专利专家委员会决定设立一个分类系统工作组，专门负责拟订国际专利分类表。第一版国际专利分类法于1968年9月1日正式生效。

国际专利分类表分别用英、法两种文字出版，每5年修订一次。

从2006年起，在依据给定IPC版本分类的公开专利文献中，分类表版本用缩写“Int.Cl.”，后面小括号内有该版本的年代指示。在第7版以前，分类表的版本通常用紧接在该缩写后面印刷的阿拉伯数字上标指示。例如，对于根据第5版分类的专利文献，缩写是Int.Cl^5。不过当根据第1版分类时，则只表示为“Int.Cl.”，没有阿拉伯数字上标。第8版(2006)自2006年1月1日开始实行。

多年来，IPC主要是作为纸件信息工具设计和开发的。在电子环境下，为了保证分类表使用的效率和作用，需要改变分类表的结构及其修订和应用的方法。由此，IPC联盟的成员在1999年启动了分类表的改革并提出一个与分类表修订同时进行的修订过渡期，在修订过渡期中，必须详细制订改革所需的变动。修订过渡期从1999年开始并于2005年完成改革的基础周期。作为分类表改革的成果，分类表中引入下面主要的变化：

(1)为了更好地满足不同范畴的使用者的需求，分类表分为基本版和高级版。

(2)对于基本版和高级版，分别引入了不同的修订方式，即基本版以3年为修订周期，而高级版的修订随时进行。

(3)修订分类表时，专利文献将依照基本版和高级版的修订再分类。

(4)在分类表的电子层(electronic layer)中引入了更详细描述和解释分类条目的附加信息，如分类定义、化学结构式和图解说明、信息性参见。

(5)分类的一般原则和分类规则适时重新审议和修订。

为满足不同类型使用者的需要，IPC已经形成包括基本版和高级版的双版本系统。IPC的分类原理和规则等同地适用于这两个版本。不过，基本版和高级版实施不同的修订程序，而同时确保两个版本之间的兼容性。

基本版：各个工业产权局被要求至少根据基本版分类其公开的专利文献。基本版用于一般的信息目的，如用于信息的传播以及检索较少的、国内的专利文献。基本版只包括高等级的分类表条目：部、大类、小类、大组以及在某些技术领域中带有少量圆点的小组。IPC 的印刷版本仅包括分类表的基本版。到下一个版本之前，IPC 的基本版不作修订。

高级版：高级版用于检索量较大的世界范围的专利文献。专利文献的高级版分类不是强制的，但任何工业产权局可以选用高级版的条目对其公开的专利文献进行分类。高级版中更详细的细分条目与基本版相容，并且代表了它更深入的细分(IPC 增加的小组)。高级版可以包括小类和大组等级的新条目，这些新条目只有在以后才能成为新版基本版中的内容。对高级版的修订通过一种快速程序进行并且随时引入高级版中。

某些信息只能够在分类表电子版中获得而不能从其印刷版得到。这些信息形成了可以通过超级链接从分类表的文本进入的 IPC 电子层。电子层包括图解说明 IPC 条目或更详细地解释它们的各种数据，用来增强理解和方便使用 IPC。

第 8 版分类表(2006)是在改革基本版之后首次出版的分类表。在分类表将来的发展过程中，改革产生的新内容将会得到进一步增强和完善。

第 8 版 IPC 使用有效期从 2005～2009 年，此后 IPC 每年更新，各版都分 8 个部、100 多个大类、600 多个小类，小类之下还分有大组和小组，类目总数达 7 万余个。由于国际专利分类法结合了功能分类原则及应用分类原则，兼顾了各个国家对专利分类的要求，因此适用面较广。世界上已有 60 多个国家及 2 个国际组织采用 IPC 对专利文献进行分类。

2. 国际专利分类表的体系结构

国际专利分类表(IPC)是按照技术主题来设立类目的。分类表采用等级结构，把整个技术领域按降序依次分为五个不同的等级，即部、大类、小类、大组和小组。

(1)部(section)：分类表内容包括了与发明专利有关的全部知识领域，共分为 8 个部，部是分类表等级结构的最高级别。部的类号由 A～H 中的一个大写字母标明。部的类名被认为是该部内容非常宽范围的指示。8 个部的类名如下：

A 人类生活必需

B 作业；运输

C 化学；冶金

D 纺织；造纸

E 固定建筑物

F 机械工程；照明；加热；武器；爆破

G 物理

H 电学

每一个部的类名后面有一个它下面主要细分类名的概要。部内有由信息性标题构成的分部，分部没有类号。

例如，A 部(人类生活必需)包括以下分部：

农业

食品；烟草

个人或家用物品

健康；娱乐

(2)大类(class)：每一个部被细分成许多大类，大类是分类表的第二等级。每一个大类的类号由部的类号及其后的两位数字组成，如H01。每一个大类的类名表明该大类包括的内容，如H01基本电气元件。

某些大类有一个索引，它只是给出该大类内容的总括的信息性概要。

(3)小类(subclass)：每一个大类包括一个或多个小类，小类是分类表的第三等级。每一个小类类号由大类类号加上一个大写字母组成，如 H01S。小类的类名尽可能确切地表明该小类的内容，如H01S利用受激发射的器件。

大多数小类都有一个索引，它只是一种给出该小类内容的总括的信息性概要。IPC 的电子版本允许使用者也通过主题的复杂性顺序来浏览小类的内容。在小类中的很大部分涉及一个共同技术主题的地方，可能在这个部分的起始处提供了指示这个技术主题的导引标题。

(4)组：每一个小类被细分为“组”，“组”既可以是大组(main group，即分类表的第四等级)也可以是小组(sub group，即依赖于分类表大组等级的更低的等级)。每一个组的类号由小类类号加上用斜线分开的两个数组成。每一个大组的类号由小类类号后面伴随一个 1～3位的数字、斜线及00组成，如H01S 3/00。

大组的类名确切地限定对检索目的有用的在小类范围内的一个技术主题领域。大组的类号和类名在分类表中用黑体字印刷，如H01S 3/00激光器。

小组是大组的细分类。每一个小组的类号由后面伴随其大组的1～3位数字的小类类号、斜线及除00以外的至少两位数字组成，如H01S 3/02。

任何一个在斜线后面的第 3 位或后继位数字应理解为在其前面的数字的十进位细分数字。例如，3/036可在3/03下面和3/04上面找到，而3/0971可在3/097下面和3/098上面找到。

小组的类名确切地限定对检索目的有用的、其大组范围内的一个技术主题领域。该类名前加一个或几个圆点指明该小组的等级位置，即指明每一个小组是它上面离它最近的又比它少一个圆点的小组的细分类。小组的类名经常是一个完整的词语，在这种情况下以一个大写字母开头(此系英文电子版的情形，类似情况在本分类表中文印刷版不体现)。如果小组的类名解读为它所依赖的、少一个缩排点的、最靠近的上级组的类名的继续的情况下，它以一个小写字母开头。在所有情况下，必须将小组的类名解读为依赖并且受限于其所缩排的上位组的类名。

小组之内还可继续划分出更低的等级，并用在小组文字标题前加注“·”的方法来标示小组之内的等级划分，标题前的“·”数目越多，其类目等级越低。这种小组内的等级划分在分类号中是表现不出来的。一个完整的分类号由代表部、大类、小类和大组或小组的类号构成。例如：

C部——化学；冶金

C07有机化学

C07D杂环化合物

C07D 251/00杂环化合物，含1,3,5-三嗪环〔2〕

C07D 251/02·不与其他环稠合〔2〕

C07D 251/04··环原子间或环原子与非环原子间无双键〔2〕

C07D 251/06···有杂原子直接连在环氮原子上〔2〕

C07D 251/16····只连在1个环碳原子上〔2〕

C07D 251/18·····有氮原子直接连在其他两个环碳原子上，如胍胺〔2〕

其中，从C07D 251/02到C07D 251/18，其在小组内的等级是依次降低的，但从分类号上是看不出来的，只能根据分类表中小类文字标题前的圆点数目加以判别。IPC 类号的完整书写形式为 Int.Cl^8 C07D 251/18。其中，Int.Cl^8 表示国际专利分类第 8 版。

3. 参见和附注

在许多情况下，一个大类、小类或组的类目或一个导引标题或附注包括一个参见分类表其他位置的短语(在括号内)。这种参见指明了某些主题内容应放在另一个分类位置上。在分类表中，部、分部、大类、小类、导引标题或组都可能出现有关的附注，它对分类表中某一个部分的特殊词汇、短语或分类位置的范围进行说明，或说明有关主题是如何分类的。

4. 使用 IPC 分类 C 部的注意事项

(1) IPC 类目的划分，从部到大组均为完全划分，即每一上级类目所含的技术内容完全划分为下一级类目所含的技术项目。换句话说，就是从部到大组，每一下级类目的全体等于上一级类目的全部技术内容。但是，从大组划分为小组，或小组内不同等级分组的划分则为不完全划分，即组以下的划分是从组或分组所包含的技术项目中抽出特定的技术项目，将其作为分组或更下一级的分组。分组的技术内容属于上一级类目的范围，但分组类目的总和并不等于上一级类目(组或分组)的全部技术内容。

(2) IPC 为混合式分类表，既有功能性类目又有应用性类目，其中以功能性类目为主。当检索某项技术时，应同时考虑该项技术可能涉及的功能性类目及应用性类目。例如，分离装置，IPC 中专门设有功能性类目——分离。但是，专门用于分离牛奶、咖啡的装置又分别作为应用类目引入生活部中，因此在检索时应同时兼顾两种类目。特别是在查新工作中，忽略任何一种相关类目都可能造成漏检。

(3) 化学结构式和图解说明。在涉及普通化学和应用化学的 IPC 领域中，提供直观表示分类位置内容的化学结构式很有用处。对于有限数量的条目，当需要用化学结构式来定义它们的范围或解释它们下属条目的范围时，分类表中引入化学结构式(如大组 C07D 499/00)。

在 IPC 的电子层中引入许多附加化学结构式。它们的目的在于图示说明(一般以例子的方式)和便于理解分类表中化学领域的内容。通过设置在相关分类条目中的超链接可以浏览这些化学式。

IPC 的电子层也引入了其他解释性的图解说明(如大组 F23B50/00 下面的图解说明)。

(4) 化合物。当发明的主题涉及一种(有机、无机或高分子)化合物本身时，应根据其化学结构分在 C 部。当它还涉及某一特定应用领域时，如果这一应用领域构成发明主题的必要技术特征，应将它分类在为这个应用领域提供的分类位置上。但是，当化合物是已知的而发明的主题仅涉及这种化合物的应用时，它仅分类在包含该应用领域的分类位置上。

(5) 化学混合物或组合物。当发明主题涉及一种化学混合物或组合物本身时，根据其化学组成分类到一个分类位置上，如果存在其本身的分类位置，如 C03C(玻璃)、C04B(水泥、陶瓷)、C08L(有机高分子化合物的组合物)、C22C(合金)等，则分类到其本身的分类位置上。如果不存在这样一个分类位置，则根据它的用途或应用来分类。如果用途或应用也构成发明主题的必要技术特征，则一种混合物或组合物根据其化学组成和其用途或应用两者进行分类。但是，如果化学混合物或组合物是已知的，并且发明的主题仅涉及其用途，则只分类在包含用途领域的位置上。

(6) 当一个发明主题涉及一种化合物的制备或处理的方法时，分类在该化合物的制备或处理方法的位置上。如果不存在这样一个位置，则分类在该化合物的位置上。当从这种制备方法得到的化合物也是新颖的时候，则该化合物还要根据其化学结构进行分类。涉及多种化合物制备或处理的一般方法的发明主题，这种位置存在时，分类入所使用的方法的各组中。

(7)设备或方法。当发明主题涉及一种设备时，将它分类在该设备的分类位置上，如果这个位置存在的话。如果这样的分类位置不存在，将该设备分类在由该设备所执行的方法的分类位置上。当发明主题涉及产品的制造或处理方法时，将它分类在所采用的方法的分类位置上。当这样一种位置不存在时，产品的制造或处理分类在执行该方法的设备的分类位置上。如果不存在产品的制造的分类位置，则制造设备或方法分类在包含该产品的分类位置上。

(8)一般化学式。大批同类的化合物经常用一般分子化学式表达或要求专利权。一般化学式是以化合物类的形式表示的，其中化学式的至少一个组成部分是可变化地从一个选择对象的特定集合中选择的(如“马库什”型化合物公式)。当大量化合物在这些化学式的范围内并且可以独立地分类在大量分类位置上时，使用一般化学式会造成分类问题。当这种情形发生时，仅对检索最有用的那些单个的化合物进行分类。

5. IPC号的选定步骤及其辅助工具书

对于初学者，由于对IPC系统不太熟悉，直接翻阅IPC表的8个大部(8个分册)来选定切题的IPC号是相当困难的，往往好似大海捞针，徒劳无功。因此，对他们来说最好走下面两种捷径：

(1)从《关键词索引》(Official Catchword Index)入手。《关键词索引》是查找IPC的入门工具书。它是配合8大部IPC单独印行的一本词表性索引。索引中的关键词按字母顺序排列，在关键词下列有细分的下属关键词(subcatchword)，后者可称修饰词或限定词，大多以词组形式表示，然后开列IPC号。例如，要查找“环氧树脂的制备”一题的专利文献，可选“EPOXY”一词作关键词，查阅《关键词索引》得到：

EPOXY	
—compounds of low-molecular weight	C07D 301/00 303/00
polycondensates containing	
—groups	C08G 59/00
polymerization of cyclic ethers	C08G 65/02

根据以上查得的IPC号，再用C分册，按顺序翻到各个类号，进一步挑选列在各类号下更切题的细分类号。假如要查找环氧乙烷的文献，根据内容可选第一个类号C07D 301/00；要查找环氧树脂的文献，则可选第三个类号C08G 59/00，然后用C分册，找出这两个类号，再进一步挑选列在它们下面的更切题的细分类号。依此，从关键词索引入手，可以大大减少在8个分册中随意翻查的盲目性。

(2)从《使用指南》入手。《使用指南》是根据IPC前3级类号组排起来的一本索引。通过《使用指南》查找分类号，是根据课题性质，先初步确定大的分类范畴，即以《使用指南》中的“大类目录”为起点，用“大类目录”中所给出的大类号引渡到“小类目录”，根据“小类目录”中所给出的小类号，再引渡到“大组目录”，寻找大组号。这样逐级缩小命中范围，最后根据“大组目录”所给出的IPC大组号，再有目的地选取某个分册(大部)，查出更细的类号。

对于查新工作者和专职信息检索者，从事新颖性检索、专利性或有效性检索、侵权检索或信息性检索时，则必须从IPC入手。对他们来说，熟悉IPC是必备的技能。

第二节　中国专利文献及其检索方法

目前中国国家知识产权局出版有每周两期的发明专利、实用新型专利和外观设计专利三种公报。以前的印刷版《分类年度索引》、《申请人 · 专利权人年度索引》、《申请号公开(告)号对照表》以及发明和实用新型两种专利文摘等现在均可在国家知识产权局网站上查阅。中国专利申请号编号规则如下：

```
××××  ×  ×××××××
 |    |     |
 |    |     └申请流水号
 |    └申请种类号
 └申请年号
```

《发明专利公报》、《实用新型专利公报》、《外观设计专利公报》的编排结构基本一致。每种公报均为每年出一卷，每周出一期，某周内容多时则分上下或上中下出版。1993 年后为适应专利法修订本的需要，调整部分公报的结构，因实用新型和外观设计两种专利没有了“申请公开(告)”的问题，公告时即已批准，故把原来的“申请公告”和“专利权授予”合并为“授权公告”报道。在编排结构中，发明专利和实用新型专利按《国际专利分类表》(IPC)分类，外观设计专利则采用《国际外观设计分类表》分类及排序。外观分类表的大类表刊登在《外观设计专利公报》第一卷第二期上，可作参考。此外，在《发明专利公报》上还有“发明保密专利”项，报道保密专利的授权和解密等事项。“专利事务”项是关于专利的实质审查请求生效、实质审查、驳回、撤回、放弃、权利无效宣告和终止，以及专利权的强制许可等的项目公报，共有 10 多项内容。

具体的中国专利文献号编号方法见表 6-1～表 6-3，文献种类代码见附表 6-Ⅲ。

表 6-1　中国发明专利文献号

文献种类	专利文献号与国家代码、文献种类代码的联合使用		说明
发明专利申请公布说明书	申请公布号	CN 1 00378905 A	不同专利申请应顺序编号
		CN 1 00378906 A	
发明专利申请公布说明书(扉页再版)		CN 1 00378905 A8	同一专利申请沿用首次赋予的申请公布号
发明专利申请公布说明书(全文再版)		CN 1 00378905 A9	
发明专利说明书	授权公告号	CN 1 00378905 B	
发明专利说明书(扉页再版)		CN 1 00378905 B8	同一专利申请的授权公告号沿用首次赋予的申请公布号
发明专利说明书(全文再版)		CN 1 00378905 B9	
发明专利权部分无效宣告的公告(第 1 次)		CN 1 00378905 C1	
发明专利权部分无效宣告的公告(第 2 次)		CN 1 00378905 C2	

表 6-2　中国实用新型专利文献号

文献种类	专利文献号与国家代码、文献种类代码的联合使用		说明
实用新型专利说明书	授权公告号	CN 200364512 U	不同专利申请应顺序编号
		CN 200364513 U	
实用新型专利说明书(扉页再版)		CN 200364512 U8	同一专利申请的授权公告号沿用首次赋予的授权公告号
实用新型专利说明书(全文再版)		CN 200364512 U9	
实用新型专利权部分无效宣告的公告(第 1 次)		CN 200364512 Y1	
实用新型专利权部分无效宣告的公告(第 2 次)		CN 200364512 Y2	

表 6-3　中国外观设计专利文献号

文献种类	专利文献号与国家代码、文献种类代码的联合使用		说明
外观设计专利授权公告	授权公告号	CN 3 00123456 S	不同专利申请应顺序编号
		CN 3 00123457 S	
外观设计专利授权公告(全部再版)		CN 3 00123456 S9	同一专利申请的授权公告号沿用首次赋予的授权公告号
外观设计专利权部分无效宣告的公告(第 1 次)		CN 3 00123456 S1	
外观设计专利权部分无效宣告的公告(第 2 次)		CN 3 00123456 S2	

一、中国专利检索出版物

除了国家知识产权局出版的三种公报可以浏览和检索到专利文献外，国家知识产权局还出版了《中国专利索引》用于查找中国专利。《中国专利索引》主要有以下索引：

(1)《分类年度索引》。《分类年度索引》指的就是按《国际专利分类表》分类和排序的索引，或简称“IPC 索引”。该索引实际是三种专利全年各期“IPC 索引”的累积本。索引按发明、实用新型、外观设计三种专利的申请公开(告)、审定公告、授予公告分列。

(2)《申请人 · 专利权人年度索引》。该索引是发明、实用新型、外观设计三种专利申请人/专利权人索引的年度累积本，按三种专利依次分列，并以申请人专利权人字母顺序排列。

(3)专利分类文摘。专利分类文摘只有《中国发明专利分类文摘》和《中国实用新型专利分类文摘》两种。文摘按 IPC 号的顺序排列，即先按 IPC 表的“部”分类成册，各册再按 IPC 的五级分类类号大小次序排列。文摘前附有 IPC 三级类号简表，其后附有索引。文摘后所附的审定和授权公告索引，是当年公报两种索引的累积，作为当年审定授权的专利，其文摘并不收录在当年的分类文摘本内或当年两种专利公报上，需通过申请号才能转查。

(4)申请号/公开(告)号对照表。1988 年前我国对同一件专利给予的专利号、公开号、公告号的号码相同，这就不存在申请号/公开(告)号的对照问题。但从 1989 年起，对公开(告)的专利申请，申请号和公开(告)号不相同，要索取专利说明书，必须持有公开(告)号，这就需要从某件专利的申请号找出其公开(告)号，对照表的作用也在于此。该对照表 1989～1990 年出版第一册，随后每年出一册，为专利公报上申请号/公开(告)号的年度累积本。对照表按发明专利、实用新型专利、外观设计专利分列，并以申请号的号码顺序排列。

二、中国专利网络检索

互联网上现有三家主要的 Web 站点提供免费的检索中国专利数据库：①国家知识产权局知识产权出版社制作维护的国家知识产权局网站(简称 CNIPA 系统)；②国家知识产权局专利检索咨询中心主办的中国专利信息网检索系统(简称 PATENT 系统)；③中国专利信息中心(简称 CPO 系统)。上述三家机构都是国家知识产权局的直属机构，因此也可以说上述三个中国专利数据库检索站点是由一家机构提供的三个不同的检索系统。另外还有其他一些网站也可以检索中国专利。

1. 国家知识产权局网站

国家知识产权局网站(http://www.cnipa.gov.cn)[3]下挂接有中国专利检索系统(http://www.pss-system.gov.cn)。

中国专利文摘数据库包含了国家知识产权局自 1985 年 9 月 10 日至今公布的所有发明专利和实用新型专利的申请，内容有摘要和主权项等，每一件申请均有名称、摘要、申请(专利权)人、申请(专利权)人通讯地址、发明(设计)人、代理人、专利代理机构、申请(专利)号、申请日、公开(公告)号、公开(公告)日、分类号、主分类号、法律状态、主权项、说明书光盘号、优先权、进入国家公布日期、国际申请、国际公布等 27 个描述字段。注册用户可对库内所有内容进行全文检索。系统提供申请(专利)号、名称、摘要、地址、分类号等字段的检索入口，并且在多个字段支持模糊检索。其中，字符“?”(半角问号)代表 1 个字符；模糊字符“%”(半角百分号)代表 0～n 个字符。说明书为 TIF 格式文件，在线浏览说明书必须安装本网站提供的专用浏览器。

系统提供的检索方式包括常规检索、高级检索、导航检索、命令行检索，主要字段的含义和检索方法如下：

(1)申请(专利)号。该字段可对申请号和专利号进行检索。申请号和专利号由 8 位或 12 位数字组成，小数点后的数字或字母为校验码。

申请(专利)号可实行模糊检索。模糊部分位于申请号(或专利号)起首或中间时应使用模糊字符“?”或“%”，位于申请号(或专利号)末尾时模糊字符可省略。例如，已知申请号为 99120331.3，可键入“99120331”或“99120331.3”；如申请号为 200410016940.6，应键入“200410016940”或“200410016940.6”。已知申请号前五位为 99120，应键入“99120%”。已知申请号中间几位为 2033，应键入“%2033%”。已知申请号中包含 91 和 33，且 91 在 33 之前，应键入“%91%33”。

(2)申请日和公开(告)日。由年、月、日三部分组成，各部分之间用脚点“.”隔开；“年”为 4 位数字，“月”和“日”为 1 或 2 位数字。例如，已知申请日为 1999 年 10 月 5 日，应键入“1999.10.5”。已知公开(告)日在 1999 年 10 月，应键入“1999.10”。如需检索申请日为 1998 到 1999 年之间的专利，应键入“1998 to 1999”。

(3)公开(告)号。公开(告)号由 7 位或 8 位数字组成。公开(告)号可实行模糊检索。模糊部分位于公开号起首或中间时应使用模糊字符“?”或“%”，位于公开(告)号末尾时模糊字符可省略。例如，已知公开号的前几位为 12192，应键入“CN12192%”。已知公开号中包含 1964，应键入“%1964”。

(4) 申请(专利权)人和发明(设计)人。可为个人或团体，键入字符数不限。申请人可实行模糊检索。模糊部分位于字符串中间时应使用模糊字符“?”或“%”，位于字符串起首或末尾时模糊字符可省略。例如，已知申请人为北京某电子遥控开关厂，应键入“北京%电子遥控开关厂”。

(5) 地址。地址的键入字符数不限。地址可实行模糊检索，模糊部分位于字符串中间时应使用模糊字符“?”或“%”，位于字符串起首或末尾时模糊字符可省略。例如，已知申请人地址邮编为 100088，应键入“100088”。已知申请人地址邮编为 300457，地址为某市泰华路 12 号，应键入“300457%泰华路 12 号”(注意邮编在前)。已知申请人地址为陕西省某县城关镇某街 72 号，应键入“陕西省%城关镇%72 号”；也可键入“陕西省%72 号”、“城关镇%72 号”或“72 号”。

(6) 名称。专利名称的键入字符数不限。专利名称可实行模糊检索，模糊检索时应尽量选用关键字，以免检索出过多无关文献。模糊部分位于字符串中间时应使用模糊字符“?”或“%”，位于字符串起首或末尾时模糊字符可省略。字段内各检索词之间可进行 and、or、not 的逻辑运算。例如，已知名称中包含“聚合物”和“溶液”，且“聚合物”在“溶液”之前，应键入“聚合物%溶液”。已知名称中包含“聚合物”和“溶液”，应键入“聚合物 and 溶液”。已知名称中包含“聚合物”或“溶液”，应键入“聚合物 or 溶液”。已知名称中包含“聚合物”，但不包含“溶液”，应键入“聚合物 not 溶液”。

(7) 摘要。专利摘要的键入字符数不限。专利摘要可实行模糊检索，模糊检索时应尽量选用关键字，以免检索出过多无关文献。模糊部分位于字符串中间时应使用模糊字符“?”或“%”，位于字符串起首或末尾时模糊字符可省略。字段内各检索词之间可进行 and、or、not 的逻辑运算。

(8) 分类号。专利申请的分类号可由《国际专利分类表》查得，键入字符数不限(字母大小写通用)。分类号可实行模糊检索，模糊部分位于分类号起首或中间时应使用模糊字符“?”或“%”，位于分类号末尾时模糊字符可省略。例如，已知分类号前三个字符和中间三个字符分别为 G06 和 5/1，应键入“G06%5/1”。已知分类号中包含 06 和 15，且 06 在 15 之前，应键入“%06%15”。

(9) 优先权。优先权信息中包含表示优先权日、国别的字母和优先权号。优先权可实行模糊检索。例如，已知专利的优先权属于日本，且编号为 327963，应键入“JP%327963”。

2. 中国专利信息网

中国专利信息网(http://www.patent.com.cn)[4]于 1997 年建立。它以国家知识产权局为依托，为社会及国家知识产权局专利局各审查部门提供有关专利及科技文献的检索服务，具体有查新检索、现有技术/现有设计检索、专题检索、授权专利检索、香港短期专利检索、法律状态检索、同族专利检索、跟踪检索、国际联机检索、侵权分析。

该网站目前主要提供的服务是：①简单检索、逻辑组配检索和菜单检索；②专利全文浏览；③英文检索界面。

(1) 简单检索。页面只提供关键词检索，最多可输入两个关键词，两词之间加一个空格，空格可用半角或全角输入，输入框下面可进行两词之间“且”和“或”的关系选择。

(2) 逻辑组配检索。检索页面有两个检索提问输入框，其检索字段有申请号、公告号、IPC 分类号、优先权、国省代码、发明人、申请人、地址、专利名称、文摘权利要求和全部字段 12 种选择，两个检索提问式之间的逻辑运算符有 AND、OR、AND NOT 三种选择，然后还可从申请日期或公告日期的时间范围进行选择。

(3) 菜单检索。菜单检索界面共有 13 个检索输入窗口，它们是申请号(8 位数字)、申请日(6 位数字，如 2002 年 12 月 1 日，输入格式为 021201)、公告号(7 位数字，如 CN2336005Y，输入格式为 2336005)、公告日(输入格式与申请日相同)、国际专利分类号(如压实土壤设备的分类号是 E01C19/23，输入格式为 E01C019230，字符串的第一和第四位必须是字母，其余是数字)、优先权(在国外首次申请专利的申请号，如 ZA97/4208，输入格式为 ZA974208，前两位必须是字母，其余是数字)、国省代码(国外用两位字母，国内用两位数字，如 CN 代表中国，GB 代表英国，ZA 代表南非，11 代表北京，12 代表天津，31 代表上海)、发明人、申请人、地址、发明名称、文摘和权利要求。

以上 13 个检索输入窗口内所输入的字符串之间是逻辑“与”的关系。每个检索入口方框中允许输入多个检索词，各检索词之间可以用逻辑运算符确定检索范围，缺省项是“与”。选定字符输入完成后，单击“检索”按钮，即可获得检索结果。

3. 中国专利信息中心

中国专利信息中心(http://www.cnpat.com.cn)[5]的前身是原中国专利局的自动化工作部，现在是国家知识产权局直属单位。它是一个国家级的大型专利信息服务机构。该中心建设的中国专利数据库目前有中、英文两个版本，操作方式基本相同，主要的检索方式有：

(1) 表格检索。当用户进入表格检索的使用页面后，即可按提示的窗口输入“申请号”、“发明名称”、“公开号”、“申请日”、“关键词”、“优先权号”等进行检索，同时可用逻辑组配实现以上各检索字段的逻辑运算。

(2) 高级检索。高级检索功能是为了方便用户进行高级检索，同时能够进行多次检索，并且保存检索历史记录和检索结果。其操作区的各个按钮如下：

按钮中的“导入检索式”，即用户向系统提交用户在本地存储的表达式列表文件。该表达式列表文件来源于两个方面：①用户在使用高级检索的过程中，可以随时保存已经进行提交检索的表达式列表；②用户可以在脱机的情况下，在本地创建表达式文件。注意表达式文件必须是 txt 格式，并且大小不能超过 2M，一般来说，小于 2M 的文件已经足够用了，如果确实有比较大的表达式文件检索需求，建议用户自行将大文件分成多个小于 2M 的文件，再逐一进行导入、检索。具体方法是单击“导入检索式”，系统自动弹出页面，用户单击“浏览…”在本地磁盘选择表达式列表文件，再单击“上传”。页面将会刷新，刷新后的页面将在工作区中显示刚刚载入的表达式列表。

成功导入检索式后，即可单击“运行检索式”按照从上至下的顺序逐一开始执行，在工作区中将会逐一显示出执行的结果。进行检索之后，想要把这些检索式保存下来，单击“导出检索式”按钮，即可出现保存文件对话框，系统自动按照一定规则产生一个文件名。

为方便用户使用命令项检索功能，系统提供了所有供检索的字段列表，单击任意选项，在检索式输入框内即出现相应内容，节省了用户重复输入命令项的时间。例如，单击“F AP”(申请号)，在检索式输入框内就会出现“F AP”。

表达式列表检索示例：

假设用户是对化工行业非常熟悉的检索专家，经常需要对化工领域的专利进行检索，则他可以保存一个检索表达式，用于记录每次检索过的该领域的命令项，方便以后反复使用。例如，保存的表达式文件起名为“化工”。现在用户想对该文件的全部表达式重新检索。检索步骤如下：

(1)正常登录系统，转到高级检索页面。

(2)导入本地存储的“化工.txt”。

(3)在右边工作区查看全部表达式，共有 8 个表达式。

(4)单击工作区右上方的“运行全部检索式”选项，系统开始不间断依次运行全部检索式。然后单击“查看结果”，系统就会弹出结果页面。

以上三个检索系统都有各自的优点：CPO 系统是三个系统中收录数据量最大的，检索速度快，检索结果准确率高，界面友好，更新及时，提供免费服务范围最广，虽然只提供了菜单检索页面，但却蕴含了较强大的组配检索功能。PATENT 系统是著录字段最多的，并著有该专利法律状态、法律变更方面的信息，有中、英文两种版本的检索页面，方便更多用户使用，提供的检索方式有 3 种。CNIPA 系统在检索页面上可对专利按类型进行选择，对检索命中的专利记录进行分类统计，设计“主分类号”检索字段，对全文说明书的图像链接分申请公开和审定授权两种分别链接，以及对每条专利法律状态的链接等都是该系统独有的功能[6]。

其他中国专利检索系统还有中国知识产权网(http://www.cnipr.com/)、中国专利文献网上检索系统[7]等。

第三节　德温特专利文献体系及其数据库

英国德温特(Derwent)出版公司是一家专门从事专利情报的私营公司。该公司于 1951 年成立并出版《英国专利文摘》，随后出版美、苏、法等 12 种分国专利文摘。1970 年开始出版《中心专利索引》，1974 年创刊《世界专利索引》。目前它收集报道世界上 40 多个国家和两个国际组织的专利文献以及两种技术期刊上发表的技术发明，并以《世界专利索引周报》(WPI Gazette Weekly)、《专利文摘周报》(Alerting Abstracts Bulletins)及各类分册的形式出版。虽然现在它已采用数据库形式发行，但本书仍先阐述其印刷版知识供查考。

德温特系统现有超过 1500 万条记录，涵盖了超过 3500 万件专利文献，是世界上最大的专利文献系统。出版物除印刷本外，还有缩微版，并建立了专门的网络数据库。英国德温特公司出版的专利索引体系具有报道国家广、专业面全、出版迅速、检索途径多等优点，在世界上各种专利检索工具中占有重要的地位。特别是德温特公司翻译所有英语以外的其他语种出版的专利文献，对于克服语言障碍、了解世界各国的科技进展非常有用。例如，日本每周公布 4000 件专利，全部是日语，德温特公司的研究人员将其第一页翻译成英文并编制英文索引与摘要。

德温特公司的出版物有 300 多个分册。各种分册都各自附有若干种索引，各分册的索引与索引之间又有一定的联系，这样不仅单一分册可以纵向检索，而且也可以进行各分册之间的横向检索。这种纵横交叉的检索系统给检索者带来很大的方便。其主要出版物可以表示如下：

- 德温特专利文献主要出版物
  - 索引周报类
    - 世界专利索引周报（4个分册）
      - P——综合，Q——机械
      - R——电气，Ch——化学
    - 累积索引*
  - 文摘周报类
    - 化学专利索引文摘周报(CPI)（A～M共13个分册）
    - 综合和机械专利索引文摘周报（4个分册）
      - P1～3, P4～8
      - Q1～4, Q5～7
    - 电气地利索引文摘周报(EPI)（ST、UV、WX 3个分册）
    - 分国专利文摘周报(包括欧洲、比利时、英国、法国、德国、日本、荷兰、世界专利组织、原苏联、美国等12种分国家和组织出版的文摘)

德温特公司除收录基本专利（指相同专利中德温特出版公司最早收载的一篇）外，还报道与该基本专利内容相同的在其他国家重复申请，或发明内容有改进在同一国家再申请的专利，因此专门出版有查相同专利用的两种索引，即德温特登录号索引（Accession Number Index）和优先权索引（Priority Index Weekly）。这对检索者选用适合自己阅读的语种，以及了解某项专利的国际垄断范围，评价某项专利的实用价值是很有帮助的。

一、德温特分类系统

德温特公司出版报道的专利文献除利用 IPC 分类外，还使用德温特自编分类系统对其进行分类[5]。德温特分类[8]是从应用性角度编制的，它将所有的技术领域分为四个大类，分别是综合（General）、化学（Chemical）、机械（Mechanical）、电类（Electrical）。大类之下又分为部（section），总共有 33 个部，其中 A～M 为化学，P1～Q7 为工程，S～X 为电子电气。部又进一步分为小类（class），总共有 288 个小类。如果被报道的某项专利的发明主题涉及德温特分类不同的部，则在报道时这些不同的部中都应当包括该专利。

在德温特公司出版的每一期《题录周报》（World Patent Index Gazette，WPIG）的封二、封三上都刊有德温特分类表，并附有对应的 IPC 号，查找起来非常方便。

二、德温特出版物

1. 《世界专利索引》

《世界专利索引》简称 WPI，1974 年创刊，其中《题录周报》每周出版一次。每期分 4 个分册：

（1）综合分册（Section P：General），包括农业、轻工、医药和一般的工业加工工艺和设备，以及光学、摄影等。

---

* 多年累积索引（COM index）只有缩微片。季度索引是印刷版，但后者只有“德温特登录号索引”和“专利号索引”。

(2)机械分册(Section Q：Mechanical)，包括运输、建筑、机械工程与元件、动力机械、照明、加热装置等。

(3)电气分册(Section R：Electrical)，包括仪器仪表、计算机和自动控制。测试技术、电工和电子元件、电力工程和通信等。

(4)化工分册(Section Ch：Chemical)，包括一般化学与化学工程、聚合物、药品、农业、食品、化妆品、洗涤剂、纺织、印刷、涂层、照相、石油、燃料、原子能、爆炸物、耐火材料、硅酸盐及冶金等。

以上四个分册中，Ch 分册是查找化学化工方面专利文献的主要分册。它与 IPC 配套。由于这四个分册是根据国际专利分类体系划分的，因此化学化工有关的类目在其他三个分册中也不少，化学工作者也应该掌握其他三个分册的使用方法。

《索引周报》不刊登文摘。它比《文摘周报》早一周发表，比专利说明书的公布日期约晚 5 周。但《索引周报》与各种《文摘周报》的出版期号完全保持一致，以方便检索。

《索引周报》中有四种索引，即专利权人索引、国际专利分类号索引、登录号索引及专利号索引。另外单独出版有优先权索引。

(1)专利权人索引(Patentee Index)。专利权人是指占有专利发明权的人。专利权占有者大多数是团体机构和公司企业，因此专利权人索引相当于公司名称索引。该索引的特点是按专利权人的代码字母顺序编排，利用本索引检索时，需把待查的公司名称通过《公司代码手册》(Company Code Manual)查出代码后进行检索。《公司代码手册》不可能把所有的公司名称都包罗无遗，不少公司名称在手册中是查不到的。遇到这种情况可以按照代码编制的基本原则自行编制。自行编制的代码，在找出条目后必须注意核对其全称是否符合，因为同样代码代表几个不同公司的情况不少。代码确定原则一般都是取其名称中具有实意的词的 4 个字母或几个实意词的词头。例如：

Univ of Cincinnati 缩写为 UNCI(由 2 或 3 个字缩写而成)

Dual Mfg ＆ Eng. Inc. 缩写为 DUAL-(取前面一个字)

Espera-Werke Gmbh 缩写为 ESPE(取前面一个字的一部分)

《公司代码手册》又分两部分：第一部分是专利权人字序，第二部分是代码字序，其内容为专利权人代码与专利权人名称对照，按代码字母顺序排列。用于由代码查找专利权人的名称。

该索引的著录事项参见下面条目样例：

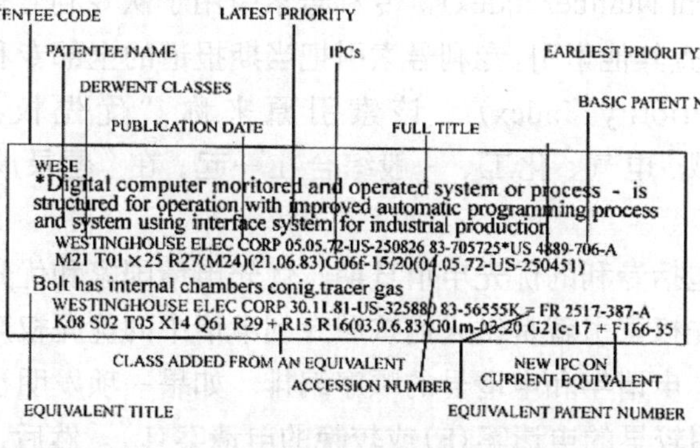

在著录项中，专利号后有“=”表示相同专利，德温特分册分类号后有“+”表示新增加的德温特分册分类号，国际专利分类号后有“+”表示新增加的国际专利分类号。

该索引的作用是从已知专利权人寻找有关专利情报。根据该索引中查得的专利号可以直接查阅专利说明书，也可以按德温特主分类号(分册代号)转查各种文摘周报，了解专利摘要内容，筛选后再索取专利说明书。另外，根据该索引著录的申请号和德温特登录号，可查《优先权索引》和《登录号索引》，了解基本专利和相同专利的情况。

(2) 国际专利分类索引(IPC Index)。此索引是按国际上通用的专利分类法查找专利文献的一种检索工具。《题录周报》的分类索引就是按国际专利分类法(IPC)编制的，其著录内容与专利权人索引大体相同。

该索引的使用方法是按国际专利分类号查找有关条目。然后根据条目中的德温特分册分类号，找出期号相同的文摘周报相应分册，查阅专利文摘。也可以直接根据专利号索取专利说明书。如果查得的条目为相同专利(专利号前有“=”的)，可根据其中登录号查《登录号索引》，找出其基本专利和其他相同专利刊载的期号，以便找到该条专利的文摘。根据专利权人查《专利权人索引》，也可以达到同样的目的。但查《专利权人索引》要知道专利权人代码方可检索。为此，只要根据查到的条目中的专利号，利用同期后面的《专利号索引》即可得知该专利权人的代码。

(3) 登录号索引(Accession Number Index)。该索引是按照德温特公司的专利入藏号由小到大的顺序排列，为基本专利登录号。本登录号分两种形式：一是化工类，用 5 位数字后面加一个英文字母表示年份，如 30124X(X 表示 1976 年)；二是非化工类，用 4 位数字后面加一个英文字母表示年份，同时在 4 位数字的前面加一个英文字母，表示非化工类的编号，如 E9806A。从 1983 年第 27 周起将两类登录号的编制一律改为公历年号加上 6 位阿拉伯数字，如 83—506688。

德温特公司对主要国家和次要国家的专利文献采取了不同的处理方式：对主要国家的基本专利采用文摘加以报道；对次要国家的专利采用题录方式报道，而给基本专利编登录号，对相同专利不编登录号，是沿用同一专利族中的基本专利的登录号。这样登录号就成为联系同一专利族中各专利的纽带。因此，登录号索引主要用于对照检索出同族专利。

(4) 专利号索引(Patent Number Index)。专利号索引用于从专利号查《题录周报》中的著录项目,并以此为线索转查其他索引。专利号索引把当期报道的全部专利文献按专利号排列。

(5) 优先权索引(Priority Index)。该索引原来称“优先权对照索引”(Priority Concordance)。它把机械、电气、化工、一般综合在一起，在《题录周报》以外单独印行，每周出版一期。

专利的优先项一般包括专利的优先申请日期、优先申请国家和优先申请号。它是鉴别同族专利的可靠依据。优先权索引就是供人们按照专利申请中的优先权声明来检索同族专利的一种工具。它按照国别、申请年和申请号的顺序编排。如果一项发明在发展过程中曾经做过一次以上的申请，则注明较早的申请案(E)或较晚的申请案(L)。然后，在每一优先权声明下面列出全部同族专利以及《题录周报》期号，末尾给出德温特登录号和大类号。该索引给人们提供了从优先项查找同族专利的有效途径。它还能在有多项优先权情况下指明相关优先权、部分接续申请及其相同专利。最后，还可根据该族专利的分册分类号查阅各件专利的文摘。

2.《文摘周报》

德温特《文摘周报》与以上的《索引周报》配套。检索时一般先使用《索引周报》，找到专利线索，然后在《文摘周报》中查找文摘，以便筛选。《文摘周报》每期后面也附有索引，可以起到辅助检索的功能。德温特《文摘周报》有 CPI、GMPI、EPI 及分国专利文摘 4 大类。现分别介绍如下：

(1) CPI《文摘周报》。CPI 是“Central Patent Index”的缩写，近年是“Chemical Patent Index”的缩写，20 世纪 60 年代创刊，是德温特公司出版的刊物中较早的一种。它是查找世界范围化学化工专利情报的重要检索工具。CPI 有 15 个大类目，分成 12 个分册出版。每个分册有多种形式出版物：按出版载体分，有印刷版、缩微平片、缩微胶卷等；按内容分，有快报型文摘周报 (Alerting Abstracts Bulletins) 和文献型文摘周报 (Documentation Abstracts Journals)；按编排形式分，有按国家分编和按德温特分类体系分编两种版本，如“Alerting Abstracts Bulletins Country Order”和“Alerting Abstracts Bulletins Classified”。

(i) CPI《快报型文摘周报》。该刊的特点是出版周期较快，距专利说明书公布时间 5～8 周。文摘内容简单明了，叙述发明的主要特点、用途和优点，有时也摘录实例。

分类版的每条文摘按 IPC 分类编排。同一类目中的每条文摘按国家代号字母顺序排列。同一国家中的各条文摘按专利号顺序排列。

《文摘周报》中，对内容跨大类的文摘，各类中都重复刊登，在同一分册中跨类的，文摘排在主类号处，而在副类号处末尾列出专利号和主类号，以供参见。

(ii) CPI《文献型文摘周报》。该刊原称“Basic Abstracts Journals”，1988 年下半年起改为现名。其改名原因估计是为了与《快报型文摘周报》加以区别，因该刊所摘录的内容比《快报型文摘周报》详细得多。它包括以下内容：新的化合物、反应产物、结构、检出的物质、精制、回收、活性加工方法、配方、用途、优点、重要的配料、仪器设备、专利权限，等等。并分项加注小标题，看上去十分醒目。通过这种文摘能够比较具体地了解专利的实质内容，较准确地判断原文的参考价值；原文无法取得或语言看不懂的，可以通过它得到主要数据和某些启发，比较适合科研单位使用。文摘报道时间为专利说明书出版后 7 周以内，和《快报型文摘周报》也相差不多。

(2) GMPI《文摘周报》。GMPI 是“General & Mechanical Patent Index”的缩写。该名称从 1988 年下半年开始使用，在此以前称《世界专利文摘》(WPA Journals)。GMPI 有四个分册：

GMPI P1～3：生活必需品 (human necessities)

GMPI P4～8：成型加工 (performing operation)

GMPI Q1～4：运输与建筑 (transport，construction)

GMPI Q5～7：机械工程 (mechanical engineering)

(3) EPI《文摘周报》。EPI 是“Electrical Patent Index”的缩写。它有三个分册：ST、UV、WX。

(4)《分国专利文摘周报》。德温特公司按国家收集的专利文摘有 12 种。20 世纪 70 年代以前只收集化学化工类(Ch)，以后才陆续增加综合类(P)、机械类(Q)和电气类(R)的内容。至今，法国、日本、荷兰等国的专利仍然只报道 Ch 类。

3. 检索方法

用德温特专利检索工具进行检索，一般从两个途径入手，即分类途径和专利权人途径。

(1)分类途径：分析课题→确定 IPC 号→查 WPI、IPC 索引、确定德温特分类号、专利号→查 CPI、GMPI、EPI 文摘→选择记录专利号→根据专利号查专利说明书。

(2)专利权人途径：专利权人通过《公司代码手册》，换成专利权人代码→查 WPI 中的专利权人索引，确定德温特分类号、专利号→查 CPI、GMPI、EPI 文摘→选择记录专利号→根据专利号查专利说明书。

查找最新或当年公布上的各国专利说明书，应使用各个分册的《题录周报》或《文摘周报》逐期查阅。查找较早或去年以前公布的各国专利文献，使用各种累积索引较好。

三、德温特世界专利数据库

德温特目前开发了网络专利数据库 Derwent Innovations Index(DII)[9-11]。DII 将 Derwent World Patents Index 和 Patents Citation Index 有机地整合在一起。通过这个数据库，用户不仅可以检索专利信息，而且可以检索到专利的引用情况。用户还可以利用 Derwent Chemistry Resources 展开化学结构检索。同时，通过专利间引用与被引用这条线索可以帮助用户迅速地跟踪技术的最新进展，更可以利用其与 ISI Web of Science 的连接，深入理解基础研究与应用技术的互动与发展，进一步推动研究向应用的转化。

DII 收录了来自 40 多个专利机构授权的 1500 多万项基本发明、3000 多万条专利，每周更新并回溯至 1963 年。该数据库在许多主要检索系统中都有链接，包括 Dialog、Questel Orbit、STN、Delphion、Westlaw、Data Feed 等，并通过 Web of Knowledge（WoK）平台提供服务。DII 按学科分为三个数据库：①Derwent Innovations Index(Chemical Section)；②Derwent Innovations Index(Electrical and Electronic Section)；③Derwent Innovations Index(Engineering Section)。

DII 的主要特点有：

(1)以专利权属人、专利发明人、主题词为简单的检索入口，快速获取基本信息，以节省时间。

(2)辅助检索工具帮助用户迅速找到德温特手册代码(Derwent Manual Codes)和分类代码(Derwent Class Codes)，并且通过点击鼠标直接将相应的代码添加到检索框中，直接进行检索。

(3)德温特重新编写的描述性的标题与摘要，避免面对专利说明书原有摘要与标题的晦涩难懂，用户可迅速了解专利的重点内容，很快判断是否是自己所需的资料。

(4)德温特特有的深度索引，帮助增加检索的相关度，避免大量无关记录的出现。

(5)检索结果列表中列有每条专利对应的主要发明图，可以帮助用户迅速看到专利的主要的图像资料。

(6)电子邮件定题跟踪服务，帮助用户及时掌握行业内最新的专利申请情况。

(7)检索辅助工具可以帮助用户迅速查找相关的德温特专业索引项。

该数据库的进入方法如下：登录 ISI Web of Knowledge 主页或其他有链接的检索系统，通过下拉菜单选择 Derwent Innovations Index 数据库或点击页面上数据库链接直接进入检索界面。

DII 提供一般检索(General Search)、被引专利检索(Cited Patent Search)、化合物检索(Compound Search)、高级检索(Advanced Search)四种检索方式。

1. 一般检索

DII 一般检索页面如图 6-2 所示。

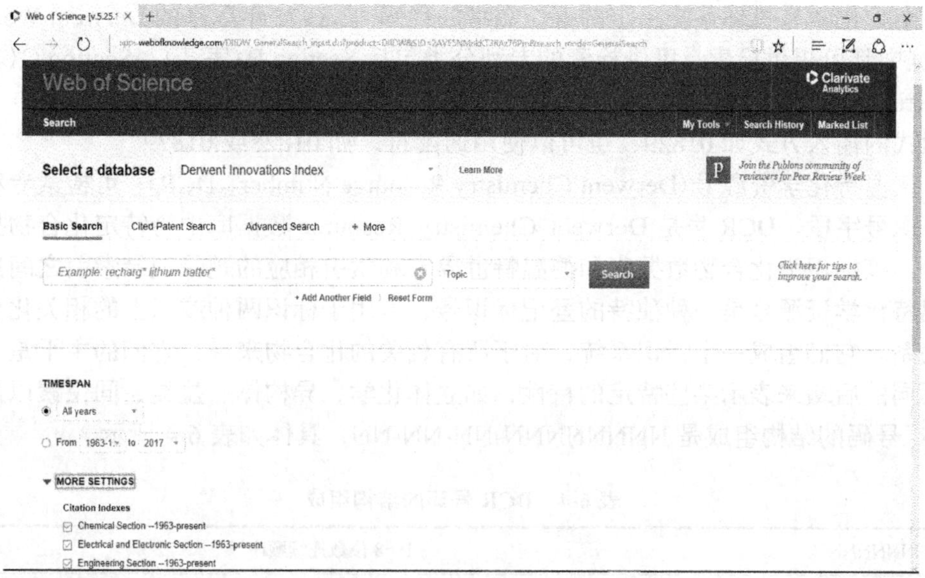

图 6-2　DII 一般检索页面

一般检索提供下列可检字段：

(1) 标题(Topic)。可检索专利的标题、关键词和摘要。

(2) 专利权人(Assignee)。指在法律上拥有专利全部或部分权利的个人或公司。可检索专利记录中专利权人名称 Patent Assignee Name(s) 和代码 Code(s) 字段。

(3) 发明人(Inventor)。可检索专利记录中发明人字段。输入方式为姓，后跟名的首字母。当检索发明人姓名时，建议使用星号(*)以保证查全。

(4) 专利号(Patent Number)。可检索专利记录中专利号字段。既可以输入完整的专利号，也可以利用通配符输入部分专利号进行查找。

(5) 国际专利分类号(International Patent Classification)。该检索字段可对专利记录中的 IPC 数据进行检索。

(6) 德温特分类号(Derwent Class Code)。可以帮助用户精确有效地把检索结果限定在相关的学科领域。

(7) 德温特手册代码(Derwent Manual Code)。手册代码是由德温特的专业人员为专利标引的代码。利用手册代码进行专利的检索可显著改进检索的速度和准确性。例如，输入 H01-B* 可找到石油/钻井领域的专利记录，输入 H01-B01*可找到所有有关海上石油钻探设备结构与仪器领域的专利。

(8) 德温特入藏登录号(Derwent Primary Accession Number)。可检索专利记录中的德温特入藏登录号字段。入藏登录号(PAN)是由德温特为每一个专利家族中的第一条专利记录指定的唯一标识号，从而也是为该专利家族指定的唯一编号。每个号码的组成是一个四位数的年号，随后是一个连字符“-”，以及一个六位数的序列号，即 YYYY-NNNNNN 格式(如 1999468964)。登录号后还有一个两位数的更新号用以标示德温特出版该专利文摘的日期。当使用通配符检索 PAN 时，应将通配符放在 9 位号码之后。例如，199952791*可检索到若干记录，而 19995279*则检索不到结果。

(9)环系索引号(Ring Index Number，RIN)。可检索专利记录中的环系索引数据。环系索引号是一个为化学有机环系统指定的五位数字的代码。自 1972 年以来的 Derwent World Patent Index 数据中都可提供检索。可供检索的专利分类包括 Section B(医药)、Section C(农用化学品)和 Section E(普通化学)。

检索式的输入方式如 01829，也可以使用通配符，如 0182*或 018?9。

(10)德温特化学资源号(Derwent Chemistry Resource Number，DCR)。可检索专利记录中的化学资源号字段。DCR 号是 Derwent Chemistry Resource 数据库中为特定化合物指定的唯一标识号。该标识为化合物数据库和德温特世界专利索引相应的题录记录索引之间提供了链接。德温特化学资源号是一种独特的登记标识号，可用于标识两种或以上的相关化合物彼此之间的关系。它们组成一个标识系统，对于所有相关的化合物来说，它们的主干是相同的，但是用不同的后缀来表示某些特定的特性，如立体化学、异构体、盐类、同位素以及物理形态。DCR 号码的结构组成是 NNNNNNNN-NN-NN-NN，具体如表 6-4 所示。

表 6-4　DCR 号码的结构组成

“NNNNNNNN”	1～8 位数连续顺序号
“NN”	“NN”是第一个立体化学的支链(数字从 1～99)
“NN”	“NN”是第二个描述盐类的支链信息(数字范围 1～99)
“NN”	“NN”是第三个支链用以描述其他的相关信息，如外形、同位素、异构体等(数字范围 1～99)

(11)德温特化合物号(Derwent Compound Number，DCN)。检索专利记录中的 DCN 字段。DCN 是检索 Questel.Orbit 上的 MMS 数据库独特的化合物检索入口的化合物编号。涉及的专利分类有 Section B(医药)、Section C(农用化学)和 Section E(普通化学)。

(12)德温特登录号(Derwent Registry Number，DRN)。可检索专利记录中的 DRN 字段。DRN 对应了 DWPI 数据中最常见的 2100 多个化合物。DRN 索引自 1981 年以后在 DWPI 中提供，用于检索从 B 部(医药)到 M(冶金)的化学专利的检索。

在 Assingee, Inventor, International Patent Classification, Derwent Class Code 和 Derwent Manual Code 等检索字段中都提供了检索辅助工具(Search Aids)。这些辅助工具在普通检索和高级检索页面均可使用。

2. 被引专利检索

被引专利检索提供下列可检字段：

(1)被引专利号(Cited Patent Number)。当需要把被引专利号检索扩展为整个专利家族的检索时，应输入一个唯一的专利号(如 EP178925 或 EP178925-A)。

(2)被引专利权人(Cited Assignee)。注意 1992 年以前专利权人名称限定为最多 4 个人，每个名称只有 24 个字符，1992 年后的记录对专利权人的名称不再有人数限定，而且每个专利权人的名称最多可为 40 个字符。如果名称过长，则会被缩短或者缩写以符合该规则（如 INT 用来代表 International）。

（3）被引发明人（Cited Inventor）。如果被检索的发明人的姓名多于一个缩写字母，即便发明人的姓名缩写中间显示了空格，也应连续输入两个缩写，中间不要有空格（如 Becker SC）。在检索姓名缩写时，利用通配符（*）非常重要，因为不用通配符则只可做精确检索。

（4）被引德温特入藏号（Cited Derwent Primary Accession Number）。利用德温特入藏号进行检索时，要输入 4 位数字的年份，一个连字符，随后是 6 位数字的序列号。

3. 化合物检索

化合物检索能检索 Derwent Chemistry Resource 数据库以找到化合物的专利信息。主要有三种检索：文本检索、结构检索、文本和结构组合检索（图 6-3）。如果要检索和浏览化合物结构，必须下载和安装 MDL Chime 插件。可以从 MDL 的主页（http://www.mdli.com）上免费下载此插件。

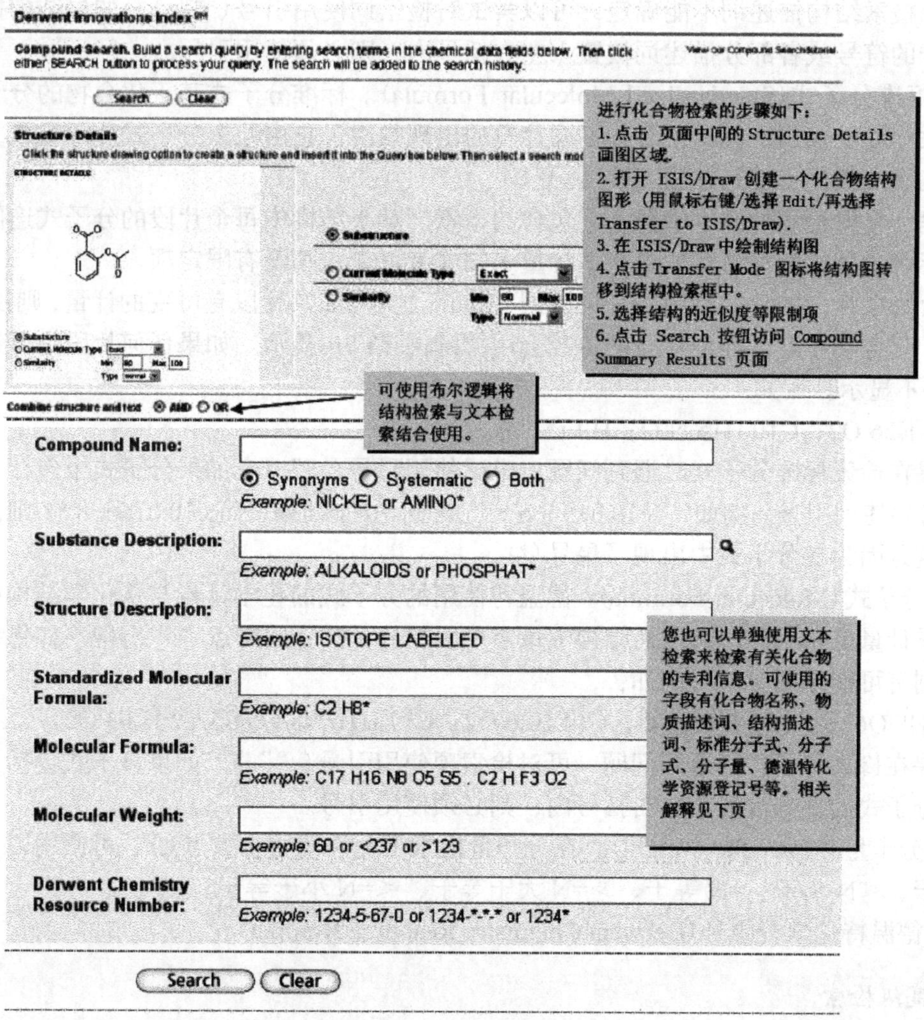

图 6-3 化合物检索页面

化合物检索的可检字段如下：

(1) 化合物名称(Compound Names)。注意，如果在检索化合物名称时遇到问题，可尝试对检索词加引号(“”)。如果化合物名称包含了括号等信息，则必须使用引号。例如，“Sodium Alginate(RN 1866ALGI)”可返回一个检索结果，而 Sodium Alginate(RN 1866ALGI)则无法得到检索结果，因为化合物名称中包含了括号( )。

(2) 物质描述词(Substance Description)。物质描述词是用来分类化合物的关键词。它们可以用来检索一组很难用结构式检索的物质(如生物碱、合金、anthracyclines)。

(3) 结构描述词(Structure Description)。如果某个化合物记录中不包含化合物结构，则对其提供一个文本型描述信息。对于有结构的记录也会存在文本描述词以澄清或者进一步说明结构信息。如果某个化合物在数据库中没有化合物图形，则在此字段中输入一个数值非常有用。例如：

2：1 ratio. L-threo-isomer

2：1 ratio L-threo isomer. Keto

2：1 ratio. L-threo-isomer. Enol-form；An enzyme that catalyses the hydrolysis of 1,4-beta-D

如果检索结构描述词不能确定，可以尝试对检索词使用引号(“”)。如果结构描述词包括了特殊的符号或者部分描述词被置入左右括号内，则必须使用引号。

(4) 标准分子式(Standardized Molecular Formula)。标准分子式基于化合物的分子式，而且在很大程度上仅用于标示化合物不同片段的出现频次。它由几个分子式片段组成，每个片段出现的次数被标示出来并用“*”隔开。

这是一个可检索的文本字段，它包含的检索词基于结构中每个片段的分子式连同一个限定项来标示它的化学计量。如果化学计量未知或者可变，则没有限定项。

化合物中片段的总数将用一个关键词“Total”显示。如果片段有可变的计量，则没有 Total 显示项。化合物中不同类型片段的总数会用关键词 TYPE 显示。如果任何片段是可选的，则 TYPE 将不显示。例如：

C14 H26 O2；C10 H15 N O；H Li*

如果在检索标准分子式时遇到问题，尝试使用引号(“”)。如果分子式中包括了特殊字符，则必须使用引号。例如，“c10 h15 n o *1”得到 70 个结果，而:c10 h15 n o *1 则没有检索结果。这是因为在分子式中出现了星号(*)。

(5) 分子式(Molecular Formula)。德温特使用的分子式的化学计量与从化学结构中计算出来的化学计量有所不同。它包括结构中每个片段的分子式，用脚点“.”分隔。如果结构未知的话，则有可能包括单词。例如：

C6 H8 O6. Ca；C6 H11 N O；C14 H26 O2；C17 H16 N8 O5 S5.C2 H F3 O2

如果在检索分子式时遇到问题，可对检索项使用引号(“”)。如果分子式包括了特殊字符或者分子式的部分被置于左右括号内，则必须使用引号。

(6) 分子量(Molecular Weight)。在分子量检索中允许使用小数点(.)，可使用以下格式：>N 大于、<N 小于、=N 等于、>=N 大于等于、<=N 小于等于。

(7) 德温特化学资源号(Derwent Chemistry Resource Number)。

4. 高级检索

高级检索页面允许利用两个字母的字段标识符和检索集合号进行组配创建复杂的检索式。

但注意不要在一个检索式中混合使用检索集合号和字段标识符。例如，进行一个检索操作查找日立公司申请的关于等离子电视的专利，可以创建如下的检索式：

TS=plasma TV and AE=HITA

需要注意的是，输入带有字段的检索词，应先输入检索字段代码，然后在其后的等号后输入检索词。

主要检索规则有：不区分大小写字符、使用引号，对一个特定的短语进行检索，布尔逻辑运算符 SAME、AND、OR、NOT 用于组配检索词和检索结果集合。当 AND、OR、NOT、SAME 不作为布尔逻辑运算符时，必须用引号。在使用通配符时，以下通配符可以用于检索词的变化形式：

“*”代表 0 个到多个任意字符，如 Gene*可检索 Gene、Genes、General、Generation；

“?”代表 1 个任意字符，如 Car?可表示 Cars、Care；

“$”表示 0 或 1 个任意字符，如 Cell $ 可表示 Cell、Cells、Cello。

5. 检索结果

DII 检索结果有普通检索结果、精简检索结果和分析检索结果，其中分析检索结果有时很有用(图 6-4)。通过其对检索结果的分析，能帮助用户了解以下信息：①按照专利权人名称(Assignee Name)或者专利权人代码(Assignee Code)进行分析，可以了解在关心的技术领域，有哪些公司或者机构申请了专利，在这一技术领域里谁申请的专利最多；②按照发明人(Inventor)进行分析，关心的技术都是由哪些发明人发明的；③按照国际专利分类号(International Patent Classification Code)进行分析，关心的技术领域通常使用哪个国际专利分类号进行标引；④按照德温特手册代码(Derwent Manual Code)进行分析，关心的某项技术通常使用哪个德温特手册代码进行标引，所关心的某项技术主要集中在哪些领域；⑤按照德温特分类号(Derwent Class Code)进行分析，了解某项技术是如何跨学科进行发展和应用的等。

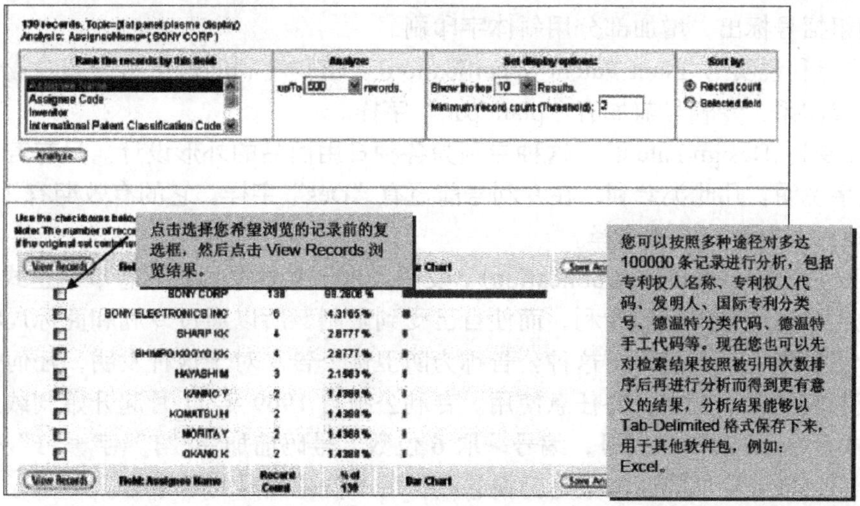

图 6-4 分析检索结果页面

分析功能可用于任何结果概要(Summary)页面，因此可以在选择 View Records 之后对感兴趣的结果进行再次分析。

第四节　美国专利文献及其检索

美国是世界上拥有专利最多的国家。美国专利和商标局（United States Patent and Trademark Office，USPTO）隶属于美国商务部（Department of Commerce），是美国政府参与的一个非商业性联邦机构。美国的发明专利在 20 世纪 60 年代进入高潮。许多先进工业国，特别是日本和西欧各国的先进技术纷纷涌入美国，在美国申请专利，占领美国的市场。外国人在美国申请的专利约占美国专利总数的 28%。因此，美国专利不仅在每年批准的总数上居世界首位，而且在一定程度上反映了世界技术发展的水平和趋势。

一、美国专利文献

美国专利文献[12]有美国专利和商标局出版发行的专利说明书、专利公报、检索用的分类手册和索引等。

1. 专利说明书

美国专利说明书除印刷本外，还有缩微胶卷版、机检磁带版、网络版等。每周出版一次，每次约 1600 篇，每篇均有单独编号，称为专利号。现将说明书的种类介绍如下：

(1) 发明专利说明书（Invention Patent Specification）。这种说明书是美国专利和商标局主要的专利文献（图 6-1），其数量也是最多的。要查找专利，只要知道专利号，即可以找到说明书。我国从 1890 年开始收藏美国此类专利说明书。

美国除这类普通工业上的科技发明专利外，还有其他性质的几种专利说明书。

(2) 再版专利说明书（Reissued Patent Specification）。这是一种对过去专利的修改、补充或重新申请而获批准的说明书。此种说明书独立编号，并在号码前加 Re。说明书中对原说明书删减部分用粗括号标出，增加部分用斜体字印刷。

(3) 植物专利说明书（Plant Patent Specification）。植物专利的审批由美国农业部负责。说明书编号自成体系，专利号前加有“plant pat.”字样。

(4) 设计专利（Design Patent）。这种专利为各种日用商品的外形设计。只有若干幅外观设计图，无文字说明。凡此类专利，在专利号前冠有“Des”字样。它的有效期有 3 年半、7 年和 14 年 3 种，由申请人自愿选择。

(5) 防卫性公告（Defensive Publication）。发明人出于某种原因，不想申请正式专利，但也不愿意让他人申请同样内容的专利，而使自己受到限制，所以通过专利和商标局将自己的发明内容在专利公报上公布摘要，这种公告称为防卫性公告。对于这种发明，任何人都可以委托专利局复制其说明书全文，并任意使用。专利公报自 1969 年 11 月起开始刊载此种公告，并在同年 12 月 16 日起单独编号，编号采取 6 位数，号码前加注“T”字，“T”表示技术公开（technical disclosure），前 3 位数是公报卷数，后 3 位是当月的顺序号。

(6) 再审查证书（Reexamination Certificate）。从 1981 年起，美国专利允许对已审查的专利进行重新审查，并在专利公报上加以公布。在重新审查后，再重新出版说明书。证书仍沿用原专利号，只在专利号前冠“BI”字样。

2. 《美国专利和商标局公报》

《美国专利和商标局公报》(Offcial Gazette of the United States Patent and Trademark Office)为周刊，是登载美国专利和商标局每周公布的各种类型专利说明书摘要的文本。它和专利说明书一样，每逢星期二公布一周内批准的专利。它是了解和查阅美国专利和有关专利申请与审查等情况的主要工具书。

二、检索工具及其使用方法

美国专利印刷版的检索工具有：①《专利索引》(Index of Patents)；②《专利分类手册》(Manual of Classification)；③《专利类目索引》(Index to Classification)；④《专利分类总索引》(Patent Classification Class List)；⑤化学专利专用索引——《化学专利单元词索引》(Uniterm Index to Chemical Patent)等。美国专利分类和类目设置很特殊，除第⑤种索引比较容易使用外，其他很难准确掌握。事实上，由于美国专利的数字化网络化较为完备，检索美国专利时较少使用手工检索，大多采用网络检索[7]，尤其是在化学领域[8]。

三、美国专利网络检索

1. 美国专利和商标局网站

在建立网络数据库之前，美国专利和商标局出版了美国专利文摘光盘数据库，收录了美国自 1969 年以来的发明专利、1977 年以来的其他专利(外观设计专利、植物专利)、2001 年 3 月 15 日以来公开的专利申请文献。其基本检索方式有简单检索(Short Form Search)和复杂检索(Form Search)。

目前用户主要利用美国专利和商标局网站(http://www.uspto.gov)[13]通过 Internet 免费提供的美国专利库(Patent and Trademark Depository Library，http://www.uspto.gov/patft/index.html)，称为 USPTO Web Patent Databases 进行检索。该库由两部分组成：①文献库(Bibliographic Database)：1790 年以来出版的所有授权的美国专利说明书扫描图形，其中 1976 年以后的说明书实现了全文本格式；②文本全文库(Full Text Database)：2001 年 3 月 15 日以来所有公开(未授权)的美国专利申请说明书扫描图形数据库，数据每周公开日(周二)更新。数据库每周更新一次。另外，已经开始提供 300 d.p.i. TIFF(Tagged Image File Format)格式的专利全文扫描图像。要全文阅览专利说明书，必须安装 TIFF 图形插件(网站中可下载)。

文本全文库中的美国专利分类与印刷出版的专利(printed patent)中的分类一致，但可能与目前最新的分类有不一致的地方。文献库中的分类反映了最新分类的主分类(Master Classification File)，但可能与印刷出版的专利中的分类不一致。对修订证书(Certificates of Correction)和再审查证书(Reexaminations Certificate)的有关专利文档的修改内容没有包括在文本全文库中，专利全文扫描图像库中包括了这些内容。专利权的变更(assignment changes)没有包括在文本全文库及扫描图像库中。

美国专利和商标局网站中建议的专利检索步骤一般有七步：

(1)用头脑风暴法从发明的目的、用途和成分等获得检索课题的关键词。

(2)利用美国专利分类号索引(Index to the U.S. Patent Classification)找出合适的分类号。

(3)利用分类号手册(Manual of Classification)中的分类等级(Classification Schedule)核实分类号的相关性。

(4) 阅读分类号定义和“参见”项进一步确认分类号。

(5) 利用分类号检索专利说明书和专利申请书数据库获得全文。

(6) 浏览权项、说明书和插图，评估相关性。

(7) 利用参考文献、其他专利分类号和检索项进一步检索文献。

可以看出，以上步骤着重的是分类号的确定和检索的准确性。

检索 USPTO 专利可分别在授权库和申请库中进行，每个库都有三种检索方式，即快速检索(Quick Search)、高级检索(Advanced Search)和专利号检索(Patent Number Search)。文献库的可检索字段就是收录专利时的著录项目，文本全文库的可检索范围扩大到专利的权利要求(Claims)和专利说明的正文(Description/Specification)。

1) 快速检索

快速检索至多可以用两个关键词来检索专利全文。可以先选择年代范围，再选择不同字段的两个词进行检索，如年份、标题、摘要等。显示结果为最近 50 篇专利。

可用下式表示一个时间范围进行检索：11/1/1997->5/12/1998，也可以使用截词符(图 6-5)。

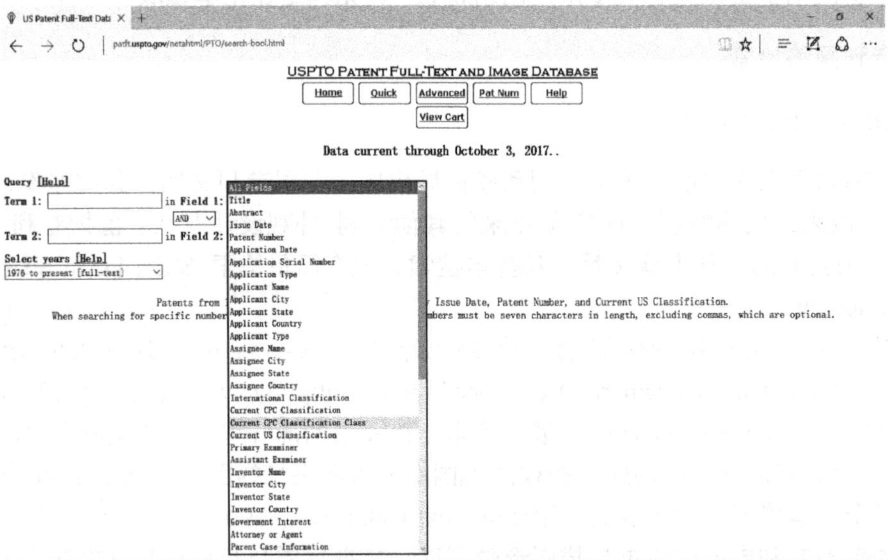

图 6-5　USPTO 快速检索页面

2) 高级检索

高级检索可以使用一个检索式进行检索。例如，检索式 needle ANDNOT((record AND player) OR sewing)表示查找包含词“needle”，但不包含词“sewing”，或不同时包含词“record”和“player”的专利。“IN/Dobbs”表示发明者为 Dobbs，“CCL/270/31”表示美国专利分类号为 270/31。“AN/MCNC AND TTL/”表示查找专利权人为 MCNC 的专利标题中出现“solder”的专利。在使用关键词短语时，注意要用双引号区分，如 AN/“General Motors”表示专利权人为 General Motors。

在检索页面的下部有高级检索使用的主要字段符号一览表可供参考，如图 6-6 所示。

3) 专利号检索

直接在窗口输入专利号进行检索。

除美国专利和商标局网站外，美国专利在欧洲专利局网站和日本专利局网站等许多专利网站上都可以检索到。

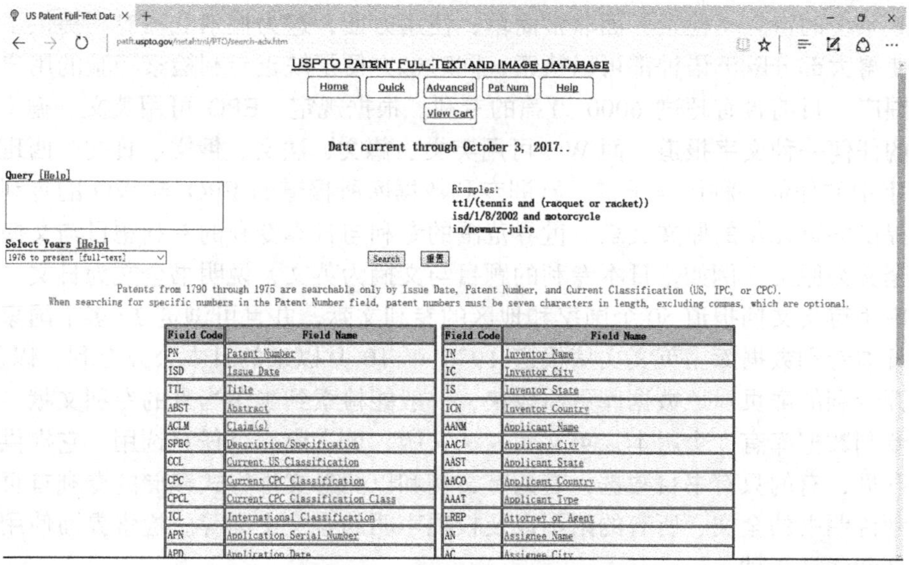

图 6-6 USPTO 高级检索页面

要说明的是，该数据库不提供 1976 年以前的专利，如欲获得，可直接单击“PTDls”(Patent and Trademark Depository Libraries) 链接；如检索者能提供专利号，也可单击“Order Copy”获取相应的专利。此外，USPTO 题录性数据库只免费提供题录专利信息，如检索者需要全文或影像资料，可链接“Order Copy”索取。

2. IBM 知识产权网

IBM 知识产权网 (The IBM Intellectual Property Network，IPN) 的前身是 IBM 专利服务器 (The IBM Patent Server)，1997 年 1 月，IBM 公司推出了免费开放的查询美国专利信息的网站 (http://www.patents.ibm.com)。该网站目前可向 Internet 用户免费提供的服务有：

(1) 免费检索 1971 年以来发布的 200 多万篇美国专利的有关著录项目、摘要及权利要求 (all claims)。

(2) 检索世界知识产权组织 (WIPO) 提供的 1997 年以来的 140 万篇专利合作条约 (Patent Cooperation Treaty，PCT) 的申请文档数据，以及欧洲专利局 (European Patent Office，EPO) 的欧洲专利库 ESPACE-EP-A (1979～) 和 ESPACE-EP-B (1980～) 的文献。

IPN 提供了三种检索专利的途径：布尔检索、高级检索和专利号检索。

IPN 所提供的专利全文的扫描图像的分辨率不是很高，大致能够看清楚专利的内容。如果需要下载较高清晰度的、分辨率是 300 d.p.i 的专利全文扫描图像，就需要缴纳相应的费用。

第五节 Esp@cenet 专利系统

欧洲专利局的 Esp@cenet 系统 (https://worldwide.espacenet.com) 是一个提供专利文献免费检索及下载服务的网站。该数据库由欧洲专利局的专利 (EPO)、世界知识产权组织的专利 (The World Intellectual Property Organization，WO)、世界范围的专利 (The Worldwide 30million documents，包含 3000 万件) 与日本专利 (Japan) 4 个数据库组成。与其他专利数据库系统相比，

Esp@cenet 系统的特点是检索界面非常简单，使用方便，这为检索欧洲专利提供了便利。简单的界面使得大部分欧洲语种都可以检索，同时也方便了缺乏专利检索经验的用户。其数据库覆盖范围广，目前含有超过 6000 万篇的专利。根据规定，EPO 可用英文、德文、法文 3 种文字中的任何一种文字报道，而 WO 可用英文、德文、法文、俄文、日文、西班牙文、中文 7 种文字中的任何一种语言报道。欧洲专利数据库所报道的 EPO 与 WO 的专利文献来自该组织所提供的近几年的原文文献。世界范围的专利与日本专利的专利题目与文摘为英文，而说明书全文为原文。例如，日本专利的题目与文摘为英文，说明书全文为日文。世界范围专利数据库用英文文摘报道 50 个国家和地区的专利文献，并且可浏览 20 多个国家专利全文说明书。日本专利数据库用英文文摘报道 1976 年 10 月以来的日本公开专利，以及自 1980 年以来公开专利的扉页。该数据库更新较快，一般能检索到当年当月的专利文献。

欧洲专利数据库有 3 个版本，英文版、法文版、德文版，可任意选用。它提供数据的完备度详略互见，有的只有书目数据，有的有文摘和以图形文件方式存储的专利首页，有的还提供了专利说明书的全文、所有的附图以及权项声明的全文文本等。检索界面使用的文字分英文、德文和法文 3 种。

要检索不同范围的专利，只要在 Esp@cenet 的主页上点击“Worldwide”、“EPO”、“WO”，即可进入检索相应的专利文献的页面。

一、检索方式

Esp@cenet 专利数据库提供了以下几种便捷的检索方式[14]。

1. 快速检索

快速检索(Smart search)为综合检索，检索范围在上述 4 个专利数据库有 3 条检索途径：

(1)关键词途径：关键词可以进行简单的逻辑组配，但规定比较严格。例如，A and B，但不能用 A*B；A or b，但不能用 A + B。也可用 A B C，这三者为“与”的关系。如果用关键词词组，则必须用引号(“”)括起，表示词组不能分割开。

(2)申请号、专利号途径：如 EP234567。

(3)申请人、专利权人途径：用申请人或专利权人名称即可。

检索者在“快速检索⑦”栏中可直接键入关键词、国别、专利申请号、公司(发明人)名称等，进行快速检索。

2. 高级检索

如果分库检索，则每个专利数据库都提供专利题目(Title)、专利号(Patent Number)、申请号(Application Number)、优先权号(Priority Number)、出版日期(Publication Number)、申请人(Applicant)、发明人(发明人)、IPC 号 8 个途径的复杂检索。这些检索途径可以单独使用，也可以组合使用。

3. 欧洲专利分类号检索

在欧洲专利分类号(ECLA)检索页面，可以直接用获得的分类号检索，也可以利用关键词搜索得到分类号后再检索。后一种方式对不熟悉欧洲专利分类号的人来说更加方便。说明：欧洲专利分类号是采用国际专利分类号(IPC)作为其分类依据的，但它比 IPC 要详细得多。IPC

第 8 版包含 70 000 多个条目，而 ECLA 却包含 134 000 多个条目。在其所有的专利文献中，约 60%以 IPC 分类，约 40%以 ECLA 分类。

二、查阅同族专利、优先权信息和专利全文

检索结果的书目数据或全记录显示页上都有同族专利、优先权申请项等信息的点击项。例如，点击“View INPADOC patent family”可以得到同族专利，点击“INPADOC legal status”可以得到优先权申请项，点击“View list of citing documents”可以得到引用文献一览表等。

在文摘显示页上，点击“Desc”、“Claims”，即可显示文本形式的说明书、权利要求书；如需保留该网页内容，可全选直接复制或打印。

三、“世界范围的专利”说明

该数据库涵盖 60 多个国家与专利组织的专利，其中下列国家与组织的专利提供专利文摘、目录与全文：EPO，France，Germany，Switzerland，United Kingdom，United States，WIPO；下列国家提供专利文摘与专利目录：China，Japan；下列国家、地区和组织只提供专利目录：Argentina，ARIPO，Australia，Austria，Belgium，Brazil，Bulgaria，Canada，Croatia，Cuba，Cyprus，Czechoslovakia，Czech Republic，Denmark，Egypt，Ellas，Eurasian Patent Office，Finland，GDR，Hong Kong，India，Ireland，Israel，Italy，Kenya，Korea，Latvia，Lithuania，Luxembourg，Malawi，Mexico，Moldova，Monaco，Mongolia，Netherlands，New Zealand，Norway，OAPI，Philippines，Poland，Portugal，Romania，Russia，Slovakia，Slovenia，South Africa，Soviet Union，Spain，Turkey，Vietnam，Yugoslavia，Zambia，Zimbabwe。

表 6-5 列出欧洲专利数据库收录的国家与地区(其中包括邀请加入欧洲专利条约的国家)的 URL 地址及支持语种。

表 6-5 欧洲专利数据库收录的国家与地区的 URL 地址及支持语种

国家与地区	网址	支持语种
Austria	https://at.espacenet.com/	German
Belgium	https://be.espacenet.com/	French，Dutch
Bulgaria	https://bg.espacenet.com/	Bulgarian
Cyprus	https://cy.espacenet.com/	English
Czech Republic	https://cz.espacenet.com/	Czech
Denmark	https://dk.espacenet.com/	Danish
Estonia	https://ee.espacenet.com/	Estonian
Finland	https://fi.espacenet.com/	Finnish
France	https://fr.espacenet.com/	French
Germany	https://de.espacenet.com/	German
Hellenic Republic	https://gr.espacenet.com/	Greek
Hungary	https://hu.espacenet.com/	Hungarian
Ireland	https://ie.espacenet.com/	English
Italy	https://it.espacenet.com/	Italian
Latvia	https://lv.espacenet.com/	Latvian
Liechtenstein	https://li.espacenet.com/	French，German，Italian

续表

国家与地区	网址	支持语种
Lithuania	https://lt.espacenet.com/	Lituanian
Luxembourg	https://lu.espacenet.com/	French
Monaco	https://mc.espacenet.com/	French
Netherlands	https://nl.espacenet.com/	Dutch
Poland	https://pl.espacenet.com/	Polish
Portugal	https://pt.espacenet.com/	Portuguese
Romania	https://ro.espacenet.com/	Rumanian
Slovakia	https://sk.espacenet.com/	Slovakian
Slovenia	https://si.espacenet.com/	Slovenian
Spain	https://es.espacenet.com/	Spanish
Sweden	https://se.espacenet.com/	Swedish
Switzerland	https://ch.espacenet.com/	French，German，Italian
Turkey	https://tr.espacenet.com/	Turkish
United Kingdom	https://gb.espacenet.com/	English
	扩展国家(承认欧洲专利的国家)	
Albania	www.alpto.gov.al	Shqip，English
Bosnia and Herzegovina	www.ipr.gov.ba	Bosnian，English
the former Yugoslav Republic of Macedonia	www.ippo.gov.mk	Macedonia
Serbia	www.yupat.sv.gov.yu	English
	邀请加入欧洲专利条约(EPC)的国家	
the former Yugoslav Republic of Macedonia	www.ippo.gov.mk	Macedonia

检索欧洲各国的专利可直接使用各国的 Internet 网址。

第六节　日本专利检索系统

日本特许厅网站的专利检索系统[15](https://www.j-platpat.inpit.go.jp)是把原日本工业产权资料馆(IPDL)等公众阅览室里的文献通过 Internet 和检索系统无偿地向读者提供，旨在使更多的读者便捷、高效地得到日本专利、商标及其他文献[9]。网站中还有各种数据库选项，用户可选择“Searching IPAJ”进行日本专利检索。该数据库收录 1976 年 10 月以后的所有公开的日本专利(包括发明与实用专利)的扫描图形，其中 1993 年以后的说明书实现了英文全文数码化，可通过申请人、标题、文摘、公开日、IPC 分类号等字段进行检索。其英文检索页面如图 6-7 所示。

另一进入日本专利检索系统的方式是先进入日本特许厅网站(http://www.jpo.go.jp)，在主页面右边选 Searching，即进入英文版的日本专利检索系统。在其英文主页上可以进行简单检索，搜索有关专利方面的法律和文献。也可以点击右上部的高级检索(Advanced Search)条进入高级检索。

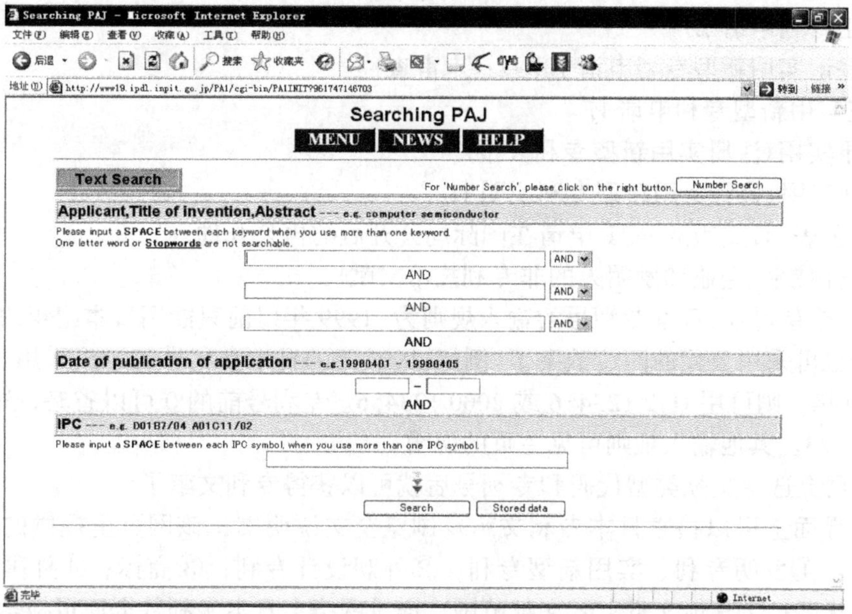

图 6-7　日本专利检索系统的英文检索页面

在高级检索页面，可以用关键词进行一次检索，也可以利用逻辑组配等操作进行二次检索。在下部有一些检索要求，可以根据需要在选项前打钩，也可以选所有要求。

要获取全文，首先点击检索结果页面的“Index Indication”按钮，系统将按时间由近及远的顺序列出符合检索式的专利公开号及标题。再点击公开号得该专利的题录信息。然后点击题录页面中的“DETAIL”按钮，则在新的页面中的左侧显示该专利的权利要求书。其他部分如详细描述、技术领域、发明范围、先前工艺、发明效果、技术问题、解决手段及实例等信息分别点击其相应按钮浏览。新的页面中右侧显示该专利的图表，通过“Drawing Selection”下拉菜单翻页图表。1993 年前的专利则点击“JAPANESE”按钮显示相应专利的 GIF 格式的全文(未经转译的日文说明书)，用“next page”和“pervious page”按钮进行前后翻页。

日本专利数据库包含 250 多万篇发明专利、实用新型专利、外观设计专利和商标。该数据库可检索范围包括：公开特许(专利申请说明书)、公表特许(日本为指定国的国际专利申请说明书)、公告特许(公告专利说明书)、专利说明书(特许注册实用新型专利)、公表实用新案(日本为指定国的国际实用新型专利申请)、公开实用(公开实用新型专利说明书)、公告实用(公告实用新型专利)、登录实用(注册实用新型专利公报)、实用明细书(实用新型专利说明书)、再公表(日文版的 PCT 申请在国际局公开后的再公开件)、公开技术(企业和发明人的非专利技术文献)。

点击“Patent & Utility Model Gazette DB”(日本发明和实用新型专利公报数据库)，就可见其检索页面。

其中，Kind Code 是文献类型代码。主要有：

A：公开特许(专利申请说明书)和专利合作条约的专利申请书日文翻译版

B：公告特许(公告专利说明书)

C：专利说明书(特许注册实用新型专利)

H：修正专利申请书

U：已登记实用新型专利申请书(U1：未审查)

I：修正实用新型专利申请书

Y：登录实用(注册实用新型专利公报)

Z：公开实用(公开实用新型专利说明书)

A1：再公表(日文版的 PCT 申请在国际局公开后的再公开件)

N1：公开技术(企业和发明人的非专利技术文献)

Number 是专利号。日本专利号的输入规则为：1999 年以前只能用日本纪年的两位数字，2000 年开始也可采用公元的四位数字了。例如，1997 年的日本专利号 12345，采用 H09 123456。如果是 2000 年，则可用 H12 123456 或 2000 123456。专利号前的 0 可以省略，如 H08 00123 可写成 H08 123。其他输入规则可见主页的说明。

在该主页上选择文献类型代码和专利号后就可以获得专利文献了。

在日文界面上可以检索日本专利文献及浏览全文说明书，该网页上提供的数据库有八类，分别是：①发明专利、实用新型专利；②外观设计专利；③商标；④外国专利；⑤复审；⑥法律状态；⑦其他文献；⑧文献范围。详见网络上日本专利数据库可检索范围。

第七节 其他主要专利信息网站

国内外网络化专利信息检索途径较多[10-12]，这里简略提及有关网站如下。

一、国内专利信息网站

(1) 中国知识产权网：http://www.cnipr.com。

(2) 香港特别行政区知识产权署：http://www.ipd.gov.hk。

(3) 澳门特别行政区经济局：http://www.economia.gov.mo。

二、国际专利信息网站

(1) 世界知识产权组织：http://www.wipo.int。

世界知识产权组织的 IPDL 是由世界知识产权组织建立的知识产权电子图书馆，提供世界各国专利数据库检索服务，其中包括：PCT 国际专利数据库、中国专利英文数据库、印度专利数据库、美国专利数据库、加拿大专利数据库、欧洲专利数据库、法国专利数据库、JOPAL 科技期刊数据库、DOPALES 专利数据库、MADRID 设计数据库等。还收录了 1997 年 1 月 1 日至今的 PCT 国际专利，但仅提供专利扉页、题录、文摘和图形。网上专利检索数据库包括 1997 年 1 月以后公开的所有 PCT 申请说明书扫描图形页。1997 年 1 月之前的说明书只能进入欧洲专利局网上专利检索系统的“worldwide”进行检索。用户在使用前要先注册，然后才能进行专利检索。数据库每周公开日(周四)及时更新著录项、摘要等内容，扫描图形是公开 14 天后放入数据库。

(2) 国际发明者协会联合会：http://www.ifia.com。

(3) 欧亚专利组织：https://www.eapo.org。

(4) 非洲工业产权组织：http://www.aripo.wipo.net。

(5) 德国专利局：http://www.dpma.de。

(6)法国工业产权局：http://www.inpi.fr。

(7)英国专利局：http://www.patent.gov.uk。

(8)加拿大工业产权局：http://opic.gc.ca。

(9)意大利工业产权局：http://www.european-patent-office.org/it。

(10)荷兰专利局：http://www.bie.minez.nl。

(11)比利时、荷兰、卢森堡三国经济联盟：http://www.bmb-bbm.org。

(12)俄罗斯工业产权局：http://www.rupto.ru。

附表 6-Ⅰ　部分专利术语中英文对照及解释[16]

Assignee 专利权受让人：在专利的领域内，专利权受让人指的是专利所有权人。专利权受让人可做是否出让或转售专利等决定。

Claim 请求项或称权利项：请求项是用来限定专利的保护范围的部分。

Continuation Application 延续案：延续案为较早的申请案(称为母案)还在审查期间所提出的申请，并使用母案申请日来作为优先权日，可以说是母案的延续。通常提出延续案的目的是为了申请不同于母案的请求项范围。

Continued Prosecution Application(CPA)延续审查案：延续审查案通常会在申请人收到最终核驳后的六个月内提出。通常提出延续审查案的目的是为了延续审查。另外，延续审查案并不能用在 2000 年 5 月 29 日起申请的“发明专利申请案”或是“植物专利申请案”，新式样专利并没有在此限。

Defensive Patent 防御专利：有的人申请专利的目的并不在于主动攻击竞争对手，而是希望将来被控告专利侵权时，可以利用这些专利保护自己并予以反击。在这种状况下，竞争对手在考虑控告侵权前，由于害怕将来被对方以这些专利反控侵权，常会因而打消控告的念头。这样的专利由于具有防御的功能，因此称为防御专利。

Divisional Application 分案申请：分案申请为较早申请案(称为母案)还在审查期间所提出的申请。在母案有多个发明的情形下，审查委员会要求择一发明进行审查，而提出分案申请的目的通常是为了进而保护没有在母案选取的发明，因此分案申请的请求项主要是从母案分割出的请求项。

Novelty 新颖性：新颖性是决定专利是否会获准的一个重要条件。只要有以下任一情况发生，发明则不具有新颖性：①在发明日前，相同的发明在美国境内已为公开知识或已被他人使用，或者是在发明日前，相同的发明已在美国境内或境外取得专利或公开在出版刊物中；②在申请日一年前，相同发明已在美国公开使用或贩卖发明，或在申请日一年前，相同的发明已在美国境内或境外的取得专利或公开在出版刊物中；③当美国专利或早期公开的美国专利申请案的申请日早于发明日时，或以英文早期公开且选择进入美国审查的国际申请案的国际申请日早于发明日时；④发明人自己在申请日一年前，已在其他国家申请专利保护相同发明，并在申请日前，已在其他国家取得专利。

Obviousness 显而易见性：若已知技术有提供足够的建议或动机，让熟知此技术者发展出相同发明时，发明则为显而易见。

Patent Term 专利期：专利期为专利的有效期限。

Priority Date 优先权日：优先权日可用来作为判断发明是否具有可专利性的基准日。

Provisional Application(或 Provisional Patent Application)暂时申请案(或暂时性专利申请案)：暂时申请案(或暂时性专利申请案)是一种建立发明申请日的申请案，有效期为 12 个月，申请一方必须要在暂时申请案申请提出后的 12 个月内提出发明专利申请案才可争取专利权，并主张暂时申请案的申请日为优先权日。

Reissue 重新领证：当专利的内容有不小心的错误时，在不加入新特征的情况下，专利权人可申请重新领证的申请案(Reissue Application)要求专利局对专利进行重新审查。在专利获准后的两年内，专利权人可利用“重新领证”，扩大请求项的涵盖范围。

Reexamination 再审查：若握有让专利无效的文献或专利，任何人在任何时间均可使用“再审查”要求专利局对专利重新审查。

Request for Continued Examination（RCE）请求继续审查：延续审查案通常会在申请人收到最终核驳后的六个月内提出。通常提出延续审查案的目的是为了延续审查。

Specification 专利说明书：详细记载发明内容的书面文件，是专利申请人在申请专利时必须要缴交的文件之一。

Statutory Invention Registration；SIR 防卫发明登录：在申请案还在审查时，申请人可选择放弃取得专利权的机会，将申请案公开转为防卫发明登录而公开申请案内容。公开后，防卫发明登录将可以被专利局用来核驳其他申请案。

Substitute Application（或 Substitute Patent Application）替代申请案：替代申请案是在申请人将一个案子放弃以后，又针对相同的内容，再次提出的申请案。

Utility Patent 实用新型专利：为"有功能"的发明才可以申请的专利。可申请发明专利的发明包括：程序（Process）、机械（Machine）、产品（Article of Manufacture）、组成（Composition of Matter）。其中，程序可为方法（Method）或是旧发明的新应用方式（New Use）。

附表 6-Ⅱ　各地出版的专利说明书文献类型代码

国家、地区、组织	文献名称	文献类型
澳大利亚 AU-Australia	专利申请说明书	A1
	未经公开的专利说明书	B1
	经公开的专利说明书	B2
	小专利说明书	B3
	修改的专利说明书	C
巴西 BR-Brazil	发明专利说明书	A
	实用新型专利说明书	U
加拿大 CA-Canada	专利说明书	A
	申请说明书	A1
	专利说明书	C
瑞士 CH-Switzerland	展出说明书	A3
	未经初审授权的专利说明书	A5
	专利说明书	A8
	专利说明书	A9
	经初审授权的专利说明书	B5
	法文版专利部分放弃声明书	C1
	重新批准的专利说明书	C2
	瑞士专利部分放弃声明书	C9
	欧洲专利部分放弃声明书	H1
	部分无效说明书	H2
中国 CN-China	发明专利申请公开说明书	A
	发明专利申请审定说明书	B
	发明专利说明书	C
	实用新型专利申请说明书	U
	实用新型专利说明书	Y
	外观设计专利申请公告	S
	外观设计专利授权公告	D

续表

国家、地区、组织	文献名称	文献类型
中国台湾 TW-Taiwan，China	专利公报发明	A
	专利公报新型	U
	专利公报新式样	S
德国 DE-Germany	公开说明书	A1
	专利说明书	C1
	专利说明书	C2
	专利说明书	C3
	PCT 指定德国的申请说明书德文译文	T1
	实用新型说明书	U1
欧亚专利组织 EA-Eurasian Patent Organization	欧亚专利说明书	B1
欧洲专利局 EP-European Patent Office	附检索报告的申请说明书	A1
	未附检索报告的申请说明书	A2
	检索报告	A3
	修改的专利申请说明书	A8
	修改的专利申请说明书	A9
	专利说明书	B1
	新专利说明书	B2
	修改的专利说明书	B8
	修改的专利说明书	B9
西班牙 ES-Spain	专利申请说明书	A1
	专利申请说明书	A2
	增补发明专利说明书	A6
	专利申请说明书	R
	欧洲专利申请权利要求译文	T1
法国 FR-France	发明专利申请说明书	A1
	实用证书申请说明书	A3
	发明专利说明书	B1
	实用证书说明书	B3
英国 GB-United Kingdom	专利申请说明书	A
意大利 IT-Italy	发明专利申请说明书	A1
	实用新型专利申请说明书	U1

续表

国家、地区、组织	文献名称	文献类型
日本 JP-Japan	公开特许公报	A
	特许公报	B
	特许公报	B1
	公开实用新案公报	U
	登录实用新案公报	U1
	实用新案公报	Y
	实用新案登录公报	Y1
	意匠公报	S0
	类似意匠公报	S3
	解密意匠公报	S8
荷兰 NL-Netherlands	申请说明书	A
	专利说明书	A1
	专利说明书	C
	专利说明书	C2
非洲知识产权组织 OA-African Intellectual Property Organization	发明专利说明书	A
俄罗斯 RU-Russian Federation	授予发明人证书的发明说明书(早期不予公布的)	C
	发明专利说明书	C1
	发明专利说明书扉页	C2
	授予发明人证书的发明说明书	A1
	授予发明人证书的发明说明书	A2
	发明专利说明书	A3
	发明专利说明书	A4
	工业品外观设计	S
	实用新型证书	U1
原苏联 SU-Soviet Union	授予发明人证书的发明说明书	A1
	授予发明人证书的发明说明书	A2
	发明专利说明书	A3
	发明专利说明书	A4
美国 US-United States of America	发明专利说明书	A
	发明专利说明书	B1
	发明专利说明书	B2
	专利申请公开说明书	A1

续表

国家、地区、组织	文献名称	文献类型
美国 US-United States of America	专利申请公开说明书(再公开)	A2
	专利申请公开说明书(修正)	A9
	提前出版说明书	BB
	再审查证书说明书	B1
	再审查证书说明书	B2
	再审查证书	C1
	再审查证书	C2
	植物专利说明书	P
	植物专利申请说明书	P1
	植物专利说明书	P2
	再版专利说明	E
	依法登记的发明说明书	H
	设计专利	S
	再公告专利再审查证书	BRE
	再公告外观设计说明书	RD
	防卫性公告说明书	TAI
	系列说明书	AIX
	系列说明书	XRX
	系列说明书	RX
WIPO WO-World Intellectual Property Organization	附检索报告的申请说明书	A1
	未附检索报告的申请说明书	A2
	检索报告	A3
	外观设计说明书	S

附表 6-Ⅲ 中国专利文献种类标识代码

(1)发明专利

A0～A7 预留
A 发明专利申请公布说明书
A8 发明专利申请公布说明书(扉页再版)
A9 发明专利申请公布说明书(全文再版)

B0～B7 预留
B 发明专利说明书
B8 发明专利说明书(扉页再版)
B9 发明专利说明书(全文再版)

C、C0　预留
C8、C9　预留
C1～C7　发明专利权部分无效宣告的公告

(2) 实用新型专利
U0～U7　预留
U　实用新型专利说明书
U8　实用新型专利说明书(扉页再版)
U9　实用新型专利说明书(全文再版)

Y、Y0　预留
Y8、Y9　预留
Y1～Y7　实用新型专利权部分无效宣告的公告

(3) 外观设计专利
S0　预留
S8　预留给外观设计专利授权公告单行本的扉页再版
S　外观设计专利授权公告
S9　外观设计专利授权公告(全部再版)
S1～S7　外观设计专利权部分无效宣告的公告

参 考 文 献

[1] 专利文献基本知识, http://bjlkjj.mynet.cn/_d268782382.htm
[2] 国际专利分类表(2016 版), http://www.sipo.gov.cn/wxfw/zlwxxxggfw/zsyd/bzyfl/gjzlfl/
[3] 国家知识产权局网站, http://www.cnipa.gov.cn
[4] 中国专利信息网, http://www.patent.com.cn
[5] 中国专利信息中心, http://www.cnpat.com.cn
[6] 卞丽. 中国专利三个检索系统比较分析. 情报检索, 2002, 12: 64
[7] 中国知识产权网, http://www.cnipr. com
[8] 陈卫明. 德温特分类体系介绍. 专利文献研究, 2001(3), http://www.sipo.gov.cn/sipo/wxfw/wxyjyfz/zlwxyj/2001/dwtfltxjs.doc
[9] 德温特专利索引网站, http://www.derwent.com/
[10] Derwent Innovations Index 4.0 演示文稿, Thomson 公司网站, http://www.thomsonscientific.com.cn/files/ wok4/Derwent%20Innovations%20Index%204.0.ppt
[11] DII 用户培训手册(2007)
[12] 美国专利和商标局介绍, http://www.ipr.gov.cn/cn/zhuanti/meiIPzhuanlan/uspto.doc
[13] 美国专利和商标局网站, http://www.uspto.gov/
[14] 欧洲专利局网站, http://www.european-patent-office.org/index.en.php
[15] 日本特许厅网站, http://www.jpo.go.jp/
[16] 专利术语中英文对照及解释, http://hi.baidu.com/yanyulou/blog/item/eae50d24308c4030c89559e1.html

第七章　标准、产品样本和说明书

标准、产品样本和说明书是工业文明和商品社会中产生的专门文献，和专利文献一样具有重要意义。

第一节　标　　准

标准，也称技术标准，是对工农业产品和工程建设的质量、规格、检验方法、包装方法及储运方法等方面所制定的技术规定，是从事生产、建设工作的共同技术依据。技术标准在生产和国民经济中的作用是巨大的，推行生产标准化，有利于合理利用资源、节约原材料、提高技术和劳动生产率、保证产品质量。因此，也可以说，标准是发展生产的一种手段。我们掌握标准资料，还可以通过它了解和研究国内外工农业产品和工程建设的特点和技术水平，作为制定和修订某项标准的参考，对于发展新产品、改进老产品有一定的参考价值。此外，标准也是国际贸易和技术合作的技术依据。标准资料对于化学研究工作者并无直接关系，但对分析化学工作者，往往是不可缺少的参考资料。化工方面的标准主要有以下几种：产品标准、原料标准、中间产品标准、分析标准和设备标准等。

一、标准的种类

1. 按使用范围分

(1) 国际标准：经国际标准组织通过的标准，或经过从事标准化活动的国际组织所通过的技术规格，如国际标准化组织(ISO)标准、国际电工委员会(IEC)推荐的标准。这类标准适用于参加国际组织的各成员国。

(2) 区域性标准：经区域性标准化组织通过的标准或从事标准化活动的区域性组织通过的技术标准，如欧洲计算机制造商协会(ECMA)标准。这类标准适用于世界某一地区的某些行业。

(3) 国家标准：经全国性标准组织通过适用于全国的标准，如我国的标准(GB)、美国标准(ANSI)。

(4) 专业标准：经某一专业统一组织或专业部通过的标准，如我国各部颁标准、美国材料与试验协会(ASTM)标准。

(5) 企业标准：一个企业或部门批准只适用于本企业或部门的标准。

2. 按内容分

(1) 基础标准：如有关术语、词汇、符号、编写、绘图、定义、命名、标志和单位等方面的标准。

(2) 制品标准：如有关制品的形状、尺寸、材料、质量、性能、要求、分类和公差等方面的标准。

(3) 方法标准：如有关产品试验、检验、分析和测定等方面以及技术条件之类的标准。

二、标准的国家代号与各国标准代号

目前，世界上约有 40 个国家设有全国性的标准化管理机构。各国的标准都有各自的国家代号，基本上是国家的英文名称或本国语言名称或拼音的缩写，如中国的标准代号“GB”就是“国家标准”的简称“国标”的拼音缩写。现将一些主要国家的标准代号按字母顺序列表(表 7-1)，供读者参考。

表 7-1　一些主要国家的标准代号

标准代号	国家	标准代号	国家
ANSI	美国	NP	葡萄牙
AS	澳大利亚	NS	挪威
BS	英国	NTH	智利(1974 年以前名为 INDITECNOR)
CAN	加拿大	ON	捷克
CSN	原捷克斯洛伐克	ONORM	奥地利
DGN	墨西哥	PN	波兰
DIN	德国(原联邦德国)	QQ	美国联邦政府标准
DS	丹麦	SFS	芬兰
GB	中国	SI	以色列
IOC	伊拉克	SIS	瑞典
IRAM	阿根廷	SOI	伊朗
IS	印度	STAS	罗马尼亚
JIS	日本	TCVH	越南
JUS	原南斯拉夫	TGL	原民主德国
MSZ	匈牙利	UNI	意大利
NB	巴西	UNE	西班牙
NBN	比利时	VSM	瑞士
NC	古巴	YCT	蒙古
NEN	荷兰	BЯO	保加利亚
NF	法国	ГОСТ	俄罗斯国家标准[包括独联体(原苏联)国家]
NHS	希腊	OCT	苏联全苏通用标准(1940 年以前的代号)
NI	印度尼西亚		

大部分国家对标准依照不同的种类制定了名称代号。中国标准的代号有：

CB　中国船舶行业标准

CH　中国测绘行业标准

CJ　中国城镇建设行业标准

CY　中国新闻出版行业标准

DA　中国档案工作行业标准
DB　中国农机工业标准
DJ　中国电力工业标准
DL　中国电力建设行业标准
DZ　中国地质矿产行业标准
EJ　中国核工业行业标准
FZ　中国纺织行业标准
GA　中国公共安全行业标准
GB　中国强制性国家标准
GB/T　中国推荐性国家标准
GJB　中国国家军用标准
GY　中国广播电影电视行业标准
HB　中国航空工业行业标准
HG　中国化工行业标准
HJ　中国环境保护行业标准
HY　中国海洋工作行业标准
JB　中国机械行业(含机械、电工、仪器仪表等)强制性行业标准
JB/T　中国机械行业(含机械、电工、仪器仪表等)推荐性行业标准
JC　中国建筑材料行业标准
JG　中国建筑工业行业标准
JR　中国金融系统行业标准
JT　中国公路、水路运输行业标准
JY　中国教育行业标准
JZ　中国建筑工程标准
LD　中国劳动和劳动安全行业标准
LY　中国林业行业标准
MH　中国民用航空行业标准
MT　中国煤炭行业标准
MZ　中国民政工作行业标准
NY　中国农业行业标准
QB　中国轻工行业标准
QC　中国汽车行业标准
QJ　中国航天工业行业标准
SB　中国商业行业标准
SC　中国水产行业标准
SH　中国石油化工行业标准
SJ　中国电子行业标准
SL　中国水利行业标准
SN　中国进出口商品检验行业标准
SY　中国石油天然气行业标准

TB　中国铁路运输行业标准
TD　中国土地管理行业标准
TY　中国体育行业标准
WB　中国卫生标准
WH　中国文化行业标准
WJ　中国兵器工业标准
XB　中国稀土行业标准
YB　中国黑色冶金行业标准
YC　中国烟草行业标准
YD　中国邮电通信行业标准
YS　中国有色金属行业标准
YY　中国医药行业标准
ZB　中国专业标准
ZBY　中国仪器行业专用标准
ZY　中国中医行业标准

国际标准化组织标准(ISO)的标准代号有：

ISO/R　国际标准化组织建议
IIW　国际焊接协会标准
ICAO　国际民用航空组织标准
ICRP　国际射线防护委员会标准

美国标准的标准代号有：

ASTM STD　美国材料与试验协会标准
AASHTO STD　美国国家公路及运输公务员协会标准
ANSI STD　美国标准协会标准
AIAG STD　美国自动化工业行动集团标准
API STD　美国石油协会标准
ASNT(SNT) STD　美国无损检测协会
AREA STD　美国铁路工程协会标准
ASME STD　美国机械工程师协会标准
AIA STD　美国航空学会标准
AWS STD　美国焊接协会标准
FAA STD　美国联邦标准
MIL STD　美国军用标准
MSS STD　美国制造商标准化协会标准
ASA　美国国家标准
NCRP STD　美国国家辐射防护与测量理事会标准
SAE　美国汽车工程师协会标准
NAS　美国国家航空航天标准
AMS　美国宇航材料规范

ABS　美国海运局标准
AES　美国原子能委员会标准
AISI　美国钢铁协会标准
DOD　美国国防部标准
AIA　美国宇航工业协会标准
DOE　美国能源部标准
NBS　美国国家标准局标准

另外，日本标准、加拿大标准、英国标准、法国标准、德国标准等均有自己的标准代号。

三、标准的分类

世界各国标准大多按类目分类，但很不统一，归纳起来有下列三种形式：

(1)字母分类法，即用字母代表类目。

(2)数字分类法，即用数字表示类目。

(3)字母和数字混合分类法，即用字母和数字组合的代号表示类目。

早年检索某一国家的标准时，首先必须了解它的分类系统，一般分类系统在各种检索工具使用说明中均有介绍。

随着世界经济一体化的发展，各国使用各自的分类法检索标准文献已无法适应需要，因此采用国际标准分类法(International Classification for Standard，ICS)是大家的共同要求。国际标准化组织(International Organization for Standardization，ISO)于1994年在ISO标准上采用了ICS分类。此后许多国家都相继跟上，采用ICS。我国原来是用国际十进位分类法，1997年1月1日起在国家标准、行业标准和地方标准上都使用ICS。ISO已出版了ICS第四版，有中文的编译本可供查阅。

四、ISO标准分类

ICS[1]分成三级。一级类号有40大类，每一大类以2位数字表示，如01、65、71。二级类号由一级类号加脚点隔开的3位数字组成，如71.060(无机化学)。共有335个二级类，这335个二级类中有124个又被进一步分成三级类。三级类号由2位数组成，如71.080.10[化工大类下，属有机化学(二级类)的脂肪烃]。

与化学化工相关的一级类目选录如下：

07　数学、自然科学
11　医学卫生技术
13　环保和保健、安全
59　纺织和皮革技术
65　农业
67　食品技术
71　化工技术
73　采矿和矿产品
75　石油和相关技术
77　冶金
79　木材技术

81　玻璃和陶瓷工业
83　橡胶和塑料工业
85　造纸技术
87　涂料和颜料工业

一级大类 71 是化工技术。现将其下属类选录如下：

71　化工技术

71.010　化工技术综合
71.020　化工生产[包括设备的布置和运行、工艺设计和控制、操作规程、安全措施等]
71.040　分析化学[该类包括通用标准]
71.040.01　分析化学综合
71.040.10　化学实验室、实验室设备[包括液体比重计、酒精比重计等；体积、质量、密度、黏度测量用仪器，见 17.060；光学测量仪器，见 17.180.30；温度测量仪器仪表，见 17.200.20；实验室器皿，见 71.040.20]
71.040.20　实验室器皿和有关仪器
71.040.30　化学试剂[包括化学标准物质]
71.040.40　化学分析[通用方法入此，专用化学分析方法入各专业类；此类包括气体分析]
71.040.50　物理化学分析方法[包括分光光度分析和色谱分析]
71.040.99　有关分析化学的其他标准
71.060　无机化学
71.060.01　无机化学综合
71.060.10　化学元素
71.060.20　氧化物[包括二氧化物、过氧化物等]
71.060.30　酸
71.060.40　碱
71.060.50　盐
71.060.99　其他无机化学品
71.080　有机化学
71.080.01　有机化学综合
71.080.10　脂肪烃
71.080.15　芳香烃
71.080.20　卤代烃
71.080.30　有机氮化物
71.080.40　有机酸
71.080.50　酐
71.080.60　醇、醚
71.080.70　酯类
71.080.80　醛和酮
71.080.90　酚
71.080.99　其他有机化学品

71.100　化工产品[摄影用化学药品，见 37.040.30；橡胶和塑料用原料，见 83.040；涂料和清漆，见 87.040；墨水，见 87.080]
71.100.01　化工产品综合
71.100.10　铝生产用材料
71.100.20　工业气体[包括压缩空气和氢气；液化石油气，见 75.160.30]
71.100.30　爆炸物、焰火
71.100.35　工业和家庭消毒用化学品[医用消毒剂和防腐剂，见 11.080.20]
71.100.40　表面活性剂及其他助剂
71.100.45　制冷剂和防冻液
71.100.50　木材防护化学药品
71.100.55　硅树脂
71.100.60　香精油
71.100.70　美容品、化妆品
71.100.80　水处理剂
71.100.99　其他化工产品
71.120　化工设备[危险化学品的运输，见 13.300]
71.120.01　化工设备综合
71.120.10　反应容器及其组件
71.120.20　蒸馏塔
71.120.30　热交换器
71.120.99　其他化工设备

五、各国标准概况与检索

1. 国际标准化组织标准

国际标准化组织(https://www.iso.org/home.html)成立于 1946 年，是世界上最大的非政府性标准化机构。ISO 现有 162 个成员。中国于 1978 年加入 ISO，在 2008 年 10 月的第 31 届国际化标准组织大会上，中国正式成为 ISO 的常任理事国。

ISO 负责目前绝大部分领域(包括军工、石油、船舶等垄断行业)的标准化活动，宗旨是“在世界上促进标准化及其相关活动的发展，以便于商品和服务的国际交换，在智力、科学、技术和经济领域开展合作”。ISO 通过它的 2856 个技术结构开展技术活动，其中技术委员会(SC)611 个，工作组(WG)2022 个，特别工作组 38 个。

ISO 标准的编号方式是：标准代号+标准序号+颁发年份。

在网络化以前，ISO 的主要检索工具是《国际标准化组织标准目录》(ISO Catalogue)。目前 ISO 标准可以在 ISO 官网(有英、法两种文字)和其他综合性信息门户上查阅。在 ISO 官网中查阅 ISO 标准很方便，如检索“organic chemistry”得到 46 篇标准，点击即可得到全文。

2. 中国标准

我国标准分为四级，即国家标准、行业标准、地方标准和企业标准。国家标准和行业标准分为强制性标准和推荐性标准。

国家标准的代号为 GB(汉语拼音字头)。要检索中国标准主要通过标准信息网和综合信息门户进行，主要有：

(1)标准信息平台(http://www.zjsis.com/)。通过“数据中心”栏目可以查阅中国各类标准。

(2)中国标准在线服务网(http://www.spc.org.cn/)。

(3)石油工业标准化信息网(http://www.petrostd.com/)。

(4)中国标准服务网(http://www.cssn.net.cn/)。

3. 美国标准

美国标准的核心机构是美国国家标准协会(American National Standards Institute，ANSI)，于 1918 年成立，负责沟通各标准机构之间的情况，避免重复。它除制定标准外，还协同其他协会研究新标准的制定和旧标准的修订。该协会通过的标准即为美国标准。ANSI 代表国家参加国际标准化组织(ISO)。

美国标准用英文字母代表类目，与化学有关的类目有：

G——黑色金属和冶金

H——有色金属和冶金

J——橡胶

K——化学工业

L——纺织工业

M——矿业

N——核子工程

P——纸浆和造纸工业

PH——照相和电影

Z_{11}——石油产品

Z_{12}——煤气燃烧用具、验收与安装要求

美国有关化学化工领域的标准大部分是由美国试验材料学会(American Society for Testing and Material，ASTM)制定，该学会成立于 1898 年，拥有 100 多个主要委员会，2000 多个专业委员会。它的主要研究范围是：各种工程材料的特性，包括黑色金属和有色金属、水泥、石灰、石膏、凝结物、矿物原料、沥青原料、土壤、石棉、水泥产品、管道、排水砖、耐火材料、陶瓷、白色陶瓷、搪瓷、玻璃等。同时也对建筑物、石子、热绝缘、声学材料、纸与包装、胶黏剂、木材、纤维素、酪朊、皮革、石油产品与润滑剂、涂料、油漆、焦炭、气体燃料、工业芳烃、工业化学品、塑料、炭黑、纺织品、肥皂、吸附剂、矿物、有机溶剂、工业用水、磨光蜡、橡胶和电绝缘等进行研究。

要查阅美国国家标准，可以通过美国国家标准协会网站(https://www.ansi.org/)进行。在 ANSI 主页进入“Access Standards”下拉菜单“ANSI Websore”，可以浏览和检索各类标准及其他与标准有关的文献。

4. 俄罗斯标准

俄罗斯标准的代号是 ГОСТ 和 ОСТ。1940 年以前的代号是 ОСТ，1940 年以后改为 ГОСТ(государственные стандарты)，此代号包括部分原苏联加盟共和国现独立国家。它分 17 个部分，以俄文字母代表，与化学有关的类目如下：

А——矿业、矿物
Б——石油产品
В——金属及金属制品
И——硅酸盐、陶瓷制品
К——木材、木制品、纸浆、纸、硬纸板
Л——化学产品及橡胶石棉制品
Л0——类化学工业的一般规则及标准
Л1——无机化学产品
Л2——有机化学产品
Л3——炼焦化学产品
Л4——木材化学产品
Л5——试剂
Л6——橡胶和石棉制品
Л7——炸药和高温技术
Л8——照相化学材料
Л9——其他化学产品
М——纺织、皮革材料及制品
Н——食品和调味品
Т——科学技术术语、符号及量值
每个部分下分 0～9 个类，每类下又分 0～9 个组。
检索俄罗斯标准可以通过相关网站进行。

5. 主要的与化学化工相关的国内外标准查询网站

(1) 国内外标准查询平台 (http://www.shibiaowang.com/) (图 7-1)。

图 7-1　国内外标准查询平台检索页面

(2) 英国标准协会(https://www.bsigroup.com/)。

英国是西方国家中第一个建立标准化组织和制定工业技术标准的国家。早在 1901 年，英国一些行业的工程师协会在伦敦成立了工程标准委员会(ESC)。1902 年又设立了标准化总委员会和一系列专门委员会。1931 年起改为现在的英国标准协会(British Standards Institution，BSI)。

(3) 日本标准协会(http://www.jisc.go.jp/)。

日本是在 1921 年开始建立工业标准制度的。日本国家标准就是日本工业标准(或称工业规格)，其代号为 JIS(Japanese industrial standard)。日本工业标准的分类系采用字母和数字混合标记法。全部工业标准共分 17 类，分别以拉丁字母 A，B，C，…代表字头。每个大类下又分 10 个小类，以数字表示，如 00～09，10～19，…

有关化学化工的大类代号为：H——有色金属、K——化学工业、L——纤维、M——矿业、P——造纸、R——窑业、S——日用品。

(4) 德国标准化协会(http://www.din.de/de)。

德国(原联邦德国)国家标准代号为 DIN。德国标准按国际十进分类法分类，标准目录也是按十进分类法的顺序号排列，与化学化工有关的类号如下：

DK	54	化学
DK	66	化工
DK	675	皮革工业
DK	676	造纸工业
DK	677	纺织工业
DK	678	橡胶工业、塑料工业

(5) 法国标准化协会(http://www.afnor.org/)。

法国标准的代号为 NF(norme frangaise)。此外还有 4 种代号：PN、EN、FD、CIR。

PN——暂行标准(标准草案)的代号，它是在指定的短时期内通用的标准。这种标准在试行以后，也许被提升为国家标准，或者因为失去时效而宣布作废。

EN——标准摘要的代号，是法国标准类别汇编的一种标准，也是某种标准(如尺寸、形状、成分、物理性质及质量等级)的记述，是为便利读者使用而摘录和汇编的。

FD——标准文件的分册或附件，它有两种情况：①FD 是对 NF 的详细说明；②自己单独存在，而不是对 NF 的详细说明。

CIR——特定文件的代号，它是对法国标准特别是操作方法等，以特定的形式制定的一种文件。

法国国家标准分 21 大类，分别以 21 个字母代表，与化学有关的类目如下：

A——冶金

B——矿业、陶瓷业、玻璃制造业、耐火材料、木材业

M——燃料

Q——纸张和纸板

T——化学工业

V——农产品、食品

第二节　产品样本和说明书

通常所说的样本，主要是指国外产品样本。产品说明书是国外科研、设计部门或厂商用来说明产品的性能和使用方法等的技术资料，一般每种产品一册(或一套)。产品说明书的内容比产品样本详细和具体。它大体上包括产品的性能、规格、用途、结构(或电路)、工作原理、操作使用方法、安装维修(或校准)方法、零件部件目录等，并附有产品的图形照片，以及必要的技术数据。这类资料外国通称为说明书(specification)，有的称为说明手册(instruction manual或description manual)、操作与维修手册(operation and service manual)、用户手册(user's manual)等。有的说明书只有产品性能、操作使用方法等内容，称为操作手册(operating manual)或操作指南(operating guide)。

产品样本和说明书对化学研究工作者来说，使用价值并不是很大，但对化工产品设计和化工设计人员有较大的参考价值。

产品样本和说明书是外国厂商已生产的产品的说明，在技术上比较成熟，因而对编制新产品的试制规划、产品设计、试制、造型等都有较大的实际参考价值。

此外，外贸部门和使用单位为了选购国外产品，有时在查阅产品样本的基础上，还要进一步查阅产品说明书，详细了解有关产品的性能、特点和结构等内容，以决定选型或是否进口。

产品说明书也是使用部门对进口产品进行安装、使用、计量、校准、维修的参考资料。国外产品说明书一般由厂商随产品赠送，有的也可以单独订购。在搜集国外产品说明书时，可以查阅国外产品样本或产品广告较多的期刊(或期刊的增刊、副刊)，也可以查阅一些期刊式和单卷式的产品样本、产品说明书目录。

随着网络技术的发展，获取此类资料的渠道更为广泛，通常可以通过化工企业网站、化工电子商务网站和产品目录数据库获得。目前世界上大部分大中型化工企业都建有自己的网站，通过它宣传企业的形象，促进企业自身发展。这类网站都会提供自己产品目录、产品的各种信息，以便扩大销售市场。化工电子商务网站是利用网络，在世界范围进行化学药品、分析仪器、化工产品和化工技术配方等方面的交易。需求方可以在此类网站寻找对所需产品的有关介绍，如主要配方、性能、用途、保存方法、价格等信息；至于化学化工产品目录数据库则更是查找产品详细介绍的重要途径。国内外化学化工产品目录数据库有：

(1)化学品数据库(http://www.chemblink.com/indexC.htm)。

chemBlink向公众免费提供全球化工产品信息，包括产品名称、CAS登录号、分子式和分子结构、物理化学性质、安全数据以及供应商名录和网站地址。到2017年，chemBlink收录各类产品420 000余种，供应商5200家。chemBlink对产品开发者和求购者提供免费信息，对产品供应商提供免费或收费低廉的产品推广服务，正在成长为一个备受化工产品供求双方重视的信息平台。chemBlink目前提供以下产品推广服务：①免费的标准文字链接，链接出现在该产品供应商页面下方的供应厂商目录中，显示供应商的公司名称，访问者可以使用“询价快递”或通过供应商页面提供的询价框和供应商直接交流；②优势产品链接是chemBlink提供的收费文字链接，chemBlink鼓励厂家为有竞争力的优势产品做优势链接，一旦一个产品建立了优势链接，chemBlink将只对优势链接厂家提供直接的询价服务，而不再对标准链接厂家提供询价快递和询价表单服务；③集群产品链接是 chemBlink 向化工贸易型企业和大型化工生产企业提供的一项产品推广服务，适于向公众展示大量产品，是一种效率很高的经济型广告。

(2) 化工产品大全(http://china.chemnet.com/product/)，是中国化工网的子数据库，拥有国内外 100 000 多家化工企业、100 多万条化工产品记录，是国内权威的化工产品数据库。

(3) 中国化工试剂网(http://www.31hgsj.com/)。

(4) MSDS 查询网(http://www.somsds.com/)，是一家专注于化学品安全技术说明书(MSDS)数据查询的专业网站，提供 MSDS 数据下载，网站共有 10 000 条 MSDS 数据，是目前国内最大的 MSDS 查询网。

有关化学化工产品信息网站很多，用户可以根据产品类别、产品名称、生产企业名称等选择相关网站进行检索。

参考文献

[1] 国家标准化管理委员会. 国际标准分类法 ICS. 3 版. 北京: 中国标准出版社, 2003

第八章　科技报告及有关检索工具

第一节　概　　况

科技报告又称政府研究报告或政府报告，过去我国科技情报和图书部门称此类报告和各国政府出版物为“特种文献”。科技报告最初是属于不供发表的一种科学文献。它仅仅是研制单位向提供经费的上级部门汇报科研和设计进展情况和成果的阶段报告或总结报告。科技报告一般叙述详尽，真实性强，具有较为重要的参考价值。

科技报告是描述科研活动的过程、进展和结果，并按照规定格式编写的科技文献，其目的是实现科技知识的积累、传播和交流，其类型包括专题报告、进展报告、最终报告和组织管理报告。科研人员依据科技报告中的描述能重复实验过程或了解科研结果。建立国家科技报告制度，对财政科技投入形成的科技信息资源进行全面保存和共享，将为科研人员提供科研基础信息，为科技管理者提供决策支持，为社会公众了解和利用国家科研成果提供服务平台,对于提升国家科技实力和创新能力具有重要意义。欧美等国家都有系统的科技报告制度，美国政府科技报告工作始于 1945 年，近年来每年产生约 60 万份科技报告，其中公开发行约 6 万份。

科技报告有相当一部分属于军事和国防工业的尖端技术,涉及前沿学科的最新研究领域，是各国政府重点部署和支持的研究课题。因此，大部分报告有不同程度的保密要求，一般不容易获得。只有经过一定年限，经审查解密之后，才给予发表，成为公开文献资料。

科技报告的种类和名目繁多，常见的有：

年度报告(annual report)	研究报告(research report)
竣工报告(completion report)	特种出版物(special publication)
合同报告(contract report)	现状报告(status report)
估价报告(evaluation report)	调研技术报告(study technical reps.)
总结报告(final report)	技术备忘录(technical memo)
总结科学报告(final scientific report)	技术手稿(technical manuscript)
情报交流(information circular)	技术札记(technical note)
中间报告(interim report)	技术报告(technical report)
备忘录报告(memorandum report)	试验成果报告(test results reports)
专题论文(monograph report)	技术研究备忘录(technical research memo)
预备报告(preliminary report)	专题报告(topical report)
进展报告(progress report)	技术操作报告(technical operation report)

美国、英国、俄罗斯和日本等主要国家每年都发表许多科技报告，其中最著名的是美国四大报告，即 PB、AD、DOE 和 NASA。中国近年来科技报告的数量也在稳步增加。

第二节　中国科技报告

随着国力的增强和科学研究的不断进步，中国建立了国家科学研究系统，并且在自己的科技研究中也形成了不同种类的研究项目。因此，中国的科技报告也逐渐形成体系并且拥有自己的特色。

2012 年 7 月全国科技创新大会召开后，国家印发了《中共中央、国务院关于深化科技体制改革加快国家创新体系建设的意见》(中发[2012]6 号)，明确提出加快建立统一的科技报告制度。

从 2013 年 4 月开始，科技部在国家科技计划中启动了科技报告试点，开展“十一五”以来科技计划立项项目(课题)的科技报告回溯与呈交工作。

国家科技投入形成的中国科技报告通过“国家科技报告服务系统”(National Science and Technology Report Service，NSTRS)对广大科研人员和社会公众实行开放共享，因此它是中国科技报告的主要检索系统，网址为 http://www.nstrs.cn/。

“国家科技报告服务系统”于 2013 年 11 月 1 日开通了征求意见版(第一阶段)，展示了 1000 份最终报告，向社会公众提供公开科技报告摘要浏览服务，向经实名注册的科研人员提供在线全文浏览服务；于 2014 年 1 月 1 日开通了征求意见版(第二阶段)，展示了 3000 份科技报告，这些报告都是依据“十一五”期间已验收(项目)课题的验收报告加工而成。

系统开通了针对社会公众、专业人员和管理人员三类用户的服务。向社会公众无偿提供科技报告摘要浏览服务，社会公众不需要注册，即可通过检索科技报告摘要和基本信息，了解国家科技投入所产出科技报告的基本情况。向专业人员提供在线全文浏览服务，专业人员需要实名注册，通过身份认证即可检索并在线浏览科技报告全文，不能下载保存全文。科技报告作者实名注册后，将按提供报告页数的 15 倍享有获取原文推送服务的阅点。向各级科研管理人员提供面向科研管理的统计分析服务，管理人员通过科研管理部门批准注册，免费享有批准范围内的检索、查询、浏览、全文推送以及相应统计分析等服务。

随着各部门各地方科技报告工作的陆续展开，未来将继续增加其他部门的科技报告；科技报告呈交管理将不断规范，除最终报告外，科研单位将在科研项目实施过程中提交更多的专题报告、进展报告等，报告资源总量将不断扩充。

目前，NSTRS 包含的技术领域有：新一代信息技术、能源技术、现代农业技术、高端装备与先进制造技术、城镇化技术、海洋技术、资源节约与生态修复技术、人口健康技术、新材料技术、高新技术服务业技术、其他技术等，拥有国家自然科学基金委员会、科学技术部、交通运输部和地方部门的研究报告共 8 万余件。

用户可以通过来源、学科、地域、类型等进行分类检索，也可以通过题名、作者、作者单位、关键词、摘要、计划名称、立项年度等检索项进行检索[1]。

第三节　美国四大科技报告

一、美国四大科技报告简介

1. PB 报告

PB 报告是美国政府研究报告中发行最早的一种。第二次世界大战后，美国政府为了系统整理和利用从战败国获得的战利品，于 1946 年成立了商业部出版局(Office of The Publication Board，U. S. Department of Commerce)，由该局负责搜集、整理和报道从德、日、意等国掠得的大量保密性科技文献。出版局对每份报告都依次编上它自己的序号，并在序号前冠上该局缩写字头“PB”，所以这类报告就称为 PB 报告。20 世纪 50 年代以来，该出版局虽然转向出版美国本国政府研究报告，但仍沿用此名。

PB 报告的出版发行机构曾数经改组，但编号仍沿用 PB 号。1946 年 7 月，出版局改组，成立了商业部技术服务局(Office of Technical Services，OTS)。在完成战败国文献处理之后，该服务局主要转向报道本国各科研机构、军事系统的科研单位、公司企业、高等院校、实验室、研究所等的科研成果。从 1958 年起，服务局开始翻译和报道外国科技文献。1964 年底，服务局的发行工作为新成立的商业部联邦科学技术情报交换中心所接替。1970 年 9 月这个交换中心又改组为美国商业部国家技术情报服务局(National Technical Information Services，U. S. Department of Commerce，NTIS)。

早期，PB100000 号以前主要是德、意、日的科技文献，包括各工厂与实验室在第二次世界大战期间的内部科技文献，设计图纸，1941～1944 年的德国专利文献、标准资料、技术刊物，以及对战败国科技专家的审讯记录等。20 世纪 50 年代以后，PB 报告主要为美国政府科技研究机构、军事部门、合同承包单位和公司企业、高等院校、研究所、实验室等的科技报告，也有少量国外科研单位，如英国原子能委员会、英国航空研究委员会，以及英、法、意、加、日、荷、比、澳等国的科技文献。

PB 报告内容涉及面很广，几乎包括所有自然科学的基础理论、生产技术、工艺材料、尖端科学技术的科研领域。按照文献类型分有：专题研究报告、学术论文、会议文献、专利说明书、标准资料、手册、专题文献题录等。PB 报告中化学和化工类文献的数量始终占领先的地位。

PB 报告与其他政府报告重复很多，如与 AD 报告、ATI(中央航空文献局)报告、NACA、NASA、OSRD(科学研究与发展局)报告、GP(政府出版物)等都有不少重复，但都有参见号。

PB 报告在国际上是公开发行的。虽然早期的技术报告内容已经过时了，但很多都是军事方面的，对于民用有一定的持久性参考价值。

NTIS 是美国政府科技报告收集、整理、检索和报道的中心，收集了美国政府各部门、军事系统(DDC、NASA、AEC 等)的公开科技报告及世界各国的科技文献。

2. AD 报告

AD 最初是“ASTIA Document”的缩写，后来为“Accessioned Documents”的缩写。ASTIA 是美国武装部队技术情报局(Armed Services Technical Information Agency)的简称。该局于 1951 年由美国国会图书馆科技情报组和文献服务中心合并而成，隶属于美国国防部。1963 年 3 月改组为美国国防科学技术情报文献中心(Defense Documentation Center for Scientific and Technical Information，DOC)。它隶属于空军部，受国防研究与开发委员会的政策指导。凡国防系统研究所及其合同研制单位的技术报告，均由该文献中心统一整理、分类、编入 AD 报告。AD 报告分两部分，一部分是不保密的报告，交给商业部技术服务局(OTS)公开发行。最初服务局在这种 AD 报告上加编一个 PB 号再公布。后来直接用 AD 号公布，不再加编 PB 号。另一部分是保密的报告，这类报告要到解密后方可公开发表。

提供 AD 报告的单位有 10 000 多个，其中主要的有 2000 多个。凡提供 AD 报告的单位都是团体著者(corporate authors)。这些单位大体可分以下四类：①陆、海、空三军的研究单位，如陆军电子司令部白沙导弹试验场、海军军械实验室、空军剑桥研究中心等；②公司企业，如洛克希德导弹与空间公司、道格拉斯飞机公司、通用电气公司、国际商业机器公司等；③大专院校，如麻省理工学院林肯实验室、南加利福尼亚州大学等；④外国科研机构及国际组织，如加拿大多伦多大学航空研究所、北约组织宇航研究与发展顾问团、欧洲空间研究组织等。另外，还有美国军事部门翻译原苏联的部分文献。

此外，选入 AD 报告的还有基础理论科学的期刊、会议录、图书、学位论文等。

AD 报告的密级分为：①机密(secret)；②秘密(confidential)；③内部控制发行(restricted or limited)；④公开发行(unclassified)。第③类和第④类占 80%以上，且每年均有解密公开发行。

AD 报告各种密级总计每年约 4 万篇。各种密级开始混合编号，后来分别编号。

AD 报告所涉及的范围很广，几乎包括整个自然科学和工程技术的各个领域。1965 年以前，学科分成 33 大类，1965 年 7 月至今，AD 报告使用美国科学技术情报委员会(COSATI)的分类法，即分成 22 大类，178 个小类。22 个大类是：①航空；②农业；③天文学和天体物理学；④大气科学；⑤行为科学与社会科学；⑥生物学与医学；⑦化学；⑧地球科学和海洋学；⑨电子学和电工学；⑩能量转换(非推进)；⑪材料；⑫数学；⑬机械工程、工业技术、土木工程和船舶工程；⑭方法与设备；⑮军事科学；⑯导弹技术；⑰导航、通信、探测和对抗技术；⑱核科学和核技术；⑲军械；⑳物理学；㉑推进与燃料；㉒空间技术。178 小类见《政府报告通报》(GRA)目录。

3. DOE 报告

DOE 是美国能源部(Department of Energy)的简称，凡该部所属系统所提供的报告均称 DOE 报告。DOE 报告的前身是 AEC 报告和 ERDA 报告。AEC 是美国原子能委员会的简称。它于 1974 年 10 月撤销，在此以前的由该委员会所属机构或合同单位所提供的科技报告均称 AEC 报告。AEC 撤销后，于 1975 年 1 月成立能源研究与发展署(ERDA)和核管理委员会(NRC)。该署寿命很短，于 1977 年 10 月又改组为美国能源部(DOE)。在署执任期间，此类报告称 ERDA 报告。1978 年 7 月起，此类报告统称 DOE 报告，并按 DOE 报告编码。

AEC 报告代号标志十分烦琐，没有统一固定的编号，而是根据研究报告来源、类别、密级等的不同，有不同的代号，因此代号的缩写字母有的代表提出报告的单位，有的代表报告的分类，有的代表密级及作者等。AEC 报告改称 ERDA 和 DOE 以后，很多报告仍沿用 AEC 时期的代号和代号编制原则。读者如果要了解这类代号的含义，可以查《AEC 资料检索》(中译本)，国内各收藏单位均有。该检索专供查找美国原子能委员会各机构缩写代号、与该委员会订有合同的单位常用缩写代号以及世界各国与原子能有关的主要研究单位缩写代号。

此外，还可以查 Helen F. Redman 等编的 *Dictionary of Report Series Codes*(《报告代号字典》)。该字典内容比《AEC 资料检索》更完全，国内收藏政府报告的单位一般均备有该字典。

4. NASA 报告

NASA 是美国国家航空及宇宙航行局的简称。该局收集的科技资料统称为 NASA 报告。该局的前身是美国国家航空咨询委员会(简称 NACA)，NASA 报告前身也称 NACA 报告。

NACA 报告分两种形式编号：

(1) RM-×××××表示研究备忘录(research memorandums)。

(2) TN-×××××表示技术札记(technical notes)。

NASA 报告分七种形式编号：

(1) CR-×××××表示合同报告(contract reports)。

(2) Memo-×××××表示备忘录(memorandums)。

(3) SP-×××××表示特种出版物(special publication)。

(4) TN-×××××表示技术札记(technical notes)。

(5) TM-×××××表示技术备忘录(technical memorandums)。

(6) TR-×××××表示技术报告(technical reports)。

(7) TT-×××××表示技术译文(technical translations)。

NASA 的技术报告是非保密的文献，技术内容比较完整。技术札记是技术报告的补充，但内容与技术报告并不重复。技术备忘录主要是保密文献，考虑技术有持久性的参考价值，以便在解除保密后，以技术报告或技术札记形式公开出版。

二、美国四大科技报告的检索工具

美国四大科技报告的主要印刷版检索工具是《政府报告通报及索引》。其中 DOE 报告和 NASA 报告还有各自的专门检索工具。例如，《能源研究文摘》(*Energy Research Abstracts*, ERA)和《国际核情报体系——核能文献题录》(INIS——Atom index)收录 DOE 报告；美国《宇宙航行科技报告》(*Scientific and Technical Aerospace Reports*, STAR)收录 NASA 报告。若查找这两种报告，使用 ERA 和 STAR 更好。后几种文摘也收录一部分与其学科有关的 PB 报告和 AD 报告，因此这几种文摘有许多重复。

1. 美国《政府报告通报及索引》

美国《政府报告通报及索引》由美国国家技术情报服务局(NTIS)编辑出版。它自从 1946 年创刊以来更换了 5 次名称(表 8-1)。

表 8-1　美国《政府报告通报及索引》名称更换一览表

年份	英文名称	中文译名
1946.1～1949.6	*Bibliography of Science and Technical Reports*	科技报告目录
1949.7～1954.9	*Bibliography of Technical Reports*	技术报告目录
1954.10～1964.12	*U. S. Government Research Reports*	美国政府研究报告
1965.1～1971.3	*U.S.Government Research and Development Reports*	美国政府研究与发展报告
1971.4～19753	*Government Reports Announcement*	政府报告通报
1975.4～	*Government Report Announcement and Index*	政府报告通报及索引

"通报"和"索引"实际上是一期文本中文摘和索引前后两个部分。由于它出版有年度累积索引，我国各收藏部门在装订时大多把后一部分"索引"剔除，只留《政府报告通报》部分，因而简称 GRA。

GRA 主要以摘要形式报道美国政府机构及其合同单位提供的研究报告，同时也报道各部门出版的科技译文和少量其他国家的科技文献。具体地说，它报道全部 PB 报告，所有非密级的、解密的 AD 报告和部分 NASA 报告、DOE 报告及其他类型的报告，还有部分美国专利申请说明书的摘要。

目前，印刷本《政府报告通报及索引》已停止出版，由 NTIS 出版《美国政府报告通报及索引数据库》(1990～)代替，其网址为 http://www.ntis.gov。

NTIS 是美国目前最大的政府信息资源中心，全面收集由政府资助立项的科学、技术、工程及商业信息。NTIS 出版的《美国政府报告通报及索引数据库》是一个重要的信息资源，主要收集了 1964 年以来美国国防部、能源部、内务部、宇航局(NASA)、环境保护局、国家标准局等国家、州及地方政府部门立项研究完成的项目报告，少量收录世界各国(如加拿大、法国、日本、芬兰、英国、瑞典、澳大利亚、荷兰、意大利)和国际组织的科学研究报告，包括项目进展过程中所做的初期报告、中期报告和最终报告等，能够及时反映科技的最新进展。该数据库每年新增约 60 000 条数据。

NTIS 数据库是由 NTIS 创办的。数据库内容对应于印刷版的检索工具。NTIS 从 1985 年起有了光盘数据库。目前，通过网络可以检索 1990 年至今的文献记录。其检索途径是：单击主页上的链接栏目"Search"，进入检索页面，检索页面可显示以下功能：①限定检索学科主题(Limit to Broad Subject Topic)；②输入专门关键词(Enter Specific Keywords)，输入检索词时可运用多种算符(如 and，adjacent to，or，not，near)及截断符(*)等；③对检索结果可以实施限定(Limit Results)，如年代限定或顺序限定[2]。

利用上述功能，设计检索策略(检索式)，输入检索提问，然后点击"Search"，即进行检索。

这样检索只获得文献记录：题目、作者、主题词和服务信息，但无文摘。如要索取文摘，需进入该网站的"Day Pass Service"，付费后才能看到文摘。可以实施网上订购全文。

NTIS 数据库也可以在其他联机系统中检索。例如，通过 DIALOG 系统检索，其 DIALOG 文档号为 6。又如，清华大学镜像服务器中设立的 CSA(Cambridge Scientific Abstracts)，即"剑桥科学文摘"，其自身网站是 http://www.csa.com/。它拥有 60 多个数据库的打包网络产品，在清华大学设立镜像服务器。该镜像点网址是 http://csa.tsinghua.edu.cn/。进入该镜像点实施对 NTIS 的检索，校园用户和校外合法用户不一样。校园用户可直接通过图书馆主页的"NTIS"或"CSA"两个链接点进入 NTIS 的检索系统；校外合法用户的学校则需进入镜像点主页，然后点击"Subscriber Login"进入其界面，输入用户名、密码，才能进入检索系统。

该数据库提供两种检索方式：

(1) 快速检索(Quick Search)。点击快速检索框，提供篇名、作者、关键词、摘要、产品编号和 NTIS 编号几种常规的字段查询方式(图 8-1)。

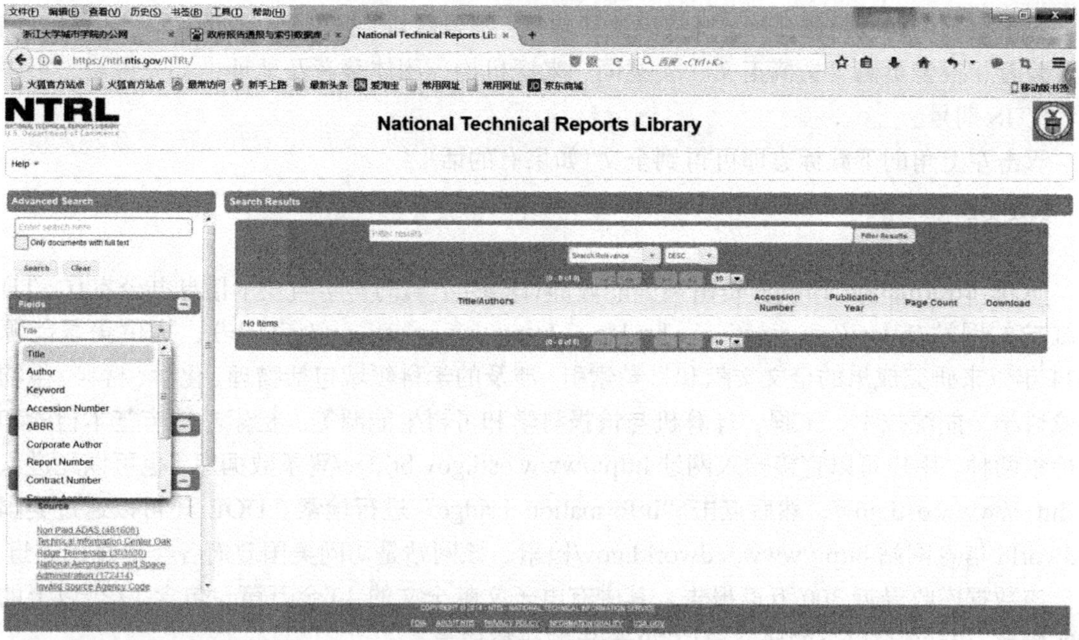

图 8-1 NTIS 快速检索页面

(2)高级检索(Advanced Search)。①可以通过限定检索字段、时间、排列等级、收集处归属等进行搜索；②不能选择多个检索字段，只能逐个字段检索，逐条排除。

例如，检索 2000～2017 年有关“Polymer Chemistry”方面的科技报告，在主页点击 NTRL 进入“国家科技报告图书馆”(National Technical Reports Library)后，在检索项“Keyword”下输入“Polymer Chemistry”即可得到相关报告题录(图 8-2)。

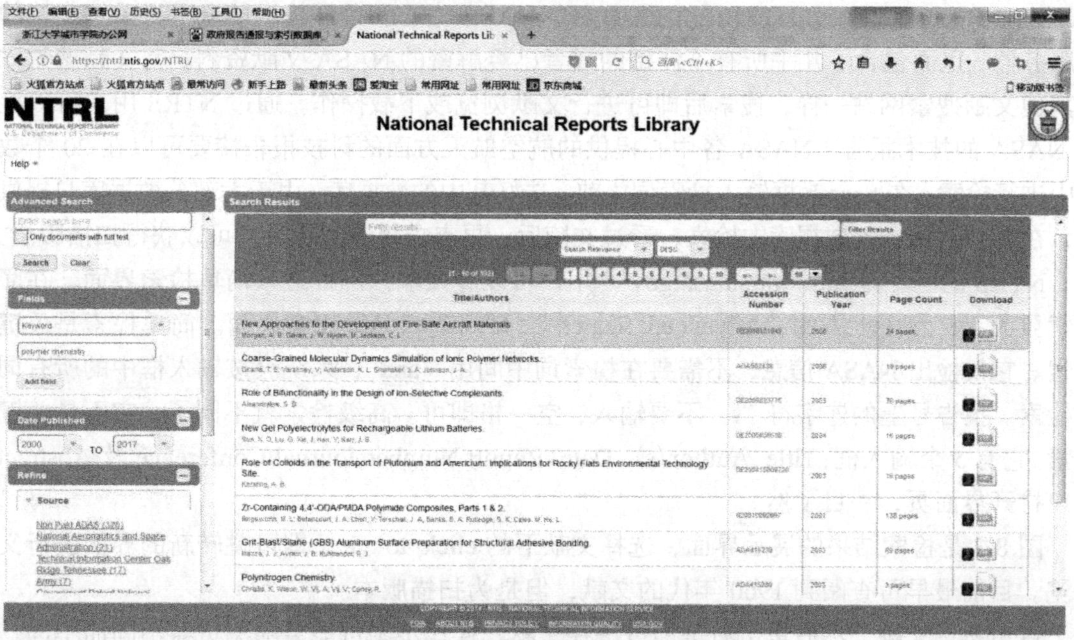

图 8-2 NTIS 检索结果(题录)

双击题录可得到报告摘要。摘要项主要包括：报告题目、报告号(红色字体)、出版日期、个人著者、报告页码、文摘正文、关键词、来源机构、团体著者及地址、补充说明、报告类型、NTIS 期号。

双击左上角的下载标志即可得到全文(如果有的话)。

2. DOE 数据库

DOE Information Bridge 是由美国能源部(DOE)下属的科学与技术信息办公室(OSTI)开发维护的网站(https://www.osti.gov/bridge/，https://www.osti.gov/scitech/)，提供美国能源部 1994 年以来研究成果的全文文献和目录索引，涉及的学科领域包括物理、化学、材料、生物、环境科学、能源技术、工程、计算机与情报科学和可再生能源等。检索功能有基本检索和高级检索两种。用户可以直接输入网址 http://www.osti.gov/bridge/登录数据库，也可以先进入网站 http://www.osti.gov/，然后点击“Information bridge”进行检索。DOE 还可以通过美国的 Fedworld 信息网站 http://www.fedworld.gov/检索。该网站是访问美国政府各类信息的渠道。

该数据库收录近 300 万篇报告，其中有电子文献全文的 40 余万篇，包含 17 个以上的国家实验室、2500 个以上的研究单位 70 余年的研究成果。

可以通过一般检索和高级检索获取文献。

3. NASA 网站和 NASA 技术报告服务器

NASA 网站(https://www.nasa.gov/)在 2015 年进行了一次大的改版，界面发生了很多变化。网站中主要部位放置的是各类图片新闻，点击进去即可观看。

此外，NASA 自身还有一个文献搜索资源数据库——NASA 技术报告服务器(NASA Technical Report Server，NTRS)，它是由多个 NASA 中心和科学技术信息项目系统支持的一个服务器，里面包含了几乎所有不涉密的或者已经解密的 NASA 文献资料，其文献搜索方式与其他文献搜索网站一样，搜索后即可进行文献浏览或下载操作。通过 NTRS 用户可以检索到 NASA 的技术报告。NASA 各中心提供的航空航天方面的科技报告摘要可以在 20 个数据库中进行检索。在 Search 框输入检索词之前，选好其中的数据库。由于大部分数据库只提供文摘，在 NASA Report 数据库中检索，看过文摘后，再点击报告的题目，可以获得扫描版全文。

NTRS 的网址是 http://ntrs.nasa.gov/。用户可以直接输该网址进入简单检索界面。在简单检索界面上，点击上方的“Advanced Search”，即可进入高级检索界面。简单检索是关键词检索。它仅检出 NASA 信息，不需要在检索词中间用“and”，系统会按输入框中的所有词自动检索。报告号上的连字符“-”不要输入，空一格即可。高级检索就不同了，它不是关键词检索。它有 5 个输入框：Title、Author(s)、Date、Report Number/Journal/Conference 及 Abstract。用户打开界面页，一目了然。

图 8-3 是检索结果的展示界面，选择文献下的 click to view 即可跳转新的界面进行文献阅览。目前最早可查阅到 1960 年代的文献，但是为扫描版本。

点击所选文献，然后单击右键即可保存文献，操作步骤可能会随浏览器不同而不同。检索操作还可以针对某一具体信息进行精确检索以缩小检索范围。

NASA 技术报告服务器也有“高级检索”项，提供各种限定条件。

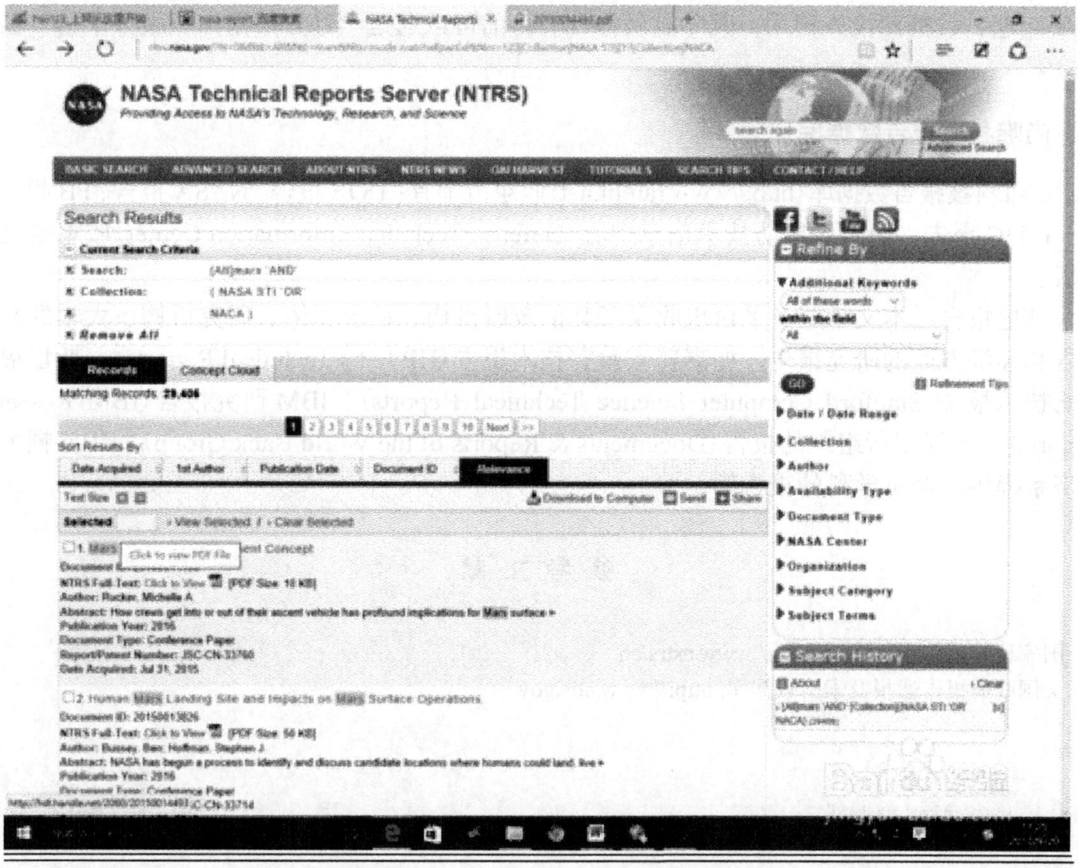

图 8-3　NASA 技术报告服务器检索结果

第四节　其他科技报告数据库

一、国家科技成果网

国家科技成果网(简称“国科网”，http://www.nast.org.cn/portal.php)由中国科技部创建，国家科学技术奖励工作办公室管理。经过多年建设，国科网搭建起全国性的科技成果信息服务网络，成为科技成果发布、展示、交流的国家科技成果信息服务平台。国科网承担全国科技成果登记与统计工作，开展“国家科技成果库”的建设、运行和维护工作，为科技成果管理工作发挥支撑作用，同时为科技创新、科技成果转化提供支撑性信息服务，推动科技成果转化和产业化。

国科网由三个子平台组成：一是面向全国科技成果登记与统计的工作性平台；二是面向科技成果转化的服务性平台；三是面向全国科研人员、科技工作者的沟通交流平台。

二、《科学技术研究成果公报》及其数据库

《科学技术研究成果公报》是检索中国技术报告的主要工具，创刊于 1963 年，是文摘性月刊。1966 年停刊，1981 年复刊。由国家科委科研成果管理办公室编辑，科技文献出版社出版。报道条目按农业、林业、工业交通及环境科学、医药卫生、基础科学及其他等大类编排。

1999年起，数据库投入使用，其印刷版停刊。目前可以通过“万方数据知识服务平台”在网上检索。

三、尚唯科技报告数据库

尚唯科技报告数据库(http://www.rarelit.net)收录范围有：DOE报告、NASA报告、PB报告。

DTIC报告：由美国国防技术信息中心(Defense Technical Information Center)收集整理和出版。

其他报告：本文献服务平台也收录了其他政府机构、社会团体、研究机构、大学的科技报告和经济方面的研究报告，如惠普实验室技术报告(HP Labs Technical Reports)、斯坦福大学的技术报告(Stanford Computer Science Technical Reports)、IBM研究报告(IBM Research Reports)、世界银行组织的报告(Documents & Reports of the World Bank Group)、华盛顿大学经济系提供的经济学科的报告等。

参考文献

[1] 国家科技报告服务系统, http://www.nstrs.cn
[2] 美国政府报告通报及索引数据库, http://www.ntis.gov

第九章　会议文献和学位论文的检索

第一节　会 议 文 献

会议文献是化学信息的重要来源之一。会议文献具有来源广泛、内容新颖、报道迅速、质量可靠等特点。会议文献的出版有会前的、会议期间的、会后的。

会议论文摘要通常是一种会前出版物。例如，美国化学会每隔半年举行一次例行学术会议，在会议召开前，先在美国化学会等相关网站上刊登会议的主要信息和论文题目，并且可能会发表会议论文摘要。有些文章只在会上印发论文摘要或论文集预印本，有些论文在会议结束后，在美国化学会经办的有关杂志上全文刊载，或者收录在《化学进展丛书》(*Adv. in Chem. Ser. Monograph*)上，但是还有不少论文就不再发表了。因此，很多专门会议网页和会议论文摘要集对于了解美国化学研究的新动向是极为有用的。

预印本通常是单行本，在会议前预印出版，分发给与会者，也对外出售。它比会后正式出版的会议录要早一些，最早可至一两年，而且有的会议不再出版会议录，预印本就成为会议的唯一纸质资料，如美国化学会出版的 *Petroleum Preprints*、*Polymer Preprints* 等。专题性论文集(symposium)是会后将会议资料汇编成册，有专门书名，以图书形式出版。这是会议资料经常采用的出版形式。会后的会议录有的作为期刊的副刊或专辑出版，有的直接按会议的届次顺序，并以会议主题名称出版丛刊(proceeding series)。例如，英国期刊 *Chem. & Ind.*、德国期刊 *Angew. Chemie* 常全文刊载该国有关的一些会议报告。又如，*Rubber Age*、*Plastics* 等类期刊上也往往刊登与本专业有关的会议资料。

会议消息往往在专门网站、相关网站、新闻刊物或有关期刊中报道。例如，美国期刊 *Anal. Chem.* 每期都报道分析化学有关的会议。

在网络未发展之前，主要的会议文献检索工具有以下几种。

一、《世界会议》

《世界会议》(*World Meetings*)是一种预报两年内将要召开的学术会议及查找会议消息的主要检索工具，由美国麦克米兰出版公司(Macmillan Publishing Co. Inc.)出版。《世界会议》的内容包括自然科学、工程技术，医学和社会科学等学科，目前共有 4 个分册，均为季刊。

(1)《世界会议：美国和加拿大》(*World Meetings: United States & Canada*)，1963 年创刊。

(2)《世界会议：美国和加拿大以外的国家与地区》(*World Meetings: Outside United States & Canada*)，1968 年创刊。

(3)《世界会议：医学》(*World Meetings: Medicine*)，1978 年创办。

(4)《世界会议：社会与行为科学，教育与管理》(*World Meetings: Social & Behavioral Science, Education & Management*)，1971 年起出版发行。

《世界会议》每期都由正文(main entry section)和 5 种索引组成。正文部分较为详细地著录了即将召开的各种会议的消息，每种会议消息在《世界会议》中报道 3 次(包括修改增删的会议消息，因为《世界会议》报道内容每年完全翻新一次，每一期则把内容已重复 3 次的四分之一的会议消息删去，补充最新的会议消息，如此循环往复构成《世界会议》的内容结构主体）。

另外，《世界会议》还有 5 种索引，它们是检索正文部分的辅助工具：

(1) 关键词索引 (keyword index)，按选自会议名称和内容的关键词或词组依字母顺序编排而成，著录有会议地点和会议召开时间，最后给出会议登录号。

(2) 会议地点索引 (location index)，按会议召开地点的国名和城市名称字母顺序排列，其后列出会议议题和会议登录号。

(3) 会议日期索引 (date index)，是按会议召开时间的顺序排列各次会议的一种索引，也给出会议议题和会议登录号。

(4) 会议主持者索引 (sponsor index)，按会议主办单位的名称字母顺序编排，列有会议主持者、主办单位地址和该单位近两年内将要举办的各种会议的登录号。

(5) 截止日期索引 (deadline index)，按向会议提交论文全文或论文摘要截止期限的时间顺序编制，附有会议议题和会议登录号。

二、《会议论文索引》

《会议论文索引》(*Conference Papers Index*，CPI) 是专门用来检索已经召开或即将召开的各种学术会议上宣读或呈递的学术论文的题录式工具，由美国 Data Courier Inc.于 1973 年创刊，月刊。1978 年曾称《近期会议预报》(*Current Program*)，内容涉及物理、化学、工程技术、生命科学及医学等。

《会议论文索引》由正文和索引两大部分组成。正文部分即会议消息和会议论文题录的内容，按 17 个学科专业的分类类名字母顺序编排。每一类名下列出该类的各种会议的名称、召开日期和地点、订购消息及其他事项，在这些会议消息后著录了在该会议上即将宣读或已经宣读的各篇论文的题目、著者和著者所在单位及地址。

《会议论文索引》的索引部分有每期索引和年度索引两种。每期索引包括：

(1) 会议分类索引 (conference locator)，在每期正文前页分 17 个类目列出一个月内已经召开或将要召开的有关会议的会议名称、会议地点和会议日期，左侧给出本期所在页码。

(2) 著者索引 (author index)，按论文著者姓名字母顺序编排，右侧仅给出会议论文号。

(3) 主题索引 (subject index)，是直接选自每篇论文题目中具有实质含义的主题词按其字母顺序编制而成，如有多个主题词的标题则各轮排一次。在被抽取的各个主题词后还著录有同题的前后关联词 (类似 "chemical title" 的关联关键词索引) 和文摘号。每篇论文平均有 5 个主题词，因此可以从不同主题词出发查到同一篇论文。

《会议论文索引》的年度索引单独出版自成一册，跨年编成一卷 (自上年 8 月至次年 7 月为一卷)，除了年度累积的主题索引和著者索引外，还附加以下两种索引：

(1) 会议日期索引 (index by date of conference)，按会议召开日期的时间顺序排列，著录项目还有会议名称、本卷期号和该期起始页码。

(2) 会议议题分类索引 (index by topic of conference)，在 17 个类目下按会议名称的字母顺序列出该年度内召开的所有各次会议的名称，其后给出会议召开时间、本卷期号和该期起始页码。

三、《科技会议录索引》

《科技会议录索引》(*Index to Scientific and Technical Proceedings*，ISTP)是一种综合性的科技会议文献检索刊物，由美国科学情报研究所(Institute for Scientific Information，ISI)于1978 年开始编辑出版，月刊。该刊包括的学科范围广，收录会议文献齐全，且检索途径多、速度快，其声誉已盖过其他同类检索工具而成为检索正式出版的会议文献的主要工具。

《科技会议录索引》的内容分为七个部分(section)：

(1)类目索引(category index)，也称范畴索引，是按会议内容的学科主题字母顺序编排的，共分约 200 个类目(category)，每一类目下列出该类目内容的会议名称和会议录顺序号。交叉学科的会议录在相关的各学科主题下分别反映。

(2)会议录目录(contents of proceedings)，这是 ISTP 的主体部分，按会议录编号的大小顺序排列，每一种会议录依次著录如下信息：会议录编号、会议名称、会议地点和日期、会议主办者、会议录书名及副书名、丛书名及卷次(会议录作丛书出版时)、会议录编者、会议录的出版和版权项、美国国会图书馆(library of congress, LC)书号及国际标准书号(international standard book number, ISBN)、会议录的订购地址和订购号，其下再列出该会议上发表的各篇论文的标题、论文著者、第一著者所在单位地址和论文起始页码。

(3)著者、编者索引(author/editor index)，按编、著者姓名字母顺序编排，给出会议录编号和论文起始页码。

(4)会议主持者索引(sponsor index)，按会议主办者名称字母顺序编排，同时著录会议录编号。

(5)会议地点索引(meeting location index)，按会议所在地国家名称字母顺序排列(美国例外，排列最先)，国名下再按城市名称字母顺序排列(若会议在美国召开，则先按州名字母顺序排列，再按城市名称细分)，其后著录会议名称、召开时间和会议录编号。

(6)轮排主题索引(permuterm subject index)，由选自代表会议内容的具有实质意义的主题词和副题词两级类目组成，按主题词字母顺序排列，在每个主题词下再按字母顺序列出各个副题词。在某些主题下还设参照项目以扩大检索范围。同时，在各个副题词后列有论文所属会议的会议录编号和起始页码。此索引是各索引中最常用、最重要的一种。

ISTP 的 web 版也可通过 ISI Web of knowledge 与 ISI Web of Science 连接。中国科学院国家数字图书馆订购有该网络数据库的使用权。用户可以直接通过本单位网络进入 ISI 网站(http://www.isiknowledge.com)和中国科学院数字图书馆(中国科学院文献情报中心)中心门户(http://www.las.ac.cn)使用该库。国内 60 多所大学和中国科技信息研究所均引进了该库。

第二节　会议信息与文献相关网站

20 世纪 90 年代以来，随着数字化和网络化的发展，传统的印刷型会议文献检索工具也纷纷转型。会议文献包括会议文集和论文以及有关会议信息，都可以通过主要的搜索引擎或一些专业性机构网站检索会议信息，也可以通过论文数据库或会议论文书目数据库查询会议论文文摘或全文。现今通过网络几乎可以搜索到所有国际会议信息，以及世界上主要的与化学有关的学术团体所组织的会议信息，包括学术交流活动的信息。

专业数据库和搜索引擎中包含大量会议信息资源，如国家科技图书文献中心(www.nstl.gov.cn)、中国科学院文献情报中心（www.las.ac.cn）及万方数据资源系统（www.wanfangdata.com.cn）等。通过一些综合网站或搜索引擎，可以检索到已经召开和即将召开的化学会议相关信息。利用谷歌、百度等综合搜索引擎也可找到有关化学学会信息，包括会议名称、主题、召开时间、地点以及主办单位和联络地址。

下面对一些主要的会议网站做简略介绍。

一、世界会议日历

世界会议日历（World Conference Calendar，http://www.worldconferencecalendar.com/）是专门提供有关世界学术会议信息的网站，其主页如图 9-1 所示。右上角的数字表示网站收录的会议数。

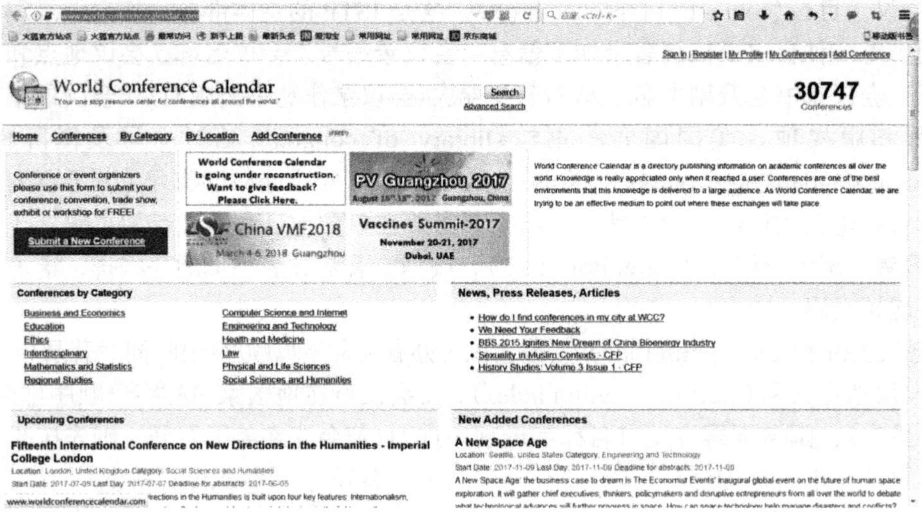

图 9-1　世界会议日历主页

点击“Conferences”可以看到世界范围近期要召开的学术会议的相关信息。

它主要提供两种检索方式：

(1) 简单检索。在主页检索窗口输入关键词即可，如输入“chemistry”就获得有关化学方面的会议信息。点击会议标题就可以获得本次会议的详细信息（图 9-2）。

详细信息包括以下内容：

(i) 会议基本信息：会议名称与缩写、会议召开于结束时间、论文摘要与建议的截止时间、会议联系人与联系方式、会议举办地点、举办地电话等。

(ii) 会议论文信息：提交论文的联系单位或联系人、对提交论文的详细要求、本次会议期刊出版物信息、本次会议要求的会议论文详细主题等。

(2) 高级检索。可以通过会议分类（Category，如“商业和经济”、“数学和统计”等）、会议名称（Conference Title）、会议内容（Conference Description）、举办会议城市（Conference City）、举办会议国家与地区（Conference Country）等组合查询。

二、国际协会联盟

国际协会联盟（Union of International Associations，UIA，https://www.uia.org/）是 1907 年成立的位于布鲁塞尔的非政府性公益组织，它的主要工作有编制国际组织年鉴、国际会议安

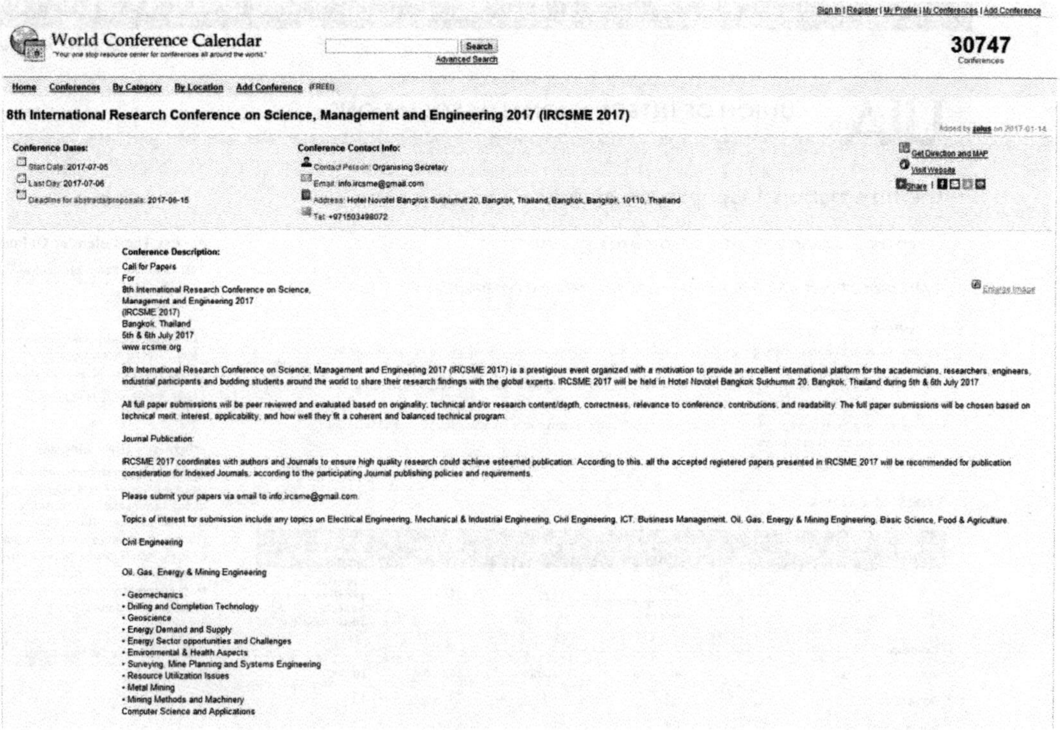

图 9-2 会议详细信息

排信息、发布国际会议统计报告、举办协会圆桌会议年会等。UIA 出版的连续出版物《国际会议统计报告》(*International Meetings Statistics Report*)提供非常详细的世界范围内的与学术会议有关的信息。在其主页有年度各类会议主题主办的会议数示意，字体越大表示该类主题举办的会议越多。目前已出版到第 58 版。

UIA 网站是一个付费网站，它的网站中提供了大量的会议信息。要在 UIA 网站检索有关会议的信息，可以在菜单“Publications”的下拉菜单中点击“International Congress Calendar”，即可进入相关页面(图 9-3)。

2017 年 UIA 网站包含了约 46 万次各类会议，涵盖从 1851 年开始已经召开的会议，一直延续到 2030 年将要召开的 1 万次会议。可以通过会议名称、承办者名称、会议召开地点、国家、召开日期、主题、参加人数等进行检索。

三、会议论文引征索引

会议论文引证索引(Conference Proceedings Citation Index，CPCI，原 ISTP、ISSTP)是唯一能够通过网络检索国际著名会议、座谈会、研讨会及其他各种会议中发表的会议录论文的文献信息和著者摘要的多学科数据库。通过这一数据库可以了解发表的会议论文的被引用情况，从而进行各类分析，跟踪研究的最新进展等。

目前 CPCI 是 ISI Web of Knowledge 中的数据库 Web of Science 中的一个子库。

检索方法即为 Web of Science 的通用检索方式，分为简单检索和高级检索等。

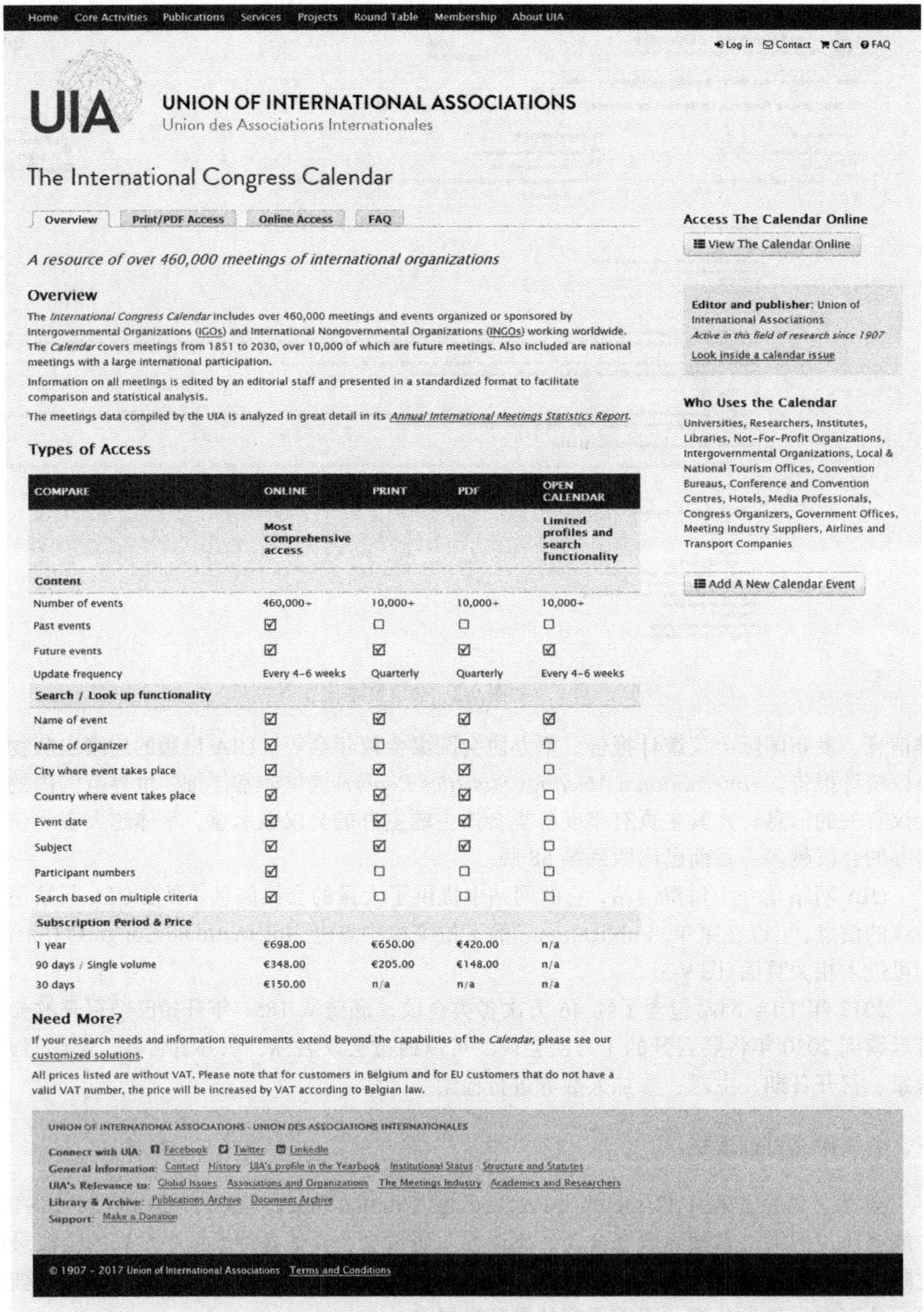

Home Core Activities Publications Services Projects Round Table Membership About UIA

Log in Contact Cart FAQ

UIA UNION OF INTERNATIONAL ASSOCIATIONS
Union des Associations Internationales

The International Congress Calendar

Overview | Print/PDF Access | Online Access | FAQ

A resource of over 460,000 meetings of international organizations

Overview

The *International Congress Calendar* includes over 460,000 meetings and events organized or sponsored by Intergovernmental Organizations (IGOs) and International Nongovernmental Organizations (INGOs) working worldwide. The *Calendar* covers meetings from 1851 to 2030, over 10,000 of which are future meetings. Also included are national meetings with a large international participation.

Information on all meetings is edited by an editorial staff and presented in a standardized format to facilitate comparison and statistical analysis.

The meetings data compiled by the UIA is analyzed in great detail in its *Annual International Meetings Statistics Report*.

Types of Access

COMPARE	ONLINE	PRINT	PDF	OPEN CALENDAR
	Most comprehensive access			Limited profiles and search functionality
Content				
Number of events	460,000+	10,000+	10,000+	10,000+
Past events	☑	☐	☐	☐
Future events	☑	☑	☑	☑
Update frequency	Every 4-6 weeks	Quarterly	Quarterly	Every 4-6 weeks
Search / Look up functionality				
Name of event	☑	☑	☑	☑
Name of organizer	☑	☐	☐	☐
City where event takes place	☑	☑	☑	☐
Country where event takes place	☑	☑	☑	☐
Event date	☑	☑	☑	☐
Subject	☑	☑	☑	☐
Participant numbers	☑	☐	☐	☐
Search based on multiple criteria	☑	☐	☐	☐
Subscription Period & Price				
1 year	€698.00	€650.00	€420.00	n/a
90 days / Single volume	€348.00	€205.00	€148.00	n/a
30 days	€150.00	n/a	n/a	n/a

Need More?

If your research needs and information requirements extend beyond the capabilities of the *Calendar*, please see our customized solutions.

All prices listed are without VAT. Please note that for customers in Belgium and for EU customers that do not have a valid VAT number, the price will be increased by VAT according to Belgian law.

Access The Calendar Online

View The Calendar Online

Editor and publisher: Union of International Associations
Active in this field of research since 1907
Look inside a calendar issue

Who Uses the Calendar

Universities, Researchers, Institutes, Libraries, Not-For-Profit Organizations, Intergovernmental Organizations, Local & National Tourism Offices, Convention Bureaus, Conference and Convention Centres, Hotels, Media Professionals, Congress Organizers, Government Offices, Meeting Industry Suppliers, Airlines and Transport Companies

Add A New Calendar Event

UNION OF INTERNATIONAL ASSOCIATIONS - UNION DES ASSOCIATIONS INTERNATIONALES

Connect with UIA: Facebook Twitter LinkedIn
General Information: Contact History UIA's profile in the Yearbook Institutional Status Structure and Statutes
UIA's Relevance to: Global Issues Associations and Organizations The Meetings Industry Academics and Researchers
Library & Archive: Publications Archive Document Archive
Support: Make a Donation

© 1907 - 2017 Union of International Associations Terms and Conditions

图 9-3 UIA 网站主页

四、会议论文索引数据库

Cambridge Science Abstracts 中的 Conference Papers Index（CPI，会议论文索引）数据库由

美国剑桥科学文摘公司(Cambridge Scientific Abstracts Co.)编辑出版。现有数据约150万条，每年新增数据约7万条。CPI数据库有四个主要特点：

(1)一般收录的是会前文献，而不是会后出版的会议录，即会议进行之前预先印发给与会代表的论文、论文摘要或论文目录，如会议论文预印本、会议论文摘要、议程和发言提要、会议近期通讯或预告等；CPI 中的记录甚至有可能由于某位专家生病最终没有到会等原因而没有提交给会议。

(2)1995年以前集中收录物理、工程和材料科学有关的会议文献，1995年后集中收录生命科学和环保科学类的会议文献。

(3)不提供年代索引，无法限制年代进行检索，也不提供论文在会议录中的页码信息。

(4)只提供论文的题录信息，没有文摘。

网络版的CPI可在剑桥科学文摘(CSA)数据库平台上得到，需要购买才可使用。

第三节　学 位 论 文

学位论文是高等学校和学术研究院(所)的研究生为获得学位而撰写的学术性论文。所探讨的内容往往比较专业，相关资料收集较齐全，并有经过一定审查的研究成果，有的有独到见解和创新性，对研究工作有参考价值。学位论文大多不在期刊上发表，所以必须从专门的学位论文检索工具中查找，然后向收藏单位索取，或通过网站检索和下载。

一、学位论文印刷本检索工具

1. 《国际学位论文文摘》

《国际学位论文文摘》(*Dissertation Abstracts, International*)由美国大学缩微胶卷公司编辑出版，收录美国、加拿大、法国、英国、比利时和澳大利亚等国220余所大专院校的学位论文。该文摘分成三辑出版：

A辑:《人文与社会科学》(*Humanities and Social Sciences*)，1983年创刊，月刊。

B辑:《科学与工程》(*Science and Engineering*)，1983年创刊，月刊。

C辑:《欧洲学位论文》(*European Dissertation*)，1976年创刊，季刊。

每辑由文摘与索引两部分组成。文摘编排按学科分类。每个类目下又分若干下位级类目。索引分关键词题目索引(keyword title index)和著者索引(author index)两种。

2. 《硕士论文文摘》

《硕士论文文摘》(*Master Abstracts*)由美国大学缩微胶卷公司出版发行，为缩微胶卷，近年可以通过网络检索。它主要报道美国各大学有关自然科学和社会科学方面的硕士论文。

二、学位论文的网络检索

1. 中国高校学位论文的网络检索

1)中国学位论文全文数据库

该数据库由中国科学技术信息研究所提供。它是万方数据知识服务平台系统中的一个数据库。由设置的检索框可知其检索方法和步骤。拉开字段选择菜单，选择检索字段，输入检索词或代码，拉开逻辑运算符选择菜单，组配检索词之间的逻辑关系，选择命中文献输出的排序方式，点击“执行”等步骤。

2) CALIS 中国高校学位论文数据库

CALIS 是中国高等教育文献保障系统(China Academic Library & Information System)的简称。该数据库(http://www.calis.edu.cn)是由 CALIS 全国工程文献中心组织，全国有 200 余所高校合作的文摘索引数据库。“211 工程”高校收录的论文较多。主要收录自 1997 年以来的博硕士学位论文的文摘，目前有大约 42 万条学位论文文摘索引。

内容包括自然科学、社会科学及医学等各个学科领域。有简单检索和高级检索两种检索方式。检索者可以分别从题名、作者、导师名、作者专业、单位、分类号、主题和全文字段等不同角度进行检索，也可用逻辑组配等方式检索。

3) 中国博士学位论文全文数据库和中国优秀硕士学位论文全文数据库

这是目前国内资源完备、收录质量较高的学位论文全文数据库，收录从 1999 年以来的论文。它是 CNKI 网中的一个子库，其学科按 CNKI 知识库分类体系分成 12 大类。每年新增论文约 2 万篇。

它的检索方式有初级与高级两种。两种检索方式均可用导航系统进行分类浏览。若一次检索误检率较高，可对检索结果进行二次检索。二次检索可以重复进行，直到得到满意结果为止。检索时登录 CNKI 网站 http://www.cnki.net/。

4) 国家科技图书文献中心(NSTL)学位论文库

该数据库(http://www.nstl.gov.cn/)主要收录了 1984 年至今我国高等院校、研究生院及研究院所发布的硕士、博士和博士后的论文。学科范围涉及自然科学各专业领域，并兼顾社会科学和人文科学，每年增加论文 6 万余篇。每季更新。提供论文的文摘等基本信息。

5) 中国国家图书馆馆藏博士论文库

中国国家图书馆(http://mylib.nlc.cn/web/guest/boshilunwen)收藏博士论文近 17 万种，此外还收藏部分院校的硕士学位论文、台湾博士学位论文和部分海外华人华侨学位论文。提供论文的前 24 页网上浏览，但需要安装专用浏览器。

6) 台湾博硕士论文知识加值系统

2009 年台湾开发新一代的学位论文服务平台，自 2010 年 6 月 10 日起，进行新旧博硕士论文系统转换，并更名为“台湾博硕士论文知识加值系统”(http://ndltd.ncl.edu.tw)。部分全文，免费资源。

7) 香港大学学位论文数据库

香港大学学位论文数据库(Hong Kong University Theses Online，http://sunzi1.lib.hku.hk/hkuto/index.jsp)提供香港大学自 1941 年以来的博硕士学位论文 1.75 万余篇，涵盖艺术、人文、教育、社会科学、医学、自然科学等领域。主要以英文写作，部分中英双语，一部分以中文写作。英语界面，部分全文。

2. 国外高校学位论文的网络检索

1) ProQuest 检索平台

该平台是目前最主要的检索国外大学学位论文的网站。该网站中子库“学位论文文摘(科学和工程)”(ProQuest Dissertations and Theses A&I: The Sciences and Engineering Collection)

可以检索全球主要高校的博硕士论文。该数据库收录范围较广，学科包括自然科学和工程技术、社会科学等各个领域；收录地域包括美国和欧洲等大学；时间跨度自 1961 年至今。文献更新周期较短。

目前我国大部分高校都订购了该数据库。通过各自网址可以全面了解该数据库的功能、特点以及服务方式。具体检索方法参见 ProQuest 检索平台的检索。

另外，CALIS(中国高等教育文献保障系统)也收录了 ProQuest 的内容，称为 ProQuest 学位论文全文检索平台(简称 PQDT)，网址为 http://pqdt.calis.edu.cn/。这是目前国内唯一提供国外高质量学位论文全文的数据库，主要收录了来自欧美国家 2000 余所知名大学的优秀博硕士论文，涉及文、理、工、农、医等多个领域，是学术研究中十分重要的信息资源。该数据库仅限于购买了学位论文全文使用权的学校和机构使用(图 9-4)。

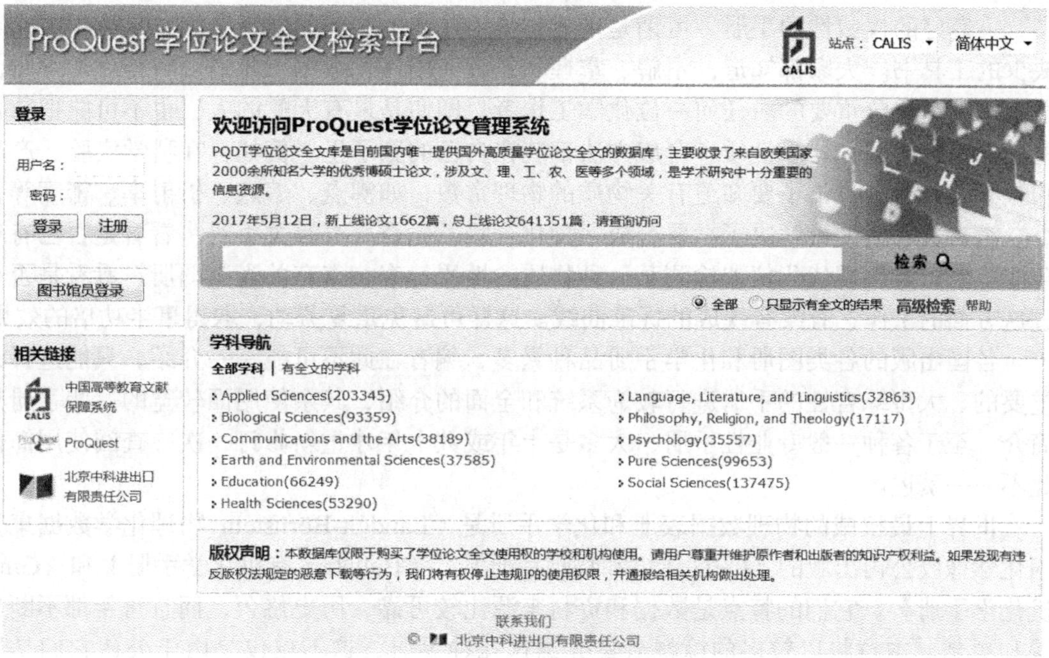

图 9-4　ProQuest 检索平台主页

2）剑桥大学机构知识库

剑桥大学机构知识库(http://www.dspace.cam.ac.uk/)由 Cambridge University Library 和 University Computing Service 维护，提供剑桥大学相关的期刊、学术论文、学位论文等电子资源。

3）能源引用数据库

能源引用数据库(Energy Citations Database，http://www.osti.gov/energycitations/)提供美国能源部的科技信息摘要。学科范围包括材料科学、环境科学、计算机、能源和物理等。文献类型包括期刊论文、学位论文、研究报告和专利等。

第十章　理化工具书及其网络化检索

理化数据、光谱资料集和各种化学手册大全的印刷版通称为传统工具书，是化学及其相关学科的数据事实信息源。

理化数据和光谱资料以及各种化学手册的特点是把古今世界各国在科学实验中所取得的成果以简明的数据和图表以及扼要的文字形式记录下来，然后分门别类地收集在各种表册和手册中，以方便有关化学工作者查阅和参考。

一套好的权威性的手册，可谓是世界化学工作者的共同的知识仓库，是化学工作者不可缺少的工具书。大家都知道，了解、掌握和熟练使用理化数据、光谱资料与化学手册，对化学工作者是十分重要的。任何一位化学工作者，即使是最有天赋的人，也不可能把数百万种物质的物理常数、化学性质、合成方法都装在自己的脑子里。例如，在科学实验、产品设计和教学工作中，少不了要知道有关物质的物理常数，如沸点、熔点、折射率、密度等，只要查一查有关手册便可解决了。要合成一种化合物，先查一查有关手册，看看是否已有现成的合成方法；要用现代化仪器检测某一种物质的性质，查一查有关光谱图册，看看是否有人做过这方面的工作，有没有现成的标准曲线。这样可避免重复劳动，取得事半功倍的效果。

各国出版的各类图册和化学手册品种繁多，编者在此不可能一一介绍，只能选择几种最重要的、大型综合性的手册进行较为系统和全面的介绍，其余使用面较宽的一些手册只作一简介。至于各种一般专业性手册，大多是十年或数十年才重新修订一次，查阅使用简便，在此不一一赘述。

世界上最权威的物理数据表册和化学手册是《Landolt-Börnstein 物理化学数据集》、美国化学橡胶公司出版的《CRC 化学和物理手册》、《Beilstein 有机化学手册》和《Gmelin 无机化学手册》。它们的特点是数据和资料来源比较可靠，历史悠久，而且每年都不断出版补编和更新。本章将以较多的篇幅着重介绍这几种手册，这不仅仅是由于公认它们是最权威的，而且还由于它们是数十年甚至上百年的连续累积出版物，在编排系统和检索方法上都各具特色，初学者一般不知道如何使用。

如今，随着信息科学技术的发展，以往依靠传统工具书的单一检索方式也发生了改变，电子工具书、网络检索工具的出现，更多样化的检索方式，成为科学工作者查询信息的新选择。电子工具书和网络资源检索无疑具有诸多的优势。在网络环境下，它具有互动互联性、便捷性、易操作性、信息更新迅速等优点。然而，它终究不可能取代其他所有媒体。网络对于传统工具书的挑战也并不是“歼灭性”的。目前在许多方面，它仍有难以逾越的瓶颈，如对电子设备的依赖、高技术准入门槛、传统阅读习惯和查检习惯等。因此，两者并存，优点互补，还会较长时间地延续下去。

下面着重介绍上面提到过的最具权威性的数种手册及其数据库的检索。

第一节　《Landolt-Börnstein 物理化学数据集》

以 Landolt-Börnstein 命名的科技数据与函数集是一个多世纪以来世界上公认的最好的物

理数据集。它系统、全面地收集了物理及其有关学科，如物理化学、生物物理、地球物理、天文、材料科学和技术的数据和函数，该全集由施普林格出版社出版，简称《Landolt-Börnstein 数据集》(LB)。

LB 于 1883 年刊行第 1 版，1 卷本，是由德国人 Landolt 和 Börnstein 编写的。以后大致每 10 年修订一次，重编刊行，并冠以创始人姓氏。1923 年刊行第 5 版：正编 2 卷；第一补编 1 卷(1927)；第二补编 2 卷(1931)；第三补编 3 卷(1935～1936)。1950 年起刊行第 6 版，是在第二次世界大战以后编写的，几乎所有材料都以表格形式列出。这套全集除少数用英文外，其余大多数用德文出版，到 1973 年已基本出全，共计 28 卷。从 1961 年起，同时出版《新编》。但新编不是第 6 版的补编。它的内容大大扩充了。《新编》开始时有英文和德文对照，现在全部用英文出版。由于有了新编，本全集不继续出版第 7 版。新编到 2002 年年底已出版 270 余卷。

LB 自从 1950 年开始编纂出版第 6 版直到 1985 年止，35 年间共出版了 126 卷(第 6 版有 28 卷)，合计 74 000 页，56 000 幅图表。

LB 以前最大的缺点是没有索引，只能直接根据各卷目录查找有关数据。但各卷目录特别详细，有的细分到 5 级标题(本书第 1 版中对目录内容作过系统介绍)。直到 1987 年才出版了一套包罗 35 年全部主题的综合索引。综合索引分德文和英文两大部分，各自按字母顺序编排。

第 6 版共 28 卷，内容分成 4 大类：Ⅰ.原子和分子物理；Ⅱ.各态物质的性质；Ⅲ.天文和地球物理；Ⅳ.基础技术。已全部译成英文。

28 卷中每卷又分为若干分册，如第一卷有五个分册：

Ⅰ/1：原子和离子。

Ⅰ/2：分子Ⅰ(核架)。

Ⅰ/3：分子Ⅱ(电子层)。

Ⅰ/4：晶体。

Ⅰ/5：原子核和基本粒子。

第二卷有九个分册：

Ⅱ/1：缺。

Ⅱ/2a：多相体系平衡的热力学常数，蒸气压、密度、转化温度、冰点降低、沸点升高以及渗透压。

Ⅱ/2b 和Ⅱ/2c：溶液平衡。

Ⅱ/3：熔点平衡(相图)，界面平衡的特征常数(表面电荷、接触角、水上的表面膜、吸附、色层、纸上色层)。

Ⅱ/4：量热数据、生成热、熵、焓、自由能，有分子振动时热力学函数计算表，焦汤效应，低温时的热磁效应和顺磁盐以及混合物溶液的热力学函数。

Ⅱ/5：缺。

Ⅱ/6：金属和固体离子的电导，半导体，压电晶体的弹性，压力和介电常数、介电特性。

Ⅱ/7：电化体系的电导、电动势，电化体系中的平衡。

Ⅱ/8：光学常数，反射，磁光凯尔(Kerr)效应，折射率、旋光、双折射、压电晶体的光学性质，法拉第效应，色散。

Ⅱ/9：磁学性质，铁磁性，法拉第效应，凯尔效应，顺磁共振、核磁共振。

新编收集的学科范围有很大扩充。到 1987 年发展为 7 大类：Ⅰ.核物理与核技术；Ⅱ.原子和分子物理；Ⅲ.晶体和固体物理；Ⅳ.物质的宏观和技术性质；Ⅴ.地球物理和空间研究；Ⅵ.天文、天体物理和空间研究；Ⅶ.生物物理。最后一类“生物物理”是在 1987 年新增设的。当年计划出第 1 卷核酸。该卷内容包括：核酸的命名和定义、结构(键角和键距、扭转角、各种立体观点)；核酸的光谱和动力学数据，物理数据以及它们的组成和理论研究。

现新编的内容分成 8 大类：Ⅰ.基本粒子、核子和原子；Ⅱ.分子和原子团；Ⅲ.凝聚物；Ⅳ.物理化学；Ⅴ.地球物理；Ⅵ.天文和天体物理；Ⅶ.生物物理；Ⅷ.新材料和技术。LB 从 2002 年 8 月起可以上网检索。数据收录从 1883 年至 2002 年。

LB 现在已有联机版(Online Version)，并在 Internet 上建立了网站，以 Springer Materials 为名提供服务，网址是 http://www.landolt-boernstein.com/。网络版可通过本网站设置的 Link 进入 http://link.springer.de/orders.htm。该网页设置有链接点：What’s New, Search, Order, Helpdesk, Up。通过这些链接点可深入了解 LB 详细出版收录情况，并可实施网上检索或订购。也可通过 Email 向施普林格出版公司免费索取最新目录。检索内容不仅是书目检索和数据检索，还可以检索文摘和全文。

第二节　《CRC 化学和物理手册》

《CRC 化学和物理手册》(*CRC Handbook of Chemistry and Physics*)是美国化学橡胶公司(CRC)出版的。它创始于 1913 年，每年累积增新并再版一次，只是在第一次和第二次世界大战期间停止过几年，至 2018 年已出版了第 99 版。它是一部关于化学、物理及其相近学科数据资料最完整和最详细的手册，在近一个世纪的时间里，世界各国物理、化学以及相关领域的研究者从事科学研究都要依赖其所提供的权威的、及时更新的数据信息。

《CRC 化学和物理手册》的主要内容划分为 16 部分：

第一部分　基本常数、单位和换算因数；
第二部分　符号、术语和命名；
第三部分　有机化合物物理常数；
第四部分　元素和无机化合物性质；
第五部分　热化学、电化学和动力学；
第六部分　流体性质；
第七部分　生物化学；
第八部分　分析化学；
第九部分　分子结构和光谱；
第十部分　原子、分子及光学物理；
第十一部分　核子和粒子物理；
第十二部分　固体性质；
第十三部分　聚合物性质；
第十四部分　地球物理、天文学和声学；
第十五部分　实验室数据；
第十六部分　健康和安全信息；
附录 A　数学。

本手册所收录的化合物均采用IUPAC命名原则命名，并按名称的英文字母顺序编排。有机化合物按母体名称字母顺序编排。母体名后的基团名称也按字母顺序排列。现以C部分有机化合物物理常数表(表10-1)为例加以说明。

表 10-1 有机化合物物理常数表

顺序号	名称、同义词及分子式	物理常数项(略)	参考文献
175	acetic acid or ethanoic acid CH_3CO_2H		$B2^4$，94
176	acetic acid, allyl ester or allyl acetate $CH_3CO_2CH_2CH{=}CH_2$		$B2^4$，180
179	acetic acid, benzyr ester or benzyl acetate $CH_3CO_2CH_2C_6H_5$		$B6^4$，2262
⋮			
1882	benzene C_6H_6		$B5^4$，583
1883	benzene, allyl or allylbenzene		$B5^4$，1362
⋮			
1900	benzene, 1,2-bis（chloromethyl) or *o*-xylylene chloride 1, 2-$(ClCH_2)_2C_6H_4$		$B5^4$，927
⋮			
6603	ethane CH_3CH_3		$B1^4$，108
⋮			
6609	ethane, 2,2-bis (4-chlorophenyl) -1,1,1-trichloro or DDT, dichloro diphenyl trichloro ethane $C_{14}H_9Cl_5$		$B5^1$，1833
⋮			
14918	vitamin B, or thiamine hydrochloride $C_{12}H_{16}Cl_2N_4OS$		Am74，2409

有机化合物物理常数表中列有12 000多种常见有机化合物。表10-1的著录格式与早年版本相比略有改动。顺序号从1号编至12 068号。顺序号前的光谱符号和化合物带头英文字母被取消。顺序号后紧接化合物名称或同义词和分子式。后两者单列一栏。物理常数项为：分子量；颜色、晶形、比旋光度和 $\lambda_{max}(\lg\varepsilon)$；沸点、熔点、密度；折射率；溶解度等。最后一栏(第80版起为倒数第二栏)为参考文献，即数据来源。表中参考文献栏中早年$B2^4$，94表示为Beilstein第二补编，第4卷，第94页；Am74，2409表示*J. Am. Chem. Soc.*第74卷，第2409页。第80版起为5-18-11-01234，表示为第V补编，18卷，11补编，第01234页。该表中所用的符号和缩写可查该表前的符号和缩写一览表。第80版中增加了一栏CAS化学物质登录号。欲查某化合物的结构式，可以根据表中顺序号查该表后面附录的有机化合物结构式；若查阅该表时，不知道化合物的正确英文名称，可利用表后面附录的分子式索引。分子式按Hill系统组排，它与CA分子式索引相同。每一分子式下列出各同分异构体的顺序号，按顺序号可在表中查到它们的名称及物理常数，并可根据参考文献追索原始文献。

表后面的熔点索引和沸点索引可以从所需熔点或沸点出发，查出一系列同熔点或同沸点的有机化合物。本索引所收录的熔点为−197～913℃；沸点为−164～891℃。

手册末尾索引的使用方法比较简便：如查各元素的有关资料，用元素名称作为主题查找即可。查某种化合物，则很少用它们的名称作为主题，大多要用它们的属首词查找，如用"Organic compounds"或"Inorganic compounds"，再逐条阅读属首词下的相关项(副题词或说明词)，或者从物质的某性质名称出发查找。例如，查"氧化钙的密度"，在索引中没有"calcium oxide"这一主题词，只能查"inorganic compounds"，在此名称下有副题词：density, table B-73-166(第 63 次版)，然后在 B 部分的无机化合物物理常数表中按字母顺序查"calcium"，在该名词下再按字母顺序查"oxide"，在 B-88 页上找到顺序号 e155 即为"calcium oxide"，其相对密度为 3.25～3.38。或者从"density"出发查，在该词下有"inorganic compounds"，table B-73-166，然后在此表中按上述步骤查找即可。

现在，本手册除有印刷版外，还同时建有数据库，两者均可网上订购和浏览它的出版情况。数据库网址为 http://www.crcpress.com。目前国内各主要高校图书馆和其他大图书馆都购买了该数据库，检索也相对简单，非常方便。与旧版本相比，"CRC Handbook of Chemistry & Physics"数据库具有以下显著特点：提供用新的物质和更新的数值修订的化学物质的标准热力学参数；提供生物研究所使用的缓冲物的电离常数；提供物理和化学数据来源的目录——物理和化学性质数据来源的列表，包括记载数据的期刊、数据中心、主要的手册和互联网的网址。

第三节　《Beilstein 有机化学手册》

一、概况

《Beilstein 有机化学手册》(*Beilstein's Handbuch Organischen Chemie*)是世界上最完整的一部有机化合物情报资料[1]。该手册的编纂工作最早是由在德国做研究工作的俄籍化学家 Ф. К. Бейльштейн(F. K. Beilstein)开创的。第 1 版(共两卷)是在 1881～1882 年问世的。第 2 版(共三卷)于 1889～1890 年出版。第 3 版于 1906 年以前出版，共收录了 80 000 种化合物。这三版除第 3 版有一个助手协助工作外，其余均由 Beilstein 一个人编写完成。

Beilstein 于 1906 年去世，以后有很长一段时间此书没有再修订。直到 1918 年才由德国化学会 Beilstein 研究所继承下去，并出版了第 3 版的补编(内容包括 1899～1906 年的文献)。从 1918 年开始出第 4 版，该版内容按有机结构类目共分成 31 卷。1～27 卷为各类合成有机化合物；28～29 卷为索引；30～31 卷为天然有机物。从那时起，这 31 卷一直固定未变，延续至今。第 4 版每卷的第一次出版本称为正编，以后补充的称为补编。各卷正编分别在 1918～1940 年出全，收录 200 000 种化合物。各卷的第一次补编分别在 1928～1938 年出版；第二次补编在 1941～1955 年出版；第三次补编 1958 年开始陆续出版。正编和补编的系统号是一致的。

20 世纪 50 年代以后，由于化学文献数量剧增，所以第三次补编尚未出全，就开始出第四次补编，即从 17 卷(杂环化合物)开始，第三次和第四次补编同时平行出版，称为三、四补编合订本。第三、四次补编 17 卷共有 7 个分册(1974～1975 年出版)，18 卷共有 6 个分册(1975～1976 出版)。1984 年开始出版第五次补编，内容包括 1960～1979 年的文献，并全部改用英文出版。第五次补编从第 17 卷杂环化合物(带有一个 O，S，Se 或 Te 原子的杂环母体化合物)开始编辑出版。第五次补编化学物质命名和化学术语采用 IUPAC 的命名规则，期刊缩写与美国 CA 所采用的缩写一致。各卷历次出版所收录文献的期限见表 10-2。

表 10-2　《Beilstein 有机化学手册》收录文献期限

代号	编名	卷数	收录文献的期限
H	正编	31	1910 年以前
EⅠ	第一补编	27	1910～1920
EⅡ	第二补编	29	1920～1930
EⅢ	第三补编	1～16	1930～1949
EⅣ	第四补编	1～16	1950～1959
EⅢ/EⅣ	三四合编	17～27	1930～1959
EⅤ	第五补编	17～27	1960～1979

印刷版经过一个多世纪，于 1999 年停刊，被电子版和网络化检索取代(见本章第五节)。

二、分类系统

Beilstein 手册包括正编和六套补编在内，到 1998 年为止已出版了 141 卷 464 册(包括索引本)。Beilstein 分类系统是先根据母体定部别，然后按杂环定分部，再参照官能团定类别，最后用系统号码连贯正编、补编各卷。

1. 由母体确定部别

Beilstein 手册总的分类系统是根据化合物的母体(stem nucleus)结构，分别编排在以下的四个部中(表 10-3)。

表 10-3　Beilstein 正编(补编)分类系统

部别	内容	卷号	系统号码
Ⅰ	无环化合物	1～4	1～449
Ⅱ	碳环化合物	5～16	450～2358
Ⅲ	杂环化合物	17～27	2359～4720
Ⅳ	天然化合物*	30～31	4723～4767

*指未包括在前面各类中的天然产物，如橡胶、糖类等。这两卷在正编中出版，以后各补编不再出相应的卷。卷号 H30 中同类文献资料将包括在 EⅢ有关各卷中，而 H31 中同类文献资料则包括在 EⅣ有关各卷中。

所谓母体是指分子结构中所有与碳原子相连的其他原子或基团被氢原子取代后留下的主体部分。这种取代不造成环的破裂(表 10-4)。

表 10-4　由母体确定部别

衍生物	母体(或接近母体化合物)	部别
CH_3CH_2Br	CH_3CH_3	Ⅰ
$(CH_3)_2O$	CH_3OH	Ⅰ
CH_3ONO_2	CH_3OH	Ⅰ
$CH_3-C(=NOH)-C(=NOH)-CH_3$	$CH_3-C(=O)-C(=O)-CH_3$	Ⅰ

续表

衍生物	母体(或接近母体化合物)	部别
CH_3CN	CH_3COOH	Ⅰ
$ClCH_2CO·OC_2H_5$	CH_3COOH	Ⅰ
$HOCH_2CH_2NH_2$	$CH_3CH_2NH_2$	Ⅰ
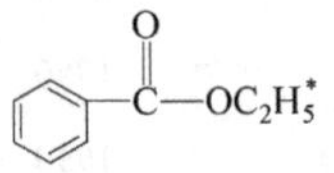	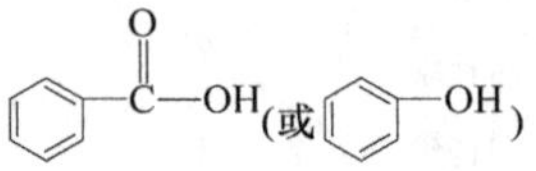	Ⅱ
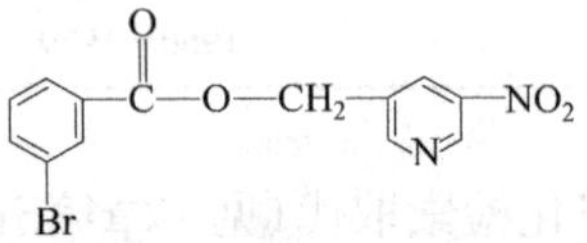	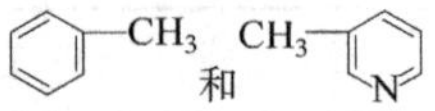	Ⅲ

*这个结构式可能是苯甲酸乙酯，也可能是乙酸苄酯，视具体情况而定。

2. 杂环化合物的分部

杂环化合物须考虑到存在于杂环母核中的杂原子。与前面Ⅰ、Ⅱ两部不同，它按照杂环母核中所包含的杂原子种类及数目确定在分部中的先后编排次序。按照规定的次序，含氧杂环排在前面，含氮杂环排在后面，含 S、Se、Te 的杂环母体紧接在含氧杂环之后。同样，当一个杂环化合物的母体可分别属于几个分部时，则按照分类系统的最后位置优先原则，即所属几个分部中，哪一个分部次序在最后，就列在哪一个分部，而不是分别列在各分部中。

最后位置优先原则，也根据母体选择部别。例如，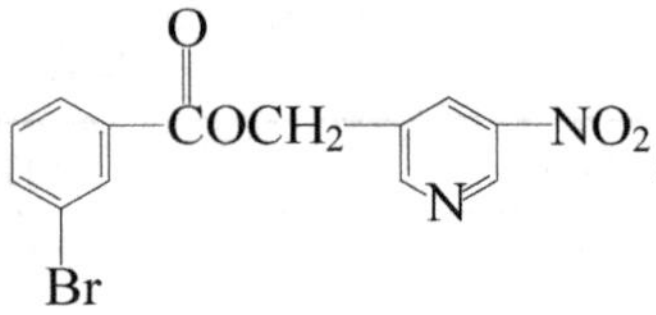的母体核为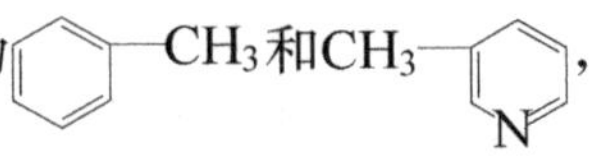，前者为纯环，后者为杂环，按定位原则，该化合物应作为杂环官能衍生物，编入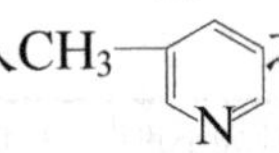之后。

3. 官能团的分类

根据母体大致确定了化合物所属部别之后，再根据所连接的官能团类型及数目，确定其排列次序。

Beilstein 手册的分类体系中，官能团排列顺序见表 10-5。而官能团仅限于表中第 2 栏列举的这些。其他取代基：

$$F, Cl, Br, I, NO, NO_2, N_3$$

则看作是非官能取代基。含有这些取代基的母体衍生物称为非官能性衍生物(或取代衍生物)。多官能团化合物也按最后位置优先原则编类。

手册规定的官能团共有 17 类(表 10-5)，其中前 10 类最为重要，应牢记。

表 10-5　二十七卷《Beilstein 有机化学手册》的内容

索引化合物种类	官能团结构特征	各大部类所属的大全卷号							
		A 无环化合物	B 碳环化合物	C 杂环化合物					
				环杂原子种类与数目					
1 无官能团化合物			5	1O*	2O，3O*，…，	1N 20	2N	3N，4N，…	1N，1O，1N，2O，2N，1O*，2N，2O*，其他杂原子**
2 羟基化合物	—OH	1	6	17			23		
3 羰基化合物 ═O	═O		7			21	24		
	═O⁺—OH		8						
4 羧酸 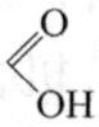	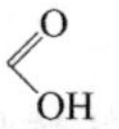	2	9						
	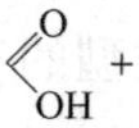 +—OH ； 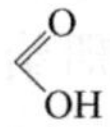 +═O ；								
	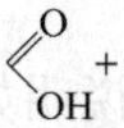 +═O⁺—OH	3	10						
5 亚磺酸	$—SO_2H$								
6 磺酸	$—SO_3H$								
7 有机亚硒酸、硒酸及亚碲酸	SeO_2H 和$—SeO_3H$ TeO_2H	4	11	18	19	22	25	26	27
8 胺　　$—NH_2$	$—NH_2$		12						
	$[—NH_2]_n$； $—NH_2^+—OH$		13						
	$—NH_2^+═O$ ； $—NH_2^+$ 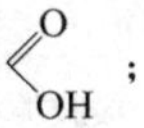 ； $—NH_2^+$ …		14						
9 羟胺与二羟胺	—NH—OH —N(OH)OH								
10 肼	$—NH—NH_2$		15						
11 偶氮化合物	—N═NH								
12 重氮化合物	$[N≡H]^+$								
13 带有由三个或三个以上氮原子组成的基团化合物	$—NH—NH—NH_2$, $—N(NH_2)_2$, $—N═N—NH_2$, …								
14 碳原子直接和 P、As、Sb 及 Bi 相连的化合物	$—PH_2$, PH—OH, $—P(OH)_2$, $—PH_4$, …, $PO(OH)_2$		16						
15 碳原子直接和 Si、Ge 及 Sn 相连的化合物	$—SiH_3$, $—SiH_2(OH)$, …								

续表

索引化合物种类	官能团结构特征	各大部类所属的大全卷号							
		A 无环化合物	B 碳环化合物	C 杂环化合物					
				环杂原子种类与数目					
16 碳原子直接与周期表中ⅠA～ⅢA族元素相连的化合物	—BH_2, BH(OH), …, —Mg^+								
17 碳原子直接与周期表中ⅠB～Ⅷ族元素相连的化合物	—HgH, —Hg^+, …								

*除 O 外，也可以是 S、Se 和 Te；**如 Bi、Si、P，但不包括 S、Se 和 Te。

4. 系统号码

Beilstein 手册中收录的资料极为广泛。例如，仅正编就有 20 多万条款目，加上六套补编，共超过了 100 万条。为了把如此庞大的资料组织好，手册给各种类型的有机化合物指定了一个系统号码(简称 syst. No.)。

现将 Beilstein 手册正编(补编)各部、类、卷号及系统号码对照列表说明如下(表 10-6)，以供读者查阅参考(表 10-5 和表 10-6 可以参照使用)。

表 10-6 Beilstein 手册部、类、卷号及系统号码对照表

卷号	系统号码	内容	官能团类号
		Ⅰ部 无环化合物	
1	1～151	无环碳氢化合物、羟基化合物、羰基化合物和羟基羰基化合物	1～3
2	152～194	无环一元羧酸和多元羧酸	4A
3	195～322	无环羟基碳酸、羰基碳酸和羟基羰基酸	4B
4	323～449	无环亚磺酸、磺酸和硒酸等、无环胺类、羧胺类和联氮化合物，偶氮及其他带氮官能团的化合物，无环碳硫、碳砷、硫硅化合物和有机金属化合物	5 以上各类
		Ⅱ部 碳环化合物	
5	450～498	环烃	1
6	499～608	纯环羟基化合物	2
7	609～736	纯环羰基化合物和多羰基化合物	3A
8	737～890	纯环羟基羰基化合物	3B
9	891～1050	纯环一元羧酸和多元羧酸	4A
10	1051～1504	纯环羟基酸和羰基酸	4B
11	1505～1591	纯环亚磺酸、亚硒酸和硒代磺酸	5～7
12	1592～1739	纯环，一元胺	8A
13	1740～1871	纯环，多元胺及羟胺	8A～8B
14	1872～1928	纯环羰基胺、氨基酸、氨基苯亚磺酸、氨基苯磺酸	8B
15	1929～2084	纯环羟胺和肼	9～10
16	2085～2358	纯环偶氮基化合物、重氮基化合物和其他带官能团的化合物，碳硫、碳砷、碳铋及碳硅等化合物和有机金属化合物	11 以上各类

续表

卷号	系统号码	内容	官能团类号
		Ⅲ部　杂环化合物	
17	2359～2503	一氧杂环化合物：母体、羟基化合物和羰基化合物	1～3A
18	2504～2665	一氧杂环化合物：羟基羰基化合物、碳酸、磺酸、胺等	3B 以上各类
19	2666～3031	二氧或多氧杂环化合物	包括各类
20	3032～3102	一氮杂环：母体	1
21	3103～3241	一氮杂环：羟基化合物和羰基化合物	2～3
22	3242～3457	一氮杂环：碳酸、磺酸、胺等	4 以上各类
23	3458～3554	二氮杂环：母体和羟基化合物	1～2
24	3555～3633	二氮杂环：羟基化合物和多羰基化合物	3A
25	3634～3793	二氮杂环：羟基羰基化合物、碳酸、磺酸、胺等	3B 以上各类
26	3794～4187	三氮以上杂环	包括各类
27	4188～4720	O 和 N 杂环和其他杂原子化合物	包括各类
28	主题索引	第Ⅰ册 A～G；第Ⅱ册 H～Z 正编和第 1 补编	
29	分子式索引	共分 3 册	
		Ⅳ部　天然物质	
30	4723～4763a	橡胶、古塔波胶、类胡萝卜素	
31	4764～4767a	碳水化合物	

三、收录内容和编制原则

Beilstein 手册收集了各种有机化合物的来源、结构、制备、物理和化学性质、化学反应、化学分析、用途及其衍生物等内容。各种有机物按结构分类编排。现以第Ⅰ大部第 1 卷为例(表 10-7)，说明该手册中各种有机物的收录内容及其编制原则。

表 10-7　Beilstein 手册中资料内容和编制

第Ⅰ卷：烃类及其—OH，—C═O，═C(OH)，—C═基衍生物

　第 1 类：母体(无官能团的烃类；H 为卤素、NO、NO_2、N_3 取代的衍生物，烃基)

　第 2 类：羟基化合物

　　A 单羟基化合物

　　$C_nH_{2n+1}OH$(饱和碳链)(标题为化合物通式)

　　(A) CH_3OH

　　　(a) 结构

　　　(b) 历史、来源、形成、制备

　　　(c) 物理性质

　　　(d) CH_3OH 混合物及作为溶剂

　　　(e) 化学性质

　　　(f) 生理作用

　　　(g) 用途

　　　(h) 分析方法

续表

(i) 加成化合物

(j) 衍生物

1. 金属衍生物，如甲醇钠

2. 官能团衍生物(与偶合剂反应的衍生物，如二甲醚、二甲基过氧化物、羟胺、磷酸甲酯等)

ⓐ有机偶合物

ⓑ无机偶合物

3. 取代衍生物(碳链上的 H 被卤素、NO、NO_2、N_3 取代的衍生物)

(k) CH_3OH 的 S，Se 和 Te 同系物及其官能衍生物

(B) C_2H_5OH

(内容同上)

(C) C_3H_7OH

⋮

⋮

$C_nH_{2n-1}OH$(不饱和碳链)(标题为化合物通式)

⋮

⋮

B 二羟基化合物

⋮

⋮

Beilstein 手册收录内容和编制排列的基本原则说明如下：

(1) 母体按碳原子数增加及不饱和度增大的次序编排。例如，第 1 卷的叙述次序如下：

烷烃 C_nH_{2n+2}

甲烷及其非官能性衍生物

乙烷及其非官能性衍生物

……

烯烃 C_nH_{2n}

乙烯及其非官能性衍生物

丙烯及其非官能性衍生物

丁烯-1，丁烯-2，异丁烯等及其非官能性衍生物

……

炔烃和二烯烃 C_nH_{2n-2}，C_nH_{2n-4}，C_nH_{2n-6} 等

(2) 取代衍生物按 F、Cl、Br、I、NO、NO_2、N_3 的次序排列，多取代物排在单取代物之后，如 CH_3F、CH_2F_2、CHF_3、CF_4。

当存在两种不同的取代基时，则按最后位置原则编排。例如，CH_2FCl 紧接在 CH_3Cl 之后，$ClCH_2NO_2$ 则排在 CH_3NO_2 之后。

(3) 官能团化合物的编排原则如下：

(i) 同一官能团的化合物按官能团增加的次序排列，如一元醇、二元醇、三元醇等，而一元醇中又以碳原子数增加及不饱和度增大的次序排列。例如：

$C_nH_{2n+2}O$，CH_3OH，C_2H_5OH，…

$C_nH_{2n}O$，$CH_2{=}CH{-}OH$，$CH_2{=}CH{-}CH_2OH$，…

(ii)多官能团化合物按最后位置优先原则编排。例如，羟基酸编入羧酸；氨基酸编入胺类；乙醇胺排在乙胺类的后面。当分子存在三种以上的官能团时同样如此。例如，羧基氨基酸编入胺类。总之，假如有几个官能团存在时，首先确定最后一个官能团，其余的官能团则按其顺序依次排列。例如：

羧酸化合物

羧酸—亚磺酸

羧酸—羟基—亚磺酸

羧酸—烃基—羰基—亚磺酸

(4)每一类化合物之后，编排其衍生物。衍生物有三种类型，按以下次序排列：

(i)官能团衍生物。官能团的衍生物是相当多的。它们可水解为原来的官能团化合物。例如，二甲醚、乙腈可看作甲醇、乙酸的官能团衍生物，故分别编入甲醇、乙酸之后。又如，苯甲酸乙酯水解后为苯甲酸和乙醇，根据最后位置优先原则，应看作苯甲酸的官能团衍生物，编入苯甲酸之后。而乙酸苄酯水解后得乙酸和苯甲醇，根据最后定位原则，碳环醇排在脂肪酸之后(属于第Ⅱ大部)，故应看作苯甲醇的官能团衍生物，编入苯甲醇之后，与上例恰好相反。

(ii)取代衍生物。前已指出，取代衍生物是被非官能性取代基取代形成的衍生物。例如，溴乙烷 CH_3CH_2Br 应看作乙烷的取代衍生物。又如，氯乙酸乙酯应看作氯乙酸的官能团衍生物，而后者又是乙酸的取代衍生物，故排在乙酸的后面。

(iii)含硫、含硒化合物。这些化合物作为相应的含氧化合物的取代衍生物，因此排在相应的含氧化合物之后。例如，CH_3SH、$(CH_3)_2Se$ 排在 CH_3OH 衍生物的最后；CH_3CS_2H 则排在 CH_3COOH 的最后。

上述编制排列原则也适用于碳环化合物。为了把问题进一步讲清楚，列表 10-8。这张表各补编的系统号码在哪一页上，请读者自己练习。

表 10-8 有关手册分类编排例题

化合物结构式	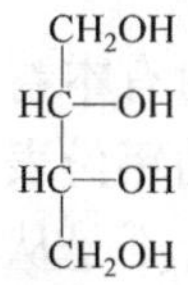	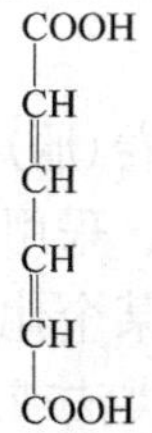	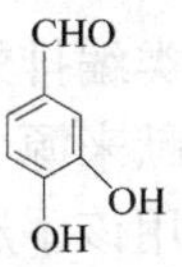	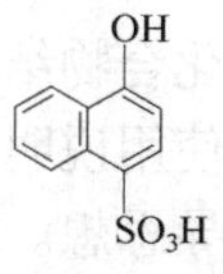	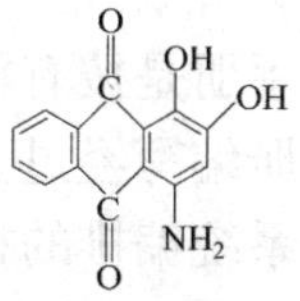	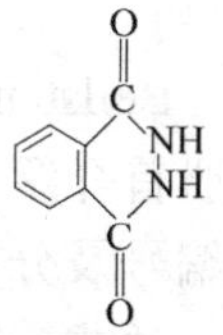
经验式	$C_4H_{10}O_4$	$C_6H_6O_4$	$C_7H_6O_3$	$C_{10}H_8O_4S$	$C_{14}H_9O_4N$	$C_8H_6O_2N_2$
大部	Ⅰ. 无环	Ⅰ. 无环	Ⅱ. 碳环	Ⅱ. 碳环	Ⅱ. 碳环	Ⅲ. 杂环
分部(针对杂环化合物)	—	—	—	—	—	环链间有 2 个 N 原子
大类	羟基化合物	羧酸类	羟基-羰基化合物	羟基-磺酸类	羟基-羰基化合物	羰基化合物
小类	四羰基化合物	二羰酸类	三个氧原子	单羟基-磺酸化合物	羟基-羰基化合物的氨基衍生物	二羰基化合物

续表

Rubric 经验式通式	$C_nH_{2n+2}O_4$	$C_nH_{2n-6}O_4$	$C_nH_{2n-8}O_3$	$C_nH_{2n-12}O_4$(相当的羟基化合物)	$C_nH_{2n-20}O_4$(相当的羟基-羰基化合物)	$C_nH_{2n-10}O_2N_2$
碳原子数	C_4	C_6	C_7	C_{10}	C_{14}	C_8
化合物卷页	H1-525	H2-803	H8-246	H11-271	H14-286	H24-371
化合物名称	erythritol	muconic acid	protocatechuic aldehyde	neville-winter acid	4-amimoalizarin	phthalhydrazide

四、索引

Beilstein 手册的第 28 卷和 29 卷是完整的主题索引和分子式索引，即正编(包括第 1 补编)在 1938～1940 年出版。其中，29 卷分子式索引在 1940 年以前按 Richter 系统(见 CA 分子式索引)编排，从第 2 补编起改为 Hill 系统(见 CA 分子式索引)编排。第 2 补编是 1955～1957 年的累积索引，包括正编和第 1、2 补编。第 3、4 补编的索引都附在每卷之后。第 3 补编累积索引各卷有所变化，单独或两卷合并累积，如 1973 年出版的有第 6 卷第 9 分册为第 3 补编累积索引。第 8 卷第 5 分册和第 6 分册是第 3 补编第 7，8 卷的主题索引和分子式索引(1970～1971 年)。第 10 卷第 6 分册和第 7 分册是第 9～10 卷的合编的主题索引和分子式索引(1971～1972 年)。第 14 卷第 4 分册和第 5 分册是第 3 补编第 12～14 卷的主题和分子式索引(1973～1975)。

此外，第 3、4 补编合并后，已开始出版卷的累积索引。它包括 H 及 EⅠ～Ⅴ各编中相应各卷的化合物名称索引和分子式索引。例如，1979 年出版的有第 2 卷和第 3 卷的第 1、2、3 及 4 次补编的累积索引；1980 年出版有第 20 卷至第 22 卷的第 1、2、3 及 4 次补编的累积索引；1984 年出版有第 7 卷和第 8 卷的 1、2、3 及 4 次补编的累积索引。1999 年出版了第 27 卷补编的第 4 次累积索引：化合物名称索引和分子式索引。名称索引从 A～Z，共有 5 册；分子式索引从 C1～C204，共有 6 册。近年出版的这些累积索引很不完备，各卷累积索引的出版先后也很零乱，有不少卷至今仍未出累积索引。这给查阅者带来很大的不便。

五、手册的查找方法

Beilstein 手册是按有机化合物结构分类编排的，每卷(册)末都附有本卷(册)编写索引。每册首介绍本册编写经过、使用说明、文献来源、缩写、采用文献的年份表、全手册各卷系统编号及分类系统编排的指导思想。然而用该手册查找某个化合物，不是从全手册中任意选取一卷或一册就可以查找了，必须利用 Beilstein 系统分类法或通过索引方能找到。

利用系统分类法查找的最大方便之处是：各补编的编排体系与正编相同，补编各卷中化合物的类型与正编各卷相对应。正编各卷中有关化合物的新的文献资料，分别编排到补编中具有相同系统号码的相应各卷内，正编及补编各卷正文中的每一页的上方(或右上角)均注明系统号码，并且补编各卷正文的每一页的上方还注明与正编相同卷号的页码。因此，人们可以利用正编来查找补编中具有相同系统号码的同类化合物的新的文献资料；反过来，也可以利用补编，查找正编及前面各补编中相应系统号码下的有关资料。

假如要查一个化合物，首先在首卷的总览中找到这个化合物是属于哪一类的，是烃还是含氧化合物，是链还是环，是芳环还是环烷，是纯环还是杂环，以便确定欲查化合物属于哪一卷和哪一个系统号。有了确定的卷号和系统号，就可以查找所需要的化合物了。例如，要查苯，苯属于纯碳环的烃类，在第 1 卷的总览中可以查到系统号(syst. No. 450～498)，包含这个系统号的是第Ⅴ卷，在第Ⅴ卷的卷后字母顺序索引中找到 benzol 就可以查得页码，用同样方法也可以从第 28、29 卷的总索引中查到。

Beilstein 手册的第 1、2、3 次补编都是按正编各卷补充的，如果在正编中未查到，可进一步查同卷的各次补编。而各次补编也有它自己的总索引。

总索引的著录内容有：主题词(或分子式)、卷号、页码。例如，从 28 卷总索引查到：

paraldehyde 19，385(806)，

即表示三聚乙醛文献在 19 卷 385 页和第 1 补编 806 页；再从 28 卷第 2 补编索引中查到：

paraldehyde 19，385，Ⅰ806，Ⅱ394，

即表示三聚乙醛文献在 19 卷 385 页，第 1 补编 806 页、第 2 补编 394 页。

至于新近出版的补编各卷索引尚未完备时，可利用总索引 H28，29，EⅡ28，29 查找化合物的系统号码，再根据此系统号码，进而查阅 EⅢ、EⅣ、EⅢ/EⅣ和 EⅤ各卷的系统号码资料。

1930 年以后才出现的化合物，如 $C_6H_8O_6$(ascorbin säure)，可根据分类知识，定它为杂环化合物第Ⅲ大部，再由补编Ⅲ/Ⅳ，卷 18 主题索引和分子式索引，查得在 3038 页上，其系统号码为 2568 号。若是一定要利用分类体系来查找，则可参照 2 分类编排例题逐步进行。例如，4-氯-6-羟基吡啶-2-羧酸［4-chloro-6-oxy-pyridincarbonsäure(2)］，其结构式为

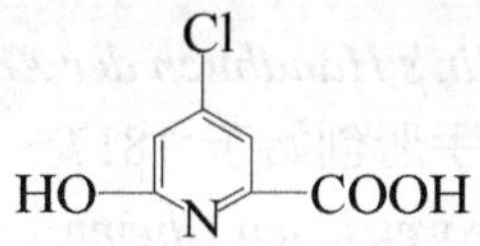

经验式为 $C_6H_4O_3NCl$，大部为Ⅲ，分部为含 1 个 N 原子，大类为羟基羧酸，小类为含 3 个 O 原子的羟基羧酸，经验式通式为 $C_nH_{2n-7}O_3N$，n 为 6。查得它的 4-Cl 衍生物系统号码为 3331 号。

掌握 Beilstein 系统分类号的查找方法不是一件很容易的事情。它有很多系统分类的基本规则。关于这点，德国 Beilstein 有机化学文献研究所编写的一本小册子 *Kennen Sie Beilstein*? 中有很详细的叙述。此书中文版书名《怎样使用贝尔斯登有机化学大全》由杨乃中译，天津科学技术出版社出版。

前面已经提到，Beilstein 手册从第 5 次补编开始，期刊缩写与美国 CA 所采用的缩写一致。第 4 次补编以前的缩写字可查卷首说明，期刊缩写可查《德国化学文摘》卷首说明。

以往，该手册缩写字很多，并且过于简单，从缩写字本身不大猜得出是什么意思。它跟 CA 的缩写方法不一样。例如：

期刊名称	CA 缩写	Beilstein 手册缩写
Berichte der Deutschen Chmichen Gesellschaft	*Ber. Deut. Chem. Ges.*	*B.*
Journal of Chemical Society	*J. Chem. Soc.*	*Soc.*
Recueil des Travaux Chimiqves des Pays-Bas	*Rec. Trav. Chim. Pays-Bas*	*R.*

Beilstein 手册除术语缩写和刊名缩写外，还有一种缩写，即同一个文献引用数次时，只在第一次引用时写明著者姓名、刊名、卷别和页码，以后再引用时则不再重复，而只注明著者姓的第一个字母。

六、Beilstein 手册的结构检索软件 SANDRA

《Beilstein 有机化学手册》印刷版创始于 18 世纪后期，是久负盛名、内容和卷册浩瀚的有机化学巨著。至今已出版了 500 多卷册，而且各卷和历次补编之间衔接复杂，查找十分困难，并且在第四补编之前是以德文出版的，所以能使用的读者很少。Beilstein 研究院推出了 SANDRA 结构检索软件，专门用于检索它的印刷版本，大大方便了该手册的检索使用。

SANDRA 可安装在 PC 或 PC 兼容机上运行。为了方便使用本软件，Spring-Verlag 出了一本手册 *Structure and Reference Analyser for Users of the Beilstein Handbook of Organic Chemistry*，读者可以找该手册学习参照。

该软件的功能是，按软件给出的绘图方法画出待查有机物的结构式，系统会立即显示该物质在手册中编号、卷号、页码，并给出它的 Beilstein 系统号。

《Beilstein 有机化学手册》的 Database 将在本章第五节中介绍。

第四节　《Gmelin 无机化学手册》

一、概况

《Gmelin 无机化学手册》(*Gmelin's Handbuch der Anorganischen Chemie*)是世界上最有威望和最完整的无机化合物手册[2]。该手册创始于 1817～1819 年，第 1 版共有 3 卷，原名为《理论化学手册》(*Handbuch der Theoretischen Chemie*)。1924 年后由德国化学会主编，1927 年出到第 7 版，德国化学会于 1946 年成立了 Gmelin 研究院，负责编纂第 8 版、第 8 版的补编及新补编。

第 8 版所包括的文献是 18 世纪中期到 1963 年的。到 1973 年底为止共出版了 225 册。原联邦德国马克斯普朗克学会(Max-Planck gesellschaft zur förderung der wissenschaften e. V.)将这一套手册，包括第 1 版 3 卷，赠送给中国科学院图书馆。

此外，从 1971 年开始，该手册同时出版新补编(new suppl. ser)，并不断增加英文版本，或部分采用英文的版本。新补编不再用系统号，再单独按出版先后确定卷号。由于采用新补编的卷号出版，并配备索引，因此以后不会再出第 9 版了。伴随数字化网络化的发展，它已于 1997 年停止出版印刷版。

二、收录内容与编排形式

Gmelin 手册对每种无机物的摘录内容一般为：化合物的发现、生成和制备；物理性质(包括熔点、密度、晶体结构、光谱线、磁性质等)；化学性质：对空气、水、热、非金属、金属、酸、有机物质等的反应。

该手册的编制方式与一般手册不同，每种元素分别编写。多数元素有固定的系统号。共有 71 个系统号，每一个号为一编。除三种同族元素(稀有气体、稀土元素、铀后元素)外，每种元素和氨均有一系统号。但系统号的确定不是按元素名称顺序，也不是按周期表的顺序，而是根据阴离子型元素的系统号较小、阳离子型元素系统号较大这样一个原则确定的，同时，几种元素的化合物以“最后位置优先的原则”排列。读者一般不太习惯这种排列顺序，所以在查阅前要查知元素系统号和几种元素化合物的系统号(详见本节附表10-Ⅰ和附表10-Ⅱ)。

三、各卷出版情况和内容汇编

为便于读者查阅和使用，将第8版和新补编的每卷每册名称和出版情况列于表10-9。

表10-9　《Gmelin无机化学手册》出版情况

系统号	元素	出版年份、卷数和内容
1	稀有气体 He、Ne、Ar…	1926(1963再版)，新补编Vol.1(1970)，稀有气体化合物
2	氢H	1927(1963再版)
3	氧O	第1册(1943)(1966再版)，历史 第2册(1951)(1966再版)，发现、工艺 第3册(1958)(1971再版)，元素氧 第4册(1960)(1971再版)，空气、活性氧、臭氧 第5册(1963)，氧与稀有气体系统及O_2-H_2系统，水 第6册(1964)，水、同位素水、水离子 第7册(1966)，过氧化氢、重氢过氧化物 第8册(1969)，OH和HO_2根、臭氧化氢 附录卷(1974)，水脱盐(英文版) 补编卷1(1979)(英文版)
4	氮N	第1册(1934)(1968再版)，历史、发现、元素 第2册(1935)(1968再版)，N与H化合物 第3册(1936)(1968再版)，N与O化合物 第4册(1936)(1968再版)，N与O化合物 补编：B化合物(1999)
5	氟F	正编(1926)(1966再版) 补编卷1(1959)；卷2(1980)元素；卷3(1982)与氢的化合物(英文版) 过氟卤代有机化合物，新补编共9卷： ①第9卷(1973)，硫化物 ②第12卷(1973)，硫、硒、碲化物，附第9卷和本卷的分子式索引 ③第24卷(1975)，磷、砷、锑、铋化合物 ④第25卷(1975)，Ⅰ～Ⅳ主族元素化合物附第24卷和本卷分子式索引(除碳外) ⑤与氮的化合物(杂环化合物)(包括3～6环系)(1978) ⑥与氮的化合物(杂环化合物)(包括6环和稠环，以及环内6个杂原子以上)，附⑤、⑥两卷分子式索引(1978) ⑦脂肪族和芳香族氮化物(1979) ⑧(1980)和⑨(1981)为⑦的续，附⑦，⑧，⑨卷索引。⑨为英文版。过氟卤代有机化合物，第1补编：第1卷(1984)，与Ⅰ～Ⅴ主族元素(除N外)及与硫的化合物(英文版)。主族元素的全氟　卤代有机化合物，第二补编，第1，2，3卷(英文版)(1997)
6	氯Cl	正编(1927)(1963再版)；补编A元素(1968)；补编B1～B2化合物(1968～1969)，氯化物
7	溴Br	正编(1931)(1965再版)，补编A元素(1985)
8	碘I	正编：第1册1931(1964再版)历史、发现、元素；第2册1933(1967再版)碘化合物

续表

系统号	元素	出版年份、卷数和内容
9	硫 S	A 编： 第 1 册(1942)(1969 再版)，历史 第 2 册(1953)(1969 再版)，发现、硫及其化合物、工艺、胶体硫、毒性 第 3 册(1953)(1974 再版)，元素、纯元素制备、性质 B 编： 第 1 册(1953)(1968 再版)，氢化物和氧化物 第 2 册(1960)，S—O 酸 第 3 册(1963)化合物 补编 1，亚硫酰卤(1978) 补编 2，卤化硫(1978) 补编 3，氧化硫(1980) 新补编：氧化值为 6 的硫化合物 第 1 编，硫氮化合物，第 32 卷(1977) 第 2 编，氧化值为 4 的硫化物(1985)
10	硒 Se	A 编： 第 1 册(1942)(1970 再版)，历史、发现、元素 第 2 册(1950)(1970 再版)，电性质Ⅰ 第 3 册(1953)(1974 再版)，电性质Ⅱ 补编： 第 1 册，工艺、成形、制备；同位素的制备、浓缩及分离(1979) 第 2 册，原子、分子、结晶性质(1980) 第 3 册，物理性质、电化学和化学性质(1981) B 编：正编(1949)(1974 再版)，硒化合物 补编：第 1 册，氢、氧、氮化合物(1981)；第 2 册，卤、硫化物(1984)
11	碲 Te	正编(1940)(1969 再版) 补编 A：第 1 册，发现、用途、制备、原子、分子(1982)；第 2 册，物理性质、电化学性质、化学反应(1983) 补编 B：化合物 第 1 册，与氢、氧、氮的化合物(1976)；第 2 册，与氟、氯的化合物(1977)；第 3 册，与溴、碘、硫和硒的化合物，络合物(1978)
12	钋及同位素 Po	正编 1941(1969 再版)
13	硼 B	正编 1926(1970 再版) 补编第 1 卷(1954)(1976 再版) 补编第 2 卷，元素硼，硼碳化物(1981)(英文版)续表 系统号元素出版年份、卷数和内容 13 硼新补编共 20 卷，其中有 12 卷为英文和德文合刊 ①第 13 卷(1974)，二元硼氮化合物、B—N—杂环、多硼氮化合物 ②第 15 卷(1974)，碳硼烷 1(Carboranes 1) ③第 9 卷(1975)，硼与 S，Se，Te，P，As，Sb，Si 及金属的化合物 ④第 22 卷(1975)，含有隔离三角 B 原子和共价 B—N 键的化合物 ⑤第 23 卷(1975)，硼吡唑衍生物和三角 B—N 化合物 ⑥第 27 卷(1975)，碳硼烷 2 ⑦第 28 卷(1975)，硼氧化物、硼酸、硼酸盐 ⑧第 33 卷(1976)，四氢化硼酸盐离子的衍生物 ⑨第 34 卷(1976)，硼卤素化合物 ⑩第 37 卷(1976)，4 号螯合硼化合物 第 42 卷(1977)，碳硼烷 3 第 43 卷(1977)，碳硼烷 4 第 44 卷(1977)，硼化合物 1 第 45 卷(1977)，硼氢化合物 1 第 46 卷(1977)，氨硼烷及其相关化合物 第 48 卷(1977)，硼氧化合物 2

续表

系统号	元素	出版年份、卷数和内容
13	硼 B	第 51 卷(1978)，环硼氮烷(Borazine)及其衍生物 第 52 卷(1978)，硼氢化合物 2 第 53 卷(1978)，硼卤化合物 2 第 54 卷(1979)，硼氢化合物 3 第 1 补编，共 3 卷，为上面 20 卷的补编，文献收集到 1977 年止 第 1 卷(1980)，硼和稀有气体、氢及氧 第 2 卷(1980)，硼和氮，卤素 第 3 卷(1981)，硼和硫属，碳硼烷附第 1～3 卷索引第 2 补编，为第 1 补编的继续，共 2 卷，文献收集到 1980 年止 第 1 卷(1983)，硼和稀有气体，氢，氧，氮，附本卷分子式索引 第 2 卷(1982)，硼和氢，硫属，碳硼烷，附本卷分子式索引 独立分册(1980)，硼在生物学、医学和药学上的应用和效应
14	碳 C	B 编：元素 第 1 册(1967)，同位素、原子、分子、单元系统，蒸气、金刚石 第 2 册(1968)，石墨 第 3 册(1968)，石墨化学反应、石墨化合物、胶体碳 C 编：化合物 第 1 册(1970)，与稀有气体、H，O 的化合物 第 2 册(1972) CO 和 CO_2 化学反应 第 3 册(1973)，$CO_2+C \rightleftharpoons 2CO$ 平衡。碳酸水溶液、碳酸盐离子、过氧化碳酸续表 系统号元素出版年份、卷数和内容 14 碳第 4 册(1975)，选择性 C—H—O 游离基、甲酸、乙酸、草酸 D 编：化合物 第 1 册(1971)，C—N 化合物 第 2 册(1974)，C—卤素化合物 第 3 册(1976)，C—卤素化合物(续) 第 4 册(1977)，C—S 化合物 第 5 册(1977)，C—S 化合物 第 6 册(1978)，C—S，C—Se，C—Te 化合物
15	硅 Si	A 编：历史、发现 第 1 册(1984)，历史(英文版) B 编(1959)：元素及其无机化合物 B 编补编： 第 1 册(1982)，硅和稀有气体，硅和氢(包括 SiH_n—O 化合物)(英文版) 第 2 册(1984)，硅碳化物晶体性质，二极管，气相分子晶种，无定形 Si—C 合金(英文版) 第 3 册(1986)，Si—C 系统，制备化学、电化学性质、化学反应及应用、三元和多元系统(英文版) C 编(1958)(1970 再版)，有机硅 第 5～6 册(1997)；第 9 册(1997)
16	磷 P	正编(1964～1965)，共 3 编： A 编(1965)，历史、发现 B 编(1964)，工艺、毒性、元素 C 编(1965)，化合物 分子式和主题索引(1967)
17	砷 As	正编(1952)(1971 再版)
18	锑 Sb	A 编： 第 1 册(1942)(1963 再版)，历史、发现 第 2 册(1943)(1970 再版)，发现 第 3 册(1950)(1973 再版)，工业和实验室制备、发现

续表

系统号	元素	出版年份、卷数和内容
18	锑 Sb	B 编： 第 1 册(1943)(1970 再版)，元素物理性质 第 2 册(1949)，元素、化合物(至锑和碘的化合物) 第 3 册(1949)，化合物 有机化合物(英文版)： 第 1 册(1981)，有三个 Sb—C 键的三价锑 第 2 册(1981)，有两个和一个 Sb—C 键的三价锑化合物、锑苯、锑碳环 第 3 册(1982)，有 6 个、5 个、4 个 Sb—C 键的五价锑化合物
19	铋及放射性同位素 Bi	正编(1927)(1971 再版)；补编 1964 新补编：有机铋化合物(1997)
20	锂 Li	正编 1927(1974 再版)，补编(1960)
21	钠 Na	正编(1928)(1969 再版)，补编： 第 1 册(1964)，钠及其化合物工艺 第 2 册(1965)，元素、与 H 和 O 的化合物 第 3 册(1966)，与 N 和 C 的化合物 第 4 册(1967)，从钠和碳(氰化钠)到钠和铋的化合物 第 5 册(1970)，Na 和卤素化合物，Na 与从 O 到 Bi 等各种阴离子系统，Na-Li 系统 第 6 卷(1973)，卤化物(制备、性质、化学反应) 第 7 卷(1973)，卤化物(系统、溶液) 正编和各补编的分子式和主题索引(为德英对照)(1973)
22	钾 K	第 1 册(1936)(1970 再版)，元素，至钾和氧的化合物 第 2 册(1937)(1963 再版)，至钾和 Cl 的化合物 第 3 册(1937)(1963 再版)，至钾和碲的化合物 第 4 册(1937)(1963 再版)，至乙酸钾盐 第 5 册(1938)(1963 再版)，至钾和铋的化合物 第 6 册(1938)(1963 再版)，续第 5 卷 第 7 册(1938)(1963 再版)，钾盐的制造 附录册(1942)(1969 再版)，海洋盐沉积物 附录补编 1970
23	铵 NH_4^+	正编(1936)(1969 再版)，共 2 册： 第 1 册，元素、化合物(至 NH_4 和 I 的化合物) 第 2 册，至铵和钾、铋、羟胺的化合物
24	铷 Rb	正编(1937)(1973 再版)
25	铯 Cs	第 1 册(1938)(1972 再版)，发现、金属制备和性质 第 2 册(1938)(1972 再版)，铯化合物，准铯
26	铍 Be	1930(1970 再版)；补编 D，第 1 册(1997)
27	镁 Mg	A 编： 第 1 册(1937)(1965 再版)，历史、发现、元素和合金 第 2 册(1937)(1965 再版)，金属性质 第 3 册(1942)(1970)，从镁和硅到镁和镭的合金 第 4 册(1952)(1973)，从镁和锌及镁和铼的合金，表面处理 B 编： 第 1 册(1937)(1963)，到镁和碘的化合物 第 2 册(1938)(1963)，到碳酸镁的化合物 第 3 册(1938)(1963)，到镁和铋的化合物 第 4 册(1939)(1963)，镁化合物的工业生产续表 系统号元素出版年份、卷数和内容

续表

系统号	元素	出版年份、卷数和内容
28	钙 Ca	A 编： 第 1 册(1950)(1961)，历史 第 2 册(1957)(1974)，发现、元素、合金 B 编： 第 1 册(1956)(1971)，工艺 第 2 册(1957)(1971)，钙化合物(至二硫化物) 第 3 册(1961)，钙化合物、钙离子反应、钙、锶、钡的测定
29	锶 Sr	正编(1931)(1974)；补编 1960
30	钡 Ba	正编(1932)(1972)；补编 1960
31	镭及同位素 Ra	正编(1928)(1976)；补编第 1 册(1977)，历史、宇宙化学、地球化学；补编第 2 册(1977)元素、化合物
32	锌 Zn	正编(1924)(1969)；补编 1956
33	镉 Cd	正编(1925)(1974)；补编 1959
34	汞 Hg	A 编： 第 1 册(1960)，历史、制备，物理性质 第 2 册(1962)，电化学、化学反应、合金 B 组： 第 1 册(1965)，到汞和氮化合物 第 2 册 1967，汞卤化物 第 3 册 1968，从汞和硫到汞和碳化物 第 4 册 1969，化合物；A 编和 B 编分子式和主题索引
35	铝 Al	A 编： 第 1 册 1934(1966)，历史、制备、同素异构体、结构、再结晶、物理性质 第 2 册 1934(1966)，腐蚀、铝的电性质 第 3 册 1935(1966)，铝和合金表面处理 第 4 册 1936(1968)，铝与硅至镭的合金 第 5 册 1937(1968)，铝与锌至铀的合金 第 6 册 1939(1966)，铝与锰至铼的合金 第 7 册 1941(1966)，铝与铁的合金 第 8 册 1950(1973)，Al—Fe—C，Al—Fe—Si 三元合金 B 编： 第 1 册 1933(1963)，至 Al 和 C 的化合物 第 2 册 1934(1963)，其他化合物
36	镓 Ga	正编(1936)(1972)；补编 C，第 1a 册(1997)
37	铟 In	正编(1936)(1969)
38	铊 Tl	第 1 册(1939)(1962 再版)历史，第 2 册合金；第 3 册化合物
39	Sc，Y，La-Lu 稀土元素	A 编：历史和发现： 第 1 册(1938)(1970 再版)，引言、历史、发现 第 2 册(1973)，钪：历史、发现 第 3 册(1980)，Sc，Y 及镧系物：宇宙化学 第 4 册(1979)，Sc，Y 及镧化物：结晶化学 第 5 册(1981)，地球化学：岩浆旋回 第 7 册(1984)，矿物 第 8 册(1984)，矿物(硅酸盐)，沉积，矿物索引 B 编：元素 第 1 册(1976)，历史、周期表中位置、从原料中分离 第 2 册(1976)，稀土元素分离、纯金属制备、用途、毒性 第 3 册(1974)，金属物理性质 第 4 册(1976)，核子、原子及分子性质 第 5 册(1978)，同位素的制备、浓缩和分离(Sc，Y，La～Sm) 第 6 册(1978)，同位素的制备、浓缩和分离(Eu～Lu)同位素检出与测定。元素的化学反应 第 7 册(1979)，溶液中离子的反应，电化学性质

续表

系统号	元素	出版年份、卷数和内容
39	Sc，Y，La-Lu 稀土元素	C 编：化合物 第 1 册(1974)，氢化物、氧化物 第 2 册(1974)，与 H+O 的化合物、碱金属+O，N 及有关碱式复盐 第 3 册(1976)，氟化物、氟氧化物及有关复盐 第 4a 册(1982)，氯化物，比较数据(英文版) 第 4b 册(1982)，氯化物数据(英文版) 第 5 册(1977)，氧化氯化物，氢氧化氯化物，氯的含氧酸盐，碱性氯代金属酸盐 第 6 册(1978)，溴化物、碘化物，碱性卤化物，卤素含氧酸盐及碱式复盐 第 7 册(1983)，硫化物，氧化硫化物，碱式硫代金属盐(英文版) 第 8 册(1981)，硫化卤化物，硫酸盐，其他硫酸盐及相应的碱式复盐 第 9 册(1986)，与 Se 的化合物(英文版) D 编：螯合化合物(英文版) 第 1 册(1980)，螯合化合物(英文版) 第 2 册(1982)，(续)；第 3 册(1981)(续) 第 4 册(1986)，(续) 第 5 册(1984)，羧酸络合物和盐，羟基羧酸和羧酸酯(英文版) 第 6 册(1983)，离子交换和溶剂萃取反应 有机金属化合物(英文版) E 编第 2a 册(1997)
40	锕 Ac	正编(1942)(1969 再版)；补编第 1 卷(1981)(英文版)
41	钛 Ti	正编(1951)(1971 再版)；新补编：有机钛化合物 第 1 编，新第 40 卷(1977)，单分子化合物 1 第 2 编(1980)，单分子化合物 2 第 3 编(1984)，单分子化合物 3(英文版) 第 4 编(1984)，单分子化合物 4(英文版)
42	锆 Zr	正编(1958)。新补编第 10 卷有机锆与第 11 卷有机铪合订
43	铪 Hf	正编(1941)(1964 再版)；补编(1958)。新补编第 11 卷有机铪与第 10 卷有机锆合订
44	钍 Th	正编(1978)；补编：B 编，第 1 册(1997)；C 编，化合物 第 1 册(1978)，稀有气体、氢、氧化合物 第 2 册(1976)，三元和多元氧化钍 第 5 册(1986)，与 S，Se，Te，B 的化合物(英文版) D 编：溶液化学 第 2 册(1985)，钍的溶剂萃取(英文版) E 编：螯合化合物(1985)(英文版)
45	锗 Ge	正编(1931)(1961)；补编 1958；有机锗化合物，第 7 部分(1997)
46	锡 Sn	A 编(1971)：历史、发现 B 编(1971)：元素 C 编：第 1 册(1972)，与 H，O，N 及卤素的化合物 第 2 册(1975)，与 S，Se，Te，Po，B，C，Si，P，As，Sb 及 Bi 的化合物 第 3 册(1975)，与碱和碱土金属的化合物 第 4 册(1976)，与 Zn，Cd，Hg，Al，Ga，In，Tl，稀土元素，Ti，Zr，Hf，Th 及 Ge 的化合物 第 5 册(1977)，第 6 册，(1978)，络合物 D 编(1974)，合金 新补编： 第 1 编新第 26 卷(1975)，SnR_4 第 2 编新第 29 卷(1975)，R_3SnR' 第 3 编新第 30 卷(1976)，$R_2SnR'_2$，$R_2S_6R'R''$，RR'SnR'，杂环和螺环 第 6 编(1976)，二有机锡二氯化物，有机锡三氯化物 第 7 编(1980)，有机溴化物(英文版) 第 8 编(1981)，有机锡碘化物，有机锡假卤化物(英文版) 第 9 编(1982)，三有机锡硫化物(英文版) 第 10 编(1983)，一和二有机锡硫化物，有机锡硒和有机锡碲化合物(英文版)

续表

系统号	元素	出版年份、卷数和内容
46	锡 Sn	第 11 编(1984)，三甲基锡和三乙基锡氧化物(英文版) 第 12 编(1985)，三丙基锡和三丁基锡氧化物(英文版) 有机锡化合物，第 25 部分(1997)
47	铅 Pb	A 编： 第 1 册(1973)，历史 第 2a 册(1976)，宇宙化学、地球化学、结晶化学基础，同位素地球化学 第 2b 册在出版中 第 2c 册(1975)，沉积岩、变形岩、氢气层、大气层 第 3 册(1972)，矿物，欧洲沉积物续表 第 4 册(1972)，非欧洲沉积物 B 编： 第 1 册(1972)，元素 第 2 册(1972)，元素(电化学性质) C 编： 第 1 册(1969)，铅冶金学到铅和氯的化合物 第 2 册(1969)，从铅和溴到铅和碳的化合物 第 3 册(1970)，从铅和硅到铅和镭的化合物 第 4 册(1971)，Zn，Cd，Hg，Al，Ga，In，Tl 及稀土元素，Ti，Zr，Hf，Th，Ge 和 Sn 的合金、螯合物、配位基索引 C 编有德英主题索引
48	钒 V	A 编： 第 1 册(1968)，历史、生产、工艺、元素制备 第 2 册(1968)，元素 B 编： 第 1 册(1967)，至钒和铋的化合物 第 2 册(1967)，化合物、合金、螯合物 分子式和题目索引(见钽) 新补编第 2/3 卷(1971)，有机钒和有机铬化合物 分子式和题目索引(见钽)
49	铌 Nb	A 编：(1969)：历史、元素 B 编： 第 1 册(1970)，至铌和铋的化合物 第 2 册(1971)、合金 第 3 册(1972)，氧化铌酸盐 第 4 册(1973)，碱式氧化铌酸盐，与其他阳离子化合物、铌的碳化物 索引见 50 钽
50	钽 Ta	A 编： 第 1 册(1969)，历史、发现(钽和铌)、工艺 第 2 册(1969)，元素 B 编： 第 1 册(1970)，从钽和稀有气体到钽和铋的化合物和系统 第 2 册(1971)，合金，与金属和非金属化合物、络合化合物 48，49，50 以及新补编第 2 册的联合分子式和题目索引(1973)
51	镤 Pa	正编 1942(1969)
52	铬 Cr	A 编： 第 1 册(1962)，历史、发现、工艺、元素及其物理性质 第 2 册(1963)，电化学、化学反应、合金，铬钢见“铁”D 编第 2 册 B 编(1962)，化合物 C 编(1965)，与中性配位体和形成内络物的配位体的螯合物 新补编新第 3 册与第 2 册有机铬化合物合订

续表

系统号	元素	出版年份、卷数和内容
53	钼 Mo	正编 1935(1971)，补编： A 编：元素(共三册)，第 1 册(1977)，金属及其工艺 第 2 册(1985)，元素，物理性质 第 3 册(1983)，金属，化学反应 B 编：化合物 第 1 册(1975)，稀有气体，H，O 化合物。无水锑、铋和碱性钼酸盐 第 2 册(1976)，氧化钼和其他金属氧化物的化合物 第 4 册(1985)，ⅤA 到ⅦB 族金属水合钼酸盐 有机钼化合物，第 1 部分(1997)
54	钨 W	1933(1969)
55	铀 U	正编 1936(1972) A 编：元素(共 7 册) 第 1 册(1979)，铀沉积物 第 2 册(1980)，同位素 第 3 册(1981)，工艺和用途 第 4 册(1982)，核反应堆中铀燃料性质，废核燃料的再加工 第 5 册(1982)，光谱 第 6 册(1983)，一般性质，结晶性 第 7 册(1982)，分析化学，同位素组成的测定，生物性状，保健和安全控制 C 编：化合物(共 14 册)(待编第 6，12 册) 第 1 册(1977)，稀有气体及氢的化合物，铀氧系统 第 2 册(1978)，U_3O_3 和 UO_3 氧化物，氢氧化物，氧化水合物及过氧化物 第 3 册(1975)，三元和多元铀氧化物 第 4 册(1984)，二氧化铀，制备和结晶性 第 5 册(1986)，二氧化铀，物理性质，电化学性状 第 7 册(1981)，与氮的位合物 第 8 册(1980)，与氟的化合物 第 9 册(1979)，与氯、溴、碘的化合物 第 10 册(1984)，与硫的化合物 第 11 册(1981)，与硒、碲、硼的化合物 第 13 册(1983)，碳酸盐、氰化物、醇盐、碳酸盐，与硅的化合物 第 14 册(1981)，与磷、砷、锑、铋、锗的化合物 D 编：溶液化学(共 4 册) 第 1 册(1984)，铀离子溶液和熔融态的性质 第 2 册(1982)，铀的溶剂萃取 第 3 册(1982)，铀的离子交换续表 系统号元素出版年份、卷数和内容 55 铀第 4 册(1983)，铀的阳离子交换和色谱 E 编：螯合物(共 2 册)，第 1 册(1979)；第 2 册(1980) 补编 B，第 5 册(1997)
56	锰 Mn	A 编：历史、发现：第 1 册(1980)，历史 补编 A，第 5a 册(1997) B 编(1973)：元素(合金材料中的锰见“铁”，D 编补编 2，磁性材料) C 编：化合物(共 10 册) 第 1 册(1973)，氢化物，氧化物，水合氧化物，氢氧化物 第 2 册(1975)，氧络锰离子、过锰酸。周期表中第Ⅰ，Ⅱ主族和过渡金属的化合物和相 第 3 册(1975)，锰与氧的Ⅲ，Ⅳ，Ⅴ，Ⅵ族金属化合物、锰氮化合物 第 4 册(1977)，锰与氟的化合物 第 5 册(1978)，锰与氯、溴和碘的化合物 第 6 册(1976)，锰与硫、硒和碲的化合物 第 7 册(1981)，锰与硼和碳的化合物(英文版) 第 8 册(1982)，锰与硅的化合物(英文版) 第 9 册(1983)，锰与磷、砷、锑的化合物(英文版) 第 10 册(1983)，锰卤化物的电子光谱，C1 至 C10 的累积索引(英文版) D 编：螯合物(共分成 4 册)

续表

系统号	元素	出版年份、卷数和内容
57	镍 Ni	A 编Ⅰ(1967)，历史、发现、制备 A 编Ⅱ： 第 1 册(1967)，元素物理性质 第 2 册(1968)，电化学性质和化学反应、测定 B 编： 第 1 册(1965)，镍合金 第 2 册(1966)，至镍和钋的化合物 第 3 册(1966)，化合物 C 编配位体，螯合化合物：第 1 卷(1968)；第 2 卷(1969) 新补编：有机镍化合物 新第 16 卷(1975)，单核化合物 新第 17 卷(1974)，多核化合物 新第 18 卷(1975)，16、17 卷实验式和配位体索引英德对照
58	钴 Co	A 编： 第 1 册 1932(1969)，历史、发现、元素、Co 化合物 第 2 册(1932)(1972)，Co 化合物 补编(1961)(合金钢中的钴见“铁”，D 编补编 2，磁性材料) B 编 1930(1968)，钴铵 补编第 1 册(1963)，Co(Ⅰ)和 Co(Ⅱ)化合物 第 2 册(1964)，Co(Ⅲ)化合物 新补编两卷：有机钴化合物 新第 5 卷，单核化合物(1973) 新第 6 卷，多核化合物(1973)
59	铁 Fe	A 编有 2 部 9 册，第 1 部： 第 1 册 1929(1974)，历史、发现、纯铁制备 第 2 册 1929(1967)，物理性质、电化学性质 第 3 册 1930(1979)，钝性、化学反应、腐蚀、冶炼 第 4 册 1932(1974)，冶炼(续) 第 5 册 1933(1971)，冶炼 (关于铁的冶炼另出有 8 卷补编，每卷分 a、b 二册，1964～1985，有德文和英文主题索引) 第 6 册 1934(1975)，Fe—S 到 Fe—C 系统，碳钢处理、钢的硬化和淬火 第 7 册 1934(1970)，Fe—C 系统(续)，纯铁和含碳铁的磁性和电性 第 8 册 1936，Fe—C 系统，Fe—C—H 到 Fe—Be—K 系统，机械和热性质 第 9 册 1939(1968)，Fe—Mg 到 Fe—Pa 系统 B 编有 5 册： 第 1 册 1929(1975)，到铁和氯的化合物 第 2 册 1930(1967)，到铁和碳的化合物 第 3 册 1930(1967)，同上 第 4 册 1931(1967)，从铁和碳到铁和铋化合物 第 5 册 1932(1970)，化合物 C 编有 2 册： 第 1 册 1937(1967)，硬度试验 第 2 册 1939(1969)，凹口冲击强度 D 编 1936(1975)，合金材料磁性和电性 补编 2 卷： 第 1 卷 1937(1969)，铁及其合金磁性和电性 第 2 卷(1959)，磁性材料 F 编有 2 部四册： 第 1 部第 1 和 2 册 1939 和 1941(1967)，伴生和合金元素 第 2 部第 1 册 1938(1969)，主要合金元素、其他元素 第 2 册 1939(1969)，其他元素、特种方法、标准

续表

系统号	元素	出版年份、卷数和内容
59	铁 Fe	有机铁化合物有新补编两编： A 编：二茂铁及其衍生物共有 8 册 第 1 册，新第 14 卷(1974)，二茂铁 1 第 2 册，新第 49 卷(1977)，二茂铁 2 第 3 册，新第 50 卷(1978)，二茂铁 3；此外未编入新编系列的有二茂铁 4、5、7、8 等册；第 6 册，新第 41 卷(1977)，二茂铁 6 B 编：单分子化合物。共有 12 册单分子化合物，分别在 1976～1985 年出版，只有第 1 册列入新第 36 卷(1976)，单分子化合物 1 C 编为双分子和多分子化合物，共有 7 册，1～5 册为双分子，第 7 册为多分子
60	铜 Cu	A 编： 第 1 册(1955)，历史、发现、冶金、铜化合物工业制备 第 2 册 1955(1974)，元素 B 编： 第 1 册 1958(1971)，铜化合物(至碲酸铜) 第 2 册(1961)，从铜与硼到铜和铋的化合物 第 3 册(1965)，从铜与锂到铜与铁化合物，铜离子反应 第 4 册(1966)，带中性配位体和生成内络物的配位体的螯合物 D 编(1963)，铜氧化物性质 有机铜化合物(英文版)： 第 1 编(1985)，与一个烷基、烯基或芳基配位体的单分子化合物 第 2 编(1983)，与两个或多个烷基、烯基或芳基单分子化合物
61	银 Ag	A 编： 第 1 册(1970)，历史、发现 第 2 册(1970)，元素(工艺和制备、同位素、原子、分子；金属物理性质) 第 3 册(1971)，元素(化学反应、测定、毒性、胶体银) 第 4 册(1973)，元素(电化学性质) B 编化合物 第 1 册(1971)，与稀有气体，H，O，N，F 及 Cl 的化合物 第 2 册(1972)，与 Br，I，At 的化合物 第 3 册(1973)，与 S，Se，Te，Po，B，C 及 Si 的化合物 第 4 册(1974)，与 P，As，Sb，Bi 及金属化合物 第 5 册(1975)，有机银化合物、有机银盐 第 6 册(1975)，配位体络合物：银(Ⅰ)与含 N 和 O 配位体的络合物 第 7 册(1976)，配位体络合物：银(Ⅰ)与含 S，Se，Te，P，As，Sb，Bi，B，Si 或 Ge 配位体络合物 银(Ⅱ)和银(Ⅲ)络合物 附 1～7 卷主题和配位体索引 C 编(1972)，合金
62	金 Au	共三册(1950～1954)： 第 1 册，历史 第 2 册，发现、制造、纯金制备、胶体金、表面处理 第 3 册，物理性质，电化学性质，化学反应，测定，金化合物，合金 有机金化合物(1980)(英文版)
63	钌 Ru	正编(1938)(1968 再版)；补编(1970)，合金见“铂”A 编第 5 册
64	铑 Rh	正编(1938)(1971 再版)，合金见“铂”A 编 第 5 册 补编：B 编：化合物(英文版) 第 1 册(1982)，化合物 第 2 册和第 3 册(1984)，螯合物

续表

系统号	元素	出版年份、卷数和内容
65	钯 Pd	正编：第 1 册(1941)(1968 再版)，元素 第 2 册(1942)(1968 再版)，化合物 钯合金见“铂”A 编第 5 册
66	锇 Os	正编(1939)(1976 再版) 补编：第 1 册(1980)，金属、合金、化合物，合金在“铂”A 编第 6 册也有介绍 有机锇化合物，B 编，第 4b 册(1997)，第 4c 册(1997)
67	铱 Ir	正编(1939)(1971 再版) 补编：第 1 册(1978)，金属、合金 第 2 册(1978)，化合物
68	铂 Pt	A 编： 第 1 册 1938(1936)，历史、发现 第 2 册 1939(1963)，出产 第 3 册 1939(1963)，铂金属制备 第 4 册 1940(1971)，铂金属检出和测定 第 5 册(1949)，合金：钌、铑、钯 第 6 册(1951)，合金：锇、铱、铂 B 编：元素 第 1 册 1939(1963)，金属物理性质 第 2 册 1939(1963)，金属物理性质 第 3 册 1939(1963)，电化学性质 第 4 册 1942(1971)，电化学性质和化学反应 C 编：化合物 第 1 册 1939(1962)，到铂和铋的化合物 第 2 册 1940(1962)，到铂和铯的化合物 第 3 册 1940(1962)，到铂和铱的化合物 D 编(1957)(1979 再版)，铂和中性配位体的络合物 补编：A 编第 1 册(1986)，铂金属工艺
69 70	锝 Tc 铼 Re	正编(1941)(1972)，合订本 有机铼化合物，第 8 部分(1997)
71	铀后元素	新补编(英文、法文和德文混编)： A 编 1 新第 7a 卷(1973)，元素(英文版) A 编 1 新第 7b 卷(1974)，元素 A 编 2 新第 8 卷(1973)，元素 B 编 1 新第 31 卷(1976)，金属 B 编 2 新第 38 卷(1976)，二元合金系统 1 B 编 3 新第 38 卷(1977)，二元合金系统 2 C 编新第 4 卷(1972)，化合物 D 编 1 新第 20 卷(1975)，溶液化学(与法文混编) D 编 2 新第 21 卷(1975)，溶液化学(与法文混编)

附表10-Ⅰ　元素周期表和Gmelin系统号

1 H 2																1 H 2	2 He 1
3 Li 20	4 Be 26											5 B 13	6 C 14	7 N 4	8 O 3	9 F 5	10 Ne 1
11 Na 21	12 Mg 27											13 Al 35	14 Si 15	15 P 16	16 S 9	17 Cl 6	18 Ar 1
19 * K 22	20 Ca 28	21 Sa 39	22 Ti 41	23 V 48	24 Cr 52	25 Mn 56	26 Fe 59	27 Co 58	28 Ni 57	29 Cu 60	30 Zn 32	31 Ga 36	32 Ge 45	33 As 17	34 Se 10	35 Br 7	36 Kr 1
37 Rb 24	38 Sr 29	39 Y 39	40 Zr 42	41 Nb 49	42 Mo 53	43 Tc 69	44 Ru 63	45 Rh 64	46 Pd 65	47 Ag 61	48 Cd 33	49 In 37	50 Sn 46	51 Sb 18	52 Te 11	53 I 8	54 Xe 1
55 Cs 25	56 Ba 30	57** La 39	72 Hf 43	73 Ta 50	74 W 54	75 Re 70	76 Os 66	77 Ir 67	78 Pt 68	79 Au 62	80 Hg 34	81 Tl 38	82 Pb 47	83 Bi 19	84 Po 12	85 At 8a	86 Rn 1
87 Fr 25a	88 Ra 31	89*** Ac 40	104 71	105 71													

* NH_4 23

**Lanthanides 39	58 Ce	59 Pr	60 Nd	61 Pm	62 Sm	63 Eu	64 Gd	65 Tb	66 Dy	67 Ho	68 Er	69 Tm	70 Yb	71 Lu
***Actinides	90 Th 44	91 Pa 51	92 U 55	93 Np 71	94 Pu 71	95 Am 71	96 Cm 71	97 Bk 71	98 Cf 71	99 Es 71	100 Fm 71	101 Md 71	102 No 71	103 Lr 71

附表 10-Ⅱ 《Gmelin 无机化学手册》检索指南

System No.	Symbol	Element
1	He,Ne,Ar···	Noble Gases
2	H	Hydrogen
3	O	Oxygen
4	N	Nitrogen
5	F	Fluorine
6	**Cl**	**Chlorine**
7	Br	Bromine
8	I	Iodine
8a	At	Astatine
9	S	Sulfur
10	Se	Selenium
11	Te	Tellurium
12	Po	Polonium
13	B	Boron
14	C	Carbon
15	Si	Silicon
16	P	Phosphorus
17	As	Arsenic
18	Sb	Antimony
19	Bi	Bismuth
20	Li	Lithium
21	Na	Sodium
22	K	Potassium
23	NH_4	Ammonium
24	Rb	Rubidium
25	Cs	Caesium
25a	Fr	Francium
26	Be	Beryllium
27	Mg	Magnesium
28	Ca	Calcium
29	Sr	Strontium
30	Ba	Barium
31	Ra	Radium
32	**Zn**	**Zinc**
33	Cd	Cadmium
34	Hg	Mercury
35	Al	Aluminium

HCl　$ZnCl_2$　$CrCl_2$　$ZnCrO_4$

System No.	Symbol	Element
36	Ga	Gallium
37	In	Indium
38	Tl	Thallium
39	Sc,Y, La-Lu	Rare Earth Elements
40	Ac	Actinium
41	Ti	Titanium
42	Zr	Zirconium
43	Hf	Hafnium
44	Th	Thorium
45	Ge	Germanium
46	Sn	Tin
47	Pb	Lead
48	V	Vanadium
49	Nb	Niobium
50	Ta	Tantalum
51	Pa	Protactinium
52	**Cr**	**Chromium**
53	Mo	Molybdenum
54	W	Tungsten
55	U	Uranium
56	Mn	Manganese
57	Ni	Nickel
58	Co	Cobalt
59	Fe	Iron
60	Cu	Copper
61	Ag	Silver
62	Au	Gold
63	Ru	Ruthenium
64	Rh	Rhodium
65	Pd	Palladium
66	Os	Osmium
67	Ir	Iridium
68	Pt	Platinum
69	Tc	Technetium
70	Re	Rhenium
71	Np,Pu···	Transuranium Elements

编辑归属原则：各元素与系统信号比它低的元素的所有化合物均编在该元素一起。例如，Zn(系统号 32)与 1～31 号元素的所有化合物均编在 Zn 的各册中。

四、索引

从 1974 年底起，Gmelin 手册开始出版第 8 版，包括新补编 1～12 卷的分子式总索引。该索引用英文出版，并按英文字母顺序编排，并附有德英使用者指南。现已出版的索引有：

Vol.1 Ac～Au (1975)　　Vol.7 C_{24}～Ca (1977)

Vol.2 B～Br_2 (1975)　　Vol.8 Cb～Cl (1978)

Vol.3 Br_3～C_3 (1976)　　Vol.9 Cm～Fr (1978)

Vol.4 C_4～C_7 (1976)　　Vol.10 Ga～I (1978)

Vol.5 C_8～C_{12} (1977)　　Vol.11 In～Ns (1979)

Vol.6 C_{13}～C_{23} (1977)　　Vol.12 O～Zr (1980)

分子式索引补编(1974～1979)共 8 卷：

Vol.1 Ac～Au (1983)　　Vol.5 C_8～C_{17} (1985)

Vol.2 B～$B_{1,9}$ (1984)　　Vol.6 C_{18}～C_x (1986)

Vol.3 B_2～B_{100} (1984)　　Vol.7 和 Vol. 8 在出版中

Vol.4 Ba～C_7 (1985)

以前各系统号单独出版的索引有：

3 氧：分子式和题目索引，附在第 8 卷中

16 磷：分子式和题目索引

21 钠：分子式和题目索引

34 汞：分子式和题目索引，附在 B 编第 4 卷中

48 钒：分子式和题目索引，附在第 49 号铌的索引中

49 铌：分子式和题目索引，包括 48、49、50 及新补编第 2 卷

50 钽：分子式和题目索引，附在 49 号铌的索引中

新补编第 18 卷有机镍化合物的经验分子式索引和配位体分子式索引。

Gmelin Database 的情况请参见本章第五节。

第五节　Beilstein/Gmelin 数据库及其使用

Beilstein 有机化学数据库和 Gmelin 无机化学数据库是在《Beilstein 有机化学手册》和《Gmelin 无机化学手册》的印刷版基础上发展起来的。前者的印刷版 1999 年停止出版，后者于 1998 年停止出版，而代之以 Beilstein/Gmelin CrossFire 数据库[3]。这两套既独立又统一的数据库，编辑工作分别由德国 Beilstein 研究院和 Gmelin 研究院进行。前者收录有机化合物的数据资料，后者收录有机金属与无机化合物的数据资料。

1998 年起两套数据库由 Elsevier 公司控股，由该公司所属的子公司 MDL(Molecular Design Limited Information System)出版，通称“CrossFire”，目前已整合为“Reaxys 数据库”，网址为 www.reaxys.com。整合之后又收录摘取了全球各大出版社出版的化学相关核心期刊，7 大专利局（WO、EU、US、CN、JP、TW、KR）的化学、药学相关专利以及万余本相关著作的核心内容。覆盖有机化学、无机化学、金属化学、材料化学、电化学、药物化学、药理学、环境化学、农药等 16 大化学相关学科领域。

Reaxys 对原始文献中的数据，根据其重要性和相关性进行筛选和整合，提供化学结构、化学反应、相关化学和物理性质以及详细的药理学信息，使科学家能够更快、更准确地得到相关的数据。其服务平台改变了原有 CrossFire 的客户端访问模式，成为基于网络访问的工作流模式。用户只需在网络浏览器输入 www.reaxys.com 就可以直接进入数据库。另外，相比于原先的检索软件 Crossfire Commander，Reaxys 的界面也更直观，更人性化。

用户登录进入数据库后即可进行检索，目前的检索页面如图 10-1 所示。

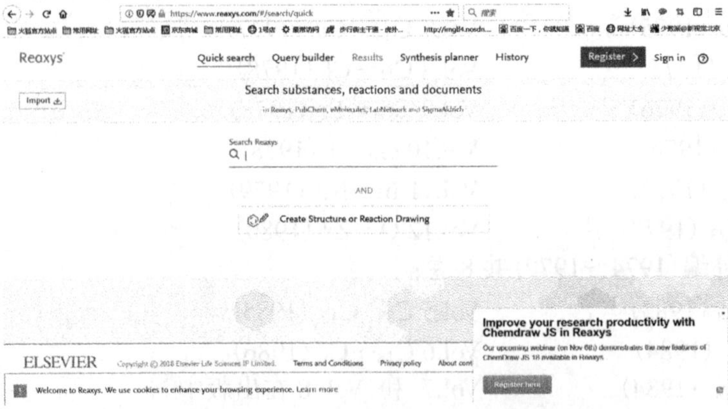

图 10-1　Reaxys 数据库检索页面

Reaxys 提供了多种化学结构绘图软件供检索。这些化学结构绘图软件包括：ChemAxon MarvinSketch、CrossFire Structure Editor、Accelrys ISIS Draw、Accelrys Draw、CambrideSoft ChemDraw、InfoChem ICEdit 等。

第六节　其他实用手册和大全

其他化学化工手册和大全还有不少，择要介绍如下。

一、《有机化学合成方法》

《有机化学合成方法》(*Synthetic Methods of Organic Chemistry*，W. Theilheimer，Interscience，1948～)最初是德文版，随后改出英文版。每年出版一卷，至 2007 年已出版了 71 卷。这套有机化学合成方法的丛书实际上是有关有机化合物新合成方法的汇编。它将过去一年中所发表的凡是有机合成的新方法或新的改进方法都摘录下来，按照一定的编排方式汇编成册。每年出版一卷。每卷涉及各种类型的有机化合物的合成方法。资料新颖，但至今尚未见有电子版或网络版。

该丛书叙述的内容主要取材于期刊，其内容据 30 卷(1976 年)目录页上写的有：

序言(本卷的和以前有关各卷的)

分类方法(及文献来源)

合成有机化学的趋向，1976

各类反应汇编(少则 700，多至 1000 种)

主题索引(及官能团组合的分子式索引)

缩写(包括简体字、刊名缩写和反应符号)

反应符号索引(systematic survey)

试剂索引(及累积文献索引)

每卷的序言主要是简介本卷情况及其与前后卷的联系。从卷 8 起开始增加介绍合成有机化学的近期发展和动向，由有机合成方面的权威人士执笔，本丛书汇编的各类反应包括对新合成方法的评价、实验方法摘要(包括试剂、反应式、反应条件、合成步骤及产率等)以及参考文献来源(参考 CA 摘要、科学引文索引和德温特出版物)。每卷一般收集近 1000 种合成方法。但逢 5、逢 10 各卷，有累积索引，只收录 700 多种。

该丛书编排方式、分类方法和反应符号的查法是自己独创的，以下分三点加以说明。

1. 编排方式

该丛书的各种合成方法按反应类型，即键的形成或断裂的类型分类编排，并且规定一套符号来表示各种反应类型。例如：

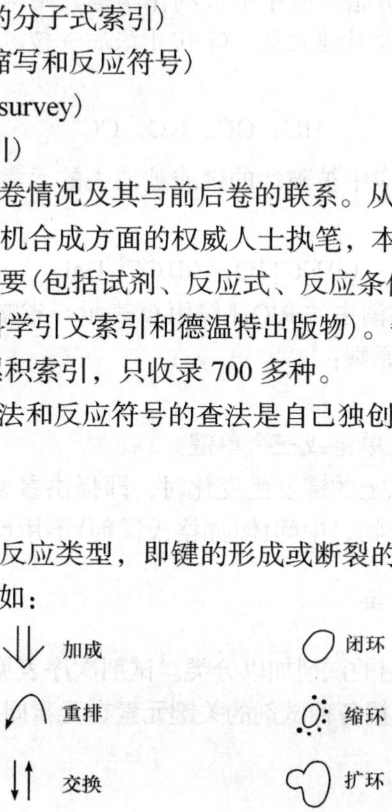

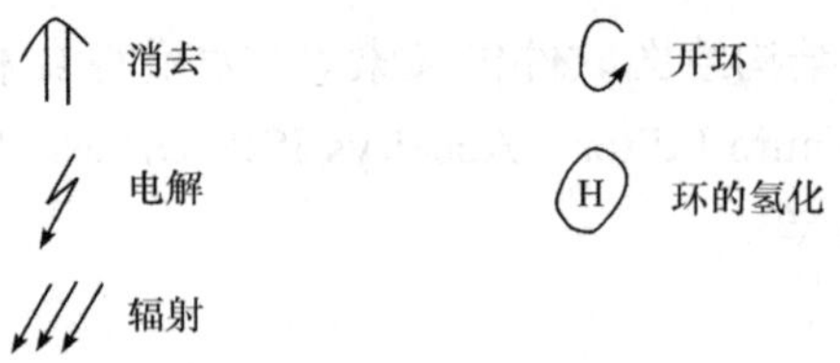

反应类型举例如下：

反应	键的变化	反应符号
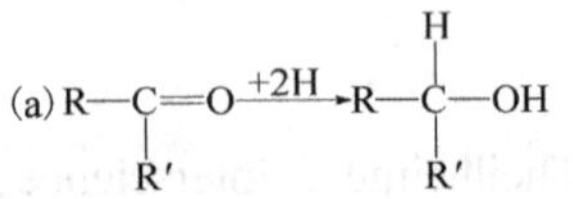	通过加成反应形成 H—C 键，同时 O—C 键被破坏	HC⇓OC
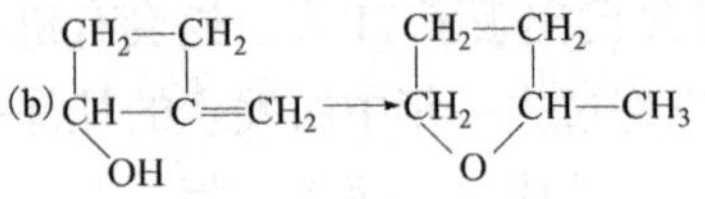	通过重排反应，形成 O—C 键，同时 C—C 键被破坏	OC⌒CC
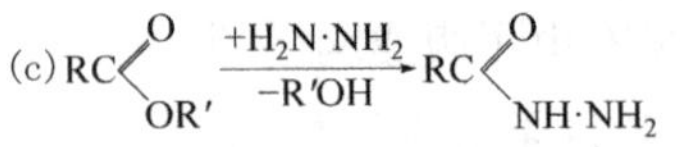	通过交换反应，形成 N—C 键，同时 R'OH 被消去	NC↑↓O
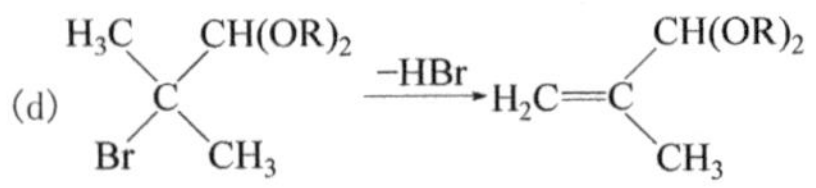	依靠卤代物的消去反应，形成 C—C 键	CC⇑Hal

说明：反应符号的前半部分指反应中形成的化学键，用两个元素符号表示。其先后次序为 H，O，N，卤素(Hal)，S 及其他元素，C 位于最后一位。因此，碳氢键、碳氧键、碳氮键及碳碳键分别表示为

HC，OC，NC，CC

反应符号的后半部分指反应中被破坏的键或被消去的元素、化合物。因此，上述四种反应类型用反应符号表示为

(a) HC⇓OC，(b) OC⌒CC，(c) NC↑↓O，(d) CC⇑Hal

应该指出的是，例(c)中被消去的 R′OH 仅用 O 表示，省略了 R′—，H。因此，为了简化反应符号，还规定了下列简化原则：

(1) 不考虑反应机理。

(2) 双键或三键均看作两个单键或三个单键。

(3) 当一个反应中有一个以上的键发生变化时，即提供参见，注明该书中的有关位置。

(4) 只考虑稳定的有机化合物，中间体(如格氏试剂)不用反应符号表示。

2. 按试剂的特性进一步分类

每一种反应类型还需按所用的试剂加以分类。试剂次序表见卷 24 的 490 页(或卷 29 的 544 页)，每一卷上均有注明。它根据各种试剂的关键元素在元素周期表的顺序编排，举例如下：

试剂(按次编排)	HalC↑↓N 符号下的具体反应
	NO_2被 X 取代，$NO_2 \xrightarrow{w.a.r} HCl$
无外加试剂 $(C_2H_5)_3N$	α,β-二碘乙烷从酮经由腙来制备 $R:N\cdot NH_2 + I_2 \xrightarrow{(C_2H_5)_3N} C_2H_5CHI_2$
RONO PCl_5	芳基碘从芳胺制备，$ArNH_2 \xrightarrow{NONO} ArI$ 由羧酸酰肼制备 1, 1-二氯乙烷 $—CONH\cdot NH_2 \xrightarrow{PCl_3} —CHCl_2$
$H[PF_6]$或 $PF_3\cdot HF$	改良的 Schiemann 反应

3．用反应符号的查法

用反应符号表示合成方法，给查阅带来的便利是无需死记反应名称、化合物通俗名称及创作者，即可进行查找。其查法如下：

(1)查阅者事先可设计好合成方法，并写出其反应类型符号表示式。

(2)翻阅叙述这类反应的有关部分，这可以通过书末索引部分中的“Systematic Survey”来查找。在反应符号索引中往往同时列出最近几卷的反应符号。各种反应符号按规定的次序(H，O，N，Hal，S，Rem，C)编排。

(3)查到了所需的反应类型，进而在试剂项下找到有关化合物的合成方法和参考文献。

(4)必要时，再查阅所引用的原始文献。

由于各卷只涉及上一年的文献，所以往往要查阅若干卷才能找到所需的合适方法及参考文献，但有五卷累积索引可以利用。该索引附在逢 5 和逢 10 的各卷上。

下面再对卷后的主题索引和官能团组合的分子式索引做几点说明：

(1)主题索引。对于不习惯使用反应符号查法的读者，可利用各卷的主题索引及其五年累积索引来查找。主题索引很详细，包括合成方法的名称、化合物类型及试剂。含有几个官能团的化合物的合成方法参见有关化合物关键元素的简化分子式索引。

(2)官能团组合的分子式索引(formula index of functional combination)，简称简化分子式索引。这种索引从第 24 卷开始出现。其目的是为了便于查阅官能度较复杂的化合物。将这种分子式与化合物名称排在一起。

在这类分子式中，元素按字母顺序排列(碳总是排在最后)，H 原子及R—被省略。用Hal 表示所有的卤原子。例如：

简化式	BN_3	Hal N_2C
中文名称	三(二烷基氨基)硼烷	氯化甲脒
西文名称	tris(dialkylamino)-boranes	chloroformamidines
分子式	$(R_2N)_3B$	$(Me)(Ph)N\cdot C(Cl):N\cdot Ph$

值得指出的是，这套书所独创的编排方式、分类方法和反应符号的查法能否对科学研究的进行有所帮助，在很大程度上取决于读者平时的熟练程度。这里前一表中反应类型的表示，后一表中在 HalC↓↑N 项下，根据试剂再分类，这些例子引自原来丛书中何卷、何页(号)，请读者利用反应符号的查法，把它们一一查出来，以兹练习。

二、《有机合成》

《有机合成》(*Organic Syntheses*，Wiley，1921～)，该丛书每年出版一卷，2007 年已出到 83 卷。每卷收录有机合成的化合物与方法数十种。每种方法在发表前要经过两个不同实验室中分别进行复演验证，所以方法比较可靠。著录的项目包括：反应式、制法、注意事项、性质、其他合成方法讨论及参考文献，说明相当详细，是有机合成的重要参考书之一。

该丛书除了单卷本外，还另外出版合订本。合订本对原各卷作了必要的修改，已出版的合订本有五集。各集合订本所包括的卷号及出版年份如下：

第 1 集 1～9 卷(1941 年修订)

第 2 集 10～19 卷(1943 年)

第 3 集 20～29 卷(1955 年)

第 4 集 30～39 卷(1963 年)

第 5 集 40～49 卷(1973 年)

第 6 集 50～59 卷(1983 年)

第 7 集 60～69 卷(1993 年)

第 8 集 70～79 卷(2003 年)

第 9 集 80～84 卷(2008 年)

每集附有主题索引，第 5 集索引包括反应类型索引、化合物类型索引、分子式索引、溶剂或试剂索引、仪器索引、作者索引和普通索引。

1976 年 Wiley 出版了包括上述 1～5 集的累积索引。由 R.L. Shriner 和 R.H. Shriner 编辑，索引极完善，计有：①累积内容索引(根据制备名称)；②累积内容索引(根据 CA 登录号编排)；③反应类型索引；④化合物类型索引；⑤分子式索引；⑥溶剂和试剂索引；⑦仪器索引；⑧作者累积索引；⑨累积总索引；⑩附录。所以这一套丛书查阅很方便。

该丛书从 2004 年 81 卷起有电子版“Organic Syntheses Website”，可在网上检索。网上检索要下载安装 ChemDraw Plugin 软件。网上检索可以同时使用两种模式：“journal mode”，即分卷检索；“database mode”，用关键词、结构式或亚结构式检索。

该丛书的印刷版仍然在继续出版。

三、《有机反应》

《有机反应》(*Organic Reactions*，W. G. Dauben，Wiley，1942～)，该丛书每年也大致出版一卷，每一章只涉及一个重要的有机反应，讨论反应的应用范围、限度及改进。每个反应都有一些实验操作例子。所以说每一章就是某一个反应的完善的文献总结。到 15 卷(1967)已评述了 106 个有机反应。2008 年已出版了 59 卷。它从 22 卷开始，对早期评论过的一些反应重作评论，以使内容不断更新。

四、《有机合成试剂》

《有机合成试剂》(*Reagents for Organic Synthesis*，M. Fieser & L. F. Fieser，Wiley，1967～)是一部很有用的工具书，各卷收录了大量的有机试剂及催化剂的资料。其中有一部分是补充前卷有关试剂新的文献资料。例如，第 6 卷(1977)包括 400 种试剂的参考文献和以前 400 种试剂的新文献，按试剂名称字母顺序编排。内容有结构式、分子量、物理常数、制备及精制方法、商品来源及有关应用等项说明。每卷均备有各类试剂索引、著者索引及主题索引。该丛书至 2007 年已出版到 23 卷。但未见有电子版。

五、《默克索引》

《默克索引》(*The Merck Index*)是美国 Merck 公司出版的一本在国际上享有盛名的化学品大全，初版于 1889 年。该书最初只是 Merck 公司化学品、药品的目录，只有 170 页，现已发展成为一本 2000 多页的化学品、药物和生理活性物质的综合性小百科全书。其中汇集了 10 000 多种化合物的性质、制法以及用途，注重物质药理、临床、毒理与毒性等数据和资料，并汇总了这些物质的俗名、商品名、化学名、结构式，以及商标和生产厂家名称等。

六、《分析化学手册》

《分析化学手册》(第 2 版)(周同惠，化学工业出版社，1998 年)，全书共分 10 册：①基础知识与安全知识；②化学分析；③光谱分析；④电分析化学；⑤气相色谱分析；⑥液相色谱分析；⑦核磁共振波谱分析；⑧热分析；⑨质谱分析；⑩化学计量学。

七、《兰氏化学手册》

《兰氏化学手册》(*Lange's Handbook of Chemistry*，J. A. Dean 主编，魏俊发等译，科学出版社，2003 年)第 1 版于 1935 年问世，1998 年出版第 15 版。内容包括有机化学、通用数据、换算表和数学、无机化学、原子、基和化学键的性质、物理性质、热力学性质、光谱学、电解质、电动势和化学平衡、物理化学关系式、聚合物、橡胶、脂肪、油和蜡及实用实验室资料等。本书经过 60 余年、15 版次的修订、补充、更新，内容丰富、数据完善、使用方便。中译本由原书 1998 年第 15 版译出。

八、Chemistry WebBook

著名的免费化学数据库 Chemistry WebBook(http://webbook.nist.gov/chemistry/)是美国国家标准与技术研究院(NIST)的标准数据库(Standard Reference Data)中一部分与化学有关的数据库的 Web 版本，是进入 NIST 所收集的各个物理、化学数据库的一个网关、入口。可以通过分子式、英文名、CA 登录号、作者名、分子量、结构或子结构等多种检索途径检索主要参考数据，提供的主要参考数据有 5000 多个有机和无机化合物的热化学数据；8000 多个反应的反应热化学数据；7500 多个化合物的 IR 光谱数据；10 000 多个化合物的质谱数据；400 多个化合物的紫外/可见光谱(UV/Vis)数据；3000 多个化合物的电子和振动光谱数据；600 多个化合物光谱的双原子分子常数；14 000 多个化合物光谱能量数据；16 种流体的热物理数据。

九、化学专业数据库

化学专业数据库(http://www.organchem.csdb.cn)是中国科学院科学数据库的组成部分，是中国科学院上海有机化学研究所承担建设的综合科技信息数据库的重要组成部分，是中国科学院知识创新工程信息化建设的重大专项。上海有机化学研究所的数据库群是服务于化学化工研究和开发的综合性信息系统，可以提供化合物有关的命名、结构、基本性质、毒性、谱学、鉴定方法、化学反应、医药农药应用、天然产物、相关文献和市场供应等信息。

化学专业数据库目前有 26 个方面的数据内容，包括化合物结构数据库、化学反应数据库、红外谱图数据库、质谱谱图数据库、化学物质分析方法数据库、药物和天然产物数据库、中药与有效成分数据库、化学配方数据库、物质毒性数据库、化工产品数据库、中国化学文献数据库、化学核心期刊文献数据库等。在这个数据库中可以查阅包括化合物结构、化学反应、红外图谱、质谱、核磁共振谱图、中药与化学成分、精细化工产品数据、化学物质分析方法、化合物毒性、化学配方、工程塑料、危险化学品、化学试剂、植物化学成分等各个方面的文献与数据。

十、《聚合物手册》

《聚合物手册》(*Polymer Handbook*，J. Brandrup，E. H. Immergut，Wiley Interscience，1975 年)第 1 版为 1966 年出版。手册的主要内容为高聚物命名、动力学、固态性质、溶液性质、某些重要聚合物物理数据、低聚物物理数据、单体和溶剂物理性质、现代热力学材料。附有完整的主题索引。

十一、《聚合物科学：材料科学手册》

《聚合物科学：材料科学手册》(*Polymer Science: A Materials Science Handbook*，A. D. Jenkins，North Holland Pub. Co.，1972 年)共有两卷。suppl. 1: acrylonitrile polymers，degradation to vinyl chloride，1976，674p；suppl. 2: adhesive compositions to transitions and relaxations，1977，870p。

十二、《高分子材料便览》

《高分子材料便览》(日本高分子学会编，东京コロナ，1973 年)主要有三部分内容：高分子化学和高分子物理的基础理论介绍、实验数据、各类聚合物的物理和化学性能。

十三、《高分子科学与工艺大全》

《高分子科学与工艺大全》(*Encyclopedia of Polymer Science and Technology*，H. F. Mark，1964～)共有 16 卷，加 2 卷补编。1～15 卷按聚合产品和聚合方法名称字母顺序编排，如第 1 卷为 A-amino acids，第 15 卷为 W～Z。书中包括塑料、树脂、橡胶、纤维、涂料、黏合剂等产品、各种聚合方法、高分子溶液、动力学等。每篇文章都是一篇全面的研究和生产的总结，是一部很有价值的参考书。第 16 卷为主题索引。补编内容也按字母顺序排列。例如，第 2 补编从 adhesive compositions 起至 transitions and relaxations 止，共介绍了 30 个论题，反映了聚合物科学与工艺的新进展。

十四、《现代塑料大全》

《现代塑料大全》(*Modern Plastics Encyclopedia*，McGraw-Hill)为美国《现代塑料》月刊第 10A 期，这册大全分正文、工程数据库及购货指南三部分。正文部分收载 140 篇文章，内容包括：①材料(树脂、泡沫、膜、片、共混聚合物等)；②复合材料(层压板与增强材料)；③化学品、添加剂、填料与增强剂；④初级加工(试料、制模与辅助设备)；⑤再加工与修整。文章按字母顺序编排。工程数据库部分以表格形式列出各种塑料、塑料用化学品及加工机械的性质与特性方面详细数据，分为：①性质图表；②设计数据图表；③化学品与添加剂图表；④机械类、酮类、酯类、酸类、其他；可塑性溶剂：邻苯二甲酸二甲酯等。附有单位换算表：度量衡换算、压力、密度、黏度、温度等换算。

十五、《溶剂手册》

《溶剂手册》[溶剤ハンドズック，浅原照三等编，(株)讲谈社出版，昭和 51(1976)年]中译本由邵俊杰等译(科学出版社，1993 年)。目次：①溶解现象：机理、理想溶液、相分离、影响溶解度的因素、熵效果；②溶剂效果：溶液、溶液与溶质的相互关系、溶剂分类；③溶剂利用：纯度与精制、再结晶、高分子溶解、熔融盐；④溶剂处理：溶剂的危险性、发火危险性、有害性、废液处理；⑤烃类；⑥卤代烃类；⑦醇类；⑧酚类；⑨醚、缩醛；⑩酮类；脂肪酸和酐；酯；氮化物；硫化物；两个以上官能团的化合物；无机溶剂。

十六、《乌尔曼工业化学大全》

现代工业化学是一个复杂的综合领域，它是一个材料与市场、装备与生产、产品与废物相混杂的多维结构体，《乌尔曼工业化学大全》(*Ullmann's Encyclopedia of Industrial Chemistry*，英文版)所讨论的对象正是整个工业化学。本大全具有悠久的历史，1914 年出版第 1 版，1984 年出版第 4 版。前 4 版均用德文写成。1985 年开始改用英文出版第 5 版。本大全可称是第一部真正的工业化学知识方面的国际性便览。

新版大全编辑成员来自主要的工业国家，内容则由专家根据工业化学的最新发展而提供，因而具有权威性。

新版大全共分 A、B 两辑：A 辑 28 卷，按化学和相关工业产品及产品类的字母顺序汇编；B 辑 8 卷，提供基础知识，详细叙述化学工程操作原理、分析方法、环境保护技术。整套大全共 36 卷，每年出版 3 或 4 卷。另外，每 3 卷出版 1 卷累积索引。

十七、《Kirt-Othmer 化学技术百科全书》(第 4 版)全文数据库

《Kirt-Othmer 化学技术百科全书》(*Encyclopedia of Chemical Technology*)1947 年由 R. E. Kirt 和 D. F. Othmer 等合作编辑出版，故又称 *Kirt-Othmer Encyclopedia of Chemical Technology*。全书 1000 多个大条目，包括详尽的书目，均由专家撰写，是关于应用化学和工业技术的综合性参考工具书。第 4 版扩充了分析化学部分，增加了论述技术、设备及方法的文章，新增了美国 CAS 登录号和其他功能丰富的电子检索信息，照片、图表、插图及表格都包括在内，其中也有深层次的、更新及时的法律法规、专利及执照等法律文献。《Kirt-Othmer 化学技术百科全书》共有 27 卷，网络版可以在国内的一些大学图书馆查阅。

十八、《聚合物科学和工程百科全书》

《聚合物科学和工程百科全书》(*Encyclopedia of Polymer Science and Engineering*，3rd ed.，H. F. Mark，J. I. Kroschwiz，John Wiley & Sons，2007 年)。

该书的 CD-ROM 可以通过 DIALOG 联机检索。网址为 http://www.proquest.com/sources/ondisc/polymer.pdf；其 CD-ROM 数据库名称为 Polymer Encyclopedia。

第七节　各种光谱资料汇集及数据库

一种化合物的物理常数、特性的重要变化往往可以用它吸收特殊波长的能量而产生的光谱来表示，所以从广义上来说，光谱资料已成为鉴定化合物的重要物理常数的可靠方法。通常为了鉴定化合物，可进行定量分析和测定各种物理常数。但必须进行光谱分析，并与已知物的光谱资料作比较对照，才能最终完成此项鉴定。光谱不仅可用来鉴定化合物，还可以确定官能团、测定分子量、阐明分子结构以及许多其他用途。因此，如今国外已编纂出版了数量庞大的各种类型的光谱图集。现在可以通过网络检索最新的理化数据和光谱资料。

一、《Sadtler 标准光谱图集》

《Sadtler 标准光谱图集》(*Sadtler Standard Spectra Collections*)是由美国 Sadtler Research Laboratories, Inc.编纂出版的，被誉为目前世界上最庞大的连续出版的光谱汇集，现可通过网站 www.ir-spectra.com 检索。它采用活页本形式，便于淘汰陈旧的光谱资料，补充新的光谱资料。有以下几种合订本：

Sadtler 标准红外光谱(棱镜)

Sadtler 标准红外光谱(光栅)

Sadtler 标准紫外光谱

Sadtler 标准 NMR 波谱(60MHz)

Sadtler 标准碳-13 NMR 波谱

此外，还出版了若干供工业及专业实验室使用的篇幅较小的专业性汇集。例如：

拉曼参考光谱　溶剂

荧光参考光谱　热差分析

农业化学药品　无机物

单体和聚合物　有机金属化合物

石油化学制品　药物

该汇集中每一张光谱图均注明样品来源和纯度及使用技术(如溶剂、浓度、吸收槽的厚度及长度等)。紫外光谱用 α_M 和 λ_{max} 值表示。而核磁共振波谱其结构式中的质子根据环境注明标记(如 a，b，c 等)，并有一张表示标记质子的化学位移表。

Sadtler 光谱索引有多种索引，大致可以分为总索引和专用索引。

1. 总索引

《Sadtler 标准光谱图集》中的每一个光谱规定有一个连续号码，它可以通过下面 5 种相应的索引来查找：

(1)光谱图序号索引(numerical)。

(2)化合物名称字母顺序索引(alphabetical)。

(3)谱线索引(spec-Finder)。该索引可以根据对未知化合物所发现的谱峰位置查找相同的标准参考光谱，以鉴定该化合物的化学结构。标准红外光谱(棱镜)和标准红外光谱(光栅)都编有谱线索引。它们都是按吸收峰的位置编排的。棱镜光谱中吸收峰的位置用波长 μm 表示，光栅光谱中吸收峰的位置用波数 cm^{-1} 表示。

(4) 分子式索引。它实际上没有分子式，只是在名称右边的一栏里有 C，H，O 等原子的数目，化合物的位置按 Hill 体系排列。

(5) 化学分类索引。其分类主要用光谱索引导言中所称的“官能团标识”一栏中的数字来表示，简称化学分类号码。号码和名称字母顺序对照表示如下：

号码 01——季铵类

06——羧酸

72——(乙) 缩醛

80——硝基和亚硝基等

名称字母顺序 acetals　72

acids, carboxylic　06

chloro compounds　83

nitro compounds　80 等

此外，还需要骨架结构代号：

1. 脂环类　4. 杂环类

2. 脂肪类　5. 杂环芳香类

3. 芳香类　6. 无机物类

索引的编排是由一个官能团标识提到下一个更高级的。下面是以氯乙酸代入的一个具体例子：

化学分类号	化合物名称	化合物组成（用分子式索引）	官能度（化合物所有官能团的代号）	骨架结构代号	光谱图连续号码
06	chloroacetic acid	$C_2H_3ClO_2$	06，83	2	

其第 6 列的光谱图连续号码则根据该索引是否属于 IR 类、UV 类或 NMR 类而定。

目前，使用最广的索引是 1972 年标准光谱总索引，1973 年、1974 年的补充总索引，以及 1980 年、1981～1995 年标准光谱总索引。它们可同时用来查阅标准红外光谱(棱镜与光栅)、标准紫外光谱、标准 NMR 波谱以及标准碳-13 NMR 波谱 5 种谱图。

必须指出，Sadtler 光谱总索引还包括其他研究单位出版的化合物的谱图。例如：

凡化合物名称左边有**标志者，为 coblenz society (COS) 出版的红外光谱图。

凡光谱连续号码前有 V 字者，取自于 varian NMR spectra catalog 中 NMR 波谱。

凡在连续号码前有加 J. E. 或*者，表示该谱图来自于 Japan Electronic Optical Laboratory (JEOL) 出版的 JEOL 光谱集。

以上这些图谱有它们自己的光谱序号，检索这些谱图最好利用它们自己的谱图集及其有关说明。

2. 专用索引

根据各种不同光谱的特点，Sadtler 编有下列两种专用索引：

(1) 紫外标准光谱的谱线位置索引 (UV Locator)。此索引可用来查找或核对未知物的紫外光谱。索引按最强峰所在位置(nm)的次序编排(以 200～35nm)，最强吸收峰的位置(nm)相同时，则按次强峰，依此类推。最多取 5 个峰(紫外光谱吸收峰一般都在 5 个以下)。

(2)核磁共振化学位移索引(NMR Chemical Shift Index)。它是根据核磁共振谱图的特点专门设计的索引，可用于查找或核对未知物谱图。

二、《CRC 有机化合物光谱资料及物理常数汇集》

《CRC 有机化合物光谱资料及物理常数汇集》[*Atlas of Spectral Data and Physical Constants for Organic Compounds* (CRC)，J. G. Grasselli，the Chemical Rubber Co. Press] 1973 年出版第 1 版，全书收集了将近 8000 种有机化合物的物理常数及光谱数据(包括红外光谱、紫外光谱、核磁共振及质谱)。该书分为光谱、主要数据及索引三个部分。主要数据表的分栏包括化合物名称、经验式、结构式、CA 登录号、Wiswesser 线型(WLN)、物理常数(包括熔点、沸点、折射率等数据)、光谱数据及参考文献等项。其中，光谱资料不用图谱表示而是用数值表示，并分别说明文献来源。例如，2-硝基苯甲醛的光谱数据表示如下：

IR	UV	NMR	mass spectra
COB 1790	SAD	VAR 148	
3.4 5.9 6.3 6.5	252 (4400)	7. 9 10.4	
6.9 7.2 7.4 7.6	MeOH	$CDCl_3$	
7.8 8.4 11.7			
12.2 12.7 13.6 14.2			

表中的第一行是指光谱数据的来源，下面是有关光谱的数据。红外光谱(IR)列出各个吸收带波长(μm)数据，紫外光谱(UV)仅列出吸收带的 λ_{max} 及分子消光系数。核磁共振谱用化学位移值表示。MeOH(甲醇)及 $CDCl_3$(氯仿，其中 D 是重氢)是光谱测定所用的溶剂。

光谱数据来源代号：

COB coblenz society，后面的数字为光谱的编号；

DMS documentation of molecular spectroscopy；

SAD sadtler standard spectra；

VAR varian NMR 等。

这部工具书的检索体系极为完备，它几乎占了全书三分之一的篇幅，包括 IUPAC 名称及常用同义语、经验式、分子量、熔点及沸点、化学结构及亚结构(WLN 表示)等各种索引。在主表后面还附有 CRC 化合物编号——结构式对照表。另外，还有两种查阅光谱资料的索引：光谱(来源)号码索引及光谱数据索引。

1975 年该书出版了第 2 版，版面安排大致与第 1 版相同，但内容大为增加。有机物增加到 21 000 种，卷数则由原来的单卷变成 6 卷。第 2 版各卷内容如下：

第 1 卷目次：(一)化合物名称/同义名称录，(二)结构图，(三)光谱辅助数据：(1)红外光谱，(2)拉曼光谱，(3)紫外光谱，(4)核磁共振谱，(5)质谱，(四)红外-核磁共振谱交叉相关表。

第 2 卷内容为按字母顺序排列的“化合物 A～B 数据表”。收编了从“acetic acid $C_2H_3O_2$”开始到“2-butyne-1, 4-diol piacetate $C_8H_{10}O_4$”为止的有机化合物的各种光谱数据和物理常数。

第 3 卷内容为按字母顺序排列的“化合物 C～O 数据表”。收编了从“C. I basil vinlet 14，hydrochloride $C_{20}H_{19}N_3 \cdot HCl$”开始到“oxysparteine $C_{15}H_{24}N_2O$”为止的有机化合物的各种光谱数据和物理常数。

第 4 卷内容为按字母顺序排列的“化合物 P～Z 数据表”。收编了从“paludrine $C_{17}H_{16}N_5Cl$”开始到“zyntosterol $C_{27}H_{44}O$”为止的有机化合物的各种光谱数据和物理常数。

第 5 卷为索引卷。内容包括分子式索引、分子量索引、物理常数索引、化学结构和亚结构索引(WLN 索引)和质谱索引。

第 6 卷为光谱数据索引。内容包括红外光谱、拉曼光谱、紫外光谱、^{1}H 核磁共振、^{13}C 核磁共振五个部分。

三、《有机化合物拉曼/红外光谱图集》

《有机化合物拉曼/红外光谱图集》[(DMS)*Raman/IR Atlas Organischer Verbindungen* (*Raman/IR Atlas of Organic Compounds*)，B. Schrader，W. Meier，Verlag Chemie，1977 年] 是分子光谱学文献资料(DMS)的一种，由多特蒙德光谱化学与应用光谱研究所编辑。本图集共 3 集，约收集 1000 种化合物的红外和拉曼光谱。上中两集目次如下：A. 开链饱和化合物(79 幅)；B. 含有 C═X，C≡X 和 X═Y 基团开链饱和骨架(74 幅)；C. 含 C═C 键开链化合物(43 幅)；D. 含 C≡C 键开链化合物(10 幅)；E. 脂环非芳香族化合物(36 幅)；F. 苯衍生物(61 幅)；G. 除苯衍生物以外的芳香族化合物(13 幅)；H. 醌类(2 幅)；I. 氮杂环类(26 幅)；J. 除有机金属化合物以外的含有其他原子的杂环化合物(46 幅)；K. 糖类及有关化合物(22 幅)；L. 甾类及有关化合物(4 幅)；M. 有机金属化合物(12 幅)；N. 合成高分子和生物高分子；O. 与有机化学家有关的无机化合物(4 幅)。中集的正文之后有图谱索引、化学式索引。下集还有按字母顺序的化合物名称索引、取代基索引。

四、《Aldrich 红外光谱集》

《Aldrich 红外光谱集》(*The Aldrich Library of Infrared Spectra*，C. J. Pouchert，Aldrich Chemical Co.，1970 年)是美国 Aldrich 化学公司 1970 年编辑出版的。该图册介绍了重要的有机官能团的光谱图，其中包括非芳香族的有机化合物和芳香族的有机化合物光谱图。它从 90 000 个图谱中精选 8000 种图谱，包括了每种重要的有机官能团的光谱图，并用图示方法简明扼要地把各种光谱形状表达出来。光谱图的吸收峰位置用波长和波数来定位。编排方法由简单到复杂，并附有经验分子式索引。

五、《国际 X 射线晶体学用表》

《国际 X 射线晶体学用表》(*International Tables for X-Ray Crystallography*，J. A. Ibers，W. C. Hamilton，Vol. 4)是以 *International Union of Crystallography* 一书第 2～3 卷为基础的修订本。该书可供从事晶体结构研究的鉴定工作者和应用 X 射线方法进行一般晶体研究的科技工作者及高等院校师生查阅。

目次：①X 射线波长；②吸收和散射；③用四周衍射计的角装置；④用于统计有效数的检验法；⑤用布拉格衍射数据分析热运动；⑥结构鉴定用的直接方法：原规格、归一结构因数、分子式和相鉴定用的符号加成过程；⑦第 1～4 卷主题索引。

六、《质谱数据登录》

《质谱数据登录》(*Registry of Mass Spectral Data*，E. Stenhagen，S. Abrahamsson，F. W. Mclafferty，1974 年)分 4 卷，共收集了 18 806 种化合物的质谱数据，并以图谱形式列出，每幅图谱内容包括：化合物的名称、分子量、相对丰度、分子式、各峰的质荷比(*m/z*)位置以及资料来源。资料来源以代号形式列出。代号首的英文字母代表资料名称，其全称可在第 1 卷第 xiii 页中找到。例如，R7-932-3，R 为期刊代号，7 为卷号，932 为页码，3 为光谱图。第 4 卷后附有分子式索引。

七、《质谱八峰值索引》

《质谱八峰值索引》(*Eight Peak Index of Mass Spectra*)由美国质谱数据中心与帝国化学工业公司联合编辑，1974 年出第 2 版。全书分成 3 卷，第 3 卷又分成 part 1 和 part 2 两部分。该书共收集了 30 000 多张质谱图，取其中最强的 8 个离子峰列表。每幅图的内容包括：8 个最强峰的质荷比、分子量、强度、分子式、名称、参考资料、编号等。第 1 卷按分子量大小次序排列，分子量相同的按 C，H 数多少次序排列。第 2 卷除分子量按大小次序排列外，质荷比以丰度递降顺序排列。第 3 卷内前 3 个质荷比(*m/z*)按递升次序排列。

八、《EPA/NIH 质谱数据库》

美国环境保护局(EPA)和国家卫生研究院(NIH)联合建立了质谱数据库，并提供计算机软件检索。《EPA/NIH 质谱数据库》(*EPA/NIH Mass Spectral Database*，S. R. Heller，G. W. A. Milne，1978 年)根据数据库中的 25 556 种化合物汇编而成。全书分成 4 卷。各化合物的数据均以图表形式列出，内容包括：分子量、化合物名称、分子式、结构式、质谱。各化合物的质谱按分子量大小排列，分子量相同的按 CAS 登录号顺序排列。第 1 卷收集分子量 16～186 的化合物；第 2 卷为分子量 186～273；第 3 卷为分子量 273～381；第 4 卷为分子量 381 以上的化合物。

此外，编有一册索引。其中包括物质名称索引、分子式索引、分子量索引及 CAS 登录号索引共 4 种索引。物质名称索引根据 CA 第 8 次和第 9 次累积索引中的系统名称字母顺序编排。名称后括号内为 CAS 登录号，右侧数字为质谱在书中的所在页码；分子式索引按 Hill 系统编排，同分异构体按各自名称的字母顺序排列，括号内为 CAS 登录号；分子量索引按分子量大小排列，分子量相同的，按 CA 系统名称字母顺序排列，括号内为 CAS 登录号；CAS 登录号索引按登录号先后顺序编排，凡登录号有变动的用“see”引见。

参 考 文 献

[1] Woodburn H M. Using the Chemical Literature: A Practical Guide. New York: Marcel Dekker, Inc.1974

[2] Gmelin's Handbook of Inorganic Chemistry. 8th ed. Berlin, Heidelberg, New York: Springer-Verlag, 1983

[3] http://www.reaxys.com

第十一章　SCI 和 Web of Science

加菲尔德(E. Garfield)以引文分析理论为主要基础研发出的引文分析方法和引文索引，极大地影响着当今信息检索和学术评价[1]。由此发展出的科学引文索引(Science Citation Index，SCI)、社会科学引文索引(Social Science Citation Index，SSCI)、艺术和人文引文索引(Arts & Humanities Citation Index，AHCI)以三大引文索引闻名于世。伴随数字化、网络化的发展，三大引文索引融入 Web of Science，成为著名的网络数据库 WoS，并作为 Web of Knowledge(WoK)平台下的核心数据库提供商业化服务。本章即是对该系列检索工具从印刷版到网络版的简要概述。

第一节　《科学引文索引》印刷版

一、概况

《科学引文索引》(*Science Citation Index*)是美国费城科学信息所 1961 年创刊的，1965 年起改为双月刊。引文索引法是传统检索系统的一种改革。传统的检索系统是从著者、分类、标题等角度来提供检索途径的；而引文索引却是从另一角度，即从文献之间相互引证的关系角度提供新的检索途径。引文索引究竟是怎样从被引论文去检索引用论文的呢？将被引论文按作者排列，在该作者下列举当年引用过他的文章的全部作者和有关内容。引用论文也按作者字母顺序排列。这种索引的职能是回答某作者写的某论文曾经哪一年被哪些人的哪些文章所引证，这些文章见之于何种期刊、何卷、何期。这种索引之所以有一定意义，就在于它揭示了科学技术之间引证与被引证的关系，从这个角度展示了科学技术文献内容主题之间的相互联系。据国外估计，在期刊论文中，大约 90%的论文都有引用书目，每篇论文所引用的参考文献平均为 15 篇，其中约有 12 篇来自定期刊物。论文之间的这种相互引证与被引证的关系使论文彼此联系起来构成一个论文网，从而向读者提供一种不同于分类、主题及其他方法的检索途径。人们可以通过它骥索某一观点或某一发现的发展过程，了解这些观点和发现是否被人应用过，是否被人修正过，是否被人实行过，是否被人向前推进。它在一定程度上揭示了科学和技术的发展进程，同时它可以帮助科学工作者了解自己著作的被引用率和持续时间，从而估计这些著作的影响。这种提供科技信息的方法受到科技工作者的欢迎。

引文索引用循环法不断扩大检索范围。循环法就是从一篇较早的论文开始，寻找所有引用此篇论文的文章；再从这些引用论文作为新的检索起点，寻找引用这些论文的文章。这样就像滚雪球一样，可以掌握越来越多的文献。

引文索引收录范围较广，它涉及科学技术的各个领域(包括医学和农业)。它主要摘录科技期刊论文和专利文献，但也摘录正式出版的会议录、论文集、专著丛书、通讯、摘要、评论等。它把每篇文献后所附的参考文献一一认真著录，按照一定的格式编排起来，因此引文索引是名副其实的索引，它只能查到文献题目，而不附文献摘要。引文索引中“来源索引”是检索的目标，另外 4 种引证索引是检索的工具。

二、《科学引文索引》的主体——索引

《科学引文索引》由五种索引组成，即作者引证索引、专利引证索引、轮排主题索引、机构引证索引及来源索引。它们的特点和作用分别介绍如下。

1. 作者引证索引

作者引证索引(author citation index)是按照被引文献的第一个作者姓名字母顺序排列的，同一作者的各篇文献按照发表时间先后顺序列出(图 11-1)。同样，引用文献的新作者也按他们的姓名字母顺序排列。该索引的作用就是从被引作者出发寻找引用的作者以及他们的文献题目名称。“作者引证索引”的著录内容，对于被引用文献依次为：作者姓名、文献发表年份、发表的刊物名称(缩写)、卷、页码(以上几项均用黑体字)；对于引用文献项依次为：引用作者姓名、刊物名称(缩写)、卷、页码、年份。

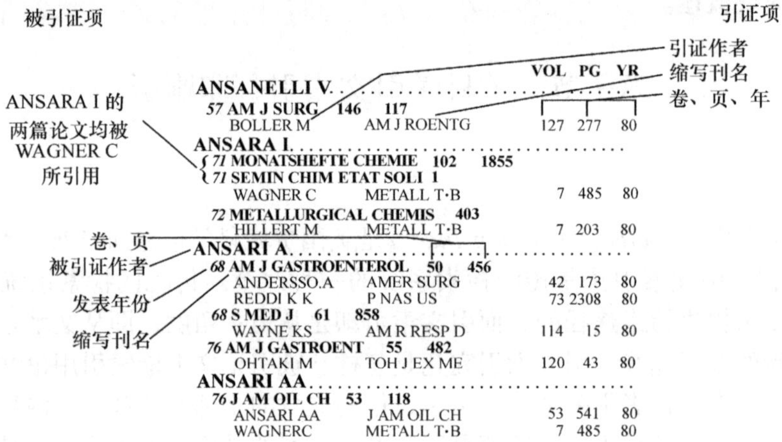

图 11-1　SCI 作者引证索引

2. 专利引证索引

专利引证索引(patent citation index)收录被引用过的专利，以及某一篇专利为人引用的次数，这也可用来衡量某篇专利的价值如何。索引按被引用专利的号码顺序排列。

该索引的著录内容，对被引用文献项依次为：被引用的专利号(黑体字)、被引用专利的年份、专利发明者、新申请专利(appl)或再版专利(reiss)、国别；对引用文献项依次为：引用作者、引用出版物、文献代号、卷、页次、年份。详见下面样例(图 11-2)。

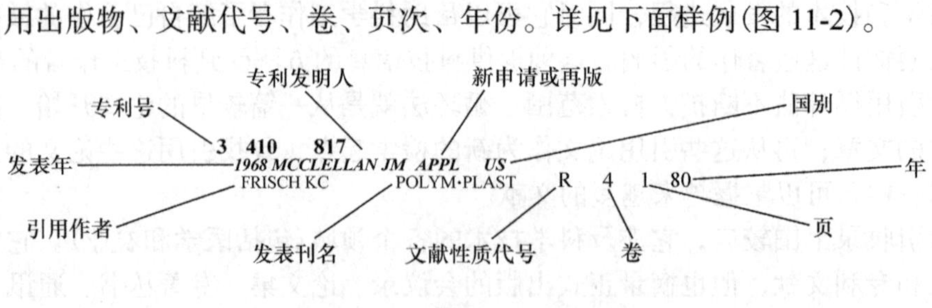

图 11-2　SCI 专利引证索引

3. 轮排主题索引

轮排主题索引(permuterm subject index)是将论文中选出的主题词相互组配，每个选出的词均可作首选词(primary term)或配合词(co-term)轮流组排。配合词后面是作者姓名。它的特点是可以从多个主题角度查到同一篇文献，且通过配合词后标明的作者转查“来源索引”，找出文献的题目。样例中列举的检索对象是：“AFTERGLOW”，“ADENINE”(见图 11-3 中黑三角所指)。前者作首选词，后者作配合词。关于该内容发表文章的作者是“JELINEKO”(见黑三角所指)。然后根据此作者姓名转查“来源索引”，在该作者姓氏下找到论文名称、出处及参考文献数号。

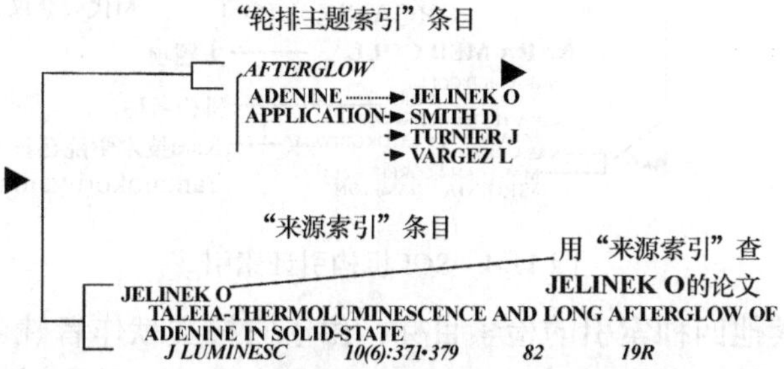

图 11-3 SCI 轮排主题索引

4. 机构引证索引

机构引证索引(corporate citation index)按机构(包括公司、研究所等)名称字母顺序排列。通过这个索引可以了解在特定时间内某一机构有哪些人的论文和哪些专利在什么刊物上发表过。这对深入掌握各种机构的动态是很有帮助的。

该索引分地名“GEOGRAPHIC”和机构名“ORGANIZATION”两部分(图 11-4)。后者不提供文献和文献出处，只列出各该机构的所在国家和城市；然后根据国家和城市名称再查地名部分，才能找到文献和文献出处。所以，机构名部分是地名部分的辅助工具。检索者若欲了解该大学哪些人在什么出版物上发表过文章，但不知该大学属于哪个国家和地区，则应先查阅“ORGANIZATION”部分，按机构名称字母顺序查得该大学的所在地方。据此地名转查地名部分“GEOGRAPHIC”，在州名下找到城市在此城市名下找到该大学，即查出该大学当年发表的所有文献。

5. 来源索引

用上述作者、专利、机构索引可以查到引文的作者、他们所写文章的出处及发表年份。用轮排主题索引也可以查到有关轮排主题词的作者，但不知他们的引文题目究竟是什么。要解决这个问题，就需要查来源索引(source index)了。来源索引(见前面“来源索引”条目样例)不分资料类型(期刊或专利)，统一按作者字母顺序排列。不署作者(匿名)的文献按出版物名称排列在来源索引的最前面。

来源索引中所著录的条目有论文、图书或图书中某一章节共三种类型。无论哪一种类型，只对第一位作者作详细著录；对次要作者则引见(see)第一位作者，不著录文献题目，只给出文献出处。文献出处内容包括：刊名(或图书号)、卷、页次、发表年份，或参考文献篇数号。

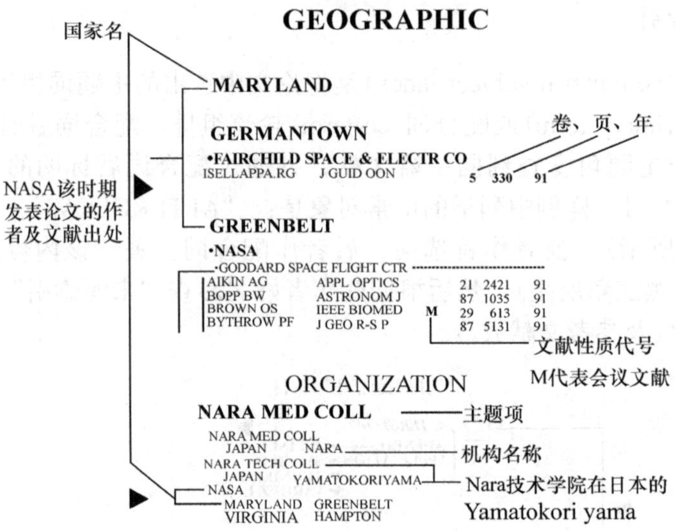

图 11-4 SCI 机构引证索引

来源索引不仅是其他四种索引的检索目标，由于它按文献作者姓名字母顺序编排，这点相当于其他检索工具中的著者索引，因此也可以不考虑另外四种索引，而作为一套综合性科技文献的作者索引使用。

三、查找技巧

《科学引文索引》使用方法归纳起来可分为以下 8 个步骤：

1～3 步是主要的，即从某一篇切合用户所研究的课题的参考文献(用它的作者、机构名或专利号)出发，通过适当的引证索引(以上介绍的 4 种引证索引)找出引用这一文献的一系列作者，然后用“来源索引”查出这一系列作者所写的文章题目及其文章出处，以便最后查阅文章全文。

4～8 步就是前面所称的循环法。如果通过前 3 步不能满足检索要求，可以采用此循环法以扩大检索范围；也就是从图 11-5 中“4”出发，即利用“来源索引”中所查到的原始论文(source article)以及该论文中所著录的参考文献(bibliography)作为新的检索起点。

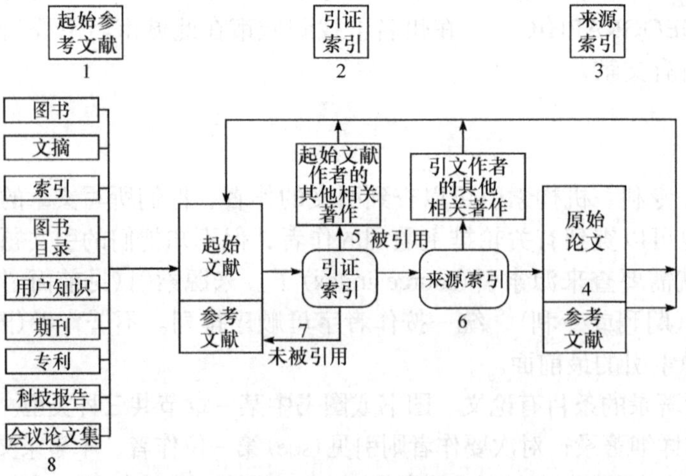

图 11-5 SCI 检索步骤

5是利用起始文献作者的其他相关论著作为检索起点。

6是用“来源索引”中引文作者的其他相关论著作为检索起点。

7 是如果起始文献没有被人引用过，可以从它的参考文献目录中选择相关的论著作为检索起点。

8是如果没有起始文献，可以通过图中“8”所指出的多种途径选择起始文献，然后再开始检索。

这样周而复始，可以不断扩大检索范围，找到越来越多的文献。

第二节　Web of Knowledge

1997年，ISI(Institute for Scientific Information，美国科学信息研究所)将其信息产品推向互联网，于2001年推出网络检索平台ISI Web of Knowledge[SM](WoK)。这是一个动态的、综合的可检索平台，也是ISI多年来发展的重点。ISI还与其他信息公司合作，不断丰富网络数据库的品种。Derwent Innovations Index[SM](DII)数据库就是它与Derwent Information，Inc.合作的产物。这样，WoK下的数据库不断丰富，用户可用自然语言同时检索多个数据库，并可与电子期刊全文和网络资源链接，可访问已分类整理的网址等。在这个平台上，ISI不仅有多种学科数据库提供检索，而且提供各种用于访问、评估、分析和管理研究信息的工具[2]。

ISI Web of Knowledge 将期刊文献、专利、化合物、基因序列及会议录等信息资源结合在一起，加上与其他公司合作的数据库组放在同一平台上，形成以Web of Science为核心的数据库群。这些数据库的检索不必安装检索软件，利用通用的网络浏览器软件，如IE Explorer便可以访问。

2002年后ISI Web of Knowledge平台上实现了多个数据库跨库检索的功能。一条文献记录可能在多个数据库中出现。系统会自动重新处理。每条记录只显示一次，并在记录下方列出包含该记录的数据库名称。

Web of Knowledge 平台下的主要信息资源、分析工具、管理工具和检索工具有(可以选择性订购)：

国际学术期刊信息——Web of Science

国际学术会议录信息——ISI Proceedings

全球期刊目次(每日更新)——Current Contents Connect

全球专利信息——Derwent Innovations Index

化学数据库——ISI Chemistry，包括Index Chemicus(IC)和Current Chemical Reactions(CCR)

生命科学数据库——BIOSIS Previews

物理学/电子与电气/计算机信息技术数据库——INSPEC

农业与应用生物科学数据库——CAB ABSTRACTS

医学数据库——MEDLINE

学术期刊分析与评价数据库——Journal Citation Reports(JCR)

科学研究发展分析数据库——Essential Science Indicators(ESI)

国际学术研究社区——HighlyCited.com

文献信息管理和发表工具——EndNote，ProCite，Reference Manager，WriteNote

跨库交叉检索工具——CrossSearch

ISI 核心产品在 1992 年被美国 Thomson Reuters 收购，2016 年又被转卖给 Clarivate Analytics，随后直接以 WoS 命名 WoK，原 WoS 则称 WoS 核心合集。商业化并购的结果将会影响后续发展。

第三节　Web of Science

Web of Science(WoS)是 ISI 开发的适合 Internet 环境的引文数据库。以 ISI of Knowledge 作为检索平台，WoS 核心合集中与化学有关的子库有：科学引文索引数据库 Science Citation Index Expanded(SCIE)，科技会议录引文索引数据库 Conference Proceedings Citation Index-Science (CPCI-S)，两个化学索引库 Current Chemical Reactions (CCR-EXPANDED)(可回溯至 1840 年)、Index Chemicus(IC)，检索网址是 http://www.webofknowledge.com。

Web of Science 涉及 SCI 的两种版本，即扩展版和核心版。SCI 扩展版(SCI Expanded)的内容包括全部 SCI，它收录了 7000 多种世界上最具影响的刊物，而 SCI 核心版只收录 3600 多种核心刊物，但核心版内容与印刷版和光盘版对应。

Web of Science 利用通用的 Web 浏览器检索，无需专门检索软件。与光盘数据库相比，数据更新周期短，一周就更新一次，收录期刊也扩展很多。Web of Science 不仅具备光盘数据库的全部检索功能，而且可检索多年的数据。一张光盘只能存储半年的数据，参考文献的记录往往存放在另外的光盘上，因此需要换盘后才能看到参考文献的完整信息。SCIE 收录文献检索与被引用参考文献检索之间可以无障碍衔接，检索者可方便查看记录的引用文献、被引用情况及相关文献，并进一步获取论文摘要和部分全文。光盘版预计是过渡性产品，所以本书不加以介绍。

SCIE 是全球最大、覆盖学科最多的综合性科学信息资源，收录了自然科学、工程技术、生物医学及农林等各个研究领域最具影响力的科技期刊。利用 Web of Science 强大和便捷的检索功能，如一般检索、被引文献检索、化学结构检索，可以方便地找到相关信息。它可以用追溯法检索，从新近文献追溯到早年文献；也可以用顺查法，从最早年文献开始查到最近期的，从而可以全面了解某一课题、某一学科的全部研究过程和发展状况。

目前，SCIE 的数据收录年限覆盖 1900 年至今；Current Chemical Reactions Expanded 主要是 1986 年以来的，主要收录一步或多步合成方法；Index Chemicus 是 1993 年以来的，收录重要期刊报道的新颖有机化合物的结构和关键数据。后两种检索工具也是 ISI 的化学拳头产品。

SCIE 数据库检索方法有 4 种：Basic Search，Cited Reference Search，Structure Search，Advanced Search。

如果本单位已经购买了该数据库，检索者可以从本单位数据库导航系统进入 ISI Web of Knowledge 数据库主页。选择 Web of Science 中 Science Citation Index Expanded 进行检索(图 11-6)。

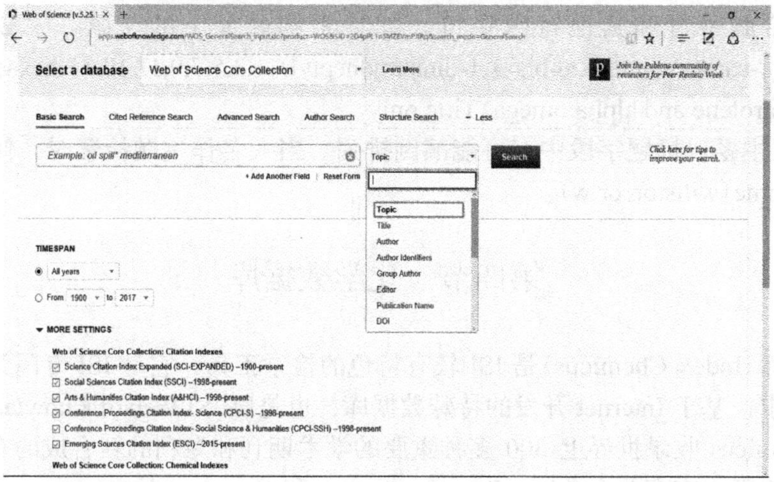

图 11-6　WoS 主页

系统自动进入 Basic Search，基本检索可选如下几种途径：Topic（主题）、Authors（作者）、Group Author（团体作者）、Publication name（出版源名）、Address（地址）、DOI 等。

检索注意事项如下。

1. 检索规则

(1) 逻辑运算符：and、or、not。

(2) 邻近运算符：两词之间用空格连接，表示两词紧密相连；same、sent 为位置运算符，表示检索词必须在同一句子中，词序可以颠倒。

(3) 截词/通配符 (*、?)：任意数量的截词符，如“pharmac”可检出 pharmacy、pharmacology、pharmaceutics 等；“sul*ur”可检出 sulphur、sulfur；“bure*t*”可检出 buret、burette、bureaucratic 等。“?”是只替代一个字母的截词符，如“wom?n”可检出 woman、women、womyn。两种截词符可混合使用。例如，“ch?mi*”可检出 chemist、chemistry、chimia 等。

2. 主题检索说明

(1) 主题 (Topic) 检索：检索词搜索范围在篇名、作者提供的关键词、标引人员提供的关键词、文摘中。

(2) 提示：在 Topic 检索中，使用位置运算符 (same 或 sent) 比 and 更准确。

(3) 用同义词 (缩字、俗称、近义词) 检索时，用 or 连接。

(4) 所有标引词均是单词标引。

(5) 标点符号在检索时可作为空格处理，显示时会出现标点符号，如 2 4 dinitrotoluene 和结果中 2, 4-dinitrotoluene 相同。

(6) 利用 same 运算符检索词组时，包括词的所有格，如 kaposi*same sarcom*，检索结果包含 kaposi sarcoma、kaposi-sarcoma、kaposis sarcoma、kaposi's sarcoma。

(7) 检索带连字符的单词时，有两种方法，如 x-ray*or xray*或 x ray*or xray*，结果包含 X-ray、X-rays、Xray、Xrays、X-rayed。

(8) 拼写希腊字母和其他特殊字符，如检索题名如下的文献："Electroabsorption spectroscopy of β-carotene and α,ω-bis (1,1-dimethylheptyl) -1,3,5,7,9,11,13,15-hexadecaoctaene"，Topic 为 (beta carotene and alpha omega) Title only。

(9) 人名在主题、标题字段中有可能颠倒排列。当人名作主题检索时，使用 same 运算符：churchill same (winston or w)。

第四节　化学数据库

化学数据库 (Index Chemicus) 是 ISI 较有特色的检索工具，它是 ISI 专门为满足化学和药学研究者的需求，基于 Internet 开发的特殊数据库，也是以 ISI Web of Knowledge 作为检索平台。Index Chemicus 收录世界上 300 多种重要的学术期刊和专利的新合成的有机物和合成方法，数据每月更新。它有两个子库：Reaction Center 和 Compounds Center。

Reaction Center 收录的是单步或多步新合成法和改进的合成法。每一合成方法记录总的反应流程、反应细节及各步反应的反应图示。

Compounds Center 收录的是新有机化合物结构和已证实的理化数据。记录信息包括合成物从原料到最终产物的反应流程。该子库也是生物活性化合物和天然产物的重要信息源。

Index Chemicus 利用 ISI Web of Knowledge 平台可以与 Web of Science 相互连接。利用在 Web of Science 中的记录，获得文献题录信息和文摘，查看所引用的参考文献和被引用情况，进而揭示研究历史及其影响。利用 ISI Links，可通过 Web of Science 进一步连接到馆藏信息、电子期刊原文或其他数据库。

Index Chemicus 不仅可以与其他文献数据库一样，用各种常规途径检索，还可以与美国 CA SciFinder 一样，利用绘制化学结构式的工具软件，通过结构式、亚结构式及反应式进行检索，甚至还可以用反应条件和化合物的理化数据检索。

Index Chemicus 检索方法如下：

Index Chemicus 支持结构检索和文本检索。这里仅简单介绍其检索途径，它的检索界面有 5 个部分：

(1) 选择子数据库 (若未选，系统默认同时检索两个 Center)。

(2) 用反应式/结构式检索 (Reaction/Structure Query)。

(3) 用目录信息检索 (Bibliographic Query)。

(4) 用反应数据或化合物数据检索 (Reaction/Compound Data Query)。

(5) 保存、调用检索式 (Saving/Running a Query)。

同时用多个部分检索时，系统会按"与"逻辑关系执行。例如，在"Structure Query"检索框输入结构式，同时在"Reaction/Compound Data"部分规定生物活性，其检索结果应同时满足这两个条件。

检索时要熟悉检索窗口上方各工具按钮，如 Home：返回 Index Chemicus 主页；Search：返回检索窗口；Marked List：显示已做标的记录，由此可对记录进行打印、保存和输出等。

Index Chemicus 的结构绘制软件：用结构绘制软件绘出结构式或反应式。绘制结构和正确显示结构的先决条件是下载并安装结构绘制软件 Chemistry Plugin。系统新绘制的内容完全按完全匹配或作为亚结构。在 Reaction Center 和 (或) Compound Center 数据库中检索，其步骤如下：

(1)单击“Draw Query”按钮，调出绘制程序。

(2)绘制结构或反应式。

(3)在结构绘制窗口单击结构绘制工具栏中的绘制按钮，已绘制出的内容出现在“Reaction/Structure Query”检索框中。

(4)选择检索模式为“Substructure”或“Exact Match”（结构完全匹配）。

(5)在“Bibliographic Query”和(或)“Reaction/compound Data Query”中输入检索式或调用已保存的检索式。

(6)根据需要，用检索窗口下方的“Save Query”按钮保存上面的检索式。

(7)点击“Search”按钮开始检索。

第五节　JCR 和 ESI 的功能与用途

JCR 和 ESI 是 Web of Knowledge 平台下的学术评价与分析工具。JCR(Journal Citation Reports，期刊引用报告)是 SCI 的派生出版物所对应的网络数据库。JCR 对 8700 多种期刊的论文之间引用和被引用数据进行统计、运算，并对每种期刊定义了影响因子(impact factor)等指数加以报道。一种期刊的影响因子是指该刊在过去两年内发表的论文被引用的总次数除以两年内该期刊发表论文的总篇数。一种刊物的影响因子越高，其被引用率越高，说明它报道的研究成果影响力大，也反映该刊物的学术水平高。JCR 已成为对世界重要期刊进行系统客观评价的有效依据。它提供的统计数据对图书馆采购选择、论文作者投稿方向都有很好的参考价值。

ESI(Essential Science Indicators，基础科学指数)数据库可以用来分析各个领域学术研究的发展、影响和趋势。用户可从该数据库了解重要科学家、研究机构、大学、国家或地区以及学术期刊在某一学科领域的发展和影响。从科学研究管理角度看，可以为政府策划者、机构和企业管理人员、决策者、基金提供者和研究基金会等提供决策、分析的基础数据。

ESI 结构分四大部分：

(1)引用排序(Citation Ranking)：根据 10～11 年累积的引文数量，ESI 按被引次数多少列出作者、机构(大学、公司、实验室等)、国家或地区、期刊四类。

(2)多引论文(Most Cited Papers)：这里包括高引用论文(Highly Cited Papers)和热点论文(Hot Papers)。高引用论文指近 10～11 年某学科中引用次数最高的论文；热点论文指在近两年内某学科引用次数最多的论文。

(3)引文分析(Citation Analysis)：引文分析中提供两种信息，一是基线(Baselines)，其中提供 ESI 划分的学科领域(如 Chemistry、Medicine)的年均数、百分数和总和数据；二是研究前沿(Research Fronts)，其中可以检索的核心论文的高引用论文。

(4)注释(Commentary)等：包括 Science Watch 等网站链接，以及 ESI 相关知识介绍。

在 Information for New Users 项中可查询概念定义；Tutorial 项中有检索方法介绍。

如果要查重要科学家的数据，点击 Scientists；查研究机构或大学点击 Institutes；查国家或地区点击 Countries/Territories；查期刊点击 Journals。查出的数据是 10~11 年的累计数。数据每季度更新。

第六节　中国科学引文数据库及其派生出版物

中国科学引文数据库(CSCD)及其派生出版物是仿照美国ISI的SCI创办起来的，从收录学科范围到品种类型都差不多。由于它收录的文献资源是本国的，使用起来要方便和容易得多，而且选入的中文核心期刊和扩展期刊比美国的SCI选入的多得多，所以中国科学引文数据库可称是中国的SCI。中国科学引文数字化系统是由中国科学院文献情报中心创办的，访问地址是 http://sciencechina.cn，其名称是中国科学文献服务系统[3]。

自1989年创建印刷版以来，中国科学文献服务系统已开发了数种核心产品：中国科学引文数据库(CSCD)，另外还有两种派生产品，即中国科学文献计量指标数据库(CSCD-ESI)和中国科技期刊引证指标(CSCD-JCR)。它的网络版是2002年开始研发的，并与中国科学文库、中国科学文献目次库集成为"中国科学文献数据库服务系统"提供统一服务。网络版可提供两种途径检索：来源文献检索和引文检索。与光盘版相比，网络版更具优越性，如数据更及时，检索更方便。无论是哪种途径，都能提供更多字符的检索功能；检索方式多样化，有一般检索和高级检索，能满足各种需求；提供了内部链接和开放外部链接功能。用户可以从起始单篇论文链接到文摘和全文，或从引文链接到其文摘和全文。其中，"我的数据库"的服务功能更方便，它帮助用户存储检索结果和进行信息过滤。

美国SCI入选的8700多种世界期刊中，我国入选的还不到100种，所以用于检索统计、分析评价中国科学研究是不全面的。中国科学引文数据库2017～2018年收录来源期刊1229种，其中中国出版的英文期刊201种、中文期刊1028种，分为核心库和扩展库两部分：核心库887种(备注栏C标记)；扩展库342种(备注栏E标记)，已相对稳定多年，故其数据具有分析研究价值。其派生出版物《中国科学文献计量指标》和《中国科技期刊引证指标》分别相当于美国SCI的ESI和JCR。

《中国科学文献计量指标》是2006年开始出版的。它有印刷版和光盘版两种，每年出一卷，光盘每年出一片。它们的用途大致有以下几点：①提供期刊评估的指标；②期刊编辑部了解同行彼此的参考资料；③作者向何种刊物投稿的参考；④读者阅读期刊的选择指南；⑤教师向学生介绍期刊的根据；⑥图书馆期刊采购、剔旧的管理参考；⑦对核心期刊和重要期刊学科影响力的研究。

《中国科技期刊引证指标》是国家自然科学基金资助的项目。印刷版从1998年开始出版，每年一卷。

总之，SCI和WoS及其对应的中文产品作为引文检索工具不仅在信息检索中具有重要意义，而且由此发展的引文分析具有独特方法论价值。

参 考 文 献

[1] Garfield E. Citation Indexing. Its theory and application in science, technology and humanities. New York: Wiley, 1979
[2] ISI 网站: http://www.webofknowledge.com
[3] http://sciencechina.cn

第十二章　化学物质结构信息码及其应用

编者按　化学工作者以往对结构复杂的物质检索无不感到困惑。作者在20世纪70年代着手编写本书时，一个偶然的机会查到化学物质结构信息码的设计与研究的文章。兴头上，查阅了国外60多篇相关论文，研读并整理出了当时国际上最为热门的几种结构编码法。但在当时还看不到有实际应用的前景。然而，作者还是把几种编码法整理出来，粗线条地编成本章，排在本书的末尾。20世纪90年代初出第二版时，查到了日本科学技术厅相关编码应用的报道，说明物质编码的研究成果已在计算机结构检索和子(亚)结构检索方面有了实际应用和重视。于是本书第二版中增写了片段码检索和拓扑码检索。20世纪后期，很多联机检索和网络版检索工具，如CA SciFinder、STN、SCI、Beilstein及MEDLINE、Derwent Patent等数据库都相继推出了结构检索与亚结构检索。有人把这种检索途径推崇为真正意义上的、代替了部分科学研究的先进检索方法。本书前面介绍结构检索和子结构检索时，均提到了它在检索技术上的重要突破。故此，本版仍保留该章。虽然这里介绍的各种编码法，随着时间的推移和研究的深入，其中有的已受到冷落，有的却得到发展与应用。作为史料保留它们，想来这对有机化学工作者、药学研究者以及计算机检索科学工作者会有一定的参考价值。

第一节　化学物质结构信息的表示法

为了适应计算机检索的要求，有关科学工作者正在大力研究和设计化学物质结构信息的表示方法。这里所说的结构信息，是指组成化学物质的原子以及原子间的结合关系，而不是键长和键角等细节，也不包括光谱数据及其物性。现在国际上化学物质结构的编码方法很多，有的就是在早期手工检索用的化合物结构代码基础上改革的。

化合物结构代码，就它们的编码方式而言，大体上可以分成3种类型：

(1)分类式代码。即根据化合物的类属来区分，如杂环的、芳香族的、环烷属的。从代码本身可以看出化学含义。但这种代码很粗糙。实际上，在电子计算机检索中没有推广使用这种代码。

(2)片段式代码。这种代码大多采用线型标记法，它比较详细，能表明原子团的价键，如NH_2，COOH，NNNH等。WLN法和IUPAC法属于这一类。

(3)拓扑代码(也可称解剖式代码)。这种代码更为详细，它能描述分子中所含的每一个原子和连接价键。这种代码可分成两种形式，一种是从代码形式上可以看出化合物的化学含义，如MCC拓扑代码；另一种是从代码形式上看不出化学含义，如CAS代码和DARC代码。

普遍采用的化学物质结构信息码是WLN法、IUPAC法和CAS法。

现将各种方法分别简单介绍如下。

一、WLN法

WLN法是威氏化学分子式线型标记法(Wiswesser Line Notation)的简称。它属于片段式代码。该方法是 1954 年由 Wiswesser 首先提出的，故以他的名字命名。他著有 *Line-formula Chemical Notation*(Crowell，1954 年)一书。后来 E. G. Smith 对此法作了修订，并著有 *The Wiswesser Line-formula Chemical Notation*(McGraw Hill，1968 年)一书。日本出版了此书的日文译本，书名是《WLN 化学构造の线型表记法》(1975 年)。以上书籍我国均有收藏。

现在采用 WLN 法的有：

(1) 美国科学情报研究所编的《现期化学文摘和化合物索引》(*Current Abstracts of Chemistry and Index Chemicus*)，自 1968 年起采用 WLN 法出版 ICRS(index chemicus registry system)磁带版。

(2)《有机化合物光谱数据和物理常数手册》(*CRC Atlas of Spectral Data & Physical Constants for Organic Compounds*)。

(3) CA 的《母体化合物手册》。

(4) 英国帝国化学工业公司(Imperial Chemical Industries)和英国其他一些化学公司出版的磁带版。

(5) 荷兰 Excerpta Medica 出版的 drugdoc 磁带。

WLN 法就是利用英文打字机字盘上的 26 个大写字母，10 个数字，3 个符号“-”“&”“/”和一个空格来表示化合物的结构式。一些复杂的化合物结构式也可以很方便地用一般英文打字机表达出来。人们只需利用计算机上的电传打字机，就可以把有关化学结构信息输入计算机中储存起来，以备检索。

1. WLN 编码和检索规则

各个符号的含义[1-3]：

A——表示泛指的烷基

B——硼原子

C——a. 表示以一个单键和一个三键与其他原子相连的碳原子；b. 表示以两个双键与其他原子相连的碳原子

D——螯合键的符号，螯合标志的起始符号

E——溴原子

F——氟原子

G——氯原子

H——a. 氢原子；b. 在环的标志符号中间和位置符号后面，表示该位置的碳原子与四个原子相连

I——碘原子

J——a. 卤素；b. 环的终止符号

K——四级铵中的氮

L——表示碳环的起始符号

M——亚胺基，—NH—或═NH

N——不带氢的三价氮原子

O——不带氢的氧原子，—O—

P——磷原子

Q——羟基，—OH

R——苯环

S——硫原子

T——a. 表示杂环的起始符号；b. 在环的标志符号中间，表示该环中至少有 2 个碳原子是与 4 个原子相连的

U——双键

UU——三键

V——羰基，—C(=O)—

W——表示—NO_2或—SO_2中的两个 O 原子，因此分别为 NW 和 SW

X——与四个非氢原子相连的碳原子

Y——表示下面两种形式的碳原子，—CH(—)—，=C(—)—两者的双键不是与氧原子相连

Z——氨基，—NH_2

&——a. 表示侧链；b. 在空格后表示离子盐，加成化合物或后缀信息(suffixed information)。例如：

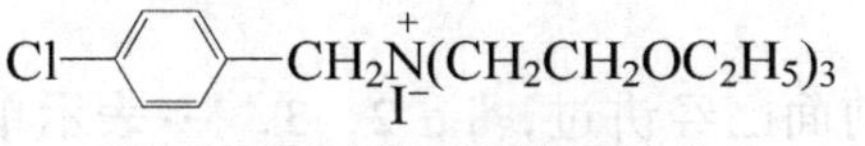

GR DIK202 & 202&202 & I

未收缩式

GR DIK/202 3&I

收缩式

c. 在环的标志符号中间，表示该环中没有与四个其他原子相连的碳原子；d. 后跟一个短横线“-”，表示螺环连接方式

“-”——分割符号，连接符号，见“&”说明；用在双字母元素符号的前后

“/”——a. 截断重复单元；b. 表示聚合物的终端

“*”——a. 表示聚合物重复单元的连接点；b. 无机物标志的重复符号

ϕ～9 数字(这里的ϕ表示 0)——在数字前有空格时：a. 表示该数字前的符号的重复次数；b. 在环的标志符号中间，表示这一环结构中所含的稠合点。在数字前没有空格时：a. 在环的标志符号中间表示环的大小；b. 指出饱和的、不分支的烷基链和碎片的长度

2. *元素表示法*

从上面符号含义可以看出，除少数元素外，大多数元素仍用其原来的元素符号表示，两个字母的元素符号前后要加连字符“-”。例如，铁用-FE-表示，钙用-CA-表示，镁用-MG-表示，钠用-NA-表示。

规定只有 7 种元素用与原来元素符号不同的字母表示。例如，溴用 E 表示，铀用-UR 表示，钾用-KA 表示，钒用-VA 表示，钇用-YT 表示，氯用 G 表示，钨用-WO-表示。

有一些元素，根据连接方式的不同，在不同场合有各种不同表示方法，如碳、氮、氧的符号。

碳：

(1) C 表示—C≡N，=C=和—N=C=S 中的碳。

(2) X 表示四取代的碳（没有氢）$\left(>C<\right)$，如—CF_3 的代码应为 FXFF 或 XFFF；Y 表示三取代的碳 $\left(-\overset{|}{C}H，=C<\right)$。

(3) 1，2，3，… 表示不分支的饱和烷链的长度（碳原子数），如“1”表示—CH_3，—CH_2—，—CH═等，但不是 $>CH$ 或 $-\overset{|}{\underset{|}{C}}-$；“2”代表—$CH_2CH_3$，—$CH_2CH_2$—，—$CH_2CH$═，但不包括—CH═CH—，—$CH_2CH<$ 等。

氮：N 表示不带氢的三价氮；M 表示亚胺基（—NH—或═NH）；Z 表示氨基（—NH_2）；K 表示四级铵 $\left(-\overset{|}{\underset{|}{N^+}}<\right)$。

氧：O 表示“—O—”；Q 表示羟基（—OH）；V 表示羰基。

据此，—COOH 的代码应为 VQ 或 QV，而—C(═O)—O—的代码应为 VO 或 OV。

W 表示硝基或磺基中的两个氧（—O_2），因此硝基和磺基的代码应分别为 NW 和 SW。

3. 链和环的编码规则

(1) 用数字表示链长：前面已经讲过，1，2，3，… 表示单键碳链的碳原子数。如果碳与碳间有双键或三键，则必须标明。例如，—CH═CH_2 不能用“2”表示，而应用“1U1”表示；—C≡C—用“-1UU-”表示，这里“U”表示双键，“UU”表示三键。

带有支键的化合物则以“&”表示。举例说明：

分子式: $\underline{CH_3}\underline{C}\underline{OOH}$

代码:　1　V　Q　代码即为1VQ

分子式: $\underline{CH_3}\underline{COO}\underline{C_2H_5}$

代码:　1　VO　2　代码即为1VO2

$$\begin{array}{c}\underline{C_2H_5}\\2\\|\\\underline{C_2H_5}-\underline{N}-\underline{CH_2CH_2CH_2}\ \underline{O}\underline{CH_3}\\2\qquad N\qquad 3\qquad O\ 1\end{array}\quad 2\overset{2}{N}3O1\ \text{代码应为2N2\&3O1}$$

$$\begin{array}{c}C_2H_5\\|\\C_2H_5-NO\\|\\C_2H_5\end{array}\quad 2\ \overset{2}{\underset{2}{K}}\ O\ \text{代码应为OK2\&2\&2}$$

(2) 环的标志符号：R 表示苯环。L…J 表示苯以外的碳环的起止符号，T…J 表示杂环的起止符号。

环的大小在环的符号中间用数字表示。环上的官能团位置应在环标志符号后空一格，再接着用字母 A，B，C，D 等表示，并排在各官能团符号之前。

举例说明：

(1) 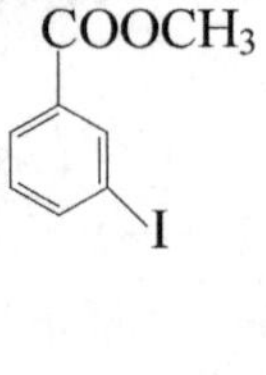

I——表示 A 位，A 不必写出，直接用元素符号 I 表示；

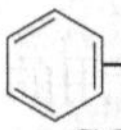——苯环，以 R 表示；

$\frac{-COO}{V}\frac{O}{O}\frac{CH_3}{1}$该官能团在 C 位置上，因此以 CVO1 表示；把上面的分解代码组配起来，即为 IR CVO1。

(2) 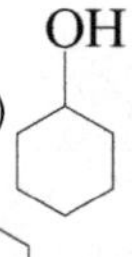

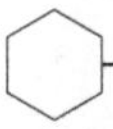——为 6 个碳原子环，以 L6 表示；

—OH——以 Q 表示，并在 A 位上。

根据上述规则，碳环应以 L…J 表示，因此该分子式的代码为 L6TJ AQ。这里的 T 表示环中至少有两个以上碳与四个其他原子相连。A 位置号前应空一格。

(3) 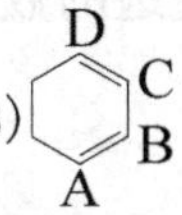

该分子结构式为环已二烯，六个碳环以 L6 表示；A 位的第一个双键单用 U 表示，A 不必标明；第二个双键在 C 位置上，用 CU 表示；该环中有两个碳是单键，要加符号 T。根据上述规则，碳环以 L…J 表示。因此，按顺序组配，该结构的代码为 L6U CUTJ。C 前面空一格。

(4) 

氮苯，因为是杂环，规定用 T…J 表示起止符号，所以它应以 T6NJ 表示。如果读者要查氮苯或氮苯正离子盐，则分别用 T6NJ 和 T6KJ 代码检索。假如要查氮苯酮，表示结构式内有 >C=O，它以 V 表示。因此，氮苯酮的代码显然只要在氮苯代码中添上 V 即可。但由于 CO(V)所占的位置的不同，氮苯酮类的代码可以有好几个：T6N VJ，T6N DVJ，T6N CVJ，T6N CV EVJ，T6V NVJ 等。

同理：

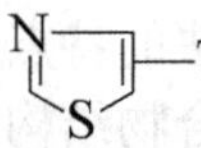—T5N CSJ

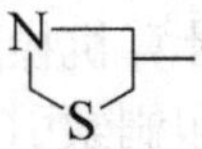—T5N CSTJ

(中间“T”表示有两个以上碳原子与其他四个原子相连)

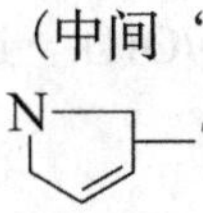—T5N CUTJ

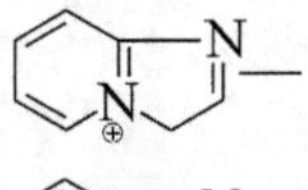— T56 AK DNT&J(“&”表示正离子盐)

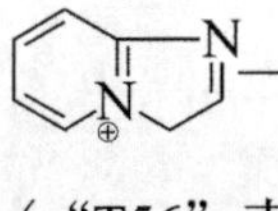—T56 AK DN BHJ

(“T56”表示一个五元环和一个六元环；“H”因为在位置符 B 之后，表示 B 位置的碳为 >CH_2；A 和 D 表示 N 的位置)

二、IUPAC 编码法

IUPAC 编码法[4,5]是在 1965 年由英国 Shell 公司开始应用的计算机编码。当时所用的计算机为通用 9300 型。

IUPAC 编码原则与 WLN 法很相似，同属片段式编码，这里不再详细介绍，只举两例说明。

(1) 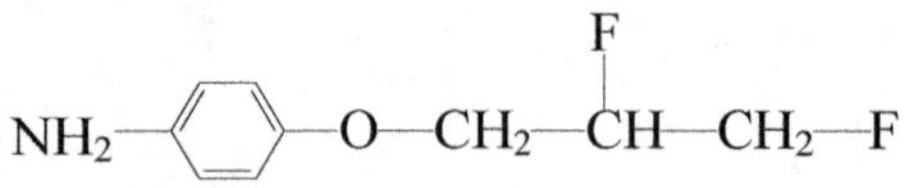

代码为 B6，N1：4Q/3CCC，F12

B6 表示苯环；

N 表示氨基；

F 表示氟原子，前面加“，”；

Q 表示氧原子；

/表示在“/”左边的数字表示氨基和氧在苯环上的位置 1 和 4，在“/”右边的数字表示氟在碳链上的位置 1 和 2；

3CCC 表示有三个碳原子的链。

(2) 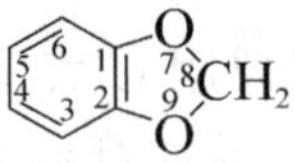

代码为 B65ZQ79

B6 表示一个六元苯环；

5Z 表示五元杂环；

Q79 表示氧在环中的位置 7 和 9。

读者欲了解 IUPAC 编码规则，可查阅 IUPAC 所著一书（*IUPAC Commission of Codification Ciphering and Punched Card Techniques, Rules for IUPAC Notation for Organic Compounds*，Longmas，Green and Co.，London，1961）和 Polton 的文章（*The IUPAC Cipher*：*Optimising Its Internal Representation for Computer Processing, Information Storage and Retrieval*，Vol. 4，1968）。

三、Skolnik 片段编码法

Skolnik 片段编码法（fragment notation）[6-8]是 Skolnik 在 1970 年提出的。该法的特点是采用线型编码法所用的 25 个大写字母（“O”不用），再加几个特殊符号来标志化合物结构。所谓片段（fragment）就是指分子中的各个组成部分和官能团（图 12-1）。对于电子计算机检索用的代码，每个片段之间用一斜线符号“/”隔开。例如，$CH_3CH{=}CHCH_2OH$ 的印刷索引代码为 AB2CQH，作为计算机代码则改为 A/B2/C/QH/（CH_3—/—CH═CH—/—CH_2—/OH）。这种代码顺序与分子式书写顺序一样。

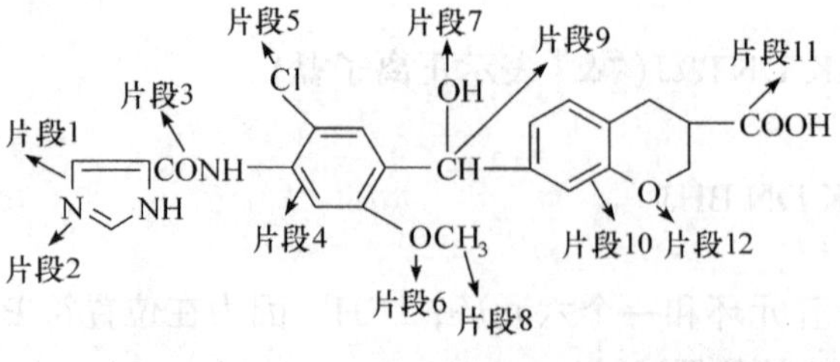

图 12-1　一个分子剖成若干个片段示意图

1. 片段编码法所用符号

单键		双键		三键		稠合和桥头键	
—CH_3	A	=CH_2	E	≡CH	U	$>$CH—	J
$>CH_2$	C	=CH—	B	≡C—	V	$>C<$	T
$>$CH—	Y	$=C<$	D			$=C<$	R
$>C<$	X	=C=	X				

其他元素和基团如下：

羰基		卤素		氧		氮		其他	
$>$C=	K	—F	F	—O—	O	$>$NH	M	—H	H
—CH=O	KH	—Br	G	=O	Q	—NH_2	MH	—S—	S
		—I	I	$\overset{O}{\underset{O}{<}}$	W	$>$N—	N	—SH	SH
		—Cl	L	—O—O—	Q2	≡N	Z	=S	S
				—OH	QH	=N—	Z	$>$SO	SQ
						—N=O	ZQ	$>SO_2$	SW
						=NOH	ZQH	P	P
						—NO_2	ZW		

符号：

.~~~~.	环的一部分
.^^^^.	环的一部分中桥头间的原子
@ ~~~ @	螺原子
*	除碳外的其他稠合或桥头原子
#	离子型
@	稠环部分的符号
7 ~~~ 7	聚合重复单位
&	标明用原子符号表示的原子，如钠即用&NA 表示
1	表示顺式，B(松香和甾族化合物)，挂位(指侧链取代基)及轴位(指轴位取代基)
—	表示反式，α(松香和甾族化合物)，桥(环内连接)及赤道键。

2. 编码方法举例

2-乙酰基-4 氯苯甲酰甲基氯化合物有下列 7 个重要片段：

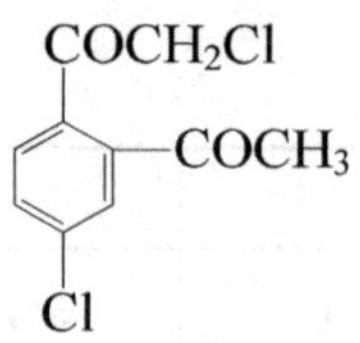

① 三位取代苯环 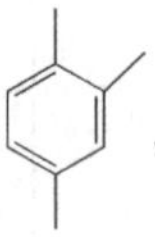 ，代码 B2DBD2(表示有 3 个═C< 和 3 个═CH—)

一位：
- ② 与苯环连接的酮基 $-\overset{\displaystyle O}{\overset{\|}{C}}-$　　K
- ③ 与酮基连接的亚甲基 $-CH_2-$　　C
- ④ 与亚甲基连接的氯基 —Cl　　L

二位：
- ⑤ 与苯环连接的酮基 $-\overset{\displaystyle O}{\overset{\|}{C}}-$　　K
- ⑥ 与酮基连接的甲基 $-CH_3$　　A

三位　⑦ 与苯环连接的氯—Cl　　L

把以上代码组配起来即为·B2DBD2/K/C/L/K/A/L/

3. 官能团和自由基编码举例

分子式	代码	分子式	代码
—COCl	KL	—CO—	K
—OH	QH	$-ONO_2$	QZW
—CHO	KH	—CN	VZ
$-CONH_2$	KMH	—N<	N
—NH	MH	$-NO_2$	ZW
—COOH	KQH	—NO	ZQ
—O—	Q	═NOH	ZQH
$-NHNH_2$	MMH 或 M2H	—O—O—	QQ 或 Q2
$=NNH_2$	ZMH	$-OSO_2OH$	QSWQH
—OOH	QQH 或 Q2H	$-SO_2NH_2$	SWMH
—NHOH	MQH	$-SO_2-$	SW
═NH	M	$-SO_2OH$	SWQH
—NCO	ZK	—SO—	SQ
—NC	ZV	—SCN	SVZ
—NCS	ZXS		

4. 分子中环部分编码举例

分子式	代码	分子式	代码
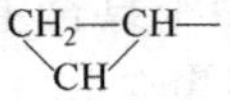	·C2Y/	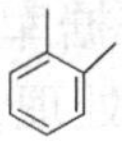	·B4D2/
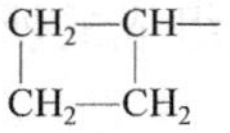	·C3Y/	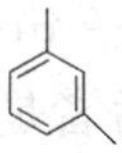	·B3DBD/
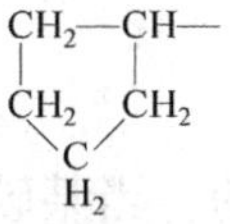	·C4Y/	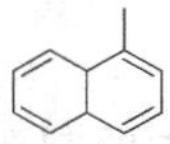	·B4R2@B3D/
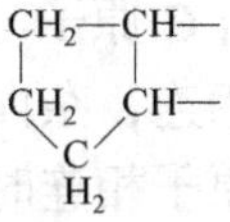	·C3Y2/	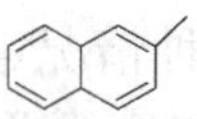	·B4R2@B2DB/
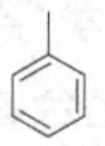	·B5D/	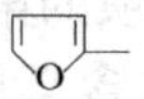	·B3DQ/
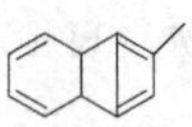	·B4R@RBDR: C/		

5. 带有烷基、烯基和炔基的化合物编码举例

分子式	代码
$CH_2═CH_2$	E2/
$CH≡CH$	U2/
$CH_2CH═CH_2$	A/EB/
$CH_3C≡CH$	A/UV/
$CH_3CH_2CH═CH_2$	AC/EB/
$CH_3CH═CHCH_3$	A, 2/B2/
$CH_2═CHCH═CH_2$	EB, 2/
$CH_3(CH_2)_2CH═CHCH_2CH_3$	AC2/B2/AC/
$(CH_3)_2CHOH$	A2Y/QH/
$CH_3(CH_2)_7CH═CH(CH_2)_7COOH$	AC7/B2/C7/KQH/

6. 带双键和三键碳的自由基编码举例

分子式	代码	分子式	代码
$CH_2═CHCO—$	EB/K/	$C_6H_5CH—CHC(═O)—$	·B5D/B2/K/
$CH_2═CHCH_2—$	EB/C/	$>C═C<$	/D2/
$>C═CHCH═C<$	/DB2D/	$HC≡C—$	UV/
$—C≡C—C≡C—$	/V4/	$CH_2═C<$	ED/

四、GREMAS 系统

GREMAS 系统[9]由 R. Fugmann 等研制，已成功应用于德国、荷兰、奥地利等十几家公司联合开发的 IDC 国际化学数据库。它属于片段编码法，具有唯一性，但不具备单义性，因此特别适用于化学结构的分类处理，其描述对象主要是有机物，也可描述聚合物。

GREMAS 代码由语义和语句两部分组成，前者是由三个字母联合组成的所谓“三字项”(three character terms)，后者是以 Y 或 Z 开头的字符串。

1. 语义——三字项

在 GREMAS 系统中，主要是看碳原子与什么原子相连和怎样相连的。当某碳原子只与碳或氢相连时，则定义其“杂向度”(degree of heteroorientation)为零。当 C 原子与 C、H 以外的原子有键连时，则分 4 种情况定义其杂向度：只有一个键与杂原子相连，杂向度为Ⅰ；有两个键与杂原子相连，杂向度为Ⅱ；依此类推，当 C 的四个键都与杂原子相连时，其杂向度为Ⅳ。GREMAS 法以三字项的第一个字母表示杂向度，并称该字母为“类字”(genus)，用字母 A～R 表示，其各自的含义见表 12-1。可见，利用类字，即可将各化合物分成若干种类的逻辑组，它们分别与烃、醇、醛、酸等相对应，如 E··为羟基衍生物，N··为羧酸衍生物，B··表示胺类化合物等。

表 12-1　GREMAS 系统中的类字含义

结构特征			类字	结构描述示例
单个碳原子的杂向度	$>C^{I}$—X	X ≠ {N, O, S, 卤素}	A— —	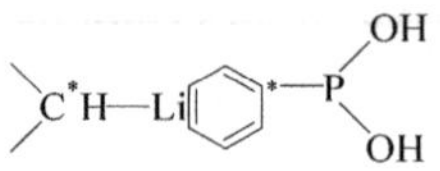
		X=N	B— — C— — D— —	胺$>C^*$—NH_2 硝基化合物$>C^*$—NO_2 肼$>C^*$—NH═NH_2
		X=O	E— —	醇、醚、酚$>C^*$—O—
		X=S	F— — G— —	硫醇、硫醚$>C^*$—S— 磺酸类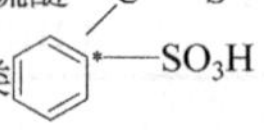
		X=卤素	H— —	卤烃类$>C^*$—Cl(F、Br、I)
	$>C^{II}$		I— — K— — L— — M— —	酮类 $>C^*$═O(N) 硫酮类 $>C^*$═S 醛类—C^*H═O(N) 硫醛类—C^*H═S(N)
	$>C^{III}$		N— — Q— —	羧酸类，腈类—C^*(OH)═O，—C^*≡N 硫代羧酸类—C^*(OH)═S

续表

结构特征			类字	结构描述示例
单个碳原子的杂向度	$>C^{IV}<$		P— —	脲，碳酸类$NH_2—\overset{O}{\overset{\Vert}{C^*}}—N<$，$—O—\overset{O}{\overset{\Vert}{C^*}}—O—$ 硫代碳酸类$S{=}C^*{=}S$
	$>C^0<$		R— —	烷烃，烯烃，炔烃$>C^*—$，$>C^*{=}$，$—C^*\equiv$
环结构	单环		S— —	单环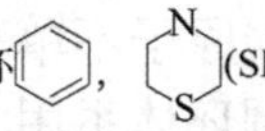(SKC)
	稠环	常见稠环	U— —	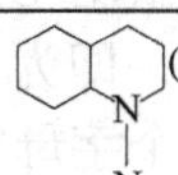(UDA) 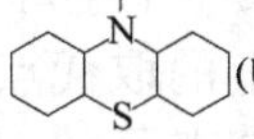(UBO)
其他结构特征		一般稠环	T— —	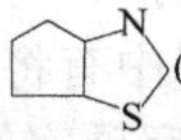(TCC+TKC)
	稠合位置		V— —	
	取代位置碳链长度		W— —	
	杂原子间的键		X— —	$—NO_2$，$—SO_2$

注：标*号的碳原子即该类字描述的对象。

具有同等杂向度的碳原子，要根据与其连接的杂原子情况进一步分组，用三字项的第二个字母表示，GREMAS系统称其为“种字”（species）。根据这个字母，可进一步指明同类化合物的不同衍生物，如表12-2所示。

表12-2　GREMAS系统中的种字示例

B类	BA · 伯胺$>C^I—NH_2$ BB · 仲胺$>C^I—NH—C$ BC · 叔胺$>C^I—N<^C_C$	E类	EA · 醇$>C^I—OH$ EB · 醚$>C^I—O—C$ EC · 酯$>C^I—O—\overset{O}{\overset{\Vert}{C}}$
R类	RA · 烷烃$>C^0—C$ RB · 烯烃$>C^0{=}C$ RC · 炔烃$—C^0\equiv C$	N类	NN · 羧酸$—\overset{O}{\overset{\Vert}{C^{III}}}—OH$ NO · 羧酸酯$—\overset{O}{\overset{\Vert}{C^{III}}}—O—C$ NB · 腈$—C^{III}\equiv N$

三字项的第三个字母称为“亚种”（subspecies），它用来描述该碳原子是如何嵌入这个分子中的，指示该碳原子是与脂链、脂环、芳环还是杂环相连，是碳链的一部分还是某个环的取代基。例如，碳原子与杂原子相连，又是碳链的成员时，则亚种为A；碳原子是芳环成员时，亚种为R；是芳环取代基成员时，亚种为D。例如：

BAA　$—CH_2—C^*H_2—NH_2$　　BAT 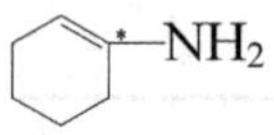

BAF　$—CH=C^*H—NH_2$　　BAR 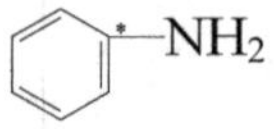

BAM　$—C≡C^*—NH_2$　　BAS 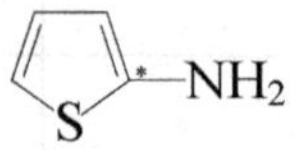

BAQ 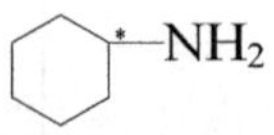

环中的碳原子不单独编码，而把环看作一个整体。单环用 S··表示，稠环用 T··表示，对出现较多的稠环体系用 U··表示。因此，单个苯环表示为 SAF，咪唑为 SDT，稠合咪唑环用 T 替换 SDT 中的 S，即为 TDT。

三字项的第一个字母中还有 V、W 和 X。V 表示稠环的稠合点和稠化类型；W 表示链长、脂链或环上的取代点；X 表示杂原子之间的键或杂原子的离子或自由基状态。例如，$C—NO_2$用 XNF 表示。

GREMAS 系统中有将近 4000 个三字项，但只要记住前两个字母的常用组合关系即可。

化合物编码三字项实例：

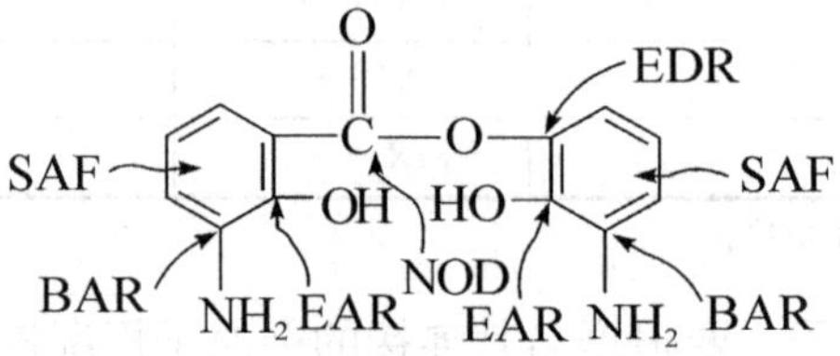

2. 语句——Y 和 Z

不同的化合物有可能编出完全一致的三字项编码。为此，GREMAS 定义了语句项 Y 字和 Z 字来确定分子的某种区段。该系统可以区别 4 种类型的分子区段：

YR——表示脂碳链(包括支链)

YS——脂环

YT——芳环

YU——杂环

在 Y 描述的区段，每个碳原子的类字都必须表示出来。Y 项的长度是可变的，取决于相应的分子区段。如果 Y 项不是 6 个字段，则用“-”号添加在 Y 字的后部，使其满足 6 个字段的长度。若有重复出现的结构，应在字段后用罗马数字说明重复次数。若有重键，用 2 和 3 分别表示双键和三键。例如：

$HCF_2—CF_2—COOH$　　YRLIN—

$HCF_2\text{-}(CF_2)_2COOH$　　YRLIIN—

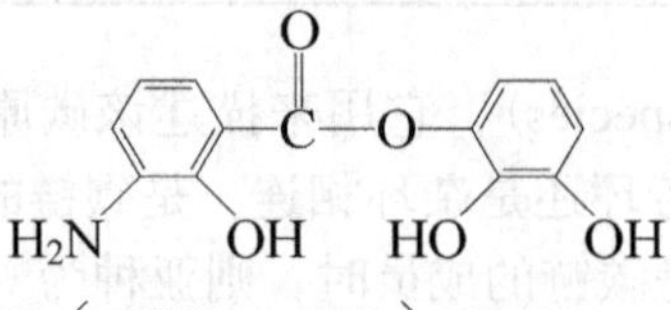　　{YTBEN— / YTEEE—}

$H\text{-}(OCH_2—CH_2)_4OH$　　YREE— —·404

$HOOC—C≡C—COOH$　　YRN3N

芳环上有多个取代基时，为指明取代基相对位置，用 ZT 代替 YT。ZT 字后，视取代基有或无，分别用类字或ϕ表示。如有稠环，要用 V 字表示稠合位置。取代基编号方向和大小任意。

GREMAS 很适合亚结构检索。用 Y 项可以提出一大类相似化合物，在存储、检索化学反应信息时也很方便。

化合物编码实例：

$CH_2{=}CHCH_2C{\equiv}CH$　　RAC RBC RBD RCD RCE
WPD YR23——

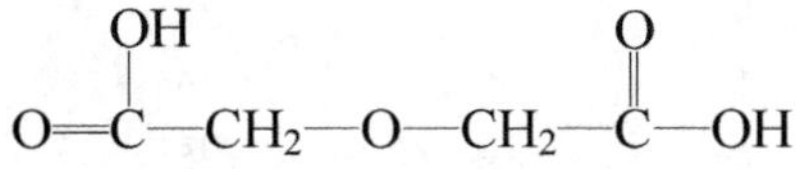

EBA NNA WPA WSC
YREN——·02——

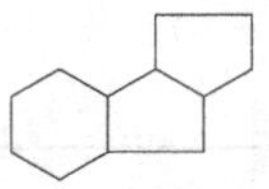

TAA TCC VBB VDB
YTVVZ—YSVVVV YSVV——

五、CAS 法

CAS 法是美国 CAS 采用的编码方法[6]。该方法也称原子相连系统法(atom by atom connectivity systems)，就是将分子中的每个原子按连接顺序逐一列出，排成一个序列，并标明每个原子的键数和相承接的原子的位置号。每一个分子都能排出一张连接表格。这种表格称为原子键连接表(atom-bond connection tables)。这种方法属于拓扑系统法。

例如，*N*-2-氯代乙基-*N*-乙基丙胺

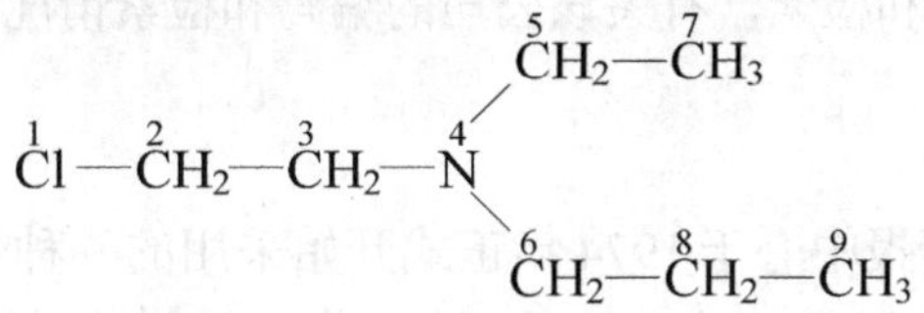

原子位置号	元素	键	承接原子位置号
1	Cl	—	—
2	C	1	1
3	C	1	2
4	N	1	3
5	C	1	4
6	C	1	4
7	C	1	5
8	C	1	6
9	C	1	8

又如[10]：

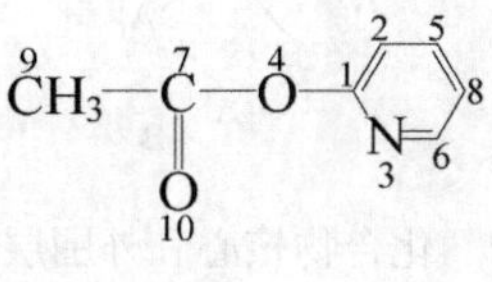

(苯环内的原子键用“L”表示)

原子位置号	元素	键	承接原子位置号
1	C	—	—
2	C	L	1
3	N	L	1
4	O	1	1
5	C	L	2
6	C	L	3
7	C	1	4
8	C	L	5
9	C	1	7
10	O	2	7
闭环 8—6			

CAS 的化合物计算机检索系统编制程序是：将有机化合物的系统命名自动翻译成有机结构式[10]。根据有机结构式自动或手工填写原子键连接表，打孔输入电子计算机，录在磁带上，并根据输入的先后由计算机编出每个化合物的登录号。登录号就是化合物在计算机中的永久通讯地址。CAS 称此系统为登记检索系统。

美国杜邦公司的四个情报中心也采用 CAS 编码法。但它对此方法有进一步改进和发展，如增加了聚合物结构的编码和检索。有关该公司的编码和检索情况参见参考文献[11,12]。

六、DARC 编码法

DARC 法是法国化学情报中心于 1974 年正式开始采用的一种化学情报处理方法[13,14]，它的全称为“description acquisition retrieval correlation”。这种方法属于拓扑编码法。

DARC 法能处理任何标志的色图资料，所谓色图是用各种颜色区别连接点和边界的图像。化合物的结构式以黑色表示，各种结构参数(如键和原子性质)用主要颜色表示，电荷、反常质量或反常价键用次要颜色表示。化合物用 DARC 代码或外围层增长字码(DEL)表示。

这种编码方法的基本特点是将化合物分成核心原子和外围层原子两部分。

核心以 FO 表示，外围层以 ε 表示，如图 12-2 所示。

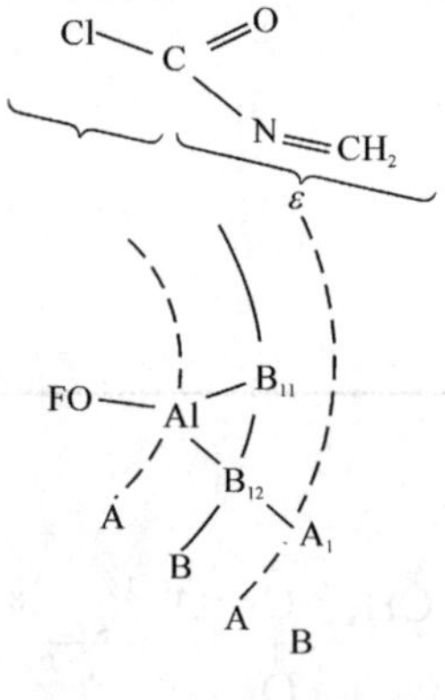

图 12-2　化合物核心和外围层示意图

核心(FO)是产生色图的起始点。核心的选择是有一定原则的。外围层(ε)表示核心原子以外原子和键的色层。外围增长层与 FO 同心。外围层中每两层(A 和 B)划为一组，也称限定层(E_B)，每一限定层又分成限定层片段(e_B)。

色图产生的原则是，外围层是一组一组地增长的。每个限定层 e_B 中，A 层连接点产生在 B 层原子连接点之前。同一 A 层或 B 层上原子连接点顺序根据各连接点所连接的原子作用顺序排列，逐步扩大。并且每个连接点要标明数字下脚注。

色图产生后，对每层色图上的各接点，按照图 12-3 所介绍方法进行描述。详细描述方法如图 12-4 所示。

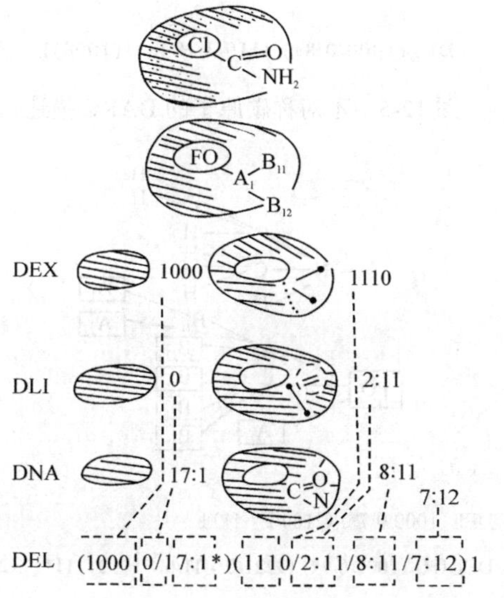

图 12-3　结构和 DARC 代码

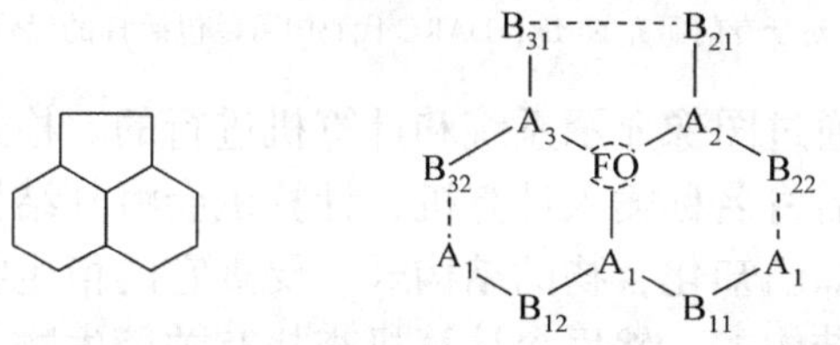

DEL.(1000*)(3330**)1(1000)11,12[1 : 1.21, 1.31; 22, 21; 32, 3.1]

图 12-4　三环[6, 3, 10^{4-12}]十二烷的 DARC 代码

虚线表示闭环键写在方括号之中

图 12-3 为模数拓扑连接而成的 DARC 代码。每个代码由下面 3 部分组成：拓扑(存在叙词 DEX)、重键(键叙词)及原子性质(原子性质叙词)。图中有两个模数，一个是核心(Cl)，另一个是外围层原子。核心用前 3 个模型表示；外围层用后面几个模型表示。1000(第 1 个模型)为核心的拓扑字码；0(第 2 个模型)表示核心中无键，17(第 3 个模型)为 Cl 的原子序数；1110(第 4 个模型)为外围层原子的拓扑字码；2(第 5 个模型)表示外围层中的双键；8 和 7(最后一个模型)分别为外围层中氧和氮的原子序数。

斜线和括号是分隔符号。冒号和反括号之间的数字是拓扑位置号。星号*表示两个模数的接点。

DARC 代码是一种具有“展开式”逻辑的分子结构拓扑线性标志方法，它不改变分子结构就能描述清楚。这种代码特别适合描述立体化学结构式(图 12-5 和图 12-6)。

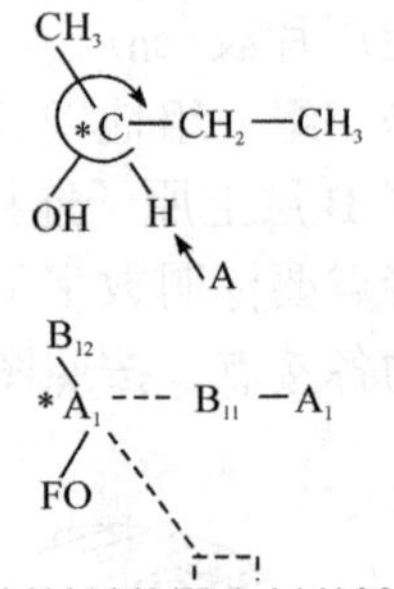

DEL(1000/0/8*)(1110/1/H:1*)1(1000)11

图 12-5　不对称碳原子的 DARC 描述

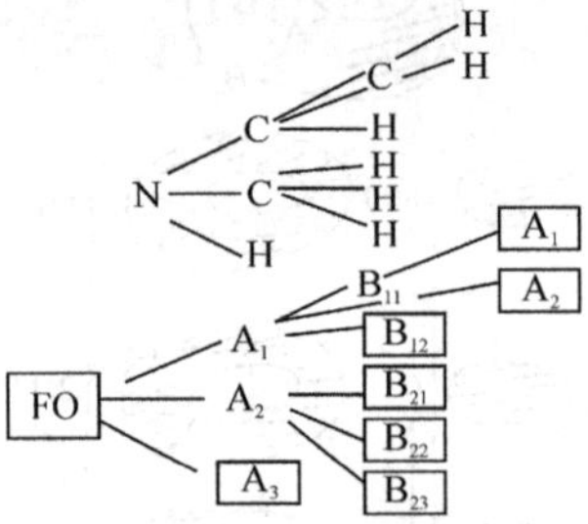

DEL (1000/0/7*) (2100/2 : 11) 1

DEL (H) (1000/0/7*) (3221/2 : 11/6 : 1, 2, 11*) 1 (2000) 11

DEL (1000/0/7*) (2100/2 : 11) 1

DEL (H)—(1000/0/7*) (3221/2 : 11/6 : 1, 2*) 7 (2000) 11

图 12-6　氢原子的 DARC 编码

对于专门研究 NMR，DARC 代码中可以包括 H 的代码

化合物结构的检索是通过图像显示系统和计算机进行的。检索时，如不知欲查化合物的结构式，只知其名称，则需将名称输入计算机，计算机会将其结构式显示出来，然后按显示的结构式查找其衍生物。如已知化合物的结构式，要查它的衍生物时，则通过光笔和感应板在显示器上画出化合物的结构式，然后令计算机查找有关衍生物，计算机会将查到的衍生物显示在荧光屏上。这种图像显示器能显示立体化合物的结构式。

七、MCC 拓扑法

MCC 拓扑法(mechanical chemical code topological screen system)是 1967 年研究成功的[15]，后来由美国石油研究院和 Esso 试用，并进行了修正[16]。据称 MCC 拓扑法比 WLN 法容易编码和检索。

现将 MCC 拓扑法扼要介绍如下。

1. 各种符号的含义

MCC 拓扑法共有 56 个符号：

A～Z　26 个大写英文字母

a，b，c　3 个小写字母(后来改为 A，B，U)

0～9　10 个表示位置和确定的原子数目

0～9　10 个下脚注符号-

-、:、*　3 个：表示反常价数；表示反常价数；表示反常电荷符号

(、)、+、,　4 个专用符号，凡两个字母表示的元素，在其大写字母前加上“+”符号

规定下面几种元素和结构采用专门符号表示：

符号	价数	元素和结构名称
C	4	—C—（上下各一键），或 =C—（上有一键），或 =C=，或 Cl
E	1	Br
G	1	OCl
J	5	五价 N
M	2	—NH—
Q	1	—OH
L	2	—C(=O)—
Z	1	$—NH_2$
a	3	≡CH
b	2	$=CH_2$
c	1	$—CH_3$
aX	2	a(=O)=O，a是任一元素
R		苯环
D		双键
T		三键

2. 编码方法举例

用上述符号编出的代码即为 $\text{NCNbca3NZ}_{1\ 2\ 3456\ 7\ 8}$。代码中的 3 表示 bca 的总和数目。

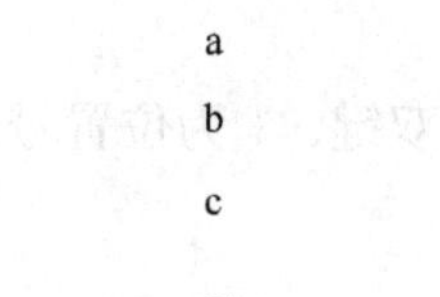代码为 $\text{QCSbc}_{1\ 2345}$

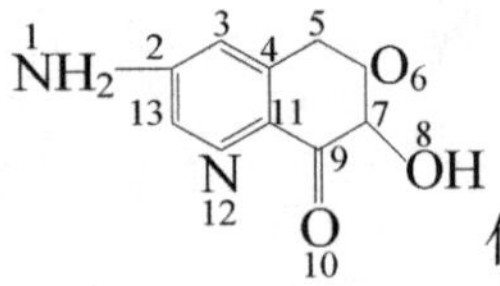

代码为ZCaCbDaQCOCNaD2（1 2 3 4 5 6 7 8 9 10 11 12 13）

该代码中的“D2”表示 13 位以后是双键，并与 2 位连接。

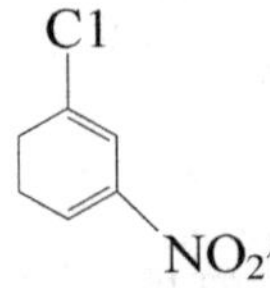

代码为 RG1J3X

代码中：R——苯环；G——Cl；I——Cl 在苯环上的位置；J——5 价 N；3——N 在苯环的位置；X——O_2。

如果改变位置编号次序，该结构也可以用下面代码表示：GRJ4X，代码中的“4”为 N 与苯环连接的位置。

Esso 在试用过程中对 MCC 拓扑法的某些符号作了修正，如将 a、b、c 三个小写字母分别改为 A、B、U。这样一来，B 与硼的符号相重，U 与铀的符号相重。因此将硼的代号改为“+BO”，铀的代号改为“+UR”。

此外，—NO_2 用 NX 表示，—SO_2—用 SX 表示。例如：

$CH_3CH_2CH_2Cl$ 代码为 UBBG

$(CH_3)_2CHCl$ 代码为 UAGU

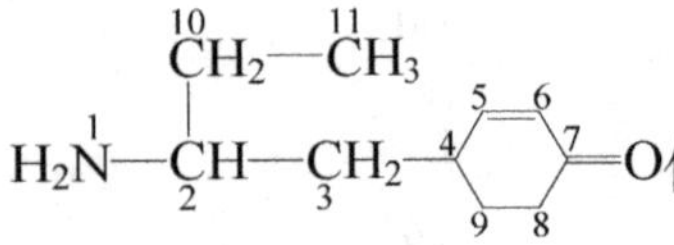

代码为 ZABAAALBB4B2U（这里的“B4”表示 9 位的碳与第 4 位连接；“B2”表示 10 位的碳与第 2 位连接）

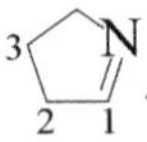

代码为 AB/3ND1（代码中 B/3 表示有 3 个 B 结构碳；D 表示双键，1 为位置号，表示双键在 N 和 1 位之间）

$\overset{1}{C}H_3\overset{2}{C}H_2\overset{3}{C}H\overset{4}{C}H_2\overset{5}{C}H_3$ 代码为 UBABUR3G6G10

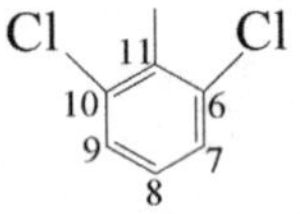

（代码中的 3、6、10 为位置号，规定苯环上的最高位置号是连接位置）

八、Crossbow 代码转换法

Crossbow 代码转换法是英国帝国化学工业公司研究成功的。它专门用来处理 CAS 法和 WLN 法代码的互相转换。Crossbow 为 computerized retrieval of organic structure system based on the WLN 的缩写。因为买来的磁带资料有的是 WLN 代码，有的是 CAS 代码，不一定适合各自的计算机程序，所以必须将磁带代码加以转换方能进行检索。Crossbow 代码转换法对从事计算机检索的研究人员有一定的参考价值。欲知详细过程可参见参考文献[17]。

第二节　化学物质结构的检索

检索化学物质的信息，用什么样的表示式来写检索提问，现在大致有以下几种：物质名称、化学式、化合物登录号，也有的用物质结构本身。这一般都是根据欲检化合物的特点和已有文档决定的。关于化学物质结构的检索可以考虑分成全结构检索和子结构检索两种。前者用于检出某一特定的化合物，要求从检索文档中检出与其有关的记录(信息)。后者只是检出一部分化学结构，要求从检索文档中检出含有该部分结构的所有化合物。因此，子结构检索也称类属检索。检出的化合物，有的可能是提问者事先未想到的。正是由于这一点，子结构检索在化学和药学上受到了重视。有的化合物名称中未明显表示出的子结构，用其名称检索显然是有困难的，但若用化学结构本身来检索则要直接得多。

前面介绍的片段代码可说是更适用于全结构检索的一类代码，而拓扑代码除适用于全结构检索外，还能准确地检出包含某一特定子结构的所有化合物，因此也可以说是子结构检索用的一类代码。下面对这两类代码的检索方法作一简单介绍。

一、片段码检索[18]

线型标记(linear notation)可以把所有化学结构以一维的字符串表示，并明确地表示某一特定的化学结构，因而用于全结构检索是十分合适的。只要提问结构用同样的线型标记，就能从文档中检出与其完全一致的结构。

线型标记包含各种主要基团和它们相互配置的信息，因此对于子结构检索也是有效的。为了提高检索效率，检索者对这类标记的法则必须充分了解和熟练掌握。

下面以 WLN 法为例介绍。最简单的是用一字符或二字符表示原子或基团的检出。例如，对 Cl、OH、CO、苯等，只要分别检出 G、Q、V、R 字符即可。但要注意空位后面的字符，它们是表示取代基位置的符号。

硝基代码 NW、SO_2 代码 SW 等也是很简单的例子。根据它们和分子结构中其他基团之间的关系，可以改为 WN 和 WS 等形式，即表示它们出现在线型标记的左端。因此，检索时要考虑两方面的可能性。

吡啶代码 T6NJ 和萘代码 L66J 等也是比较容易检出的子结构。

假如环结构上有两个取代基，如对硝基苯酚，其代码为 WNR DQ，为了检出该化合物的所有衍生物，必须将其他取代基的代码核对清楚，否则就容易漏检或误检。

以上范例表明，用线型码进行子结构检索，遇到子结构复杂时就很困难。在这种情况下，用拓扑码的原子连原子检索就比较容易解决。

二、拓扑码检索

拓扑码有各种不同的表示方法。前面介绍的 CAS 编码法、法国化学情报中心的 DARC 编码法、MCC 拓扑法均属拓扑系统编码法。其中最具有代表性的是 CAS 法。拓扑码的特点是将分子中的所有原子、原子键数目和承接原子的位置号都记录下来，每个分子都可以排出一张连接表，所以比较容易理解和使用。但在实际文档中，存储形式则略有不同。

例如：

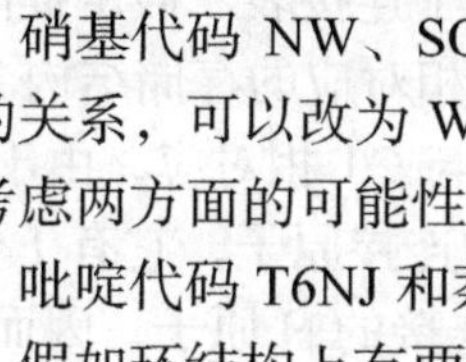

(氨基乙酸)

也有排成如下形式原子连接表格的：

原子序号	分子中的原子	连接的H原子数	电荷	连接原子数(不包括H)	承接原子序号(键数)
1	C	0	0	3	2(1)，4(2)，5(1)
2	C	2	0	2	1(1)，3(1)
3	N	3	1	1	2(1)
4	O	0	0	1	1(2)
5	O	0	1	1	

拓扑码的检索一般采用原子连接检索法。这种检索方法是将检索提问结构与从文档中检出的分子结构的组成原子逐个对应起来，以组成原子、键数作为线索，查找提问结构是否包含在文档的存储结构中。

提问结构(Q)：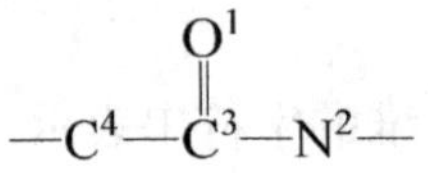

文档中检出的结构(F)：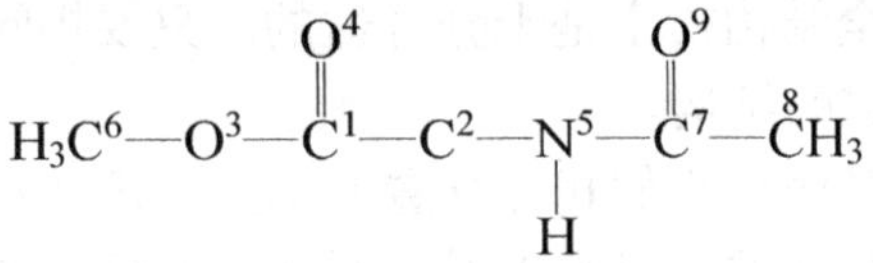

对应表：

Q	1	2	3	4
F	9	5	7	8

去掉提问结构 Q 中 H 的所有原子编号，制成与前面相同形式的原子连接表。假定提问结构 Q 和文档中的存储结构 F 是按对应表形式编号的，这样与 Q1 原子相对应的存储结构 F 的原子可能是 F3、F4 和 F9。其中 F3 不是双键，可以舍弃。再试将 F4 与 Q1 相对应，由于 Q1 和 Q3 以双键相连，看起来似乎与 F4 和 F1 相对应，然而再检查 F1 的连接原子，它有 1 个 C 原子和 2 个 O 原子，这一点是一致的，但找不出像 Q2 那样与 Q3 相连接的 N 原子，因而 Q4 也不匹配。剩下的只是 F9，试将 F9 与 Q1 相对应，便发现 F7 可与 Q3 相对应，F7 连接的 F5 和 F8 又分别与 Q2 和 Q4 相对应。这样，提问结构的条件都得到了满足，则证明 F 包含 Q。

综上所述，这种方法对任何结构都能适用。而且子结构检索可以按一定的逻辑结构进行，所以程序化后，用户只要把提问结构作为数据处理便可以了。这种方法使用起来不难，但是处理时间过长。

参 考 文 献

[1] Crowe J E, et al. J Chem Doc, 1973, 13 (2)：85

[2] Palmer G. Chem Brit, 1970, 6：422

[3] Granito C E. J Chem Doc, 1971, 11(2)：106

[4] Dammers H F, Potton D J. J Chem Doc, 1968, 8(3)：150

[5] Potton D J. Chemistry in Britain, 1970, 16(10)：30

[6] Cossum W E, Dyson G M, et al.//Luhn H P. Automation and Scientific Communication. Washington D. C.: American Documentation Institute, 1963

[7] Skolnik H. J Chem Doc, 1971, 11(3)：142

[8] Skolnik H. J Heterocyclic Chem, 1969, 6: 689

[9] 郭传杰. 化学通报, 1981, (8): 35
[10] Vander G G, Nalnitsky SI, et al. J Chem Doc, 1967, 7(3):165
[11] Gluck D J. J Chem Doc, 1965, 5(4): 43
[12] Hoffman W S. J Chem Doc, 1968, 8(1): 3
[13] Dubois J E. J Chem Doc, 1973, 13(1): 8
[14] Dubois J E. J Chem Doc, 1974, 14(4): 194
[15] Lefkovitz D. J Chem Doc, 1967, 7(4): 186
[16] MeRneweek S T. J Chem Doc, 1971, 11(2): 116
[17] Skolnik H. J Chem Doc. 1971, 11(3): 120
[18] 日本科学技术厅. 化学情报. 张翠兰译. 北京: 科学技术文献出版社, 1987

科学出版社

教学支持说明

科学出版社为了对教师的教学提供支持，特对教师免费提供本教材的电子课件，以方便教师教学。

获取电子课件的教师需要填写如下情况的调查表，以确保本电子课件仅为任课教师获得，并保证只能用于教学，不得复制传播用于商业用途。否则，科学出版社保留诉诸法律的权利。

地址：北京市东黄城根北街16号，100717

科学出版社　化学与资源环境分社　丁　里(收)

联系方式：010-64002239　　010-64011132(传真)

chem@mail.sciencep.com

（登录科学出版社网站：www.sciencep.com"教材天地"栏目可下载本表）

请将本证明签字盖章后，邮寄或者传真到我社，我们确认销售记录后立即赠送。

如果您对本书有任何意见和建议，也欢迎您告诉我们。意见经采纳，我们将赠送书目，教师可以免费赠书一本。

证　明

兹证明__________大学__________学院/_____系第_____学年□上/□下学期开设的课程，采用科学出版社出版的____________________/__________(书名/作者)作为上课教材。任课教师为________________共______人，学生______个班共______人。

任课教师需要与本教材配套的电子课件。

电　话：______________________________

传　真：______________________________

E-mail：______________________________

地　址：______________________________

邮　编：______________________________

院长/系主任：__________(签字)

(学院/系办公室章)

______年______月______日